国家社科基金重点项目"基于依存句法标注语料库的中国英语学习者句法发展研究"（17AYY021）成果

本书合作者

欧阳静慧　毕　鹏　赵倩莹　姜茜茜

王梦鸽　解娜娜　钱佳瑜　虞妩哲

张煜杰　周义凯

计量语言学研究进展 4

丛书总主编　刘海涛

基于依存句法树库的

中国英语学习者句法发展研究

蒋景阳　等著

ZHEJIANG UNIVERSITY PRESS
浙江大学出版社

·杭州·

图书在版编目（CIP）数据

基于依存句法树库的中国英语学习者句法发展研究 /
蒋景阳等著. — 杭州 : 浙江大学出版社, 2024.4
　　（计量语言学研究进展 / 刘海涛总主编）
　　ISBN 978-7-308-24768-9

　　I. ①基… II. ①蒋… III. ①英语—句法—研究
IV. ①H314.3

　　中国国家版本馆CIP数据核字(2024)第063121号

基于依存句法树库的中国英语学习者句法发展研究
Syntactic Development of Chinese English Learners Based on Dependency Treebank

蒋景阳　等著

责任编辑	张颖琪
责任校对	陆雅娟
封面设计	周　灵
出版发行	浙江大学出版社
	（杭州市天目山路148号　　邮政编码　310007）
	（网址：http://www.zjupress.com）
排　　版	杭州林智广告有限公司
印　　刷	杭州高腾印务有限公司
开　　本	787mm×1092mm　1/16
印　　张	19.75
字　　数	462千
版 印 次	2024年4月第1版　2024年4月第1次印刷
书　　号	ISBN 978-7-308-24768-9
定　　价	88.00元

序　言

　　句法是现代语言学中最重要的组成部分之一，在某些语言学家眼里，句法几乎成了语言学的代名词。之所以如此，主要原因可能在于句法体现了人类语言是"有限手段的无限运用"的精髓。语言学中的句法热，也催生了五花八门的句法理论。撇开这些句法理论的技术细节不谈，我们有理由认为造句、析句能力可能是人类语言能力的重要组成部分。这个说法不仅适用于母语能力，也适用于外语能力的形成和发展。

　　句法如此重要，自然也吸引了众多应用语言学（二语习得）的研究者，产生了不少有趣的研究成果。遗憾的是，就外语学习者句法能力发展领域而言，现有研究大多存在两个问题：一是缺乏一般意义的源于语言学的句法理论的指导，二是没有采用经过句法标注的学习者真实语料。这两个问题综合起来，实际上是一个问题，即应用语言学似乎脱离了语言学，而更像是教育学的一个分支了。当然，如果考虑到应用语言学是一个问题导向的学科，它的存在就是为了解决问题的，那么与语言学的联系是否密切倒也没有什么大的关系。然而，就外语句法能力的发展而言，它与语言学的联系可能是必需的，因为句法不仅是现代语言学中最重要的领域，而且就句法来说，可能没有什么领域的研究者比语言学家知道的更多了。那为什么我们很难看到句法理论指导下的相关应用语言学研究呢？这可能也与语言学家搞的句法理论太"理论"有关系。我们知道，应用语言学要解决语言学习者的现实问题，就句法能力来说，研究者需要面对大量真实的学习者语料。如果要用语言学意义的句法理论来研究这些语言材料，首先得有能力处理这些真实语料的句法分析模型。现实很残酷，尽管理论众多，但能处理大规模真实语料的句法理论却很少。在这种情况下，应用语言学研究者另起炉灶，用一些看起来不太像语言学，但能在一定程度上发现问题、解决问题的方法也是可以理解的。然而，这只是权宜之计。学科要发展，不能满足于此，还是要寻求句法理论支持下的、数据驱动的应用语言学研究之路，因为数据能更好地解决人类语言中普遍存在的各种概率性问题，而概率性问题在学习者语言中很常见。

　　应用语言学中的学习者句法能力研究与理论句法的关系有点像计算语言学研究与语言学理论研究的关系。即在理论语言学家脑子里转得挺溜的语言规则放到电脑里就走不通、走不好了，能把"一把把把把住""鸡不吃了"之类的句子分析得头头是道的理论在遇到学习者语言时就有些摸不着头脑了。为了更好地使用计算机来解决现实世界的语言问题，20 世纪 90 年代计算语言学的研究方法出现了革命性的转向，抛弃了源于理论语言学的条条框框，走上了从大规模真实语料中获取语言知识、处理语言的路子。进入 21 世纪后，在深度学习与人工神经网络等技术的加持下，包括计算语言学在内的现代人工智能技术使人类迈进了数智时代。尽管在端到端的技术中，可能不易发现句法的影子，但从大量的计算语言学领域有关句法的研究中，从涵盖 130 种语言的 228 个句法标注语料库（树库）中[1]，我们不难发现可用的句法理论或句法分析模型。有趣的是，几乎所有能够剖析上百种人类语言真实语料的句法分析模型所采用的句法理论均与法国语言学家吕西安·泰尼埃（Lucien Tesnière）在 20 世纪 50 年代提出的依存句法有关，这不由使我想起多年前看到的一句话："Lucien Tesnière in *Éléments de syntaxe structurale* (1959) offered an original view of syntax applicable to all languages."[2] 数智时代的排头兵们实现了依存句法的普遍价值，让语言学造福于人类。对于语言学研究者而言，这无疑是一件好事，尽管依存句法对于绝大多数语言学领域的教师与学生来说，仍然很陌生。反思计算语言学家的成功，我们会很自然地问自己：既然依存句法可以有助于计算机获得句法能力，如若将它用在人类语言能力上，特别是外语能力发展的研究方面，会有什么发现呢？

要想用依存句法标注的学习者语料来研究二语学习者的句法能力发展，不仅需要精心收集有代表性的学习者语料，还要构建可以分析各类学习者语言错误的依存句法标注体系。与计算语言学研究者面对的语料相比，学习者语料更难处理，并且这些看起来错误的语料恰好反映了学习者能力发展的轨迹，所以还不得不去想办法分析它们。这也可能是至今为止鲜有研究者使用句法标注语料库来研究学习者语言发展的原因之一。

这种情况从 2017 年开始得到了一定的改善。这一年，"基于依存句法标注语料库的中国英语学习者句法发展研究"被立为国家社科基金重点项目，项目号 17AYY021。五年来，在项目主持人蒋景阳教授与课题组成员的共同努力下，课题组编写了面向英语学习者语言的依存句法标注手册，收集、标注了从小学到研究生，涵盖 16 个年级的 36 万多词的中国英语学习者依存树库（Chinese English Learners' Dependency Treebank, CELDT），并以该树库作为研究资源，发表了数十篇被 SCI、SSCI、A&HCI 和 CSSCI 收录的论文，受到了国内外学者的广泛关注。例如，2017 年发表在 *Journal of Quantitative Linguistics* 上的有关依存距离概率分布能够预测二语学习者水平的论文，自发表以来被引数在该刊排名第一；2019 年发表在 *Language Sciences* 上的从计量类型学的角度研究中介语的论文，自发表以来被引数在该刊排名第一；2019 年发表在 *Journal of Second Language Writing* 上的基于依存树库研究句法复杂度的论文，自发表以来被引数在该刊排名第五。这些事实说明，基于依存句法树库的数据驱动的外语句法能力研究是一个极具潜力的研究方向。

为了让更多的国内读者了解这一交叉研究领域，本书汇集了课题组研究的主要成

---

[1]　https://universaldependencies.org/.

[2]　Murray, C. J., 2004. *Encyclopedia of Modern French Thought*. New York & London: Fitzroy Dearborn: 431.

果。我一直关注着本书所有的研究，对这些研究所用的方法与研究的意义有较多了解，因此，我愿借此机会在这里简单介绍一下本书主要部分的内容，希望有助于读者理解本书的方法以及成果的价值与意义。

在外语句法能力发展这一研究领域，句法复杂度可能是被提及最多的一个术语。尽管这里所说的句法一般都不是语言学意义的"句法"，而是对句子结构复杂程度的一种测量，探究的是学习者语言产出中组成句子的语言单位的数量以及相互间的关系，但句法复杂度的引入可以更客观地评估学习者句法能力的发展，所以在二语研究领域得到了广泛的应用，也产生了一些专用的软件。换言之，现有句法复杂度尽管是粗颗粒的，但在很多应用场合是有效的。如何在现有体系中加入更多的细颗粒指标，以便更准确地衡量学习者的句法水平、描述句法特征和追踪句法发展，是本书前3章的主要任务。

在题为"句法复杂度发展及影响因素""学习者与本族语者句法复杂度比较"和"词块复杂度的发展"这3章中，所研究的对象既有大学生，也有中低水平的高中、初中学生。在研究方法上，不仅使用了常见的二语句法复杂度分析器（L2 syntactic complexity analyzer, L2SCA），也使用了从CELDT提取的细颗粒句法复杂度指标（依存关系类型）。研究发现：在粗颗粒指标中，平均句长、平均T单位长、每个小句中从属句数量和复杂名词短语数量能更好地区分学习者的写作水平；在细颗粒指标中，宾语从句、状语从句、定语从句、介词短语作定语、限定性定语从句这5项标准化频率与写作水平显著相关；学习者经历了"并列结构—从属结构—名词短语"的发展阶段；句法多样度指标可更有效地预测中学生的写作水平；提出的标准化依存关系型例比指标，可有效衡量句法结构的多样化程度；与同龄的本族语者相比，二语学习者作文中较多地使用了并列结构、状语从句、形容词性物主代词等简单结构；与"形+名"搭配相比，"动+宾"搭配是中低水平学习者的习得难点。

从前3章不难看出，依存树库可以提供更细颗粒的句法能力发展指标，可弥补传统指标的不足，值得深入挖掘。从这个意义看，本书前3章的研究是在继承传统基础之上的发展与创新，这些从句法复杂度、词汇复杂度和词块复杂度的角度来对中国英语学习者语言所进行的横截面研究，既揭示了不同水平二语学习者在语言复杂度方面的差异，也探讨了二语学习者写作和本族语者写作之间的不同，为相关研究提供了新的证据。在研究的过程中，研究者也发现各种句法结构在不同水平学习者中的分布是不一样的，这样就有了第4章的主题"句法结构的发展顺序"。

美国学者Biber等（2011）基于对英语本族语者的口语对话和学术写作句法复杂特征的观察，提出了英语句法能力发展的五阶段假设，共包含23项句法复杂度特征，其中12项句法复杂度特征与从属分句结构有关，11项与名词短语结构有关。显然，这一由英语本族语者语料所得到的假设需要通过使用各种不同母语的英语学习者语料来验证。第4章以Biber等人提出的这12项分句复杂度特征为指标，基于从CELDT提取的句法结构数据，对从小学四年级到高中三年级的学习者句法相关特征的种类和频率进行了定量分析，结果发现：整体上，中国中小学生英语写作的从属分句复杂度随着年级的增长不断提升，其中初中是学生句法能力发展的关键时期，句法复杂度呈现迅速发展的趋势。到了高中阶段，句法能力呈先缓慢上升后稍有回落的趋势；不是所有的从属分句复杂度特征都能够有效衡量中低水平英语学习者的句法复杂度差异，不同的从属分句复杂度特征适用于衡量不同水平的英语学习者之间的句法复杂度差异；母语的语序和句法结构特征对句法结构的发展顺序会产生重要的影响；词汇量也是影响写作句法复杂度的关键因素之一；句法结构在英语课本中的编排顺序会对学习者的句法发展顺序产生显著影响，体现了教材是学生学习英语的重要工具；学习者的句法能力发展是复杂和动态的，在发展过程中波动随时会出现，非线性是句法能力发展过程的典型特征。

从前 4 章的研究看，依存句法树库是句法研究的一种资源，即从树库中提取出来的句法关系等信息为句法复杂度的传统研究方法增添了更细微的句法知识。尽管这些研究对于我们更准确地探究语言能力发展与句法复杂度之间的关系、对于弥补传统方法的某些不足是有帮助的，但并没有充分发挥依存句法作为一种语言学意义的句法理论的优势。换言之，我们需要进一步挖掘依存句法结构本身的潜力，寻求基于依存结构树（图）的可测度指标，并用这些指标来研究学习者句法能力发展问题。

我们知道，学习者语言是一种中介语（interlanguage）。中介语是学习者构拟的一种逐渐接近目标语的语言系统，是一种特殊的自然语言。1972 年，拉里·塞林格（Larry Selinker）在 *IRAL* 上刊发的题为 "Interlanguage" 的文章，已成为应用语言学的经典文献，这篇文章已被引近 1.2 万次。中介语也成为应用语言学中的核心概念。但遗憾的是，对于这一概念的一些本质特征，研究得还很不够。一般认为，中介语具有过渡性、渐进性、连续性、动态性、目标语不可接近性等特征。显然，要想科学地了解中介语的这些"性"质，仅靠举几个例子是不够的，可能需要基于学习者的真实语言材料，采用语言类型学的方法，来探求中介语的这些概率"性"特征。为什么要用和能用语言类型学的方法？因为中介语本身也是人的语言，从类型上看，它可能具有过渡性、混合性的特质，但只要是人的语言，就应该具有普遍性与多样性相结合的特质，就可以用类型学的方法来研究它。当然，能这样做的前提是，我们需要一种可操作的数据驱动的概率性语言类型指标。说得更直白一点，我们需要一种基于依存句法标注语料库的语言类型指标。

2010 年，我以形成句法关系词语的相对位置（依存方向）为指标，分析了 20 种语言的大规模真实语料，不仅发现该指标可以作为一种类型学参数，也提出了语序类型连续统的概念。这一数据驱动的语言类型研究方法，被国外学者称为"刘—有向性"（Liu-directionalities），并在语言研究和二语习得、自然语言处理等应用语言学领域得到了应用。那么，用这个听起来有些玄乎的"刘—有向性"是否能解决中介语的这几个"性"呢？本书第 5 章中的第 3 节研究的就是这个问题。通过对 8 个年级中国英语学习者和英、汉两种语言本族语者语料的研究，研究者发现：中国英语学习者中介语系统和母语（汉语）以及目标语（英语）一样，具有主谓和动宾结构的偏好；随着学习者二语水平的提高，中介语逐渐从母语向目标语接近。支配词前置的依存关系从初一时的47.3%上升到了大二时的50.5%，逐步逼近目标语的51.7%，体现了中介语的渐进性特点；整体依存方向能较好地衡量不同阶段的中介语水平；汉语和英语中具有相似语序的主语和宾语的依存方向不能衡量中介语的水平或类型学变化，但语序有区别的状语和定语的依存方向则能较好地衡量，体现了学习者中介语、目标语和母语在语序类型上的共性和差异。这一节的研究，从语言类型学的角度揭示了中介语不断向目标语逼近的过程，也用真实的学习者语言材料证实了中介语确实存在着此前提及的那些概率"性"特质，而中介语这些重要的性质，如果没有依存树库作为资源，如果没有依存方向作为指标，是很难用科学的方法来探究的。

现在我们再回到句法复杂度的问题。从某种程度上讲，复杂度代表的是一种难度，这种难度可能反映了说者的产出（编码）难度，也反映了听者的理解（译码）难度。语言是一个人驱复杂适应系统，其运作要靠人驱动，而人会受到自身认知机制的约束。换言之，真实语言的句法结构会受到认知的约束。当然，句法结构也一定会受到语法的影响。如果是这样，从人类语言的依存句法结构中是否也可以提取出某种能反映句子复杂度的信息呢？基于数十种语言的真实语料，研究者发现，人类语言由于受到人类认知机制的约束，具有一种依存距离最小化的普遍性倾向。依存距离指的是句子中两个有句法关系的词之间的线性距离。依存距离最小化反映了人类交互和认知过程对语言线性结构或模式的塑造。这个距离越小，交流起来就越省力。句子越长，出现长距离句法关系的可能性就越大，人们也就需要动用某些手段来降低依存距离。通过对大规模真实语言使用数据的统计分析，研究者发现依存距离分布符合幂律，而幂律本身是复杂适应系统的一种特质[①]。如果我们将依存距离最小化视为人类语言的一种普遍特征，依存距离的幂律分布便是最小化的动因之一，而幂律分布又是语言作为一种复杂适应系统的反映。那么，根据依存距离分布，我们能否区分不同水平的学习者，能否用依存距离来观察学习者的句法发展轨迹呢？本书第5章的第4节研究了这个问题。

通过对学习者真实语料的研究，结果发现，9个年级学习者作文的依存距离分布均遵循齐普夫-阿列克谢耶夫（一种幂律）分布模型。这说明，尽管学习者水平不一样，但均受到相似的认知机制的约束，进而展现了语言结构的普遍特征（原则）。然而，九条分布曲线的相似性，并不意味着这些学习者的语言水平是一样的。通过对齐普夫-阿列克谢耶夫分布模型中的参数 a、b 与学习者年级的相关分析，研究者发现，随着年级的增长，或者说学习者语言水平的提高，参数 a 显著上升，参数 b 显著下降。换言之，齐普夫-阿列克谢耶夫分布模型中的参数 a 和参数 b 能很好地反映中国英语学习者的英语语言水平。这一研究也发现，进入大学后，依存距离概率分布的参数趋于稳定，反映

[①] 更多有关依存距离、依存方向的内容，可参考：刘海涛，2022. 依存关系与语言网络. 北京：科学出版社.

了学习者语言的僵化现象。相比于传统的学习者语言发展研究，这一节的研究创新性极高。具体体现在，首次将计量语言学方法用在二语句法发展的研究上，把数据驱动、句法复杂度、学习者语言能力发展、语言认知等因素有机地联系在了一起，用科学家习惯的方式将语言的原则（普遍性）与参数（多样性）统一在了一起，使语言学的"原则"与"参数"不再只是隐喻，而成为实实在在的数学意义上的"公式"与"参数"，从而使得这项研究既有理论高度，又解决了应用语言学的实际问题，是打通语言理论研究和语言应用问题的一个好例子。本节研究的是中国人学英语的情况，后来又有研究者采用同样的方法研究了日本人学英语、英美人学汉语的情况，得到了相似的结果，证实了本节所用方法的科学性、结果的可靠性以及发现的普遍性与可复制性。

此前说过，句子越长，产生长距离依存的可能性也就越大，此时，为了更有效地交流，人们动用某些手段来降低依存距离的机会也就越大。这句话里面的"某些手段"，指的是语法、语用等可以有效降低距离，又不会对交流造成问题的人类处理语言的手段。对于学习者而言，水平越高，使用这些手段的能力就越强，出现错误的概率也就越小。实际情况是不是这样呢？本书第 6 章对依存距离与学习者错误的关系进行了研究。研究发现：中低水平学习者在长距离依存关系中的错误率较高，较易出现成分缺失、时态和介词错误；高水平学习者处理复杂句法关系的能力较强，错误明显较少；中日两国英语学习者写作句法错误的对比，进一步证实了长距离结构可能是中低水平学习者错误的主要原因之一。中日学习者因长距离结构限制而产生的错误存在一定差异，说明学习者所犯错误也与他们的母语类型有关。

前 6 章的研究或多或少都使用了从学习者依存树库中提取的依存关系。依存关系是构成依存句法的基础，是一种词间关系，是在从词到句的过程中形成的动态关系。如果是这样，那我们自然会问："为什么在一个合格的句子里，某一个位置有时能够容许这样的词出现，却不允许别的词出现呢？落实到句子的依存句法树表示上，我们也会好奇：为什么一个词和另一个词在一起时，它就会处于从属地位，而这个支配它的词却又受到另外一种词的支配呢？建立这种词与词之间关系的依据是什么？"[①]一般认为，人类语言中的绝大多数词都有一种潜在的与其他词结合的能力，尽管这种能力的大小因词而异，但词的这种组合潜能是一种普遍存在的现象。词的这种潜能在使用时被激活，于是就形成了依存句法的基本要素——依存关系，进而形成了句法结构模式。在依存句法体系内，词的这种潜能被称为"配价"。可以毫不夸张地说，配价也许是打开语言分析之门的一把钥匙。如果依存关系是实例化后的配价关系，那么反映人类语言线性特征的依存距离和依存方向难免会与配价有着千丝万缕的联系，学习者语言作为一种特殊的人类语言，当然也可以通过配价来研究。事实上，无论是在泰尼埃的书里，还是在后来将配价理论发扬光大的德国，配价均与外语学习者语言有过非常密切的联系。沿着这个传

---

① 刘海涛，2009.依存语法的理论与实践.北京：科学出版社：23.

统，在依存树库的加持下，本书第 7、8 两章研究了这方面的问题。

以 CELDT 为资源，以"概率配价模式"为理论基础，这两章研究了学习者语言的动词配价以及"to+X"结构的发展情况。对动词的配价研究发现：随着年级的升高，学习者趋于使用更多的高价动词和更少的低价动词，同时，与动词搭配的配价结构中的补足语成分的分布有一定的复杂化趋势；学习者使用的配价模式类型的多样性随动词的价数增加而变大。而对于"to+X"结构的研究表明：随着年级升高，"to+X"结构使用频率呈波动上升趋势，句法功能更加多样化，但是搭配强度呈递减趋势；"to+X"结构的使用受所用教材的影响较大，且存在一定的僵化现象。

以上这些研究不仅拓展了学习者句法发展研究的疆域，解决了用此前的资源与方法不易解决的问题，也进一步强化了应用语言学与语言学理论研究的联系，有助于应用语言学回归语言学的大家庭。然而，依存句法树库的作用可能不止于此，它也有助于构拟基于句法关系的语言复杂网络，而复杂网络是从系统科学的角度探求语言这一人驱复杂系统的重要工具。说到语言的系统性，现代语言学之父索绪尔曾强调，语言"是一个系统，它的各项要素都有连带关系，而且其中每项要素的价值都只是因为有其他各项要素同时存在的结果"[①]。按照这一说法，从系统的观点研究语言最适宜的方法可能就是网络方法，因为只有在网络中，我们才能更好地观察各要素之间的联系以及各要素在整个系统中的价值。

有关母语习得的研究发现，大多数孩子在两三岁时，开始具有连词造句的能力。有趣的是，这种能力似乎是在短时间内突然出现的，具有明显的涌现特征。而使用传统方法来研究涌现则几乎不可能。那么，如果采用复杂网络中用来衡量复杂系统涌现的指标，能观察到这种句法突现吗？有学者构拟了不同年龄儿童的多个语言网络并采用复杂网络指标进行了研究，结果发现，儿童在 2 周岁左右的时候，其句法网络的整体拓扑结构开始从原先的树形模式转为一种无尺度、小世界的模式，而无尺度、小世界是人类语言句法网络的一种普遍特征。这一研究用系统科学的方法揭示了在个人语言发展的进程中，在 2 周岁左右，会出现一次非线性的动态模式的相变，即句法结构的涌现。

如果 L1（第一语言）有句法涌现，L2（第二语言）学习者会出现类似的 L2 句法突现吗？本书第 9 章研究了这个问题。结果发现：L2 学习者在习得初期（大约四年级），句法网络就已经呈现了无尺度和小世界的特征，即在习得过程中不存在"涌现"现象；网络参数的分析结果显示学习者句法能力在高中阶段出现波动或者僵化现象。这些发现说明母语句法系统可能是 L2 句法学习的基础或出发点，即 L2 句法网络的无尺度和小世界特征不是涌现的，而是依附于 L1 句法网络而存在的。这样的结果是可以理解的，L1 的习得如同在白纸上画画，而 L2 是在已有 L1 的基础上的再创作。这一研究从系统的角度验证了 L1 与 L2 的句法形成机制是不一样的。为什么不一样？为什么会受 L1 的影

---

① 索绪尔，1980.普通语言学教程.高名凯，译.北京：商务印书馆：160.

响？是语言习得关键期在起作用，还是由于学习者的模仿类比机制更成熟，省力原则开始起作用了？当然，没有涌现，并不意味着没有变化。通过对学习者复杂网络指标的分析，可以发现L2句法网络发展是动态的、非线性的。例如，学习者的词汇丰富度在初一时得到快速增长，而句法的发展则相对滞后，成熟于初三和高一阶段。在高中阶段，也可以观察到学习者的句法出现了石化现象。不同水平L2学习者的句法网络所呈现出来的这种不同，恰好反映了L2的另一个重要特征——过渡性。

在对全书内容作了一个简单的介绍之后，我们有理由将本书的特点概括如下：将依存句法理论和计量语言学方法用于二语句法习得领域，不仅强化了依存句法理论的应用价值，也拓展了计量语言学的应用领域；在丰富了数智时代广为使用的这一句法理论的同时，又使得二语句法习得的研究更加科学化、精确化、多样化，为课堂教学和教材编写提供了精准量化的科学依据；开辟了数智时代二语习得研究的一条新路，加强了理论与应用之间的互动关系，有助于形成良性的学科发展动力和构建21世纪的应用语言学。

当然，正如作者在本书结语中所说的那样，本书也有一些不足，在我看来，这些不足正是继续前进的动力。为了迎接数智时代对语言学的挑战[①]，我们需要更多的数据驱动的语言学和应用语言学研究，从这个意义上讲，本书开了一个好头。

刘海涛

2023 年 8 月 18 日

---

① 刘海涛，2022. 数智时代语言研究的机遇与挑战. 中国社会科学报，05-17(A08).

目　录

0 引 论

依存句法（dependency grammar, DG）不仅是本研究语言分析的理论基础，也是我们构建语料标注体系和计量分析指标的依据。本章将介绍依存句法的一些基本概念、我们自建的中国英语学习者依存句法语料库（依存树库）以及基于依存树库的两个重要的计量指标（依存距离和依存方向）的计算方法。

0.1 依存句法的基本概念

人们用依存句法处理句子的做法由来已久。从古印度的波你尼语法、欧洲中世纪的摩迪斯泰句法理论、阿拉伯的传统语法到其他许多国家的传统语法，或多或少都含有依存关系的思想（刘海涛，2009）。虽然依存关系的思想早已有之，但人们一般认为，现代依存句法理论是由法国语言学家吕西安·泰尼埃（Lucien Tesnière）于 1959 年创立的。现代依存句法在诞生至今的 60 多年中，最具有代表性的有理查德·哈德逊（Richard Hudson）的词语法（word grammar）、伊戈尔·马尔丘克（Igor Melčuk）的意义文本理论（meaning-text theory, MTT）和以彼得·萨格尔（Petr Sgall）为首的布拉格数理语言学家创立的功能生成描述理论（functional generative description, FGD）等。

早在 1934 年，泰尼埃就在《怎样建立一种句法》（"Comment construire une syntaxe"）一文中谈到了结构（依存）句法的基本观点。在这篇文章里，泰尼埃较为完整地构造了整个结构句法的框架，并认为动态（或功能）句法是用来研究"活的句子"（意为真实文本）的组织结构的。它的建立非常有利于开展语言教学。在 1959 年的《结构句法基础》（*Éléments de syntaxe structurale*）一书中，泰尼埃正式构建了结构（依存）句法理论。Tesnière（1959）认为，一个句子是有组织的单位，其基本组成元素是词；句子结构由联系（connexion，也就是依存关系）决定，句子元素（词）之间的这种联系形成了句子的框架，并表达说话人的思想；只有当一个元素依存于另一个元素时，这两个元素间才会产生联系。其中，从属成分叫从属词（subordonné），支配成分叫支配词（régissant）；一个元素可以支配其他元素，也可以被其他元素支配。句子的中心元素称为中心节点，句中所有其他元素都直接或间接地受中心节点支配。

对于依存句法的定义，学者们持有不同的看法，但都认同依存句法的基础是依存关系。依存关系具有三个基本属性：二元性（binary）、不对称性（asymmetry）以及关系标记（labeledness）（Tesnière, 1959; Hudson, 1990, 2007; 刘海涛, 2009）。具体而言, 依存关系发生于两个元素或语言单位之间, 因此是二元的; 依存关系具有不对称性, 存在依存关系的两个语言单位的地位不对等, 一个是支配词, 另一个是从属词, 依存句法树能构成层级系统正是源于这种不对称性; 这种依存关系是有标记的, 其类型可以被显性地标示出来（Melčuk, 1988）。

"He is a student from Peking University."（他是北京大学的学生。）的依存句法图（图 0.1）就体现了以上这三个方面的特征。

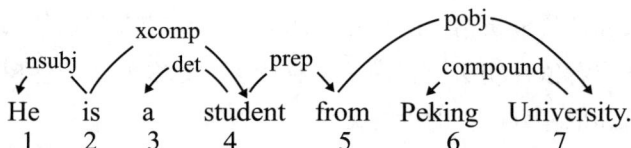

图 0.1 英语句子"**He is a student from Peking University.**"的依存结构分析

在图 0.1 中, 带有箭头的弧线连接了支配词和从属词这两个语言单位, 箭头由支配词指向从属词, 弧线上的标记表示依存关系类型。比如, 在句中, 主语"He"与系动词"is"之间存在依存关系, 标记为"nsubj", 其中"is"为支配词, "He"为从属词; 系动词"is"与表语"student"之间存在依存关系, 标记为"xcomp", 其中"is"为支配词, "student"为从属词。依存关系的具体类型可参考《斯坦福依存类型手册》（*Stanford Typed Dependencies Manual*）（de Marneffe & Manning, 2008）。

0.2 中国英语学习者依存树库

根据上一节提到的依存关系的基本概念, 一个句子通过依存关系可以构成具有层级性的依存树（dependency tree）, 基于依存关系所标注的语料库则称为依存树库（dependency treebank）。本书一系列研究的基础都是以中国英语学习者的英语作文为语料的自建的依存树库。本节重点介绍建立依存树库的主要过程, 包括收集原始语料、构建标注文本、制定标注细则、使用标注工具、整理和校对经过标注的文档。

项目前期, 我们秉持代表性和广泛性的原则, 收集了各阶段中国英语学习者的写作语料。收集对象涵盖英语初学者（小学生）以及具备相当英语水平的高阶学习者（研究生）, 力求充分反映中国英语学习者在各阶段的英语写作水平。同时, 我们对写作话题、写作要求、写作环境、语料采集的时间节点等变量都进行了一定程度的控制, 保证了该语料库的平衡性、可比性和系统性。

获得原始语料后, 我们需要将其输入电脑。不符合要求的语料被提前剔除, 如字数不符合要求、写作内容与话题无关、写作水平显著低于或高于现阶段水平的语料。输入时严格保留作文原貌，单词拼写、标点、语法错误等都如实按照学习者所写的进行输入。原始语料输入后保存为txt格式，并根据研究需要用统一方式命名，以便后期快速查找和提取所需语料。在本项目中，文本的名称为一个 10 位数的代码，分别表示学生的学校、年级、话题、作文序号等信息，10 位数后面还添加了字母 M 或 F，分别表示写作者是男性或女性，并保存在自己年级所对应的文件夹里。

本项目所使用的依存关系标注工具为斯坦福句法分析器（Stanford parser）。该工具是由斯坦福大学自然语言处理小组开发的开源句法分析器，是基于 Java 语言实现的。斯坦福句法分析器依托权威可靠的宾州树库（Penn Treebank）训练分析英语句法，同时也推出了面向汉语、德语、阿拉伯语、意大利语、保加利亚语、葡萄牙语等语言的句法分析功能。斯坦福句法分析器提供了多样化的分析输出形式，支持分词和词性标注文本输出、句法分析树输出、短语结构树输出、斯坦福依存关系输出等。目前，斯坦福句法分析器的官方网站仍在发布其更新信息，下载链接为 https://nlp.stanford.edu/software/lex-parser.shtml。

斯坦福句法分析器导出的 xls 文档包含四部分基本信息，即每个词在句中的词序、词性、支配词词序以及依存关系。根据我们团队的标注要求，我们增加了下列内容：1）篇章编号、句子编号（这两部分内容便于我们统计标注的篇章数量和句子数量）；2）支配词、支配词词性（原本只有支配词词序，增加这两部分内容后便于后续的相关研究）；3）依存距离、绝对依存距离（便于计算依存距离）。

我们以宾州树库为蓝本，参考《斯坦福依存类型手册》，同时结合我们研究的实际需求进行一定的优化，共总结了 38 种依存关系，制订了自己的依存关系和语言错误标注方法，包括分类和例子等。最后进入校对环节，主要分成三步：1）校对表格中一些相对次要的内容是否准确，包括编号、词序以及词性。2）检查句子中是否存在语法错误，目的是便于研究学生作文中的错误。为此，我们团队把语法错误分成词汇层面的和句法层面的。词汇层面语法错误有 10 大类、24 小类，包括拼写、大小写、词性误用等；句法层面语法错误有 12 大类、28 小类，包括成分缺失、成分赘余、时态错误等。3）判断机器标注的依存关系是否准确，并做人工修改。

经过上述步骤后，我们完成了整个标注过程。表 0.1 为 "He is a student from Peking University." 的完整标注信息。

本课题依存树库的建设历时 5 年之久，树库全称为"中国英语学习者依存树库"（Chinese English Learners' Dependency Treebank，简称 CELDT）。语料总量为 342671 词，分为记叙文语料库（220651 词）、议论文语料库（99938 词）和口笔语语料库（22082 词）。语料共涵盖 18 类学习者，分别为小学四年级到六年级、初一到初三、高一到高三、非英语专业大一和大二、英语专业大一到大四、英语专业研一和研二，以及非英语专业研一。

表 0.1 "He is a student from Peking University."的完整标注信息

篇章编号	句子编号	句中词序	词	词性	支配词序	支配词	支配词性	依存关系	依存距离	依存距离绝对值
1	1	1	He	PRP	2	is	VBZ	nsubj	1	1
1	1	2	is	VBZ	2	is	VBZ	root	0	0
1	1	3	a	DT	4	student	NN	det	1	1
1	1	4	student	NN	2	is	VBZ	xcomp	−2	2
1	1	5	from	IN	4	student	NN	prep	−1	1
1	1	6	Peking	NNP	7	University	NNP	compound	1	1
1	1	7	University	NNP	5	from	IN	pobj	−2	2

完成依存树库的建设之后，我们能很方便地提取和计算依存句法理论框架中的一些计量指标，尤其是两个极为重要的指标——依存距离和依存方向。下面两节将分别介绍这两个指标的基本概念及计算方法。

0.3 依存距离的基本概念和计算方法

依存距离（dependency distance, DD）是依存句法理论的一个重要概念，指的是句子中两个有句法关系的词之间的线性距离（Heringer et al., 1980; Hudson, 1995）。本书研究采用刘海涛（2009）提出的依存距离计算方法，所计算的对象可以是短语结构、句子结构，也可以是大规模的依存树库。计算依存距离时，先将词按线性顺序编号"$W_1, \cdots,$ $W_i, \cdots, W_n$"，支配词 W_a 和其从属词 W_b 的依存距离为 $a-b$；如果相邻词间具有依存关系，则依存距离计为 1（而不是 0）。若 $a>b$，依存距离大于 0，表明支配词的线性顺序在从属词之后；若 $a<b$，依存距离小于 0，表明支配词的线性顺序在从属词之前。在依存距离的相关研究中，如果抛开依存方向，研究者往往只考虑依存距离的绝对值（absolute dependency distance, ADD）。整个句子（或短语）的平均依存距离（mean dependency distance, MDD）计算公式为：

$$MDD = \frac{1}{n}\sum_{i=1}^{n}|DD_i| \qquad\qquad 公式（0.1）$$

公式 0.1 中，n 是句子中词的数量；DD_i 是第 i 个依存对的依存距离。在使用依存句法分析的句子中，原则上只有根节点没有支配词，它的依存距离被定义为 0。例如，在图 0.1 中，"He"和"is"的依存距离为 1；"is"为根节点；"a"和"student"的依存距离为 1；"is"和"student"的依存距离为−2；"student"和"from"的依存距离为−1；"Peking"和"University"的依存距离为 1；"from"和"University"的依存距离为−2。"He is a student from Peking University."整个句子的平均依存距离为（1+1+2+1+1+2）/6= 1.333。

在此基础上，我们可以计算更大的句子集合（如树库）的平均依存距离：

$$\text{MDD (the sample)} = \frac{1}{n-s} \sum_{i=1}^{n-s} |DD_i|$$ 公式（0.2）

依存距离（绝对值）[①]的大小反映了人类认知机制对于句法结构的约束作用（Ferrer-i-Cancho, 2004, 2014; 梁君英、刘海涛, 2016; H. Liu, 2008a）。有关句子加工机制的语言复杂性研究表明，当进行句法分析时，句子中的词被不断地储存于工作记忆之中，只有当词的支配词出现时，它才能从工作记忆中被删除（Hudson, 1984; H. Liu, 2008a）。因此，依存距离越大意味着词被储存的时间越长。由于人类的工作记忆容量有限，当储存的词的数量超过记忆容量时，就会对理解造成困难；相反，较小的依存距离能在一定程度上降低句子的理解难度。因此，受人类认知机制运作方式的限制，依存距离呈现最小化倾向。这可能是人类降低语言理解难度的重要手段之一（H. Liu, 2008a; Q. Lu & H. Liu, 2016）。

H. Liu（2008a）和 Hudson（1996）通过实证研究，证明了句子的平均依存距离可以很好地衡量句子的难度。H. Liu（2008a）明确提出了用依存距离作为语言难度的度量标准。他提出了三个假设：1）人脑语言分析算法倾向于最小化平均依存距离的线性语序；2）绝大部分人类语言的句子或文本的依存距离都不超过某个阈值；3）语法与认知机制共同将依存距离保持在这个阈值之内。这些假设的基本出发点是，人的认知结构（指工作记忆容量）以及语法的限制，使得人类语言倾向于依存距离最小化。他研究了20种语言的依存树库，发现人类语言有平均依存距离最小化的倾向，一般不大于4这个阈值；语法在限制依存距离方面也起着重要作用，从而验证了上述三个假设。这是首次用大规模的多语言树库进行的该类型的研究。

作为依存句法的重要概念之一，依存距离体现了词与词之间存在的句法关系的距离以及顺序。这个距离会影响人类语言的加工难度。通过与随机语言的依存距离进行对比，拉蒙·费雷尔坎乔（Ramon Ferrer-i-Cancho）和刘海涛证明了人类语言有依存距离最小化的共同倾向（Ferrer-i-Cancho, 2004; H. Liu, 2007, 2008a; Gildea & Temperley, 2010）。这是受普遍认知机制约束的一个语言普遍特征（梁君英、刘海涛, 2016; Ferrer-i-Cancho, 2004, 2006; H. Liu, 2007, 2008a; J. Jiang & H. Liu, 2015; Y. Wang & H. Liu, 2017）。句法（语法）对于依存距离实现最小化发挥着重要的作用（H. Liu, 2007, 2008a）。

经过本节的介绍，我们知道，如果不取绝对值，得到的依存距离可能为负值。依存距离值的正负指向是我们下一节将介绍的另一个重要概念和指标——依存方向。

---

① 一般而言，研究或比较依存距离的大小时，均使用其绝对值。

0.4　依存方向的基本概念和计算方法

语言类型学根据不同语言结构的相似性和差异性，概括语言的类型（Dressler，1973）。语言类型学的任务是通过研究世界上人类自然语言丰富的结构，发现特定的属性，将语言进行分类（Song，2001）。在以词序为基础的类型学研究中，句子中句法单位的线性顺序常被作为区分不同语言的初级方法。在约瑟·哈罗德·格林伯格（Joseph Harold Greenberg）提出的 45 条语言共性中，有 28 条涉及句法单位的顺序或位置（Greenberg，1963），如主语、宾语和谓语动词的基本词序。马修·德赖尔（Matthew Dryer）研究了 625 种语言的具体的词序的相关性，发现基于二元参数的 OV vs. VO 和 SV vs. VS 对于语言分类更有用（Dryer，1992，1997）。这些研究都表明，句子中两个句法单位的线性顺序和二元关系是提取人类语言类型学特征的重要方法。使用支配词和从属词的位置来进行语言分类有着悠久的传统（Tesnière，1959）。支配词可以在从属词之前或之后，这种现象被称作依存关系的依存方向（dependency direction）。我们将支配词在从属词之前的依存关系称为支配词居前（head-initial）的依存关系，支配词在从属词之后的称为支配词居后（head-final）的依存关系（H. Liu，2010）。如图0.1，支配词"is"在从属词"He"之后，支配词"student"在从属词"a"之后，支配词"University"在从属词"Peking"之后，它们构成了支配词居后的依存关系；支配词"is"在从属词"student"之前，支配词"student"在从属词"from"之前，支配词"from"在从属词"University"之前，它们构成了支配词居前的依存关系。

依存方向的分布（支配词居后和居前依存关系的比例）通过以下两个公式（H. Liu，2010）计算可得：

$$支配词居后依存关系比例 = \frac{支配词居后依存关系数量}{依存关系总数} \times 100\% \qquad 公式（0.3）$$

$$支配词居前依存关系比例 = \frac{支配词居前依存关系数量}{依存关系总数} \times 100\% \qquad 公式（0.4）$$

通过以上公式，我们可以计算句子"He is a student from Peking University."依存方向的百分比。该句中，支配词居后的依存关系有 3 个，支配词居前的依存关系也是 3 个。因此，该句中，支配词居后与支配词居前的依存关系占比均为 50%。

在依存句法的框架下，基于依存树库的依存方向计量可以作为一种语言分类和类型学的指标（H. Liu，2010; H. Liu & C. Xu，2012; J. Jiang & H. Liu，2015; Y. Wang & H. Liu，2017）。比如，H. Liu（2010）研究了 20 种语言的依存方向分布情况。研究发现，有些语言更加偏向支配词居前，有些偏向支配词居后，但是这些语言都包含支配词居前和支配词居后的成分。这 20 种语言可以放置在一个连续统上，连续统的两端分别是支配词完全前置和支配词完全后置的语言类型。研究结果表明，从依存树库提取的"主语+谓语动词""宾语+谓语动词""形容词+名词"的数据与前人使用传统方法所得的结果相似。该研究采用的是基于树库的方法，能够十分有效地将语言置于语言类型的连续统中，并且计量的方法也可以很好地用于语言分类。同样基于树库，H. Liu 和 C. Xu（2012）用计量的方法研究了两个重要的语言类型学问题：1）计量的方法和指标是否能很好地描述从拉丁语到罗曼语句法的历时变化特征？ 2）计量的方法和指标是否能够揭示罗曼语共同的句法特征，并且将它们定义为独立的语言亚族？研究结果表明，依存方向的分布能回答以上两个问题，并且给出了肯定的答案。J. Jiang 和 H. Liu（2015）基于汉英平行依存树库，研究了句长对于依存距离和依存方向的影响。研究发现，对于语言分类，相比于依存距离，依存方向是更可靠的指标。基于不同文体的英语依存树库，Y. Wang 和 H. Liu（2017）研究了不同文体对于依存距离和依存方向的影响。研究发现，文体对于依存方向的影响很小。这进一步证明了依存方向作为语言分类指标的可靠性。

　　引论介绍了依存句法的一些基本概念、依存树库的建设方法、依存距离的基本概念和计算方法以及依存方向的基本概念和计算方法。本书其余各章将详细介绍我们团队基于自建的 CELDT 开展的系列研究。

1 句法复杂度发展及影响因素

1.1 引　言

　　句法复杂度指的是语言产出中不同句法单位的数量以及各句法单位之间的关系（Bulté & Housen, 2012），包括句法成熟度和句法多样度两大维度（P. Bi & J. Jiang, 2020）。句法成熟度测量的是语言产出单位的长度，如子句（clause）、T单位（T-unit）和句子（sentence），以及特定句法结构的使用密度，主要包括从属结构、并列结构和复杂名词短语等。句法多样度测量的是语言产出中句法结构的多样性，即不同句法结构使用的数量。作为描写二语产出（包括书面语产出和口语产出）文本特征的主要维度之一，句法复杂度在二语习得和二语写作研究中具有重要的作用和意义。句法复杂度指标可被用来"衡量语言水平、描述语言特征和追踪语言发展"（Ortega, 2012: 128）。据此，研究者可以通过测量学习者语言中句法复杂度指标在一段时间内的变化，来了解学习者语言习得的具体情况，包括习得了什么和怎样习得等（Bulté & Housen, 2014）。相关研究的开展有助于二语习得理论的构建和验证。比如，大批研究旨在通过测量学习者语言中句法复杂度的历时变化，窥探学习者口语能力或写作能力发展的系统性和个体差异，从而验证和丰富复杂动态系统理论（Bulté & Housen, 2018; Larsen-Freeman, 2006; Spoelman & Verspoor, 2010; Verspoor et al., 2008）。由于大多数二语句法复杂度研究都围绕学习者书面语展开，所以这些研究也可以推动相关二语写作理论的发展。具体而言，句法复杂度研究乃至其他文本特征研究，如词汇丰富度研究、准确度和流利度研究都更多地关注写作的最终产物，即写作文本，所以就写作理论视角而言，此类研究更多地采用写作产物视角（product-oriented approach），注重分析写作文本不同维度的语言学特征，从而了解高分作文或高水平作文的语言特点，以提高写作教学的效果（Hyland, 2009）。

　　二语句法复杂度研究最早可追溯到 20 世纪 70 年代。当时，以戴安·拉森－弗里曼（Diane Larsen-Freeman）教授为代表的一批学者开始借用一语语言能力发展研究的成果，使用平均句长和平均T单位长度，以及并列结构密度等指标探索二语写作中句法复杂度的发展情况，以期找到衡量语言水平或写作水平最有效的指标（如 Larsen-Freeman, 1978; Larsen-Freeman & Storm, 1977; Perkins, 1980）。在随后的二三十年间，相关研究方兴未艾，蓬勃发展，但是一些问题也日益明显。Bulté 和 Housen（2012）、Norris 和 Ortega（2009）以及 Wolfe-Quintero 等（1998）先后提到，当时的句法复杂度研究存在的主要问题是使用了简化的方法来测量句法复杂度。以往的研究大多只采用长度指标或从属结构密度指标来观测句法复杂度中某一两个维度的特征。然而，句法复杂度是一个多维度构念，至少包括了四个维度的特征——长度、并列结构密度、从属结构密度和短语复杂度（Bulté & Housen, 2012; X. Lu, 2011; Norris & Ortega, 2009; Ortega, 2012）。X. Lu（2011）认为，造成这一局面的主要原因是受技术的制约，2010 年前的研究大多只能依靠手动标注来获取学习者语言中句法结构的信息，从而计算句法复杂度指标的值。由于人工标注耗时、耗力、耗资，所以大多数研究者出于对实际情况的考量，只选取了一些易于手动标注和计算的指标，进而只考察了学习者语言中一两个维度的句法复杂度特征。随着自然语言处理技术的发展和自动化句法分析器的开发与应用，2010 年后的研究逐步解决了这一问题，采用了不同维度的若干个句法复杂度指标来捕捉学习者语言中句法复杂度的多维度特征。

经过 40 多年的发展，二语句法复杂度研究日益成熟，目前主要可分为三类：1）采用横截面的研究（cross-sectional study），比较不同语言水平组学生二语产出中句法复杂度的异同，以期找到能评估二语水平最可靠的句法复杂度指标（Casal & Lee, 2019; J. Jiang et al., 2019; Khushik & Huhta, 2020; X. Lu, 2011; 鲍贵，2009; 李梦骁、刘永兵，2016）；2）采用跟踪性研究（longitudinal study），追踪学生语言产出中句法复杂度的历时变化，以评估留学或教学指导的作用（Knoch et al., 2014; Serrano et al., 2012），抑或验证复杂动态系统理论的核心观点（Spoelman & Verspoor, 2010; Vyatkina et al., 2015; 郑咏滟、冯予力，2017）；3）将句法复杂度指标视为因变量，任务（任务文体、体裁、话题）、环境（目标语作为二语或者外语；写作环境，即限时或非限时写作）以及学习者（性别和母语）相关因素视为自变量，考量这些因素对二语句法复杂度的影响（Barrot & Gabinete, 2019; Crowhurst & Piche, 1979; Lahuerta, 2018; X. Lu, 2011; Yoon & Polio, 2017）。尽管相关研究层出不穷，已取得了丰硕的成果，但是每一类型下的研究仍存在一定的局限。二语句法复杂度研究是本课题的重要组成部分。课题组结合现有句法复杂度研究存在的不足，在依存句法理论视域下对二语句法复杂度的主要研究议题进行了初探，包括句法复杂度与二语水平的关系以及体裁对二语写作句法复杂度的影响。本章包含三个具体的研究：1）粗颗粒句法复杂度和细颗粒句法复杂度的发展；2）句法复杂度与学习者作文分数的关系；3）体裁对句法复杂度的影响。本章第 2—4 节将一一介绍这三项研究，最后一节将总结现有句法复杂度研究存在的问题，并试图提出解决方案。

1.2 粗颗粒句法复杂度和细颗粒句法复杂度的发展

本研究旨在探索中低水平中国英语学习者作文中句法复杂度发展的动态特征。研究既使用了传统的粗颗粒句法复杂度指标（large-grained syntactic complexity measure）（如长度指标、从属结构密度指标、并列结构密度指标和复杂名词短语数量指标），也使用了细颗粒句法复杂度指标（fine-grained syntactic complexity measure）（如不同的从属结构类型标准化频率和不同的名词短语类型标准化频率）。关注语言水平较低的中学英语学习者的研究不多，但这个群体并不小。本研究旨在揭示该群体的作文句法复杂度的发展特征。同时，细颗粒指标的使用可以让我们发现学习者作文中特定结构的发展概况，包括三种从句类型和五种名词短语的使用情况。

1.2.1 研究背景

句法复杂度与二语水平或二语写作水平的关系是二语句法复杂度研究重点之一。此类研究的目的主要是找到能够预测二语语言水平或二语写作水平的有效指标，这些指标在日后的教学和研究中可作为衡量语言水平的标尺（Ortega, 2012）。在二语习得研究和日常语言教学实践中，语言水平无疑是最重要的变量之一，研究者和教师常常需要一些可靠的指标或标尺来量化学习者的语言水平。语言水平考试分数则被认为是量化语言水平的最佳指标（Carlsen, 2012）。然而，在开展相关研究时，学生的语言水平考试分数往往很难获取。同时，考试分数也只和目标考试挂钩，所以不同考试的分数没有可比性。综上，考试分数虽然是界定学生语言水平的理想方式，但却很难被应用到二语研究和日常教学实践中（Ortega, 2012）。为了找到更加便捷和有效的语言水平量化方式，应用语言学研究者把目光转向了二语产出的文本特征，通过探索复杂度（complexity）、准确度（accuracy）和流利度（fluency）（合称CAF）指标与二语水平的关系，来找到衡量语言水平的最佳指标。与语言水平考试分数相比，CAF指标更易获取，也可在不同的场合使用，更具有可比性。在此背景下，如前文所述，自20世纪70年代以来，已有大量研究探讨了句法复杂度与二语水平的关系。这些研究大多采用横截面的研究设计，比较了不同水平组学生作文或口语产出中句法复杂度的异同。如果某句法复杂度指标在高水平组学生语言产出中被较多使用，则该指标可被视为衡量语言水平的最佳指标。相关研究发现长度指标和名词短语使用密度指标可有效地衡量二语水平，但就从属句使用数量这一指标的有效性而言，研究者没有达成一致。部分研究发现从属句使用密度不能区分二语水平（如Kyle & Crossley, 2018; X. Lu, 2011; Yoon, 2017），而其他研究却有相反的发现（如Khushik & Huhta, 2020; Lahuerta, 2018）。除了研究结果不一致外，句法复杂度与二语水平关系的研究还存在以下三方面的不足。

其一，现有研究大多聚焦水平较高的大学生或研究生，探讨他们二语产出中的句法复杂度与语言水平的关系（如Crossley & McNamara, 2014; X. Lu, 2011; Paquot, 2019; Parkinson & Musgrave, 2014; Yoon, 2017）。聚焦中低水平学生的研究不足，就导致研究者和语言教师对这一群体二语产出中的句法复杂度特征认识不够，所以，他们一般都会借用针对高水平学习者的研究成果，来衡量中低水平学习者的写作或口语发展。但是，越来越多的实证数据表明，能衡量水平较高的大学生或研究生二语发展的句法复杂度指标可能并不适用于水平较低的中学生（Ishikawa, 1995; Verspoor et al., 2017）。Ortega（2015）以及X. Lu（2011）认为，在英语学习的初始阶段，低水平学习者会更多地使用并列结构（coordination）来遣词造句；随着语言习得的深入，中水平学习者可能更倾向于使用从属结构（subordination）来连词成句；而高水平学习者则会使用名词短语（nominal phrase）替代从属结构来表意。由此可见，不同语言水平的学习者由于语言能力，尤其是句法能力的不同，在自己的口语或写作中可能会使用不同的句法结构。所以，我们需要使用不同的句法复杂度指标来捕捉不同水平的语言学习者语言产出中的句法特征。除了实证数据外，一些研究者也希望从语言学理论或者语言习得理论中寻找证据来证明这一点。比如，Ortega（2012）从系统功能语言学（systemic functional linguistics theory）的视角阐述了不同水平阶段的学习者语言中句法结构会呈现不同的复杂形式的原因。具体而言，系统功能语言学认为，句法能力发展主要经历了三个阶段：并列（parataxis）、从属（hypotaxis）以及语法隐喻（grammatical metaphor）。名词短语的使用是语法隐喻的重要表现形式之一。换言之，系统功能语法理论也认为，不同水平阶段的学生会使用不同的句法手段来使自己的语言变得更加复杂。本章试图从复杂动态系统理论（complex dynamic systems theory, CDST）的角度对该现象做出阐释。复杂动态系统理论认为，学习者的语言能力发展是一个复杂动态的过程（Bulté & Housen, 2018; Spoelman & Verspoor, 2010; Verspoor et al., 2008; Verspoor et al., 2012）。不同水平阶段的学习者的句法能力有所不同，所以需要不同的句法复杂度指标来衡量他们的二语发展。综上，由于中低水平学习者在现有研究中没有受到足够的重视，研究者亟须开展更多面向水平较低的中学生的句法复杂度研究。

其二，以往的句法复杂度研究大多采用传统的粗颗粒句法复杂度指标来测量学习者语言中的句法复杂度（如Bulté & Housen, 2014; X. Lu, 2011; X. Lu & Ai, 2015; J. H. Park, 2017; Yoon & Polio, 2017）。粗颗粒指标由于太过于笼统和宏观，难以揭示学习者语言中具体结构的使用情况（Biber et al., 2011）。以每个子句中从属句数量（dependent clauses per clause, DC/C）为例，该从属句使用密度指标只能反映学习者语言中从属句使用的密度以及数量。但是，英语中常见的从属句类型有三种：宾语从句、状语从句和定语从句（Biber et al., 1999），而DC/C这一粗颗粒指标无法显示出学习者语言中每一种从句类型的使用概况。例如，文本1和文本2中的从属句使用数量和密度都相同（DC/C=0.5），但是从属句的类型构成却不尽相同。文本1使用了三个状语从句和一个宾语从句，而文本2使用了两个状语从句、一个宾语从句和一个名词性从句。此外，每个子句中的复杂名词短语数量（complex nominals per clause, CN/C）这一指标也存在同样的问题。在英语中，常见的名词短语修饰语有 5 种，分别为：形容词性物主代词、名词作定语、形容词作定语、介词短语作定语和定语从句（Biber et al., 1999）。所以，名词短语使用密度这一粗颗粒指标无法反映学习者语言中名词短语的具体构成。

文本 1（58 个词，4 个句子，4 个 T 单位，8 个子句，4 个从属句）

On Tuesday morning, I didn't catch the early bus because I got up late. When I got to school, it was nearly 7:20 a.m. By the way, we were supposed to arrive at classroom before 7:05 a.m. I felt nervous on my way to the classroom, because I thought Ms. Chen was going to be angry with me.

文本 2（58 个词，4 个句子，4 个 T 单位，8 个子句，4 个从属句）

On Tuesday morning, I was late for school due to the fact that I didn't catch the early bus. I arrived at school, when it was 7:20 a.m. However, we were supposed to arrive at classroom before 7:05 a.m. I felt nervous on my way to the classroom, because I thought Ms. Chen would be angry with me.

其三，研究方法上，句法复杂度研究还存在细颗粒指标标注信度较低的局限。近来，学界越来越多的研究者认识到粗颗粒指标的不足，开始在研究中使用一些细颗粒指标，探索中介语中具体句法结构的发展概况。为了快速、准确地提取学习者语言中的目标句法结构，比如上述三种从属句类型和五种复杂名词短语修饰语类型，研究者越来越依赖经句法标注的语料库，因为使用关键词检索等技术在未经句法标注的生语料中检索无法准确获取目标结构（Gablasova et al., 2017）。尽管部分研究者使用了经句法标注的语料库来提取目标结构，但是大部分标注都是由机器直接完成的，而机器标注并不适用于错误较多的中介语。Vyatkina 等（2015）观察到，使用 Tree Tagger 对中介语自动词性赋码时，其准确率会急剧下降。对于这一问题，Vyatkina 等（2015）给出了解决方案：在机器标注完毕后，人工核对机器标注，以提高标注信度。但是，总的来说，大多数研究者在使用机器对中介语进行句法标注时，都忽视了机器标注的信度（如 Kyle & Crossley, 2018; Paquot, 2018）。

1.2.2 研究方法

1.2.2.1 研究问题

综上，为了弥补句法复杂度研究领域存在的不足，本研究旨在探索水平较低的中学生作文中句法复杂度的多维度特征；除粗颗粒句法复杂度指标外，研究还使用了细颗粒指标，来探索学习者语言中三种从属句类型和五种名词短语类型的发展情况。为了提取这些目标结构，本研究对语料进行了依存句法标注，标注由斯坦福句法分析器和人工共同完成。具体的研究问题如下：

研究问题 1：哪些粗颗粒句法复杂度指标可以区分中学英语学习者的写作水平？

研究问题 2：哪些细颗粒句法复杂度指标可以区分中学英语学习者的写作水平？

1.2.2.2 语　料

本研究所用语料为课题组自建的 CELDT 中学子库中的 410 篇记叙文。该批语料在 2015 年从某省一所初中（初一至初三年级）和一所高中（高一至高三年级）收集而来。该写作任务要求学生在课堂 30 分钟内，以"My Weekend（我的周末）""An Embarrassing Experience（一段尴尬的经历）""An Unforgettable Experience（一段难忘的经历）""An Annoying Experience（一段令人不快的经历）"为题，写一篇记叙文。话题按照人数平均分配。参与者为来自以上 6 个年级的 13 岁到 18 岁的中学英语学习者，母语为汉语，英语水平为中等偏下以及中等。同时，为了更好地解决两个研究问题，我们依据学生作文分数的四分位数将这 410 篇语料分成 4 个写作水平组，组别 1 有 103 篇作文，每篇平均 89 个词；组别 2 有 104 篇作文，每篇平均 122 个词；组别 3 有 102 篇作文，每篇平均 154 个词；组别 4 有 101 篇作文，每篇平均 168 个词（见表 1.1）。

表 1.1　410 篇作文在 6 个年级组和 4 个水平组的分布

组别	G7	G8	G9	G10	G11	G12	总计
1	50	26	27	0	0	0	103 (89)
2	17	35	30	7	12	3	104 (122)
3	1	5	21	31	24	20	102 (154)
4	0	0	9	24	30	38	101 (168)
总计	68 (91)	66 (104)	87 (129)	62 (160)	66 (168)	61 (150)	410

注：G7—G9 依次分别表示初一至初三年级组，G10—G12 依次分别表示高一至高三年级组，下表同；括号中展示的是该组别作文的平均篇幅（词数）。

两位阅卷经验丰富的高中英语教师采用"剑桥初级英语考试"（Preliminary English Test, PET）写作部分的评分标准，对这 410 篇语料进行了评分。PET 面向的是中低水平英语学习者，所以该考试的评分标准可用来给本研究参与者的作文评分。PET 考试写作部分的评分标准属于分项评分标准（independent rating rubrics），共含有四个子项：内容（content）、交际充分性（communicative achievement）、结构（organization）和语言使用（language use）。每篇作文的总分是这四个子项的分数之和。在正式评分之前，课题组成员对两位评分员进行了评分培训（包括试评）。每篇作文都由两位评分员评分，所得均分作为该篇作文的最后得分。两位评分员所给的作文分数高度相关，尤其是与本研究密切相关的语言单项分（$r=0.811, p<0.001$）和最后作文的总分（$r=0.883, p<0.001$），说明整个评分过程科学、有效。表 1.2 展现了每个年级组和每个水平组作文分数的描述性统计数据。我们使用方差分析检验了 4 个水平组作文分数的差异。结果显示，高水平

组学生作文分数显著高于低水平组学生作文分数；事后多重分析进一步显示，相邻的每两个水平组学生作文分数也存在显著差异。上述结果表明，高水平组学生的写作水平要显著高于低水平组学生的写作水平。

表 1.2　不同水平组和年级组学生作文分数描述性统计数据

指标	写作水平组				年级水平组					
	组别 1	组别 2	组别 3	组别 4	G7	G8	G9	G10	G11	G12
数量	103	104	102	101	68	66	87	62	66	61
均值	10.621	13.514	15.711	17.767	11.316	12.656	13.477	16.282	16.212	17.057
标准差	0.124	0.071	0.055	0.075	1.734	1.734	2.517	1.240	1.829	1.469
全距	7.0—12.0	12.5—14.5	15.0—16.5	17.0—20.0	7.0—15.5	8.0—16.0	7.5—19.0	13.5—19.5	12.0—20.0	12.5—19.5

1.2.2.3　指标与工具

本研究共使用了 7 个粗颗粒句法复杂度指标和 8 个细颗粒句法复杂度指标。为了提高分析效率，我们决定充分利用自动化句法复杂度分析器进行粗颗粒指标的分析，最终选择了常用的二语句法复杂度分析器。该分析器由宾夕法尼亚州立大学的陆小飞设计（X. Lu, 2010），可自动分析出中介语 5 个维度下的 14 个句法复杂度指标的值（见表 1.3），结果有效、可靠（X. Lu, 2010; Yoon, 2017）。值得注意的是，这 14 个指标存在冗余（Norris & Ortega, 2009），即多个指标测量的是同一个维度下的句法复杂度，比如从属子句使用量这个维度下存在 4 个指标（见表 1.3）。

表 1.3　二语句法复杂度分析器中 14 个粗颗粒指标

维度	指标
单位长度	平均子句长（mean length of clause, MLC）
	平均 T 单位长（mean length of T-unit, MLT）
	平均句长（mean length of sentence, MLS）
句子复杂度	每个句子中的子句数量（clauses per sentence, C/S）
从属子句使用量	每个 T 单位中的子句数量（clauses per T-unit, C/T）
	复杂 T 单位比率（即每个 T 单位中的复杂 T 单位数量）（complex T-units per T-unit, CT/T）
	从属子句比率（即每个子句中的从属子句数量）（dependent clauses per clause, DC/C）
	每个 T 单位中的从属子句数量（dependent clauses per T-unit, DC/T）
并列结构使用量	并列句比率（即每个句子中的 T 单位数量）（T-units per sentence, T/S）
	每个子句中的并列短语数量（coordinate phrases per clause, CP/C）
	每个 T 单位中的并列短语数量（coordinate phrases per T-unit, CP/T）
特定短语结构	每个子句中的复杂名词短语数量（complex nominals per clause, CN/C）
	每个 T 单位中的复杂名词短语数量（complex noun phrases per T-unit, CN/T）
	每个 T 单位中的动词短语数量（verb phrases per T-unit, VP/T）

就数据处理而言，指标的冗余会导致共线性（multi-collinearity）等问题，进而影响

统计结果（Ortega, 2012）。因此，我们按照Yoon（2017）提出的三个标准，即"冗余、信度和构念的唯一性"（redundancy, validity, and construct distinctiveness），从这14个指标中选取了7个指标，分别为：平均子句长（MLC）、平均T单位长（MLT）、平均句长（MLS）、每个子句中的从属子句数量（DC/C）、每个句子中的T单位数量（T/S）、每个子句中的并列短语数量（CP/C）、每个子句中的复杂名词短语数量（CN/C）。

此外，我们还采用8个细颗粒句法复杂度指标来衡量中介语中不同从属句类型和名词短语修饰语类型的使用情况。这8个指标包括3个从属句类型频率的指标：状语从句标准化频率（advcl）、宾语从句标准化频率（ccomp）和定语从句标准化频率（acl:recl）；5个名词短语修饰语类型频率的指标：形容词性物主代词标准化频率（nmod:poss）、名词作定语标准化频率（nn）、形容词作定语标准化频率（amod）、介词短语作定语标准化频率（prep:attr）和限定性定语从句标准化频率（acl:recl1）（见表1.4）。这8个细颗粒指标的值从依存树库中计算得出。具体而言，首先，我们在依存树库中检索8个目标依存关系以提取相应的句法结构，统计其频率；其次，为了避免文章长度对频率的影响，我们计算了这8个目标句法关系的标准化频率，即每百词出现的频率。

表1.4　8个细颗粒句法复杂度指标

维度	指标	依存关系	例子
从属句	状语从句标准化频率	advcl	We were just looking at each other when the bus drove away.
	宾语从句标准化频率	ccomp	My friends think I am a good boy.
	定语从句标准化频率	acl:recl	He speaks so loudly, which makes me uncomfortable.
名词短语修饰语	形容词性物主代词标准化频率	nmod:poss	his mother
	名词作定语标准化频率	nn	cartoon books
	形容词作定语标准化频率	amod	a good boy
	介词短语作定语标准化频率	prep:attr	the skill about debate
	限定性定语从句标准化频率	acl:recl1	the food that I had ordered

1.2.2.4　数据分析

在分析数据时，我们使用了单因子MANOVA检验（one-way multivariate analysis of variance）或Kruskal-Wallis（非参数）检验来考察15个句法复杂度指标在4个写作水平组间的差异。具体而言，如果目标指标服从正态分布，使用MANOVA检验，反之则用Kruskal-Wallis检验。Q-Q图显示，15个句法复杂度指标都不服从正态分布，所以我们对数据进行了对数处理，将原始数据进行了转换。对数转换后，有7个指标（MLC、MLT、MLS、DC/C、CN/C、nmod:poss、amod）的值服从正态分布，我们采用MANOVA检验来探索它们的组间差异。同时，仍有8个指标（T/S、CP/C、advcl、ccomp、acl:recl、nn、prep:attr、acl:recl1）的值在对数转换后不服从正态分布，我们使用Kruskal-Wallis检验来探讨这8个指标在4个写作水平组间的差异。

1.2.3 结果与讨论

1.2.3.1 粗颗粒句法复杂度发展

表1.5呈现了7个粗颗粒句法复杂度指标在4个水平组的描述性数据，图1.1展现了这7个指标的发展趋势。

表1.5 7个粗颗粒指标的描述性数据

组别	MLC $M(SD)$	MLT $M(SD)$	MLS $M(SD)$	DC/C $M(SD)$	T/S $M(SD)$	CP/C $M(SD)$	CN/C $M(SD)$
1	6.701(0.127)	7.684(0.162)	7.981(0.182)	0.13(0.011)	1.04(0.008)	0.133(0.012)	0.382(0.021)
2	6.708(0.091)	9.091(0.215)	10.007(0.276)	0.21(0.012)	1.10(0.014)	0.115(0.009)	0.440(0.019)
3	7.004(0.105)	10.834(0.235)	12.209(0.307)	0.30(0.010)	1.12(0.013)	0.119(0.009)	0.571(0.022)
4	7.515(0.134)	11.833(0.250)	13.122(0.262)	0.33(0.010)	1.12(0.011)	0.139(0.010)	0.647(0.025)

注：M（mean）指均值；SD（standard deviation）指标准差。

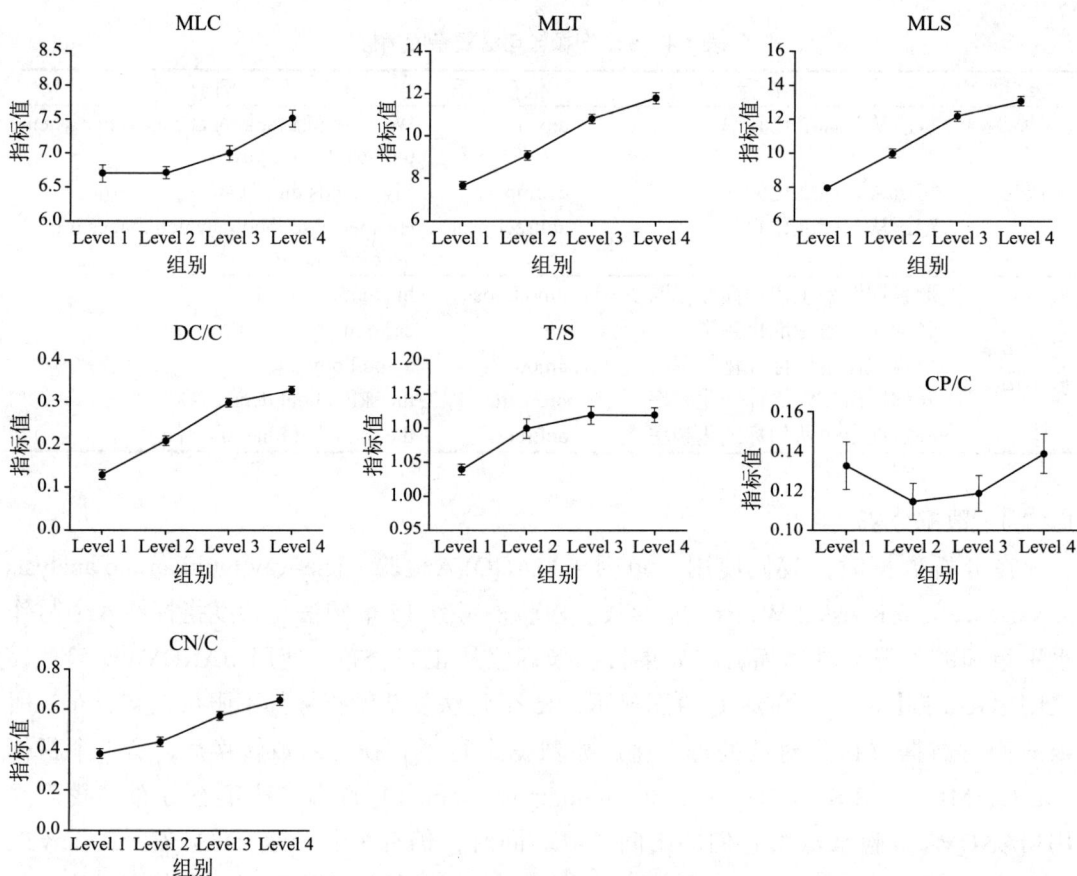

图1.1 7个粗颗粒句法复杂度指标发展趋势

由表 1.5 和图 1.1 可见，随着写作水平提高，中学英语学习者在作文中使用了更多的从属句、并列句和名词短语。这些结构使高水平组学生作文的句法单位更长，包括子句、T 单位和句子。但是，CP/C 指标的发展趋势不明显。MANOVA 中的 Pillai's trace 显示，粗颗粒指标的值在 4 个水平组间存在显著差异（$F=15.376$, $p<0.001$）。后续单一变量比较（follow-up univariate comparisons）结果表明，所检测的 5 个指标在 4 个水平组间均存在显著差异：MLC（$F=11.078$, $p<0.001$, $\eta^2=0.076$），MLT（$F=82.247$, $p<0.001$, $\eta^2=0.378$），MLS（$F=91.076$, $p<0.001$, $\eta^2=0.402$），DC/C（$F=70.580$, $p<0.001$, $\eta^2=0.343$），CN/C（$F=32.767$, $p<0.001$, $\eta^2=0.195$）。其中 MLT、MLS 和 DC/C 这 3 个指标的效应量值大于 0.3，表明这 3 个指标超过 30% 的方差可由学习者的写作水平解释。我们还使用 Bonferroni 事后检验比较了这 5 个指标在相邻的每 2 个水平组间的差异，结果显示 MLT、MLS 和 DC/C 这 3 个指标可以区分多个相邻写作水平组（见表 1.6）。Krusal-Wallis 检验的结果表明，T/S 的值在 4 个写作水平组间也具有显著差异（$\chi^2=38.042$, $p<0.001$）。

表 1.6 Bonferroni 事后多重比较结果

组别	MLC	MLT	MLS	DC/C	CN/C
1—2		0.000	0.000	0.000	
2—3		0.000	0.000	0.000	0.000
3—4	0.020	0.019			

上述结果表明，7 个粗颗粒句法复杂度指标中，除 CP/C 之外的其余 6 个指标，包括 MLC、MLT、MLS、DC/C、T/S 以及 CN/C，在 4 个写作水平组都呈显著差异。其中，MLT、MLS、DC/C 这 3 个指标效应量大，并且可以区分多个相邻的写作水平组，因此这 3 个指标能更好地衡量中学英语学习者的二语写作水平。长度指标在以往的众多研究中也被发现可以较好地预测二语写作水平，无论是针对中高水平的大学生或研究生，还是中低水平的初高中生（Alexopoulou et al., 2017; Lahuerta, 2018; X. Lu, 2011）。名词短语使用密度指标 CN/C 也有近似的区分效果（Khushik & Huhta, 2020; X. Lu, 2011）。所以，无论学习者的语言水平高低，长度指标和名词短语使用数量指标都可有效地衡量二语写作水平。然而，尽管本研究以及其他面向中低水平学习者的研究发现从属句使用数量指标 DC/C 可以衡量语言水平，也有一些面向高水平学习者的研究得出了相反的结论（Kyle & Crossley, 2018; Paquot, 2019）。这表明，能衡量高水平学习者二语水平的指标可能并不同样适用于衡量中低水平学习者的语言发展。更进一步说，我们的发现再次验证了复杂动态系统理论的基本观点：学习者的语言能力发展是一个复杂动态的过程。

此外，我们还发现，尽管 3 个长度指标，即 MLC、MLT 和 MLS 在 4 个水平组间均呈现显著差异，但是这 3 个指标的效应量不同，并且在区分相邻水平组上的效果也不同。这表明，3 个长度指标虽然表面上测量的是同一维度，即单位长度，但实际上也体现了不同维度的复杂特征。MLC 主要测量的是短语层面复杂度，因为在一个子句内，能影响子句长度的往往是短语的数量和长度；同理，在一个T单位内，能影响T单位长度的常常是子句的使用数量和长度，尤其是从属子句。所以，MLT测量的主要是小句层面复杂度；而在一个句子内，短语的密度和长度，以及小句的密度和长度都可影响句子长度，因此MLS测量的是语言产出的整体复杂度。比如，句子（1）—（3）都表达了相同的意思，但运用了不同的结构。句子（1）与（2）的MLT和MLS的指标值近似，但是句子（2）的平均子句长度明显高于句子（1），主要原因是句子（2）使用了现在分词短语，大大增加了该句的平均子句长度，所以短语的使用情况是影响MLC值的主要原因。句子（1）和句子（3）的MLC值以及MLS的值相近，但是句子（1）的MLT值几乎是句子（3）的两倍，主要是因为句子（3）没有使用任何的从属句。三个句子的MLS值相似，但是使用了不同的句法结构，得到了不同的句子长度。

（1）He is a lazy student, who always gets up late. (MLC=5; MLT=10; MLS=10)

（2）Being a lazy student, he always gets up late. (MLC=9; MLT=9; MLS=9)

（3）He is a lazy student and he always gets up late. (MLC=5.5; MLT=5.5; MLS=11)

1.2.3.2　细颗粒句法复杂度发展

表1.7和图1.2呈现了3个与从属句类型相关的细颗粒指标的发展趋势。高水平组的学生比低水平组学生在作文中使用了更多的宾语从句、状语从句和定语从句。Kruskal-Wallis检验结果显示，3个与从属句类型相关的细颗粒指标在4个写作水平组之间差异显著：advcl (χ^2=79.348, p<0.001)，ccomp (χ^2=58.344, p<0.001)，acl:recl (χ^2=147.599, p<0.001)。

表1.7　3个从属句类型细颗粒指标的描述性统计数据

组别	advcl $M(SD)$	ccomp $M(SD)$	acl:recl $M(SD)$
1	0.61(0.100)	0.68(0.101)	0.01(0.008)
2	1.28(0.117)	1.49(0.144)	0.31(0.060)
3	1.56(0.092)	1.89(0.131)	0.79(0.086)
4	1.92(0.111)	1.76(0.135)	1.01(0.074)

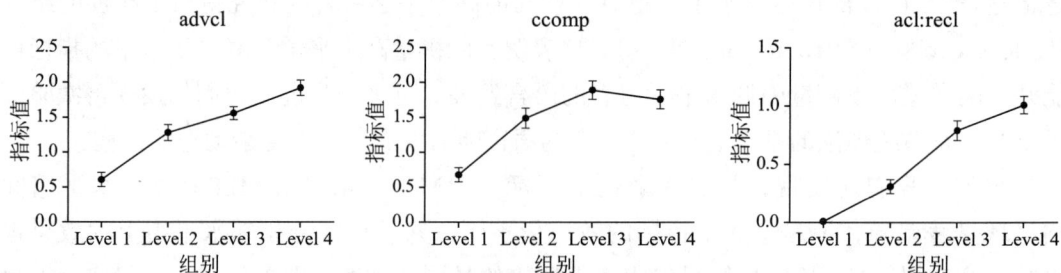

图1.2　3个从属句类型细颗粒指标的发展趋势

表 1.8 和图 1.3 展示了 5 个与名词短语修饰语类型相关的细颗粒指标在 4 个写作水平组上的描述性统计数据。2 个前置定语类型的频率，即前置名词和形容词作定语，在 4 个水平组中总体呈下降趋势，而 2 个后置定语类型，即介词短语作定语和限定性定语从句，则呈明显上升趋势。形容词性物主代词的频率随写作水平的提升呈现先升后降的趋势。推断性统计结果表明，nn（χ^2=39.245, p<0.001）、prep:attr（χ^2=74.917, p<0.001）和 acl:recl1（χ^2=123.885, p<0.001）的值在不同写作水平组间具有显著差异，而 amod（F=0.371, p=0.774, η^2=0.003）和 nmod:poss（F=0.848, p=0.468, η^2=0.006）没有显著的组间差异。

表 1.8　5 个名词短语修饰语类型细颗粒指标的描述性统计数据

组别	前置定语类型			后置定语类型	
	nmod:poss $M(SD)$	nn $M(SD)$	amod $M(SD)$	prep:attr $M(SD)$	acl:recl1 $M(SD)$
1	3.634(0.207)	2.329(0.189)	5.057(0.305)	0.423(0.076)	0.01(0.008)
2	3.959(0.213)	1.713(0.170)	4.854(0.224)	0.997(0.104)	0.28(0.057)
3	3.632(0.213)	1.328(0.151)	4.974(0.205)	1.355(0.115)	0.67(0.081)
4	3.466(0.183)	0.853(0.085)	4.496(0.205)	1.773(0.143)	0.83(0.068)

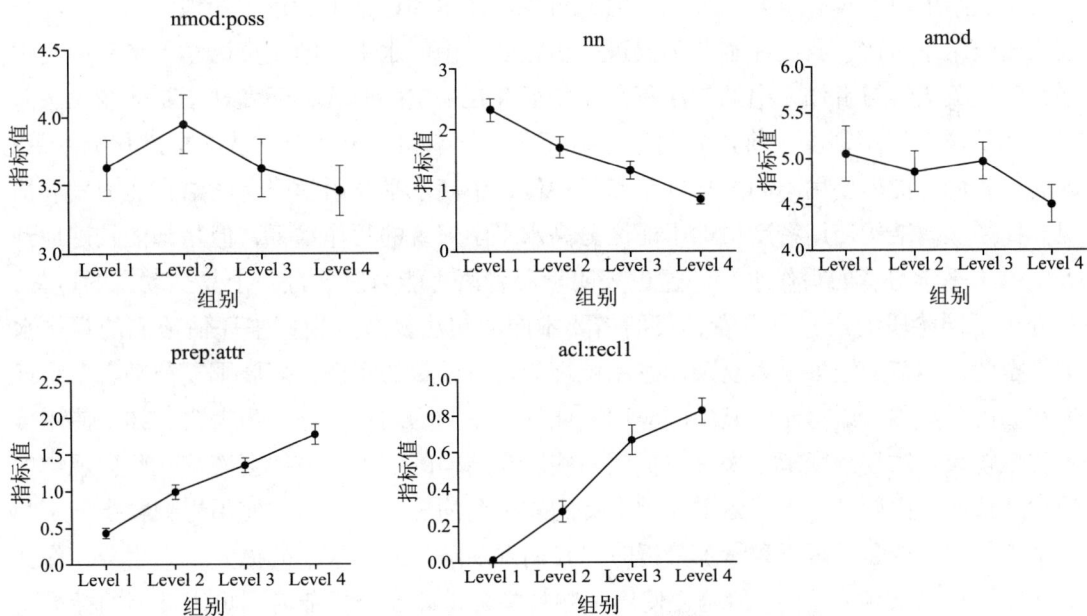

图 1.3　5 个名词短语修饰语类型细颗粒指标的发展趋势

上述结果表明，就细颗粒句法结构而言，高水平学习者会在作文中使用更多的宾语从句、状语从句、定语从句、介词短语作定语和限定性定语从句。因此，ccomp、 advcl、acl:recl、prep:attr 和 acl:recl1 是衡量中低水平中国英语学习者写作水平最佳的细颗粒句法复杂度指标。学界目前已有研究探讨高水平学习者英语写作，尤其是学术英语写作中的名词短语使用特征。这些研究发现，前置名词短语和介词短语作定语这两种定语类型可以衡量学习者的写作水平（Parkinson & Musgrave, 2014; Taguchi et al., 2013），而定语从句的使用频率在不同水平组学生的产出中并无显著差异（Parkinson & Musgrave, 2014），这说明高水平学习者会通过将修饰语的意思压缩在前置名词和后置的介词短语之中来实现名词结构的复杂化。综合看来，上述发现再次表明不同阶段的学习者会使用不同的句法结构来表达思想。

1.2.4 小 结

本节考察了中低水平中国英语学习者作文中的粗颗粒句法成熟度和细颗粒句法成熟度指标的发展特征，并找到了能较好地衡量中低水平中国英语学习者写作能力的句法复杂度指标。在 7 个粗颗粒指标中，平均句长、平均 T 单位长、每个子句中的从属子句数量和每个子句中的复杂名词短语数量能更好地区分学习者的写作水平；8 个细颗粒指标中，宾语从句标准化频率、状语从句标准化频率、定语从句标准化频率、介词短语作定语标准化频率和限定性定语从句标准化频率与写作水平显著相关。这些结果和发现对二语句法复杂度研究具有重要的理论价值，对写作教学和评估也有重大的现实意义。经与前人研究结果对比，我们在本节不仅进一步验证了中低水平中学生英语学习者和中高水平大学生英语学习者作文中的句法复杂度特征存在一定的差异，还发现了具体的句法差异，如从属句使用密度、前置名词作定语标准化频率和限定性定语从句标准化频率等。因此，我们可能需要用不同的指标来衡量中低、中高水平英语学习者的语言能力发展情况。比如从属结构使用密度虽然不能区分高水平学习者的写作水平，但是却能较好地预测中低水平学习者的写作水平。这也表明学习者语言能力发展是一个复杂动态的过程，对处于不同阶段的语言习得者，我们需要不同的句法复杂度指标来评估他们的写作水平。据此，本节的结果也为复杂动态系统理论提供了新的实证，拓展了复杂动态系统理论在二语习得和二语写作研究中的应用。此外，我们的结果也进一步表明，如果使用传统的粗颗粒句法复杂度指标来统一量化一些宏观结构的使用，往往会掩盖一些微观结构的发展特征。比如，对于英语中 5 种常见的复杂名词短语修饰语，使用粗颗粒指标（即每个子句中复杂名词短语数量）分析时，我们发现随着语言水平的提升，学生会在作文中使用更多复杂名词短语；但是，使用细颗粒指标（即 5 个复杂名词短语类型的标准化频率）时，我们发现并不是 5 种名词短语修饰语类型使用频率都呈上升态势。中低水平的中学生和细颗粒句法复杂度指标在以往研究中常常被忽视，因而未来需要更多的研究关注中低水平学生作文中的语言特征以及二语学习者作文中微观的句法复杂度特征，如不同的状语类型和介词短语类型的发展特征。此外，依存句法树库提高了我们提取目标句法结构的效率与精度。由于依存句法视单词（而非短语）为句法的基本单位，所以使用依存句法来分析学习者语言更不易受学习者语言中的句法错误影响，本节也用实践说明，依存句法是更适合二语习得研究的句法框架。就写作教学而言，基于本节的结果，广大一线教师可在日常教学中重点关注研究所发现的最能区分语言水平的句法结构，以提高学生的写作水平，如使用定语从句和介词短语作定语。

诚然，本节的研究也存在一定的局限，具体体现在研究结果的普适性上。我们只考察了母语为汉语的中学生记叙文中的句法复杂度特征，因此研究结果是否适用于其他母语背景下学习者所有体裁的英语写作有待进一步考证。

1.3　句法复杂度与学习者作文分数的关系

在明确区分中低水平中国英语学习者作文的句法复杂度指标后，我们不禁要问：这些指标是否能有效预测学习者的写作水平呢？换言之，这些指标所测量的句法复杂度与写作水平有什么关系呢？因此，我们在本节探讨中低水平中国英语学习者作文中的句法复杂度（包括句法成熟度和句法多样度）与二语写作水平或二语写作质量的关系。句法复杂度包含两个子构念：句法成熟度（syntactic sophistication）和句法多样度（syntactic diversity）。前人研究大多只关注句法成熟度和语言水平的关系，这导致我们无法确定句法多样度指标是否可以衡量二语习得者的写作水平或写作质量。因此，本节除了关注中低水平学习者作文句法复杂度，还同时关注句法多样度与二语写作水平的关系。

1.3.1　研究背景

前文已经详细介绍了句法复杂度与二语写作水平关系研究诞生的背景和意义，此处不再赘述（见 1.2.1）。简言之，近来学界涌现出一批探索句法复杂度与语言水平或写作水平关系的研究。Crossley 和 McNamara（2014）研究了句法复杂度（Coh-metrix）指标是否可以预测大学生二语作文分数，结果显示高分作文比低分作文运用了更多的复杂名词短语和更少的从属句。Casal 和 Lee（2019）考察了句法复杂度指标与大学生研究论文质量的关系，发现每个小句的复杂名词短语数量和平均 T 单位长度等指标与写作质量呈显著正相关。Staples 和 Reppen（2016）探讨了 9 个词汇－句法复杂度指标与大一学生作文质量的关系，发现形容词作定语以及"名词+that"结构的使用与学生作文分数显著相关。可以发现，尽管众多研究探索了学习者作文中的句法复杂度特征与学生的写作水平或写作分数的关系，但是大多着眼于较高水平的英语学习者作文中的句法复杂度特征。而我们在上一节已经发现，从中高水平英语学习者作文中所得的相关结论并不完全适用于中低水平。此外，现有句法复杂度研究大多从 4 个维度来测量中介语中的句法复杂度特征：单位长度、从属结构使用数量、并列结构使用数量和复杂度名词短语数量，即句法成熟度。而在一系列句法复杂度的理论和定义中，研究者普遍认为，句法复杂度有两种体现形式，一种是句法成熟度，一种是句法多样度。句法多样度主要测量中介语中不同句法结构的使用程度。前人研究大多测量的是句法成熟度，而句法多样度衡量二语水平的效果有待讨论（de Clercq & Housen, 2017; J. H. Park, 2017）。

目前学界对句法多样度的研究较少，主要是因为相关的句法多样度指标还不多。正如前文所述，现有句法复杂度指标大多测量的是学习者语言中句法单位的长度和特定结构的使用数量，包括从属结构和名词短语等，即句法成熟度特征；只有少数指标可以反映学习者语言中的句法多样度特征，如句子相似度值（sentence similarity score）（McNamara et al., 2014）、句子多样度指数（syntactic diversity index, SDI）（de Clercq & Housen, 2017）、动元构式标准化型例比（corrected type-token ratio of verb-argument construction）（J. H. Park, 2017）。这 3 个指标虽然可以在一定程度上观测学习者作文中的句法多样度特征，也是研究者对句法多样度测量的宝贵尝试，但是都在一定程度上存在不足。句子相似度值观测的是学生作文中相邻的两个句子短语结构句法树中共有的节点数（McNamara et al., 2014）。该分析方法需将学生作文分割成不同的短语成分，如名词短语（NP）、动词短语（VP）等，而学习者语言中句法错误众多，尤其是句子结构，存在成分冗余和成分缺失等句法错误。这些错误会导致我们无法准确分割学生作文中一些句法结构的短语成分，进而降低这一指标的有效性。因此，句子相似度指标可能并不适用于衡量中低水平中学生作文中的句法多样度。而句子多样度指数和动元构式标准化型例比这 2 个指标只关注了特定结构使用的多样性或丰富性，如句子多样度指数反映的是从属句使用的多样度，动元构式标准化型例比关注的是动元结构的多样性。部分结构使用的多样度仍然无法揭示学生作文中所有结构使用的多样性。因此，研究者需要提出一个有效的指标，从宏观的视角衡量二语产出中句法结构的多样性，从而探讨句法多样度与二语写作水平的关系。

此外，方法上，现有句法复杂度与二语水平或二语写作水平关系研究都采用横截面的研究设计，使用方差分析等数据处理方法，以发现不同水平组学生作文中句法复杂度指标值的异同。为了将学生作文分成不同的语言水平组或写作水平组，研究者往往会把写作分数这一连续性变量转换成分类变量，即写作水平组或语言水平组（Casal & Lee, 2019; Lahuerta, 2018; Verspoor et al., 2012）。这样的做法会丢失很多有用的数据，降低统计功效（Ortega, 2012）。因此，越来越多的研究者认为，应当保留作文分数作为连续性变量，使用回归（regression）来代替方差分析作为数据处理方法，揭示句法复杂度与语言水平的关系（Ortega, 2012; Plonsky & Oswald, 2017）。

1.3.2　研究方法

1.3.2.1　研究问题

综上所述，我们在本节主要探讨中学生作文中句法复杂度（句法成熟度和句法多样度）与二语写作水平的关系。鉴于目前学界缺乏相关的句法多样度指标，我们将尝试提出一个能够有效衡量学习者作文中不同结构使用情况的句法多样度指标。同时，为了提高统计功效，我们采用回归分析来探讨句法复杂度与二语写作分数之间的关系。本节的具体研究问题如下：

研究问题 1：哪些句法成熟度指标可以预测中学英语学习者写作水平，即写作分数？

研究问题 2：句法多样度指标是否可以预测中学英语学习者写作水平，即写作分数？

研究问题 3：同时使用句法成熟度指标和句法多样度指标是否可以更好地预测中学英语学习者写作水平，即写作分数？

1.3.2.2 语　料

本节研究所用语料同为课题组自建的 CELDT 中的 410 篇记叙文。参与者、语料的具体信息、对每篇作文的评分标准和流程请参阅 1.2.2.2 部分内容。与 1.2 节研究不同的是，由于本节研究使用回归分析检测哪些句法复杂度指标可以预测中学生英语作文的写作分数，所以我们在此没有将 410 篇作文分成不同的写作分数组，而是直接采用作文分数作为研究的自变量。

1.3.2.3 指标与工具

我们在本节使用两类句法复杂度指标，即句法成熟度指标和句法多样度指标。为了减少标注工作量，我们用二语句法复杂度分析器 L2SCA 获取作文中的句法成熟度特征（X. Lu, 2010）。为了避免指标冗余，我们仿照 Yoon（2017），从 14 个 L2SCA 指标中选取了 7 个指标，分别为：平均子句长度 MLC、平均 T 单位长度 MLT、平均句子长度 MLS、每个 T 单位中子句数量 C/T、每个句子中 T 单位数量 T/S、每个子句中并列短语数量 CP/C 和每个子句中复杂名词短语数量 CN/C。

为了量化学习者作文中所有句法结构使用的多样度，我们定义了一个新的句法多样度指标，即标准化依存关系型例比（corrected type-token ratio of dependency relations）。由于依存句法分析会将学生作文中的句子分割成不同的单词（而非短语）作为分析单位，依存句法分析更不易受学生作文中句法错误的影响，从而便于我们识别和提取二语作文中的句法结构（Kyle, 2016）。因此，近年来，依存句法分析在二语句法复杂度研究中得到了广泛应用（Kyle & Crossley, 2018; Paquot, 2019）。

根据依存句法中的相关定义（见引论），一篇作文中使用的依存关系例符数（token）表示该篇作文中所使用的句法关系总数；而依存关系型符数（type）表示不同句法关系的使用数量。因此，与词汇的型例比（type-token ratio, TTR）一样，依存关系的 TTR 也可以较好地量化学习者语言中句法关系的多样性。需要注意的是，TTR 受文本长度的影响，即型符数相近时，文本长度越长，TTR 值越小（X. Lu, 2012; G. Yu, 2009）。据此，我们对依存关系的 TTR 进行了标准化处理：将每篇作文以 50 个词为单位，分成若干片段，逐一计算出各片段的 TTR 值，各片段 TTR 的平均值即为每篇作文句法多样度指标的值。标准化后的依存关系 TTR 值 MSTTRDR-50（mean 50-segmental

TTR of dependency relations）排除了作文篇幅差异的影响，能够更客观地反映句法多样度。如公式 1.1 所示，MSTTRDR-50 的值介于 0—1 之间。

$$\text{MSTTRDR-50} = \frac{1}{n}\sum_{i=1}^{n} \text{TTR}_i \qquad\qquad 公式（1.1）$$

我们选取 50 个词为单位进行分割的主要原因是英语中大约有 50 种不同的依存关系（de Marneffe & Manning, 2008）。如果分割的片段过大，比如 100 个词，那么每个片段可能包含更多重复的依存关系，从而导致各片段的 TTR 值变小，进而使 MSTTRDR-50 的值总体偏小，呈非正态分布。反之，如果将各片段缩小至 50 个词以内，比如 25 个词，则各片段包含不同依存关系的可能性增大，各片段的 TTR 值大大增加，造成 MSTTRDR-50 的值总体偏高，也呈现非正态分布。为了更好地展示 MSTTRDR-50 指标的意义，我们计算了两篇文章（文本 3 和文本 4）的 MSTTRDR-50 值。文本 3 中 MSTTRDR-50 的值为 0.353，文本 4 中该指标的值为 0.433。因此，文本 3 每 50 个词中平均使用了 17.65 种依存关系，文本 4 每 50 个词中平均使用了 21.65 种依存关系。文本 4 中的句法关系更加多样（每 50 个词中平均比文本 3 多使用了 4 种依存关系）。通过对两个文本的观察可发现，文本 4 中使用了一些低频句法关系，如分词短语 "for not being late" 以及短语动词 "pick up" 和 "go through"，这些结构的使用可能增加了文本 4 句法结构的多样度。

文本 3（MSTTRDR-50 值为 0.353；写作分数为 14.5）

Perhaps I will forget a lot of things but will never forgot to love my parents.

Last Friday, I watched a video which showed the love between a old father and his son. The father was old and he forgot many things. For example, he had forgotten to eat food and drugs, the key of the door, the name of the relatives and even his own names. All the people were worried about the old man. One day, the family went to a restaurant to eat lunch together. The old man saw the dumplings which was left. He put all the dumplings into his pocket and said that's what my son likes. The old man has forgotten many things but has never forgotten what his son like. It's a kind of great love. I was deeply touched by the old man.

Our parents are alive. We have to cherish the time spending with them.

文本 4（MSTTRDR-50 值为 0.433；写作分数为 18）

This summer, I had a accident and it was so serious that I won't forget it forever. I was riding my bike that night. Because of the limited time, I had to ride it at a very high speed. I felt that everything was moving behind me. Before long, I came to a narrow street where a lot of people had to ride their bikes at a low speed. For not being late, I began to pick up speed and go through the street. I was so fast that I couldn't control myself. I was hit by a tree trunk. I fell off from my bike in a sudden and lay on the ground. My left arm seemed to be broken, and I had a deep hurt feeling that I couldn't even move my body. I lost my hope. Then a man came to lift me up and hold my broken arm. He asked my mom's phone number and called her. The reason why this thing is unforgettable not only because the accident is serious, but also I found that there is warm-hearted people in the world.

在计算每篇文本的 MSTTRDR-50 值时,我们需要统计每篇作文的每 50 个词依存关系型符、例符数,因此,为了计算该指标,我们对这 410 篇语料进行了依存句法标注,具体标注流程见引论。根据公式 1.1,我们以经依存句法标注的语料库为基础完成了 MSTTRDR-50 值的计算。

1.3.2.4 数据分析

我们使用了 3 个回归模型来探索句法复杂度指标与二语写作分数的关系。具体而言,回归模型 1(句法成熟度模型)将 7 个 L2SCA 指标作为因变量来预测写作分数。回归模型 2(句法多样度模型)将句法多样度指标 MSTTRDR-50 作为因变量来预测写作分数。回归模型 3(组合模型)把 7 个句法成熟度指标和 1 个句法多样度指标结合在同一个模型之中,来预测写作分数。为了进一步考察句法成熟度和多样度指标结合的效果,我们使用 Fisher-z 变换来检测三个模型预测力的差别,以判断句法多样度指标的加入是否可以更好地预测写作分数(Kyle & Crossley, 2018; Steiger, 1980)。模型 2(句法多样度模型)中只包含了一个自变量,因此使用了简单回归分析。而模型 1(句法成熟度模型)和模型 3(组合模型)中涉及多个自变量,使用了逐步多元回归分析。在实施逐步多元回归分析时,我们使用了 Akaike 信息指数(Akaike information criterion, AIC)来选择预测因子,以发现最佳模型。AIC 值越小,模型越优。

在进行两个逐步多元回归分析时,我们对数据进行了线性假设和共线性假设检验。为了确保自变量和因变量之间的线性关系,句法复杂度指标与写作分数的相关性应大于 0.100($r \geq 0.100$)(Kyle & Crossley, 2018)。据此,CP/C 指标因为与写作分数相关性低($r=0.002$, $p=0.971$),未能进入下一步分析。接下来,我们使用方差膨胀因子(variance inflation factors, VIF)来考察句法复杂度指标之间的多重共线性(Levshina, 2015)。结果显示,MLT 与 MLS 显著相关($r=0.926$, $p<0.001$),导致两个逐步多元回归分析模型中 VIF 值过高。与 MLS 相比,MLT 与写作分数的相关性较低(Kyle & Crossley, 2018),因此我们删除了 MLT 指标。删除 MLT 指标后,两个多元回归模型中不再存在共线性的问题。综上,句法成熟度模型包括 5 个句法复杂度指标,分别为 MLC、MLS、C/T、T/S 和 CN/C。组合模型包括了 6 个句法复杂度指标,即 MLC、MLS、C/T、T/S、CN/C 与 MSTTRDR-50。3 个回归分析均在 R 语言(3.5.1 版)中完成(R Core Team, 2018)。

1.3.3　结果与讨论

表1.9呈现了学生作文中8个句法复杂度指标（7个句法成熟度指标和1个句法多样度指标）的描述性统计结果。这410篇作文平均子句长为6.979词，平均T单位长为9.847词，平均句子长为10.813词。每个T单位中平均有1.420个子句，每个句子中平均有1.094个子句，每个子句中平均有0.126个并列短语，每个子句中平均有0.509个复杂名词短语，每50个词中平均有18.25种依存关系。

表1.9　句法复杂度指标描述性数据

指标	M	SD	最小值—最大值
MLC	6.979	1.210	4.400—13.250
MLT	9.847	2.711	4.818—20.000
MLS	10.813	3.301	4.783—21.000
C/T	1.420	0.330	1.000—3.000
T/S	1.094	0.124	1.000—1.625
CP/C	0.126	0.101	0.000—0.667
CN/C	0.509	0.242	0.000—1.375
MSTTRDR-50	0.365	0.046	0.180—0.480

我们具体来看3个回归模型的结果。句法成熟度模型共使用了5个句法成熟度指标作为预测变量，分别为MLC、MLS、C/T、T/S和CN/C。最终有3个指标进入了句法成熟度模型：MLS、CN/C以及C/T [R^2=0.366, F(406)=77.97, p<0.001, AIC=660]。这3个句法成熟度指标可以解释学生作文分数36.6%的方差。表1.10呈现了这3个预测变量的回归系数，MLS的系数为0.357，CN/C的系数为1.393，C/T的系数为1.111。据此，如果学生作文中每句多使用一个单词，作文分数会增加0.357分；学生作文中每个子句中多使用一个复杂性名词短语，作文分数会增加1.393分；每个T单位多增加一个子句，作文分数会增加1.111分。

表1.10　句法成熟度模型中预测变量的回归系数

预测变量	$b(\beta)$	p
MLS	0.357	<0.001
CN/C	1.393	0.017
C/T	1.111	0.047

句法多样度模型的结果显示句法多样度指标MSTTRDR-50可以解释学生作文写作分数32.1%的方差[R^2=0.321, F(406)=192.6, p<0.001]。MSTTRDR-50的回归系数为34.191[$b(\beta)$=34.191, p<0.001]。考虑到MSTTRDR-50的取值范围在0到1之间，我们不能从MSTTRDR-50单位增长的角度来阐述其相关系数的意义。MSTTRDR-50回归系数

的意义可以理解为，假设学生作文中每 50 个词中多使用了一种新的句法关系（即依存关系），那么 MSTTRDR-50 的值就会增加 1/50=0.020。根据回归模型，作文分数就会增加 0.020×34.191=0.684 分。上述统计结果表明，句法多样度指标与写作分数显著相关：学生作文中句法结构越多样，作文得分越高。

组合模型中使用了 6 个句法复杂度指标，包括 5 个句法成熟度指标：MLC、MLS、C/T、T/S 以及 CN/C 和 1 个句法多样度指标 MSTTRDR-50。最终的组合模型中保留了 3 个指标，即 MLS、MSTTRDR-50 以及 CN/C，总共解释了写作分数 45.3% 的方差 [R^2=0.453，F(406)=112，p<0.001，AIC=599.71]。其中，CN/C 并不是预测写作水平的显著指标（p=0.074）。参照 N. C. Ellis et al.（2014: 74）的做法，我们继续使用 ANOVA 来考察组合模型中三个预测变量的作用。结果显示，当组合模型中去除 MLS 或者 MSTTRDR-50 时，所产生的双变量组合模型与原先的三变量组合模型之间具有显著差异；而当组合模型中去除 CN/C 时，所产生的双变量组合模型与原先的三变量组合模型没有显著差异。我们还使用了 relaimpo 包（Groemping, 2006）来评估组合模型中三个变量的重要性。结果显示，MLS（贡献度指标 lmg=0.197）与 MSTTRDR-50（lmg=0.190）是组合模型中最重要的两个预测变量，而 CN/C 所作出的预测贡献较少。表 1.11 展示了组合模型中 3 个预测变量的回归系数：MLS 的回归系数为 0.312；MSTTRDR-50 的回归系数为 21.399；CN/C 的回归系数为 0.920。因此，根据组合模型，学生作文中如果每个句子中增加一个词，作文分数会提高 0.312 分；学生作文中每个子句中增加一个复杂名词短语，作文分数会提高 0.920 分；学生作文中每 50 个词中多增添一类新的句法关系，即依存关系，作文分数会提高 0.428（0.020×21.399）分。上述结果表明，在组合模型中，句法多样度指标在预测写作分数方面的表现优于绝大多数句法成熟度指标，可作为评估学生作文质量的一个有效指标。

表 1.11　组合模型中预测变量的回归系数

预测变量	$b(\beta)$	p
MLS	0.312	<0.001
MSTTRDR-50	21.399	<0.001
CN/C	0.920	0.074

针对研究问题 3，我们还基于回归的拟合优度（goodness of fitting），即 R^2 值，以及 Fisher-z 变换，比较了句法成熟度模型和混合模型在预测学生作文分数上的表现。结果表明，句法成熟度模型解释了学生作文分数 32.1% 的方差，混合模型解释了学生作文分数 45.3% 的方差。与句法成熟度模型相比，混合模型多解释了学生作文分数 8.7% 的方差。但是 Fisher-z 变换的结果显示，两个模型在解释写作分数的力度上并无显著差异（z=−1.64，p<0.001）。综上，组合模型在预测写作分数上的表现要优于句法成熟度模型。混合模型与句法成熟度模型的差异在于混合模型中既包括了句法成熟度指标，也包

括了句法多样度指标。因此，如果句法复杂度的测量中包括了句法多样度这一维度，就能更好地预测写作分数。

1.3.4 讨 论

本节的研究问题 1 主要探讨了句法成熟度与二语写作水平的关系，相关结果表明，在 7 个句法成熟度指标中，MLS、CN/C 与 C/T 能更有效地预测中低水平中国英语学习者的写作水平。与本研究结果类似，众多前人研究也发现长度指标（如 MLS）和复杂名词短语密度指标（如 CN/C）可以区分高水平大学生或研究生以及中低水平中学生的写作水平（Casal & Lee, 2019; Khushik & Huhta, 2020; X. Lu, 2011）。长度指标和名词短语密度指标可有效地衡量从低水平的中小学生到中高水平的大学生及研究生等各个阶段英语学习者的写作水平。本节的研究以及一些针对中低水平英语学习者的研究结果表明，从属句使用密度指标（如 C/T）可以衡量学生的写作水平（Alexopoulou et al., 2017; Khushik & Huhta, 2020; Lahuerta, 2018）；而部分研究却发现这些与从属句使用密度相关的指标不能区分高水平学习者的写作水平（Casal & Lee, 2019; Kyle & Crossley, 2018; X. Lu, 2011）。也就是说，就从属句使用密度是否可以衡量英语学习者写作水平这一问题上，不同研究结果存在分歧，而主要的原因是不同水平阶段的英语学习者语言知识构成不同，在作文中也就会使用不同的句法结构遣词造句（X. Lu & Ai, 2015; Ortega, 2012, 2015; Wolfe-Quintero et al., 1998）。在梳理前人研究结果和研究者相关观点的基础上，我们认为，低水平、中等水平和高水平学习者一般会在作文中分别倾向于使用并列结构、从属结构和短语来构建复杂结构。例如，如果要求不同水平的学生将 "This is a book." 以及 "This book is written by Lu Xun." 连成一句，低水平学习者一般会使用并列结构，写出句子 "This is a book and this book is written by Lu Xun."；中等水平学习者会产出句子 "This is a book which is written by Lu Xun."；而高水平学习者则会使用短语代替从句，他们写出的句子可能为 "This is a book written by Lu Xun."。因此，从属句虽能用于衡量中低水平学习者的写作水平，但却未必能捕捉高水平学习者的写作发展特点。上述例子也表明，不同水平阶段的学习者会使用不同的句法手段来构建句子，这就要求我们使用不同的句法复杂度指标衡量学生的写作水平。研究问题 2 和研究问题 3 主要为了揭示句法多样度与二语写作水平的关系。我们在本节的研究结果表明，句法多样度指标 MSTTRDR-50 与二语写作水平显著相关。同时，如果将句法成熟度指标与句法多样度指标结合，句法复杂度指标能更好地预测写作水平。这表明，使用多样的结构，避免重复使用单一的句法结构是中学英语学习者写作能力的表现，本节的研究结果也在一定程度上为一些写作考试评分标准将句法多样度用于衡量写作能力的做法提供了实证数据支撑。由于研究发现句法多样度是影响学生写作分数或写作水平的重要因素之一，所以句法多样度应该被列入写作评分标准中，包括写作自动评分系统的评分标准。

1.3.5　小　结

本节研究考察了中低水平中国英语学习者句法复杂度指标与二语写作水平（分数）的关系，具有两大创新：其一，我们专门探讨了中低水平中国英语学习者作文中的句法复杂度特征，进而明确了适宜于评估中低水平中国英语学习者写作水平的句法复杂度指标。同时，我们也进一步明确了用不同的句法复杂度指标来捕捉不同语言水平学习者写作能力发展的必要性。其二，本节研究是目前学界为数不多探讨句法多样度和写作水平关系的研究，结果表明句法多样度指标可有效地预测中学生英语学习者的写作水平，为众多复杂度定义和写作评分标准将句法多样度视为句法复杂度的一大重要维度的做法提供了实证依据和支撑。此外，我们也在本节提出了一个用于测量学习者作文中所有句法结构使用的多样化程度的新指标，即标准化依存关系型例比，并演示了该指标的有效性。

诚然，本节研究结果的普适性存在一定的局限，主要表现在我们只专门探讨了母语为汉语的学生的记叙文英语作文质量与句法复杂度指标的关系，研究结果是否适用于其他母语背景英语学习者以及其他体裁作文还有待进一步考证。此外，需要指出的是，与句法成熟度一样，句法多样度也理应是一个多维度构念，比如所有句法结构的多样性、子句类型多样性以及修饰语多样性等。我们的研究只考察了其中一个维度，即所有句法结构多样性与二语写作水平的关系。今后的研究可在依存句法框架下，提出更多、更加细致的句法多样度指标，来揭示其他句法结构多样度指标是否可以衡量二语写作水平。

1.4　体裁对句法复杂度的影响

本章的前两个研究旨在探讨学习者语言句法复杂度与二语水平的关系，以期找到能预测中学生语言水平的句法成熟度和句法多样度指标。正如 1.1 节所述，学生作文中的语言特征会受一系列与学习者和任务相关因素的影响。我们也在前人研究的基础上，在基于使用（usage-based）的语言习得理论的指导下，考察了体裁对二语写作文本特征的影响，即本节研究。

就任务相关的因素而言，二语写作表现会受任务的体裁（genre）和话题（topic）等因素的影响。其中，关于体裁对二语表现的影响研究居多。研究发现，学生议论文和说明文中的语言特征存在差异（X. Lu, 2011; Way et al., 2000; Yoon & Polio, 2017），且大多数研究都发现，学生议论文语言特征比说明文更复杂，无论是母语写作（Beers & Nagy, 2009）还是二语写作（Jeong, 2017; Qin & Uccelli, 2016; Yoon & Polio, 2017）。研究者主要从任务复杂度的角度对此做出了解释。任务复杂度理论认为，复杂度不同的任务会诱导出学习者语言产出（主要是口语产出）中不同的语言特征（Révész et al., 2017; Robinson, 2001; Skehan, 1998, 2009）。议论文和记叙文的任务复杂度不同，具体表现在议论文任务有推理论证（reasoning）的需求，因此，议论文任务比记叙文更加复杂。根据Robinson（2001）的认知假设（cognition hypothesis），一项复杂的任务会让学生在产出中使用更加复杂的语言。这在一定程度上解释了为什么学生议论文产出比记叙文产出更加复杂。但是，这类解释大多只从任务本身的视角考虑了这一问题，忽视了与作者相关的因素，比如作者在不同体裁上的写作经验。同时，相关研究的结果似乎也被研究者和一线教师误解和滥用，导致他们认为复杂的语言特征是议论文与生俱来的特点之一（Crowhurst & Piche, 1979），因此，议论文写作任务也就成为写作教学和评估的重点（Qin & Uccelli, 2016）。而我们认为，未结合学生本身所拥有的体裁写作经验和实际体裁知识的具体情况而推崇议论文写作任务的想法和做法可能不利于促进学生不同写作体裁能力的发展和写作能力的提升。据此，我们从基于使用的语言习得理论入手，对体裁与二语写作文本特征关系进行了再探，注重从任务（不同体裁的交际目的）和学习者（学习者的体裁输入）两个视角，综合解释了体裁对二语写作文本特征的影响。基于使用的语言习得理论认为，任务的交际目的以及输入是影响语言使用的两大重要因素（N. C. Ellis & Ferreira-Junior, 2009; Tomasello, 2003）。在该理论的指导下，我们在本节考察了不同体裁的交际目的和学习者的体裁输入对二语作文中10个句法复杂度和词汇丰富度指标的影响。

1.4.1　研究背景

1.4.1.1　体裁以及其对二语写作文本特征的影响

体裁是指某种特定文体因其交际目的的影响而形成的约定俗成的篇章形式，包括特定的语言结构（Bhatia, 1993; Swales, 1990）。在二语课堂中，学生经常接受议论文（argumentative essays）和描写文（descriptive essays）的写作训练，因而在应用语言学研究中，二语写作的体裁一般分为记叙文（narrative essays）和非记叙文（non-narrative essays）（Bouwer et al., 2015）。前文已经提及，无论是母语写作者，还是二语写作者，都会在不同体裁的作文中使用不同的语言表达。X. Lu（2011）探讨了体裁对二语写作句法复杂度特征的影响，发现中国大学英语学习者在议论文和记叙文中会使用不同的句法结构，并且他们的结果表明"议论文的句法复杂度指标值总体大于记叙文"（X. Lu, 2011: 49）。Yoon & Polio（2017）追踪了37位英语学习者记叙文和议论文中复杂度、准确度和流利度指标在一个学期内的发展变化，结果也显示学生议论文的词汇和句法特征要比他们的记叙文更复杂。

研究者普遍认为，学生在不同体裁中具有不同的语言特征是受不同体裁任务的复杂度影响所致，因此大多数研究者会以任务复杂度为理论依据来解释这一现象（Alexopoulou et al., 2017; Kuiken & Vedder, 2007）。这一理论下目前有两大假设：Robinson（2011）的认知假设和Skehan（1998）的注意力限定假设。与认知假设相反，注意力限定假设认为学习者的认知资源有限，因此在较复杂的任务中会产出更简单的语言结构。到目前为止，学界对这两种假设的有效性还存在不同看法。与此同时，两大假设提出的初衷是解释学生在不同口语任务中产出不同特征语言的现象，是否可以用来解释写作任务复杂度对写作表现的影响仍值得商榷（Jackson & Suethanapornkul, 2013）。由此可见，任务复杂度理论虽能部分解释体裁对二语写作文本特征的影响，但是其本身也存在一定的局限，因而我们不再从任务复杂度理论的角度探讨这一现象。除任务复杂度理论外，也有部分研究在社会文化理论（socio-cultural theory）视域下，从不同体裁的交际目的入手，解释学习者在不同体裁（交际目的）的作文中使用不同的句法结构和词汇的原因（Qin & Uccelli, 2016）。具体而言，在不同的体裁任务中，学生要根据不同的交际意图，选用不同的语言结构并且斟酌用词，以传达相应的意思。如议论文以话题为中心，具有劝说性的目的，是一种相对正式的文体，据此，学生在作文中要使用名词短语等手段来呼应话题。而记叙文以叙事为主线，所以作者要使用第三人称和过去时态才能讲好自己的故事（Yoon & Polio, 2017）。但是，无论是任务复杂度理论还是社会文化理论，二者都过多强调任务因素，忽视了学习者本身的体裁经验，因此相关解释可能不够全面和透彻。

1.4.1.2　句法复杂度和词汇丰富度

Ortega认为，句法复杂度指标可以"衡量语言水平、描述语言特征和追踪语言发展"（2012: 128）。我们在本节主要使用句法复杂度指标和词汇丰富度指标来描述二语写作文本特征，以这些指标为因变量，不同的体裁类型为自变量，考察体裁对二语写作文本特征的影响。我们将从4个维度衡量句法复杂度：单位长度、从属结构数量、并列结构数量和复杂名词短语数量（Yoon, 2017; 鲍贵, 2009; 秦晓晴、文秋芳, 2007）。与句法复杂度一样，词汇复杂度也是一个多维度构念，至少包括词汇密度、词汇复杂度、词汇多样性等维度（Ai & X. Lu, 2010; Read, 2000）。我们将在1.4.2.3部分呈现具体的句法复杂度和词汇丰富度指标，以及它们的测量工具。

1.4.1.3　基于使用的语言习得理论

基于使用的语言习得理论认为，语言产出的关键在于在理解说话人交际目的的前提下，使用语言知识来达成相应的交际意图（Tomasello, 2003）。因此，对二语习得者而言，他们必须具备两方面的能力才能顺利地用自己习得的二语进行写作。一方面，他们必须具备所学二语的语言知识，包括词汇知识和句法知识；另一方面，他们也需要了解不同体裁的交际意图，以使用与其相匹配的语言手段，达成交际目的（Beers & Nagy, 2011; Tomasello, 2003）。从这一角度看，基于使用的语言习得理论和社会文化视角一致，都认为体裁的交际目的会在一定程度上影响学生作文中的语言，包括句法结构和词汇使用。研究者把能够在语言产出中根据体裁的交际目的而选择使用相应语言手段的能力称为体裁能力（discursive literacy）（Beers & Nagy, 2011; Tardy, 2012）。而这种能力并不是与生俱来的，是靠后天习得的。因此，本研究假定与语言知识习得类似，体裁知识的习得也是靠频率驱动的（frequency-driven）。基于使用的语言习得理论认为，输入频率是语言习得的一个重要机制，即同等情况下，输入频率越高的构式（construction）更易被学习者习得。N. C. Ellis等总结道，"学习、记忆和感知都受使用频率影响"，"输入频率可以促进和加强学习"（2013: 31）。输入频率在二语习得中的作用已在一系列研究中得到验证（N. C. Ellis, 2012; Reali, 2014）。以动词论元结构（verb-argument construction, VAC）的习得为例，研究发现，学习者VAC结构中动词的使用受输入的影响（N. C. Ellis et al., 2013; Ninio, 2011）。因此，越来越多的证据表明学习者的语言输入影响其语言使用。同理，在基于使用的语言习得理论视角下，我们也假设学习者的体裁意识同样受其体裁输入的影响。进而，我们认为，任务的交际目的会导致学生在不同体裁的作文中使用不同的句法结构和词汇，但是对学习者而言，特定体裁不一定总蕴含着特定的语言特征，因为水平不同的学习者有着不同的体裁输入，这也会影响他们的语言产出。

1.4.2　研究方法

1.4.2.1　研究问题

为了弥补体裁对二语写作语言特征影响研究的不足，我们在本节试从基于使用的语言习得理论的视角，探讨不同体裁的交际目的和学生的体裁输入对学生写作的影响。我们先比较了3个不同水平组（初中生组、高中生组和大学生组）学生的议论文和记叙文中10个句法复杂度和词汇丰富度指标的差异。然后，我们依据每个水平组学生教材中不同体裁课文的数量来估算学生的体裁输入，从而考量体裁输入对学生不同体裁作文语言使用的影响。研究的具体问题为：

研究问题1：3个水平组，即初中组、高中组和大学组学生体裁输入是否存在差异？

研究问题2：3个水平组，即初中组、高中组和大学组学生议论文和记叙文作文中10个句法复杂度指标存在什么样的差异？

研究问题3：学生的体裁输入是否会影响学生不同体裁作文中的语言特征？

1.4.2.2　语　料

我们从自建的CELDT中抽取了360篇作文，其中议论文和记叙文各180篇。根据学生的学习阶段，我们将他们分为3个语言水平组，即初中组、高中组和大学组。学生的年龄为13岁到20岁，均为国内不同学段的在校学生，主要通过学校开设的英语课程学习英语。为了避免作文话题对学生作文文本特征的影响，3个组别学生所写的议论文和记叙文话题相同，议论文的题目为"City life and country life, which one do you like better?（你更喜欢城市生活还是乡村生活？）"，记叙文话题为"One Happy Thing（一件开心的事）""One Annoying Thing（一件令人恼火的事）""One Unforgettable Thing（一

件令人难忘的事)"。学生需在课堂 30 分钟内独立完成写作,不得使用任何参考工具。这 360 篇作文的总字数为 63678 字,初中组学生作文的平均长度为每篇文章 106 个词,高中组为 173 个词,大学组为 252 个词。

1.4.2.3 指标与工具

基于本节的研究目的,我们共使用了两类指标:体裁输入指标和句法、词汇丰富度指标。对于体裁输入指标,我们用每组学生教材中的课文体裁来衡量。前人基于使用的语言习得理论的研究一般都使用了两种途径量化语言输入,分别为本族语者语言数据(N. C. Ellis & Ferreira-Junior, 2009)和教材中的语言数据(Northbrook & Conklin, 2018)。一些研究者假定学习者在学习过程中接收到的输入都为真实的本族语者使用的语言,因此相关研究常常使用 BNC(British National Corpus)或 COCA(Corpus of Contemporary American English)等本族语者语料库来代表学习者的语言输入,即本族语者语言数据。然而,近来研究者已经认识到本族语数据并不能真实反映二语学习者的语言输入,因为在外语学习环境中,学生的直接语言输入来源更多的是教材中经过改写的语言材料(N. C. Ellis & Ferreira-Junior, 2009)。据此,我们使用 3 个水平组学生使用的教材中的语言素材来衡量体裁输入。3 个水平组的教材主要分为课文(reading passage)和练习(exercise)两部分。练习部分的语言素材一般都是主题和课文相关(比如用于简短回答和填空)的阅读篇章。为了便于统计,我们只计算每组教材中课文的体裁。3 个组别教材的具体信息见表 1.12。

表 1.12 3 个组别教材的具体信息

组别	教材版本	单元构成	教材数量	课文数量
初中组	人教版英语教材	课文和练习	5 本	72 篇
高中组	人教版英语教材	课文和练习	8 本	71 篇
大学组	外研社版《新编大学英语》	课文和练习	3 本	67 篇

每组教材中课文的体裁由两位教学经验丰富的老师判定。在体裁标注前,两位老师确定了体裁的分类:议论文、记叙文、描写文、混合体裁(mixed genres)和其他。当两位老师标注的体裁不一致时,则安排第三位老师与他们共同商定。Cohen's Kappa 检验结果表明,3 个组别的教材课文体裁标注具有很高的一致性(组别 1: k=0.799; $p<0.001$;组别 2: k=0.802; $p<0.001$;组别 3: k=0.823; $p<0.001$)。

我们选用了 11 个写作文本的指标,包括了 7 个句法复杂度指标和 4 个词汇丰富度指标。与前两节研究相同,句法复杂度指标为 7 个 L2SCA 指标,涉及单位长度、从属结构数量、并列结构数量和复杂名词短语数量等 4 个维度。这 7 个指标分别为:平均子句长度、平均 T 单位长度、平均句长、每个 T 单位中子句数量、每个句子中 T 单位数量、每个子句中并列短语数量和每个子句中复杂名词短语数量。4 个词汇丰富度指标分别为词汇密度（lexical density, LD）、词汇复杂度指标 1（lexical sophistication 1, LS1）、词汇复杂度指标 2（lexical sophistication 2, LS2）和标准化词汇多样性指标 MSTTR-50（mean 50-segmental type-token ratio）。词汇密度测量的是学生作文中实词（content words）所占比例；词汇复杂度衡量的是学生作文中复杂词汇使用情况，复杂词汇的界定主要依据词汇频率，一般假定低频词比高频词复杂。因此，词汇复杂度的测量核心是界定一个词是否属于低频词。LS1 指标使用 BNC 语料库作为本族语参照语料库来决定一个词是常见 1000 词（the most 1000-frequent words）、次常见 1000 词（the second most 1000-frequent words），还是低频词（low-frequency words）。LS2 的指标使用的是词频概貌（lexical profile），测算学生用词的复杂程度。词频概貌由 Laufer 和 Nation（1995）提出，他们将词汇分成三类：常见 1000 词、次常见 1000 词和学术词汇（academic words）。词汇丰富度指标使用了型例比 TTR。此前已经说明，由于 TTR 易受文本长度影响（B. Richards, 1987; Yu, 2009），因此我们选取了标准化 TTR 指标 MSTTR-50（见 1.3.2.3 部分）。4 个词汇丰富度指标的值由词汇丰富度分析器（lexical complexity analyzer）（X. Lu, 2012）自动分析得出。该分析器总共会输出学生作文的三个词汇维度（词汇密度、词汇复杂度、词汇多样性）下的 26 个指标。为避免指标的冗余，我们从这 26 个指标中选取了上述 4 个词汇丰富度指标。

1.4.2.4　数据分析

为了回答研究问题 1，我们使用了卡方检验（chi-square test）来探索 3 个水平组教材中课文的体裁分布是否存在差异。针对研究问题 2，我们使用了独立样本 t 检验（independent-samples t-test）考察每个组别学生议论文和记叙文的 11 个文本复杂度指标的差异。在实施独立样本 t 检验之前，我们用 Q-Q 图观察目标指标是否服从正态分布。结果表明，在 11 个指标中，除 CP/C 外的 10 个指标都服从正态分布，因此，后续 t 检验放弃了 CP/C 指标，即我们最终只考察了学生议论文和记叙文作文中 10 个文本复杂度指标之间是否存在显著差异。对于 t 检验的结果，我们用 Cohen's d 报道效应量（J. Cohen, 1988）。为了解决研究问题 3，我们还使用了 MANOVA 考察体裁和语言水平对 10 个文本复杂度指标的交互作用。

1.4.3　研究结果

1.4.3.1　三个水平组的体裁输入差异

本节研究问题 1 旨在探索 3 个水平组学生，即初中组、高中组和大学组教材中课文的体裁差异。表 1.13 展示了这 3 个水平组教材中课文体裁的分布情况。初中组教材中主要的课文体裁为记叙文，共有 25 篇，占比 34.72%；议论文只有 9 篇，比例为 12.50%。可见，初学者的体裁输入主要为记叙文，他们的议论文输入有限。进了高中后，学生的体裁输入开始发生变化，主要表现在教材中记叙文类型的比例下降，而议论文体裁的比例上升。高中组学生教材中记叙文有 16 篇，占比为 22.54%；议论文有 20 篇，占比 28.17%。大学组学生教材中议论文有 24 篇，在所有体裁类型中占比最高（35.82%）；而记叙文只有 9 篇，占比为 13.43%。卡方检验结果表明，3 个水平组学生教材中的体裁分布存在显著差异（χ^2=20.617, p=0.008）。上述结果表明，初中组学生所接触到的记叙文较多，议论文输入有限；与初中组相比，高中组和大学组学生的议论文体裁输入明显增多，记叙文体裁输入显著减少。

表 1.13　3 个组别教材课文的体裁分布（数量及占比）

组别	议论文	记叙文	描写文	混合体裁	其他	总计
初中组	9 (12.50%)	25 (34.72%)	14 (19.45%)	7 (9.72%)	17 (23.61%)	72
高中组	20 (28.17%)	16 (22.54%)	18 (25.35%)	9 (12.68%)	8 (11.26%)	71
大学组	24 (35.82%)	9 (13.43%)	17 (25.37%)	10 (14.93%)	7 (10.45 %)	67

1.4.3.2　二语写作文本特征的体裁差异

研究问题 2 旨在比较初中组、高中组和大学生组学生议论文和记叙文中 10 个句法复杂度和词汇丰富度指标的异同。图 1.4 展示了初中组学生议论文和记叙文中 10 个文本复杂度指标的差异。

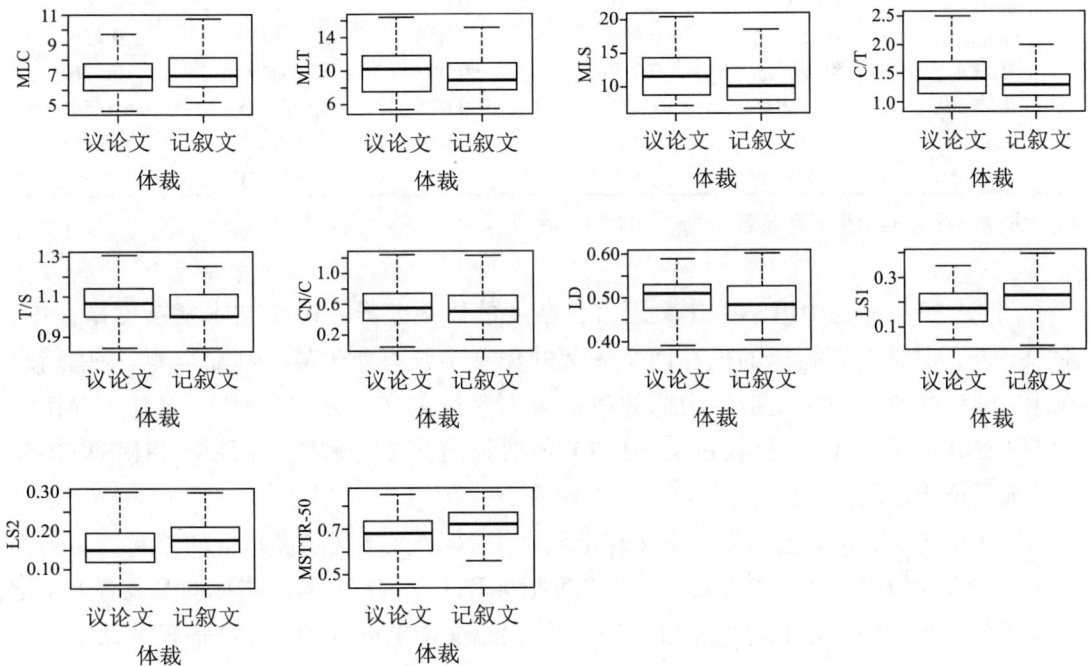

图 1.4　初中组议论文和记叙文语言复杂度差异

　　如图 1.4 所示，就句法复杂度指标而言，两种体裁作文中大多数指标的值相似，而学生议论文中的 C/T 值要高于记叙文，说明初中生在议论文中使用了更多的从属句。4个词汇丰富度指标中，记叙文的 3 个词汇丰富度指标的值高于议论文，包括 2 个词汇复杂度指标 LS1 和 LS2 以及词汇多样性指标 MSTTR-50。初中生议论文中的词汇密度指标 LD 的值高于记叙文。独立样本 t 检验的结果也显示记叙文中 LS1 和 MSTTR-50 的值显著高于议论文，而记叙文中 C/T 的值显著低于议论文（见表 1.14）。上述结果表明，与议论文相比，初中生在记叙文中使用了更复杂、多样的词汇，但是从属句用得较少（见表 1.14）。尽管 10 个文本复杂度指标中，有 3 个指标在两种体裁的作文中呈现显著差异，但是这 3 个指标的效应量都较小，Cohen's d 的值小于 0.6（见表 1.14）。这表明体裁对初中生作文文本特征的影响较小。

表 1.14　初中组语言复杂度指标体裁差异 t 检验结果

指标	t	p	95% 置信区间		Cohen's d
			下限 r	上限 r	
MLC	−0.677	0.500	−0.640	3.14	−0.124
MLT	1.538	0.127	−0.246	1.962	0.281
MLS	1.578	0.117	−0.306	2.709	0.288
C/T	2.345	0.021*	0.021	0.259	0.428
T/S	0.878	0.381	−0.044	0.114	0.160
CN/C	0.857	0.393	−0.058	0.146	0.156
LD	1.24	0.217	−0.007	0.029	0.226
LS1	−2.960	0.004*	−0.075	−0.015	−0.540
LS2	−1.741	0.084	−0.039	0.003	−0.318
MSTTR-50	−3.443	0.001*	−0.076	−0.021	−0.629

注：*表示检验结果具有显著性（$p < 0.05$）。后同。

　　图 1.5 展示了高中组学生作文语言复杂度的体裁差异。10 个文本复杂度指标中，除 LS2 外，其他 9 个指标的值在两个体裁的作文中都有所差异。独立样本 t 检验结果显示：议论文 5 个句法复杂度指标的值显著大于记叙文，分别为 MLC、MLT、MLS、C/T 和 CN/C（见表 1.15）。议论文中的 LD 值要显著高于记叙文，而 LS1 和 MSTTR-50 的值显著低于记叙文（见表 1.15）。

　　图 1.6 显示了大学组学生议论文和记叙文中 10 个文本复杂度指标的差异。与高中组类似，大学组议论文中大多数句法复杂度指标和 1 个词汇丰富度指标的值显著大于记叙文，分别为 MLT、C/T、CN/C 以及 LD。而议论文中 T/S、LS1、LS2 值显著低于记叙文（见表 1.16）。

　　值得注意的是，与初中组相比，高中组和大学组学生议论文和记叙文中有更多的指标存在显著差异，且效应量更大，大多数存在显著差异的指标效应量都大于 0.5（见表

1.15 与表 1.16）。综上所述，3 个组别学生议论文和记叙文中都存在文本特征的差异。

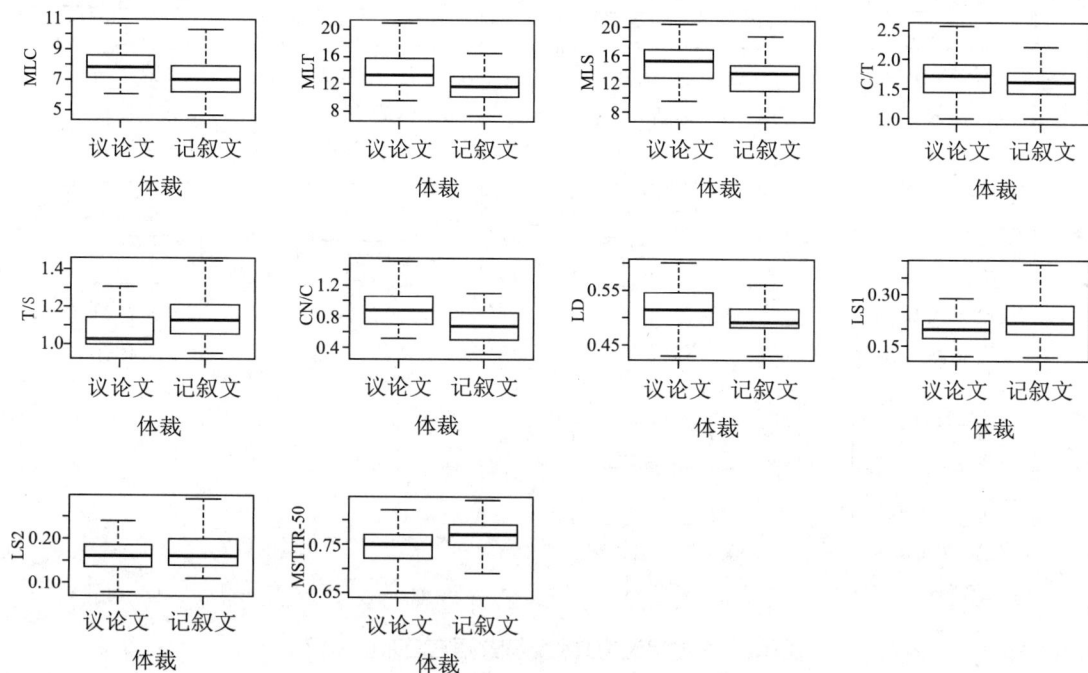

图 1.5 高中组议论文和记叙文语言复杂度差异

表 1.15 高中组语言复杂度指标体裁差异 t 检验结果

指标	t	p	95% 置信区间		Cohen's d
			下限 r	上限 r	
MLC	2.986	0.003*	0.251	1.239	0.545
MLT	4.704	<0.001*	1.310	3.214	0.859
MLS	3.423	0.001*	0.862	3.227	0.625
C/T	2.194	0.030*	0.014	0.276	0.401
T/S	−1.375	0.172	−0.085	0.015	0.172
CN/C	5.175	<0.001*	0.128	0.287	0.945
LD	3.354	0.001*	0.009	0.035	0.612
LS1	−2.535	0.013*	−0.046	−0.006	−0.463
LS2	−1.473	0.143	−0.0246	0.004	−0.269
MSTTR-50	−3.4	0.001*	−0.040	−0.011	−0.621

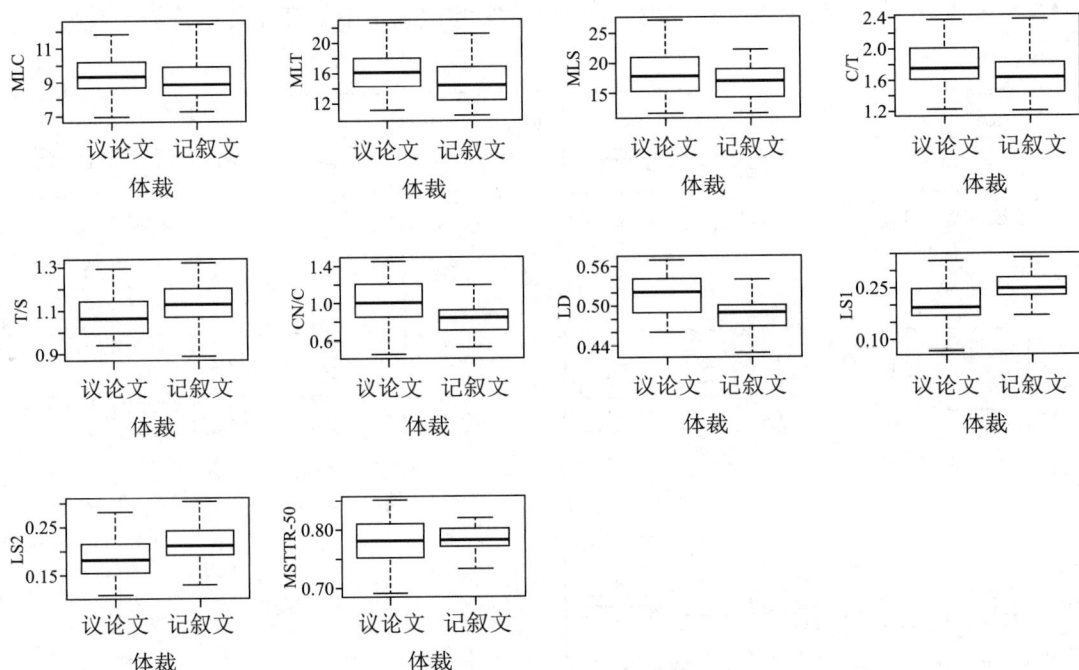

图 1.6 大学组议论文和记叙文语言复杂度差异

表 1.16 大学组语言复杂度指标体裁差异 t 检验结果

| 指标 | t | p | 95%置信区间 | | Cohen's d |
			下限 r	上限 r	
MLC	1.525	0.130	-0.120	0.923	0.278
MLT	2.935	0.004[*]	0.627	3.227	0.536
MLS	1.821	0.071	-0.115	2.743	0.333
C/T	2.430	0.017[*]	0.024	0.238	0.444
T/S	-2.426	0.017[*]	-0.098	-0.010	-0.443
CN/C	3.377	0.001[*]	0.067	0.256	0.617
LD	6.493	<0.001[*]	0.0218	0.041	1.186
LS1	-5.093	<0.001[*]	-0.069	-0.030	-0.930
LS2	-3.749	<0.001[*]	-0.042	-0.013	-0.685
MSTTR-50	-0.173	0.863	-0.012	0.010	-0.032

1.4.3.3 体裁输入对写作文本特征的影响

研究问题 3 结合了研究问题 1 和 2，试图发现学生的体裁输入是否会影响他们在不同体裁中的语言表现。我们已经发现 3 个水平组学生的体裁输入具有显著差异（1.4.3.1 部分）。据此，我们总结了每个水平组学生两种体裁作文中的文本复杂度指标的异同。从表 1.17 可以看出，学生作文中的体裁差异随着其体裁输入变化而变化。初中组学生的记叙文和议论文只有 3 个指标存在差异，学生议论文中使用的词汇复杂度低于记叙文。高中组和大学组的学生两种体裁的差异更为明显。高中组学生两种体裁的作文中，有 8 个指标存在显著差异；大学组学生两种体裁的作文中，有 7 个指标存在显著差异。高中和大学组学生记叙文的词汇仍然要比议论文更复杂，但是议论文的句法复杂度要远远大于记叙文。总的来说，体裁输入不同的学生，记叙文和议论文文本特征的体裁差异模式不尽相同。

表 1.17　3 个组别议论文和记叙文语言复杂度指标差异概览

组别	议论文＞记叙文	记叙文＞议论文	议论文＝记叙文
初中组	C/T	LS1; MSTTR-50	MLC; MLT; MLS; T/S; CN/C; LD; LS2
高中组	MLC; MLT; MLS; C/T; CN/C; LD	LS1; MSTTR-50	T/S; LS2
大学组	MLT; C/T; CN/C; LD	T/S; LS1; LS2	MLC; MLS; MSTTR-50

注："议论文＞记叙文"表示该指标在议论文中的值显著大于记叙文；"记叙文＞议论文"表示该指标在记叙文中的值显著大于议论文；"议论文＝记叙文"表示该指标的值在议论文和记叙文中无显著差异。

此外，我们还使用 MANOVA 检验了语言水平和体裁对学生作文 10 个文本复杂度指标的交互作用。结果表明，语言水平和体裁对 3 个指标产生了交互影响：MSTTR-50 [$F(2)=5.893$, $p=0.003$]、MLC [$F(2)=3.328$, $p=0.037$]、CN/C [$F(2)=3.253$, $p=0.040$]。图 1.7 展示了语言水平和体裁对上述 3 个指标的交互作用。初中组和高中组的学生在记叙文中会使用更多样化的词汇，而词汇丰富度指标 MSTTR-50 在大学组学生记叙文和议论文中无显著差异；初中组的学生记叙文中 MLC 以及 CN/C 的值与议论文无明显差异，但是高中组和大学组学生记叙文中 MLC 和 CN/C 的值低于议论文。除这 3 个具有交互作用的指标外，有 2 个指标的体裁差异在 3 个水平组别中相同：C/T 和 LS1（见表 1.17）。3 个组别学生议论文 C/T 的值显著高于记叙文，即学生一般在议论文中都会使用更多的从属句；3 个组别学生记叙文的 LS1 的值都要显著大于议论文，即 3 个水平组学生都倾向于在记叙文中使用更多的低频词，也就是更复杂的词汇。

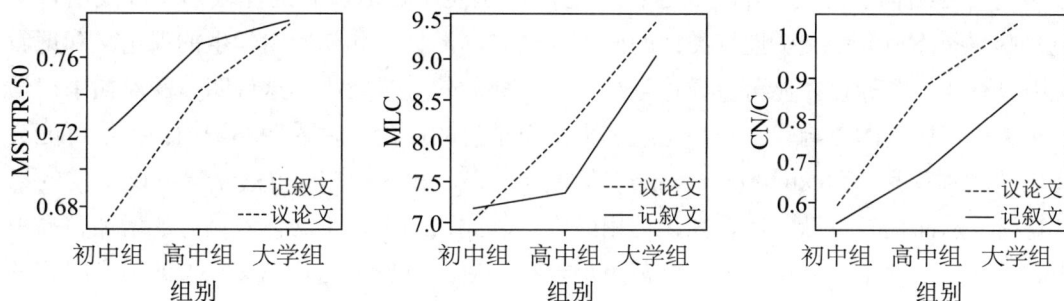

图 1.7　语言水平和体裁对 3 个语言复杂度指标的交互作用

上述结果表明，特定的体裁会诱导出特定的句法和词汇特征，但是语言水平不同的学生，两种体裁语言特征差异模式并不总是一样。针对问题 1 的研究结果已表明水平不同的学习者体裁输入也不同。据此，研究问题 3 的结果进一步证明，学生的体裁输入也会影响他们在不同体裁作文中的语言使用。

1.4.4 讨 论

基于使用的语言习得理论认为，写作应该以其体裁交际目的为前提，根据不同体裁的交际意图，选用最合适和贴切的语言，以完成特定的目的。本节的研究结果也表明了这一点，3 个组别的学生在两种体裁作文中都使用了不同特征的语言。初中组学生的记叙文和议论文中有 3 个指标存在显著差异，高中组学生的两种体裁作文中有 8 个指标存在显著差异，大学组学生作文中有 7 个指标具有显著差异（见表 1.17）。其中，3 个水平组学生都在议论文中使用了更多的从属句。由于议论文以"议论"为目的，作者需要使用大量的"心理状态和言语行为动词"（mental state and speech act verb）来传递自己的观点，如 think、believe、conclude 及 assume（Beers & Nagy, 2011: 186），而这些动词后面常加宾语从句，这可能使学生在议论文中使用更多从属句，从而提高了 C/T 的值。这与 X. Lu（2011）的发现一致。3 个组别学生议论文的 LS1 的值显著低于记叙文 LS1 的值，说明学生都在议论文中倾向于使用高频词，即更简单的词汇。这也与两种体裁不同的交际目的有关。议论文的目的在于议论，常常以需要讨论的话题展开，故学生在作文中需要重复使用与话题相关的词以及心理状态和言语行为动词来陈述自己的观点。这些词汇的使用在一定程度上阻碍了学生使用一些更复杂的低频词汇（S. K. Park, 2013; Yoon & Polio, 2017）。尽管每种体裁的交际目的可能会促使学生在不同体裁作文中呈现不同的语言（特征），但是如果学生对特定体裁的知识有限，可能就无法区分不同体裁的交际目的，从而在不同体裁的作文中使用相似的语言，导致体裁不同的作文中语言特征没有明显的差异。在基于使用的语言习得理论视角下，我们认为学生的体裁知识受学生的体裁输入影响。本节的研究结果也证实了这一点。初中组学生主要的体裁输入为记叙文，议论文的输入有限，因此他们很有可能无法识别议论文的交际目的，也不具备选用相应语言结构的能力。如此，学生可能倾向于使用自己仅有的体裁知识以及语言知识，在不同体裁的作文中使用类似的语言结构和词汇，比如初中组学生的议论文和记叙文中只有 3 个指标存在显著差异，且这 3 个指标的效应量较小，这说明体裁对初中组学生作文语言使用的影响较小。高中组和大学组学生的议论文输入明显增加，他们可能会使用"文本借用"（textual borrowing）策略（Tardy, 2012: 177），充分学习议论文的语言特征，从而提升自己的体裁知识运用能力。因此，随着议论文体裁输入的增加，高中组和大学组的学生对议论文这一体裁更加熟悉，也具备使用与议论文相关的语言结构的能力，所以这 2 组学生的议论文和记叙文中有更多的指标展现了显著差异，且效应量更大，即体裁对高中组和大学组学生作文中的语言使用影响更大。

就具体的指标而言，体裁对 MSTTR-50、MLC 和 CN/C 的影响在 3 个组别中各不相同。首先，初中组和高中组的学生在记叙文中使用更多样的词汇，而大学组词汇多样性指标 MSTTR-50 的值在议论文和记叙文中相近。正如前文所述，议论文以话题为中心，所以学生在作文中必须使用与话题相关的词汇。本研究议论文的题目为 "Country life and city life, which one do you like better?"，所以学生需要使用 "country life" "city life" 或者其同义词来表达自己的观点。初高中组学生由于词汇能力有限，时常重复使用 "country life" 以及 "city life" 等表达，增大了议论文词汇型符重复率，降低了 MSTTR-50 的值。但是，随着词汇能力的提升，大学组的学生能够在作文中使用其他表达，如 "the former" "the latter" "urban life" "rural life" "life in the countryside" 等，来表达相同的意思，从而使议论文 MSTTR-50 的值增大；大学组学生议论文和记叙文中 MSTTR-50 的值差异不显著。其次，初中组议论文和记叙文中 MLC 的值相同，而高中组和大学组学生议论文中的 MLC 要大于记叙文。相比之下，初中组学生议论文中 MLC 的值较低的原因可能是学生使用了过多的 "I think" 的表达（Beers & Nagy, 2011），这些简短的主谓结构的使用会增多学生作文中子句的数量，降低子句的长度。高中组和大学组学生在议论文中可能会使用其他衔接手段，如介词短语 "in my opinion" 等，这就减少了作文中的子句数量。因此高中组和大学组学生议论文中 MLC 值变大，高于记叙文。与 MLC 类似，初中组学生两种体裁作文中 CN/C 的值近似，但是高中组和大学组学生议论文中 CN/C 的值高于记叙文。高中组和大学组学生议论文中名词短语较长的原因是议论文比记叙文更正式。较长名词短语的使用是正式文体的特征之一（Biber et al., 2011; Parkinson & Musgrave, 2014）。

在基于使用的语言习得理论视角下，一方面，不同体裁所要求的交际能力驱使学生在体裁不同的作文中使用不同的语言手段；另一方面，学生的体裁输入影响学生的体裁知识，从而左右不同体裁中的语言特征。我们的结果表明，由于初中组学生议论文体裁输入有限，学生可能无法区分议论文和记叙文不同的交际目的，更倾向于在两种体裁中使用相同的语言结构。因此，体裁对初中组学生作文的文本复杂度影响较小。随着学生议论文体裁输入的增加，高中组和大学组学生两种体裁中的文本复杂度差异变得明显，且学生在议论文写作中有着更好的语言表现。

1.4.5　小　结

在基于使用的语言习得理论视角下，我们在本节对学生议论文和记叙文两种体裁作文的文本特征这一话题进行了再探，分析了 3 个水平组（初中组、高中组和大学组）教材中的体裁输入差异，研究比较了 3 个组别学生议论文和记叙文 10 个语言复杂度指标的异同，最后考察了体裁和学生的体裁输入对语言复杂度的交互作用。结果表明，不同体裁的交际目的会诱导出不同的语言特征。同时，学生的体裁输入也会影响作文中的语言特征。我们在本节首次从学生自己的语言输入视角探讨了体裁对写作文本特征的影响，结果进一步验证了基于使用的语言习得理论的核心观点，即输入频率是语言习得的重要机制之一。此外，本节研究结果也对体裁影响研究有一定的启示意义。由于社会文化理论和任务复杂度理论都从任务视角分析体裁对二语写作文本特征的影响，所以这些理论都假设一种体裁总会诱导出特定的语言特征，从而使一些研究者认为学生议论文的语言特征始终比记叙文更复杂，因此更适合在语言教学中使用。但是本节研究的结果在一定程度上驳斥了这一观点，学生作文中的语言特征不但和体裁的交际目的有关，还受其体裁输入影响。由于低水平学习者接触到的记叙文体裁较多，因此记叙文可能更适合初学者的语言课堂。

本研究也存在一定的局限。研究所使用的记叙文和议论文由每个组别中的两位学生完成（不是同一位学生同时写两篇不同体裁的作文），所发现的文本特征的差异可能不仅体现了体裁的影响，还受其他诸如学习者的性别和语言水平等无关变量的影响。因此，未来研究还需更严格地控制相关变量，尽量确保两篇体裁不同的作文由同一参与者完成。

1.5 结 论

我们在本章探索了学生二语句法复杂度的衡量方法和影响因素。其中，前两项研究使用句法复杂度指标来衡量二语写作水平，旨在找到能预测二语写作水平的最佳指标；后一项研究使用句法复杂度指标描述二语写作表现，从而探索任务体裁对二语写作的影响。通过这些研究，我们基本勾勒出了不同语言水平英语学习者作文中句法复杂度发展的全貌：初学者作文中的复杂句法手段主要为并列结构；中等水平学习者主要使用从属句来衔接句子；名词短语是高水平作文的主要特征。此外，相关研究还揭示了众多与任务以及和学习者相关的因素对二语作文文本特征的影响，如任务的体裁和话题、学习者的性别和母语背景等等。尽管如此，现有二语句法复杂度研究仍存在一定局限，我们在此总结现有研究的三大局限，以期能进一步推动二语句法复杂度研究的发展。

其一，现有研究对语言水平界定的标准存在分歧。句法复杂度与二语语言水平的关系是二语句法复杂度研究的主要方向。语言水平是此类研究的重要变量，研究方法一般为使用回归或者推断性统计考察语言水平与句法复杂度指标的关系。因此，语言水平的界定方式可能会直接影响研究结果。同时，现有句法复杂度研究大多采用不同的标准去界定语言水平，大大降低了不同研究之间的可比性，也可能会导致不同研究的结果不一致。比如，常有研究关注区分中高水平学习者的语言水平的具体指标，而不同的研究可能会产生不同的结果。究其原因，可能是不同的研究对"中高"水平界定的标准大相径庭。语言水平测量标准不统一不仅是句法复杂度研究所面临的问题，更是所有基于学习者语料库的研究存在的共同问题。在收集语料时，少有学者会用语言测试的手段来测量学习者的语言水平，因此，在使用语料时，研究者通常会用两种方法评估语言水平，分别为学习者中心法（learner-centered method）和文本中心法（text-centered method）（详细介绍可参阅Carlsen, 2012）。前者主要以学习者相关的变量作为衡量语言水平的标准，如英语学习时长（年）和年级水平，后者旨在通过分析学生作文质量来量化语言水平。因此，在二语句法复杂度发展研究中，语言水平的衡量标准多样且不一致，包括标准化考试分数、年级水平和作文分数。以本章介绍的三项研究为例，前两项研究使用了作文分数量化语言水平，而后一项研究则使用年级水平（初中组、高中组、和大学组）来衡量学习者的语言水平。这些标准中，年级水平衡量学生语言水平的有效性存疑，因为同一年级学生的语言水平并不同质，个体差异较大（de Clercq & Housen, 2017）。虽然其他手段，如考试分数和作文分数从一定程度上可以科学、有效地量化学习者的语言水平，但正如前文所述，这些多样且不统一的标准加大了比较不同研究结果的难度，也是造成各研究结果不一致的因素之一。未来研究可以以欧洲共同语框架（Common European Framework of References for Languages, CEFR）以及中国英语能力等级量表（China's Standards of English Language Ability）等统一的语言水平量表为标准界定研究参与者的语言水平，构建统一的语言能力评估标准，加大研究结果的可比性。

其二，现有句法复杂度研究所用的测量指标粒化不足。Biber等（2011）的研究发现，现有句法复杂度指标观测的大都为语言产出的整体复杂度，难以体现学习者在具体句法结构上的使用特征，这样的研究结果常常具有误导性。Nippold等（2005）考察了母语为英语的本族语作文中句法复杂度发展特征，研究结果表明，随着年龄的增大，研究参与者语言产出的平均T单位长和子句密度显著提升。但是，能促成T单位长度和从属句密度增长的语法结构众多。英语中主要有三类从属句：宾语从句、状语从句和定语从句。当他们进一步研究这三类从句的发展趋势时，却发现只有宾语从句和定语从句的使用频率呈上升趋势，而在11岁以后，状语从句的使用频率则停滞不前。该研究结果也进一步表明，使用平均T单位长或从句使用密度等宏观复杂度指标会掩盖一些更具体的句法复杂度发展特征与路径。Kyle和Crossley（2018）也称，现有研究存在测量指标颗粒性不足的缺陷，呼吁未来研究采取更多细颗粒指标。本章第一个研究的结果也再次证实了这一点。近几年，学界兴起了细颗粒指标研究潮流，以发现学习者语言中具体句法结构的发展规律和特征，尤其是名词短语类型的发展路径。名词修饰语种类繁多，包括形容词作定语、名词作定语、物主代词作定语、介词短语作定语、定语从句和后置分词作定语等等。不同水平的英语学习者倾向于使用不同类型的定语作为名词修饰语。Parkinson和Musgrave（2014）的研究发现，水平更高的学习者在作文中会使用更多的前置名词，而低水平组学生则更青睐前置形容词。除了对名词修饰语的发展研究外，已有学者开始研究二语学习者对三种从属句的使用的发展态势（de Clercq & Housen, 2017; Vyatkina et al., 2015）。但是，由于相关研究仍处于初始阶段，很多问题亟须进一步完善。比如，目前研究所使用的粒化指标主要为不同的名词短语类型和从属句类型，鲜有研究关注学习者作文中不同介词短语类型和不同状语类型的使用情况。据此，未来的句法复杂度研究应该采取更多的粒化指标，探索更多具体的句法结构的使用概况，这样的研究也更具有教学方面的启示意义（Biber et al., 2020）。

其三，现有研究还存在句法单位定义不一致的局限。本章前两项研究的结果都表明，目前句法复杂度研究在从属结构使用数量是否可以衡量二语水平这一问题上存在争议。在阐述前两项研究相关结果时，我们认为学习者语言水平的差异是从属结构密度指标结果不一致的主要原因之一。中低水平学习者主要用从属句来构造复杂结构，因此面向他们的研究结果常常认为从属句指标可以预测二语水平；而高水平学习者则更倾向于使用短语结构来代替从句衔接不同的句子成分。因此，针对高水平学习者的研究一般都发现从属句使用密度指标不能够区分二语水平。除此之外，Deng等（2021）针对这一现象给出了新的解释，他们认为，研究者对子句的定义不同也是造成从属句指标预测结果不一致的原因之一。具体而言，部分研究把子句定义为主语以及其谓语动词构成的语言结构（Hunt, 1965; X. Lu, 2011）。由于X. Lu（2010, 2011）持有这样的观点，因此所有使用二语句法复杂度分析器的研究者都采用这样的界定标准。但是，也有一些研究者认为，主语加非谓语动词组成的构式也应被计算成一个子句（Biber et al., 2020; Bulté & Housen, 2014）。句法单位定义和界定的不一致直接导致与目标句法单位相关的指标计算方式不同，进而影响结果。小句的定义和测量不一致会使得MLC以及DC/C等涉及小句的指标的测量构念不同，指标的测量结果也不同。这就意味着，尽管不同的研究使用相同的指标，但是这些指标背后的含义却存在区别。由于不同的研究采用的句法理论不同，他们往往在关于句法单位的界定标准上存在争议。这种做法可以理解，但是研究者有必要在自己的研究中阐明所有与指标相关的句法单位的定义和界定标准，隐约其词只会进一步加大不同研究之间比较研究结果的难度（X. Lu, 2011）。

基于上述三点，未来句法复杂度研究需要朝着更加细致的方向发展，力求采用更多的粒化指标，考察学习者语言产出中不同的具体结构的发展情况，探讨这些粒化指标与二语水平之间的关系。同时，为了加强不同研究结果之间的可比性，促进句法复杂度研究可持续发展，未来的研究需要找到一个统一的量化学生语言水平的方式，同时也要注意与指标相关的句法单位的定义一致性。

本章侧重学习者语言句法复杂度的发展及影响因素。但是目前，已有研究者认识到，将学习者语言句法复杂度的发展特征同本族语者句法复杂度相比，可以更加全面地揭示学习者句法复杂度的发展特征，如过多或过少使用某些结构；相关研究结果可以更好地指导写作教学和教材编写。据此，我们将在第2章详细探讨、对比学习者与本族语者的句法复杂度。

2 学习者与本族语者句法复杂度比较

2.1 引 言

第 1 章主要用三项具体研究介绍了句法复杂度发展及影响因素研究的现状和未来趋势。除了单独聚焦学习者自身的句法复杂度特征外，众多研究也在中介语对比分析等理论的指导下，将学习者语言句法复杂度与本族语者句法复杂度相比，从而揭示学习者语言特有的句法特征。我们在本章继续使用具体的研究案例，详细介绍相关研究的具体情况。

中介语对比分析（contrastive interlanguage analysis, CIA）这一概念源于 Granger（1996），是学习者语料库研究（learner corpus research）中最常用的研究理论（Callies, 2015）。常见的中介语对比研究分为两种类型，即学习者中介语与本族语比较研究、不同的中介语之间的比较研究，如不同母语学习者的中介语对比分析研究（Callies, 2015; Granger, 1996）。学习者和母语者产出比较研究为二语习得研究提供了一个参照标准，即母语者语言特征是二语习得的标准，是其语言习得努力的方向。这样的做法有助于我们以母语者的语言产出为基准，了解不同语言学习者语言产出中的不足；语言教师也可以有的放矢地开展教学活动。不同母语背景学习者的比较研究能进一步明确学习者母语对其二语习得的影响。据此，相关研究不仅有明确的教学意义，对迁移理论的构建也具有一定的参考价值。鉴于上述两类中介语对比分析研究的重要意义，目前学界已有众多相关研究。我们在本章主要聚焦学习者中介语与本族语者语言比较研究，梳理相关研究现状，并将以我们开展的一项中介语与本族语句法复杂度比较分析研究为例，介绍相关研究的方法和结果。在此基础上，本章还总结、整理现有中介语和本族语比较研究存在的问题，以期帮助研究者了解中介语对比研究领域的研究现状和最新研究动向。本章第 1 节（本节）为引言；第 2 节阐述中介语与本族语比较研究的概况、主要研究内容以及研究意义；第 3 节介绍一项具体的研究（学习者与本族语作文句法复杂度比较研究），以帮助读者深入了解中介语对比分析研究的概况；第 4 节为总结，主要简述现有对比分析研究存在的问题，并提出一些解决方案。

2.2　中介语和本族语者语言比较综述

我们在本节详述中介语对比研究的历史、研究内容和研究意义。研究内容聚焦于学习者语言和本族语者语言在词汇和句法层面的比较研究。

2.2.1　研究历史

中介语对比分析来源于二语习得的经典假设——对比分析假设。该假设由罗伯特·拉多（Robert Lado）提出（Lado, 1957）。对比分析旨在比较学习者母语（mother tongue）和目标语（target language）的异同，从而解释或预测学习者在语言习得过程中会犯的错误。Lado（1957）提出的对比分析的核心思想为"（目标语中）与学习者母语相似的成分对他来说是简单的；与其母语相异的成分对他来说是困难的"（戴炜栋、束定芳，1994: 1）。对比分析假设提出后，出现了一批比较中介语和目标语在语法和语音层面的异同，并以此来分析学习者语言中错误的研究（Stockwell et al., 1965; 罗立胜，2007）。例如，罗立胜（2007）分析了母语为汉语的英语学习者中介语中的名词错误，并从英汉对比分析的视角对学生语言中的名词错误进行了解释。对比分析研究用相对科学和严谨的方法指明了二语学习者习得过程中的重难点，也发现了不同语言之间在句法、语义、语音层面的异同，丰富了形式语言学理论。更重要的是，对二语习得研究而言，对比分析假设为日后二语习得研究中的错误分析和迁移研究的产生奠定了基础（R. Ellis, 1985a）。尽管如此，对比分析假设的弊端也比较明显，主要表现在预测力不足和缺乏心理学理论支撑（R. Ellis, 1985a; Odlin, 1989）。因此，在20世纪五六十年代经历了鼎盛时期之后，中介语对比分析假设逐渐被迁移假设所取代。与此同时，20世纪70年代，塞林格正式提出了中介语的概念（Selinker, 1972），学习者语言开始被视为一个独立的系统。正如前文所述，到了20世纪70年代，一批对比分析研究衍生为错误分析研究和迁移研究。这些研究一般都采用实验的方法，比较学习者的中介语与目标语，从而发现中介语中的错误，然后再通过对比分析核实这些错误是否受母语迁移的影响（Oldin, 1989）。这些研究就成为中介语对比研究的雏形，Selinker（1989）将这些实验研究中把中介语语言产出与母语者产出的比较称为"一种新型对比分析"。在这些基础上，Granger（1996）依据当时学习者语料库领域的研究现状，正式提出了中介语对比分析这一概念，并指出中介语对比分析的两种类型: 1）不同母语背景学习者的中介语比较；2）学习者中介语与本族语者语言比较。由于本章重点考察第二类中介语对比研究，所以在下文中，中介语对比分析研究指的都是学习者语言与本族语者语言比较研究。从上述介绍中可以发现，"中介语对比分析"来源于"对比分析"，甚至有研究者认为，中介语对比分析研究是对比分析研究的新类型（Selinker, 1989），但是二者还是存在明显的区别。表2.1从四个角度呈现了二者的主要区别。

表 2.1　对比分析与中介语对比分析的区别

角度	对比分析（CA）	中介语对比分析（CIA）
提出者和提出时间	Lado（1957）	Granger（1996）
比较对象	母语与目标语	学习者语言和本族语者语言
主要目的	预测或解释错误	发现学习者语言中过多使用或过少使用的语言构式
研究范畴	二语习得	学习者语料库

2.2.2　研究意义

中介语对比分析研究的主要目的是发现学习者语言与本族语者语言中的区别，包括过多使用（overuse）、过少使用（underuse），以及误用（misuse）等现象（Callies, 2015; Gilquin & Paquot, 2008）。也就是说，中介语对比分析研究为学习者语言习得找到了一个参照的标准，即本族语者的语言。与这些标准偏离较大的语言使用（如过多使用、过少使用和误用）就应成为语言教学尤其是教材编写的重点。同时，如果目标结构在学习者语言和本族语者语言中使用频率相同或相近，说明学习者已较好地掌握了这些目标结构。与上述观点类似，Ai 和 X. Lu 认为，"本族语者语言表现和学习者语言表现的比较不仅能让我们了解学习者的语言表现与本族语者语言表现相比是否有所偏离或者靠近以及如何偏离和靠近，而且还能为语言教师和教材开发者提供宝贵信息，以开展合适的教学干预，解决教学中存在的问题"（2013: 250）。以学术英语中的中介语对比研究为例，这些研究旨在将学习者的学术英语论文与专家论文进行对比，从而突出二者语言特征的差异。相关结果与发现能够让我们明确哪些结构理应成为学术英语教学的重难点。除了这些实际意义外，中介语对比研究还具有重要的理论意义。在 2.2.1 小节的介绍中，我们已经了解到早期的中介语对比分析服务于迁移研究。具体而言，中介语对比分析能让我们发现哪些语言结构或者语言错误可能源于语言迁移，因此，中介语对比分析研究对迁移理论的构建也具有一定的意义。

2.2.3　研究内容

本部分将综述现有国内外学习者语言（中介语）与本族语者语言在句法层面的比较研究。中介语句法对比研究可根据所研究的对象分为两种类型，一种是比较学习者语言与本族语者语言中具体的句法结构；另一种是比较学习者语言与本族语者语言中的句法复杂度指标。中介语具体句法结构对比常见于学术英语研究，目前所研究的句法结构包括不同的名词短语类型（Ansarifar et al., 2018）、不同的句子结构（Hinkel, 2003），以及情态动词等（杨玉晨，1998）。Ansarifar 等（2018）比较了母语为波斯语的英语学习者的学术英语摘要与已出版的专家作者（expert writer）的学术英语摘要中不同名词短语类型的使用情况。该研究共考察了 2 组摘要中 18 种名词修饰语的使用情况，包括形容词作定语、名词作定语、形容词性物主代词、分词短语作定语，以及定语从句等修饰语类型。结果为两个组别在 4 类名词修饰语使用频率上存在显著差异，分别为名词作定语、过去分词短语作定语、形容词作定语和多个介词短语作定语。Hinkel（2003）考察了学习者和本族语者 1083 篇学术英语写作中不同语法构式使用的差别，所考察的目标结构包括系表结构（be/become/seem+形容词）、"there be" 结构和 "it-cleft" 结构等。研究结果表明，与本族语者相比，英语学习者在作文中使用了更多的简单结构，尤其是系表结构和 "it-cleft" 结构。杨玉晨比较了 10 篇英语本族语者的学术论文与 10 篇母语为汉语的英语学习者的英语论文中情态动词以及模糊语的使用情况。结果显示，与本族语者学术论文相比，英语学习者在论文中过多使用了语气较为强硬的情态动词（如should、must），而较少使用语气较为委婉的情态动词（如could、might）。因此，与学习者论文相比，本族语者的学术论文"读起来更使人感到语气婉转，态度平和，语言准确"（杨玉晨，1998: 24）。此外，该研究还使用对比分析的方法比较了英汉两种语言之间情态动词分布的差异，以考察母语迁移对二语学习者作文中情态动词使用的影响。通过英汉语言的对比分析，杨玉晨认为，"表达可能性和建议可能是中国人英文写作的难点"（1998: 24）。因此，母语的影响部分解释了母语为汉语的英语学习者在论文中较少使用语气较为委婉的情态动词的现象。

另一种中介语句法对比分析研究比较的是学习者语言产出与本族语者语言产出中的句法复杂度指标。句法复杂度指的是语言产出中不同句法单位的数量以及各句法单位之间的关系（Bulté & Housen, 2012）。这些研究大致从四个维度测量了句法复杂度：长度、从属结构使用密度、并列结构使用密度和短语使用密度。比如，de Clercq 和 Housen（2017）研究了母语为荷兰语的中学英语学习者和母语为荷兰语的中学法语学习者口语产出中的句法复杂度发展特征，并使用了本族语的口语语料作为参照标准（即英语本族语者和法语本族语者口语语料），对比了二语学习者和母语者口语中的句法复杂度特征。他们所使用的句法复杂度指标包括句法成熟度指标和句法多样度指标。句法成熟度指标主要有名词短语长度（length of noun phrase）、子句长度（length of clause）、AS单位长度（length of AS-unit），以及测量口语中嵌套结构使用数量的指标——每个 AS单位子句数量（number of clauses per AS-unit）。句法多样度指标主要有名词短语多样度（noun phrase diversity）、子句多样度（clause diversity），以及句子相似度指数（sentence similarity score）等。该研究结果表明，无论是英语学习者还是法语学习者，与本族语者相比，二语学习者都会在口语产出中使用相对简单的句子结构，如更短的名词短语和更少的嵌套结构等。但是他们的研究结果也表明，随着语言水平的提高，二语学习者的口语表现越来越接近于母语学习者的口语表现。Ai 和 X. Lu（2013）比较了母语为汉语的英语学习者与英语本族语者议论文的句法复杂度指标。研究所使用的学习者语料库为中国大学生英语口笔语语料库（Spoken Written English Corpus of Chinese Learners, SWECCL）；研究所使用的本族语者语料库为 LOCNESS 语料库（the Louvain Corpus of Native English Essays），收录了母语为英语的英美大学生的数千篇作文，总计 30 多万词

（Granger, 1998）。句法复杂度指标为L2SCA中的10个指标，包括平均子句长、平均句长、平均T单位长、每个子句中从属子句数量，以及每个子句中复杂名词短语数量等。该研究的结果与de Clercq和Housen（2017）的研究结果类似，即除了每个子句中并列短语的数量和每个句子中T单位的数量这两个指标外，学习者作文中大多数句法复杂度指标的值都显著低于本族语者作文。每个子句中并列短语的数量与每个句子中T单位的数量测量的是学习者语言中并列结构使用的数量，因此，上述结果表明与同龄的本族语者大学生相比，母语为汉语的英语学习者已熟练掌握了并列结构，但是句法结构的整体复杂度依旧低于本族语者，主要表现在使用了更少的从属结构和名词短语，并且句法单位的长度更短。徐晓燕等（2013）采用横截面的研究设计，考察了中国大学英语专业学生议论文句法复杂度指标在大学四年的发展情况，并使用了本族语的议论文作为参照标准。学习者语料为从SWECCL语料库中随机抽取的240篇论文，本族语者语料来源于研究者自建的语料库，主要是英语教材和国外期刊上随机抽取的30篇文章。句法复杂度指标包括MLT、MLC、DC/C、C/T、简单句使用数量、并列句使用数量、复合句使用数量、并列复合句使用数量、状语从句使用数量、宾语从句使用数量、定语从句使用数量、主语从句使用数量、表语从句使用数量等。研究结果显示，随着语言水平能力的提升，英语专业学生议论文的句法复杂度也会增加，如会在作文中使用更多的从属句和更长的句子单位。同时，在学习者的议论文中，大多数句法结构的使用数量都低于本族语者，如定语从句；句法结构的单位长度也低于本族语者。但是，他们的研究结果表明，与本族语者相比，学习者会在作文中过多使用状语从句、宾语从句等句子类型。徐晓燕等对此作出的解释为"多半是汉语句法的负迁移所致"（2013: 272）。

综上所述，已有大量实证研究比较了学习者语言与本族语者语言在词汇和句法层面上的异同。值得注意的是，就书面语比较而言，大多数研究比较的都为水平较高的大学生英语学习者以及本族语者议论文中语言特征的异同（Ai & X. Lu, 2013; 徐晓燕等，2013），或者二语学习者与本族语者学术英语语料库中语言特征的差别（Ansarifar et al., 2018; Gilquin & Paquot, 2008; 杨玉晨，1998）。换言之，目前中介语对比分析的研究对象大多为高水平英语学习者的议论文或者学术英语写作，针对中低水平学习者和其他体裁写作的研究总体偏少。这些研究大都发现，与本族语者相比，二语学习者会在作文或口语中过多、过少使用某些词汇或句法结构。绝大多数研究在解释研究结果时，常会从这两方面归结原因：1）母语迁移（徐晓燕等，2013; 杨玉晨，1998）；2）外语学习者的语域意识不足，具体体现是在书面语中使用口语化的表达（戚焱、丁言仁，2011; 王立非、张岩，2007; 文秋芳等，2003）。

2.3 学习者与本族语者句法复杂度比较

在本节，我们将介绍学习者与本族语者作文句法复杂度对比研究。该研究比较了高中英语学习者和同龄的来自英语本族语 11 年级高中生作文中的句法复杂度指标。研究一共探讨了 3 个维度的句法复杂度特征：粗颗粒句法成熟度、细颗粒句法成熟度和句法多样度，共使用了来自 3 个维度下的 18 个句法复杂度指标。下文将分别介绍该研究的研究背景、研究方法、研究结果和讨论。

2.3.1 研究背景

正如前文所述，中介语对比研究既有重要的实际意义，也有重大的理论意义。所以，目前学界已开展了一系列研究，旨在比较本族语者语言产出和学习者语言产出中句法特征的异同。2.2.3 小节综述了国内外所开展的中介语句法对比研究情况。从中可以发现，现有中介语对比研究大多探讨的是大学生二语学习者和大学生本族语者语言产出中文本特征的差异，少有研究针对初高中生（即中低水平学习者）。针对中低水平学习者研究的缺少主要有两大原因：其一，就学习者研究而言，大部分二语习得研究者为高校教师，对他们来说，收集大学生的语料相对容易。这就导致现有多数学习者语料库为水平相对较高的大学生英语学习者语料库，如国际英语学习者语料库 ICLE（the International Corpus of Learner English）、中国大学生口笔语语料库 SWECCL、亚洲英语学习者国际语料库 ICNALE（the International Corpus Network of Asian Learners of English）。与之相反，面向中低水平的中学或小学英语学习者的语料库少之又少。中小学英语学习者语料库的缺乏使得相关研究者只能自行收集语料，建设语料库。因此，与大学生相比，中小学学习者的语料库研究总体偏少。其二，与英语学习者情况类似，本族语者语料库的建设也主要由一语习得、二语习得或学习者语料库研究者完成，对他们来说，收集大学生的语料也相对容易。中介语对比研究中常使用的本族语者语料库为 LOCNESS 语料库，该语料库由比利时鲁汶大学的格兰杰教授牵头建设，收录了母语为英语的英美大学生的数千篇作文，总计 30 多万词（Granger, 1998）。LOCNESS 语料库作文的体裁主要包括议论文和文学性作文。除 LOCNESS 语料库之外，中介语对比研究中常用的本族语参照语料库还有亚洲英语学习者国际语料库 ICNALE 中的本族语库以及研究者自建的本族语者语料库等。简言之，目前有关中学英语学习者中介语对比研究数量偏少，但是相关研究却意义重大。当前，我国初高中生英语学习者人数众多，根据国家统计局的数据，我国目前中学阶段的在校生约为 8300 万人。因此，出于实际教学指导的考量，我们有必要开展面向中学英语学习者的对比研究，为语言教育从业者提供实证数据，了解与同龄的英语本族语者相比，中学英语学习者在作文中会过多或过少使用哪些结构，以便于教师和教材编写者采取更有针对性的教学指导。就习得理论而言，复杂动态系统理论认为，学习者的语言发展是一个复杂动态的过程（de Bot, 2017; Verspoor et al., 2012; 郑咏滟, 2018）。因此，语言水平不同的二语学习者与同龄的本族语者在书面语（作文）产出中文本特征的差异也会有所不同。所以，根据复杂动态系统理论的观点，研究者有必要开展相关研究，专门探讨中学阶段英语学习者和中学阶段本族语者作文中语言特征的差异。

此外，现有中介语句法复杂度研究大多比较的是本族语和中介语作文中的粗颗粒句法复杂度指标。本书第 1 章已经详细解释了粗颗粒与细颗粒句法复杂度指标的区别，并用具体的例子论证了粗颗粒句法复杂度指标的不足和细颗粒句法复杂度指标的优势。有必要指出的是，我们认为，粗颗粒句法复杂度指标和细颗粒句法复杂度指标同处于一个连续统（continuum）中，二者并没有一个明确的分界线，相互的区别是相对而言的。为了便于论述和理解，我们可以把粗颗粒句法复杂度指标理解为传统的、更加宏观的句法复杂度指标，如长度指标、从属结构密度指标、并列结构密度指标和名词短语密度指标；而细颗粒指标测量的是单个具体的句法结构的使用频率，如每种具体的从属句类型使用频率（状语从句使用频率、宾语从句使用频率、定语从句使用频率等）以及每种具体的名词短语修饰语类型使用频率（形容词作定语使用频率、名词作定语使用频率、介词短语作定语使用频率以及定语从句使用频率）。传统的粗颗粒句法复杂度指标存在的主要问题是过于宏观，使得其意义不够明确，无法揭示具体结构的使用情况，有时甚至还具有误导性（Biber et al., 2011; Kyle & Crossley, 2018）。粗颗粒句法复杂度指标的缺点最早由 Biber 等（2011）指出。Kyle 和 Crossley（2018）最早提出"粗颗粒句法复杂度指标"和"细颗粒句法复杂度指标"这两个概念。最近，Biber 等（2020）对这一问题又做了最新的探讨。在他们看来，虽然传统的粗颗粒句法复杂度指标可以预测写作水平或者二语水平，但是这类指标最大的问题是缺乏语言学描述性（linguistic description），因为这些指标把多种句法结构融合到一个单一的指标中，所以研究者无法判断目标指标说明学习者语言中使用了什么样的句法结构。简言之，在最近十年，越来越多的研究者认识到传统的粗颗粒指标的不足，并一致认为，需要使用更多的细颗粒指标来测量句法复杂度，以弥补粗颗粒指标的不足。除细颗粒句法复杂度指标之外，中介语句法复杂度对比研究还忽视了句法多样度这一维度。句法复杂度主要有两种体现形式：句法成熟度和句法多样度（de Clercq & Housen, 2017; J. H. Park, 2017）。句法成熟度主要关注学习者语言中目标句法结构如从属结构、并列结构和名词短语等的使用密度或数量，以及句法单位的长度。句法多样度关注的是学习者语言中不同句法单位的使用情况，即句法结构的多样性。总的来说，目前多数实证研究只关注了句法复杂度的一种体现形式，即句法成熟度（Ai & X. Lu, 2013; 徐晓燕等, 2013）。但是，在众多句法复杂度定义和一系列考试评分标准等实践中，句法多样度都被视为句法复杂度的重要组成部分，并且已有少数研究证明了句法多样度可以反映学习者的写作水平（de Clercq & Housen, 2017; Park, 2017）。鉴于句法多样度的重要性，中介语句法复杂度对比分析研究也应考察本族语者和学习者语言产出中句法多样度的差异。

2.3.2　研究方法

2.3.2.1　研究问题

如前文所述，现有中介语对比分析研究观察的多为大学二语学习者和大学本族语者语言产出中文本特征的异同。因此，就研究对象而言，需要开展更多面向中学阶段的学习者中介语和本族语者语言的对比分析研究。同时，就中介语句法复杂度对比分析而言，多数研究只关注了粗颗粒句法成熟度特征，忽视了细颗粒句法成熟度和句法多样度，这不利于我们充分了解本族语者和学习者作文中句法复杂度的多维度差异。据此，我们在本节重点探讨高中英语学习者和高中英语本族语者作文中句法复杂度指标的多维度差异，共考查了两个组别作文中 3 个维度下 18 个句法复杂度指标的差异。具体的研究问题为：

研究问题 1：就粗颗粒句法成熟度而言，高中英语学习者和高中英语本族语者作文存在什么样的差异？

研究问题 2：就细颗粒句法成熟度而言，高中英语学习者和高中英语本族语者作文存在什么样的差异？

研究问题 3：就句法多样度而言，高中英语学习者和高中英语本族语者作文存在什么样的差异？

2.3.2.2　语　料

本节研究共使用两个语料库，分别为自建的 CELDT 中的中学生作文子库和本族语者中小学生语料库，即 Growth in Grammar（GiG）语料库（Durrant, 2019）。GiG 语料库收录了来自英国二年级、六年级、九年级和十一年级中小学生数千篇课堂作文，作文体裁包括文学性作文（literary essays）、非文学性作文（non-literary essays）和信件（letters）。针对本节的研究问题，为了更加科学、有效地比较高中阶段的学习者和本族语者英语作文中的句法复杂度特征，我们分别选取了学习者语料库和本族语者语料库中水平最高的组别，即 CELDT 中高二年级和高三年级组以及 GiG 语料库中的十一年级组。学习者语料库中共有两个年级学生的记叙文 122 篇，共 19764 词；本族语者语料为从十一年级学生非文学性作文中随机选取的 40 篇作文，总计 25685 词。

2.3.2.3　指标与工具

本研究共使用了 3 个维度下的 18 个句法复杂度指标，分别为 7 个粗颗粒句法成熟度指标、10 个细颗粒句法成熟度指标和 1 个句法多样度指标。与第 1 章中的研究类似，本研究使用的 7 个粗颗粒句法成熟度指标也是根据 Yoon（2017）提出的"冗余、信度和构念的唯一性"这三个标准，从 14 个 L2SCA 指标中选出。这 7 个粗颗粒指标为平均子句长、平均 T 单位长、平均句长、每个子句中从属子句数量、每个句子中 T 单位数量、每个子句中并列短语数量和每个子句中复杂名词短语数量。细颗粒句法成熟度指标来自 3 个子维度：从属句类型（3 个指标）、名词短语修饰语类型（5 个指标）和介词短语类型（3 个指标）。细颗粒指标的具体介绍可参照第 1 章 1.2.2.3 部分的相关内容与表 1.4。从属句类型下的 3 个指标分别为状语从句标准化频率、宾语从句标准化频率和定语从句标准化频率；5 个名词短语类型频率的细颗粒指标分别是形容词性物主代词标准化频率、名词作定语标准化频率、形容词作定语标准化频率、介词短语作定语标准化频率和定语从句标准化频率；3 个介词短语类型下的细颗粒指标为介词短语作状语标准化频率（prep:adv）、介词短语作宾语标准化频率（prep:obj）和介词短语作定语标准化频率。需要指出的是，虽然上述共有 11 个指标，但是我们实际上使用了 10 个细颗粒指标，因为介词短语作定语标准化频率从属于 2 个维度，即名词修饰语类型和介词短语类型。句法多样度指标为标准化依存关系型例比（关于该指标的详细介绍，可参阅第 1 章 1.3.2.3 部分的内容）。

在分析工具方面，我们使用 L2SCA 获取学习者语料库和本族语者语料库中 7 个粗颗粒句法成熟度指标的值，以及从 CELDT 中获取的 10 个细颗粒句法成熟度指标和 1 个句法多样度指标的值。

2.3.2.4 数据处理

我们使用了独立样本 t 检验或非参数检验（Mann-Whitney U 检验）来考察 18 个句法复杂度指标在学习者和本族语者之间的差别。由于本研究中的参数检验，即独立样本 t 检验的实施需要满足正态分布假设，所以我们使用了 Q-Q 图考察了 18 个句法复杂度指标是否服从正态分布。结果显示没有指标呈现正态分布。据此，我们对数据进行了对数处理。处理完成后，有 15 个指标呈现正态分布，分别为 MLC、MLT、MLS、DC/C、CN/C、advcl、ccomp、acl:recl、nmod:poss、amod、prep:attr、acl:recl1、prep:adv、prep:obj 和 MSTTRDR-50。对这 15 个指标，我们使用参数检验（独立样本 t 检验）来考察差异。此外，对于对数处理后仍不符合正态分布的 3 个指标，即 T/S、CP/C 以及 nn，我们使用了非参数检验来比较组间差异。

2.3.3 研究结果

本小节将呈现三个研究问题的结果，即粗颗粒句法成熟度指标的组间差异、细颗粒句法成熟度指标的组间差异和句法多样度指标的组间差异。

2.3.3.1 粗颗粒句法成熟度指标的差异

研究问题 1 旨在探索学习者和本族语者作文中 7 个粗颗粒句法成熟度指标的差异。7 个粗颗粒指标中有 3 个长度指标（MLC、MLT 和 MLS）、1 个从属结构密度指标 DC/C、

2 个并列结构密度指标（T/S 和 CP/C）和 1 个名词短语密度指标 CN/C。表 2.2 和图 2.1 展示了两个组别间这 7 个指标的区别。可以看出，本族语者作文中大多数句法成熟度指标的值都要高于学习者，但 T/S 除外。

表 2.2　学习者和本族语者作文 7 个粗颗粒指标的描述性数据

组别	MLC M(SD)	MLT M(SD)	MLS M(SD)	DC/C M(SD)	T/S M(SD)	CP/C M(SD)	CN/C M(SD)
学习者	7.309(1.286)	11.597(2.511)	13.018(2.819)	0.331(0.094)	1.126(0.117)	0.126(0.093)	0.626(0.234)
本族语者	8.754(1.167)	20.208(3.492)	22.098(4.069)	0.507(0.078)	1.094(0.095)	0.184(0.076)	0.997(0.256)
平均差异	−1.445	−8.611	−9.080	−0.176	0.032	−0.058	−0.371

注：平均差异指的是学习者和本族语者关于该指标的差异，正值表明该指标在学习者中的值大于本族语者，负值则意思相反。

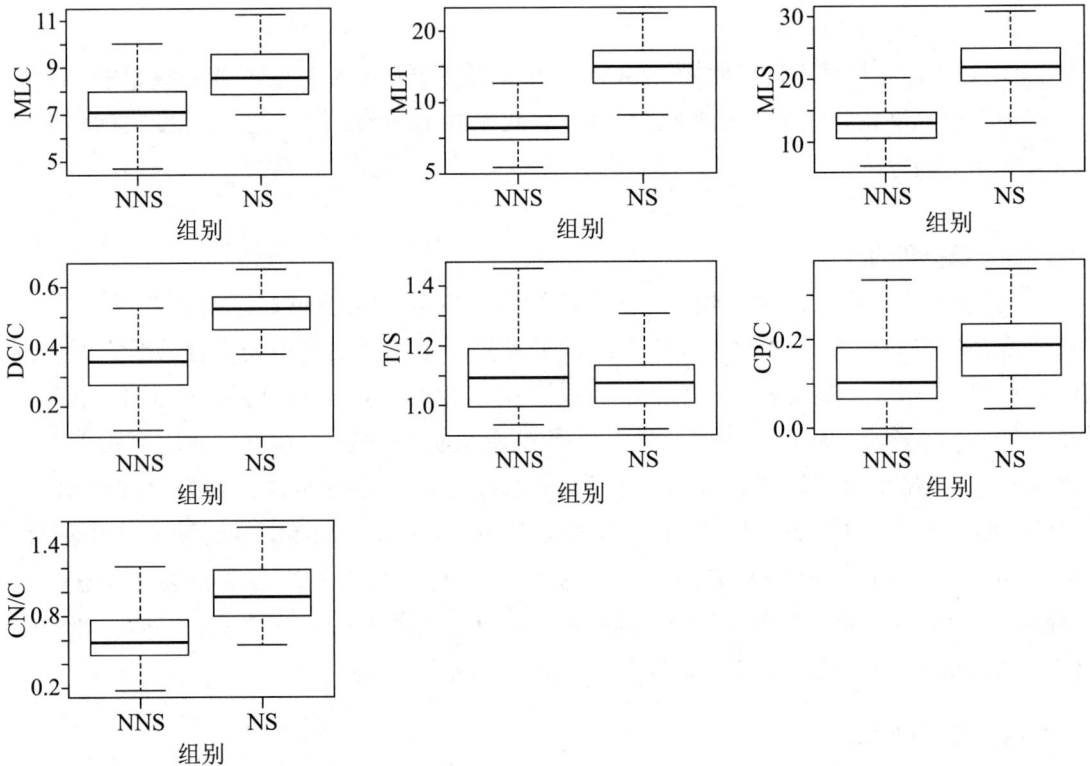

图 2.1　学习者和本族语者作文 7 个粗颗粒指标的差异

注：NNS: non-native speaker，学习者；NS: native speaker，本族语者。下同。

就均值来看，本族语者作文每个小句比学习者作文长 1.445 个词；本族语者作文每个 T 单位比学习者作文长 8.611 个词；本族语者作文每个句子比学习者作文长 9.080 个词；本族语者作文每个小句中比学习者多使用了 0.176 个从属句；本族语者作文每个小句中比学习者多使用了 0.058 个并列短语；本族语者作文每个小句中比学习者多使用了 0.371 个复杂名词短语（见表 2.2）。上述结果表明，与本族语者相比，学习者作文中的句法单位更短，也使用了更少的从属句、更少的并列短语和更少的复杂名词短语，但却使用了更多的并列子句。在方法部分中已经提到，我们使用独立样本 t 检验考察了两个组别作文中 5 个粗颗粒指标的差异，包括 MLC、MLT、MLS、DC/C 和 CN/C。由于这 5 个指标具有一定的相关性，如 3 个长度指标的分子都为同一篇作文的总词数，两个密度指标的分母都为同一篇作文中的子句数量，因此同时对一组数据进行 5 次独立样本 t 检验会造成统计学上的第二类错误（Type II error）（Ai & X. Lu, 2013; Verspoor et al., 2012）。为了避免第二类错误，我们将 p 值调整为 0.01（0.05/5）。独立样本 t 检验的结果表明，两个组别在 5 个指标中都存在显著差异：MLC [95%CI[①]: −0.092, −0.047; $t(160)=-6.075$; $p<0.001$; Cohen's $d=1.161$]、MLT [95%CI: −0.256, −0.194; $t(160)=-14.529$; $p<0.001$; Cohen's $d=2.814$]、MLS [95%CI: −0.247, −0.182; $t(160)=-13.044$; $p<0.001$; Cohen's $d=2.492$]、DC/C [95%CI: −0.065, −0.043; $t(160)=-9.627$; $p<0.001$; Cohen's $d=1.902$]、CN/C [95%CI: −0.110, −0.066; $t(160)=-7.880$; $p<0.001$; Cohen's $d=1.502$]。根据 Oswald 和 Plonsky（2010）的综述，二语习得研究中的效应量 Cohen's d 应该按照下述标准进行理解和阐述：0.4—0.7 之间的值表明效应量较小，0.7—1.0 之间的值为中等效应量，1.0 以上说明效应量较大。根据这一标准，这 5 个指标的组间差异效应量都较大（Cohen's $d>1.0$），说明本族语者和学习者作文中粗颗粒指标的差异强度（magnitude）较大。同时，上述 5 个指标的 95% 置信区间也说明组间差异的精度较高。此外，我们还使用 Mann-Whitney U 检验考察了两个组别关于 T/S 和 CP/C 指标的差异。结果显示，两个组别作文中 CP/C 存在显著差异（$U=1393$; $p<0.001$），但 T/S 的差异不显著（$U=2075$, $p=0.202$）。

综上，就粗颗粒句法复杂度指标而言，本族语者作文的句法复杂度远大于学习者作文，主要表现在本族语者作文句法单位更长，使用了更多的从属句、并列短语和名词短语。

2.3.3.2　细颗粒句法成熟度指标的差异

研究问题 2 旨在考察学习者和本族语者作文中 10 个细颗粒指标的差异，包括 3 种从属句类型、3 种名词短语修饰语类型和 3 种介词短语类型。表 2.3 和图 2.2 呈现了两个组别 3 种从属句类型相关的细颗粒指标的组间差异，具体为状语从句标准化频率、宾语从句标准化频率和定语从句标准化频率。与本族语者相比，学习者作文中宾语从句和定语从句更少，但状语从句更多。如表 2.3 所示，本族语者作文平均每 100 个词中比学习者作文多使用了 0.637 个宾语从句，多使用了 0.476 个定语从句，但少用了 0.011

---

① 95%CI 表明 95% 的置信区间，置信区间越小，表明统计精度越高，结果越可信。

个状语从句。与前文介绍的粗颗粒指标一样，由于本研究使用独立样本 t 检验考察了 3 个从属句类型指标的组间差异，为了避免统计学上的第二类错误，我们对 p 值进行了调整，设定为 0.017（0.05/3）。独立样本 t 检验的结果显示，学习者和本族语者作文中，ccomp [95%CI: -0.186, -0.039; $t(160)=-3.017$; $p<0.05$; Cohen's $d=0.603$] 和 acl:recl [95%CI: -0.167, -0.056; $t(160)=-3.986$; $p<0.001$; Cohen's $d=0.819$] 两个指标的差异显著，但 advcl 指标的差异不显著 [95%CI: -0.075, 0.040; $t(160)=-0.604$; $p=0.547$; Cohen's $d=0.124$]。2 个呈现显著差异的指标效应量中等。也就是说，与粗颗粒成熟度指标相比，从属句类型指标差异的强度明显更小。

表 2.3　学习者和本族语者作文 3 个从属句类型指标的描述性数据

组别	advcl M(SD)	ccomp M(SD)	acl:recl M(SD)
学习者	1.821(1.055)	2.030(1.425)	0.963(0.749)
本族语者	1.810(0.742)	2.667(1.241)	1.439(0.532)
平均差异	0.011	-0.637	-0.476

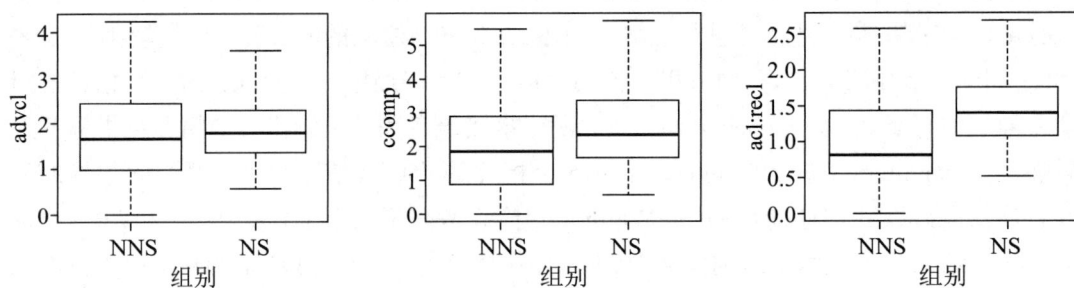

图 2.2　学习者和本族语者作文 3 个从属句类型指标的差异

表 2.4 和图 2.3 展示了学习者和本族语者作文中 5 个名词短语修饰语类型指标的组间差异。这 5 个细颗粒指标包括 3 个前置名词短语修饰语类型的指标和 2 个后置名词修饰语类型的指标，分别为形容词性物主代词标准化频率、形容词作定语标准化频率、前置名词作定语标准化频率、介词短语作定语标准化频率和定语从句标准化频率。3 个前置名词短语类型中，形容词性物主代词和形容词作定语这 2 个指标在学习者作文中的使用频率要高于在本族语者作文中的使用频率，而学习者作文中名词作定语的使用频率低于本族语者作文。2 个后置名词修饰语类型，即介词短语作定语和定语从句在学习者中的使用频率要低于本族语者。具体而言，本族语者作文平均每 100 个词中比学习者作文多使用了 1.088 个名词作前置定语，多使用了 1.361 个介词短语作定语，多使用了 0.471 个定语从句，但少用了 0.526 个形容词性物主代词，少用了 0.089 个形容词作定语。我们使用独立样本 t 检验考察了 4 个名词短语修饰语指标的组间差异，包括

nmod:poss、amod、prep:attr 和 acl:recl。与前面的操作一样，这 4 次比较的 p 值被调整为 0.013（0.05/4）。这 4 个指标中，2 个指标在学习者和本族语者作文中呈现显著差异：prep:attr [95%CI：-0.274，-0.129；$t(160)=-5.499$；$p<0.001$；Cohen's $d=1.094$]、acl:recl [95%CI：-0.171，-0.068；$t(160)=-4.595$；$p<0.001$；Cohen's $d=0.937$]，且它们的效应量中等偏高。另外 2 个指标的组间差异不具有显著性：nmod:poss [95%CI：-0.035，0.103；$t(160)=0.985$；$p=0.326$；Cohen's $d=0.188$]、amod [95%CI：-0.080，0.044；$t(160)=-0.561$；$p=0.576$；Cohen's $d=0.118$]。同时，Mann-Whitney U 检验结果显示，nn 指标的组间差异显著（$U=1262$，$p<0.001$）。

表 2.4　学习者和本族语者作文 5 个名词短语类型指标的描述性数据

组别	前置名词修饰语			后置名词修饰语	
	nmod:poss	nn	amod	prep:attr	acl:recl
	$M(SD)$	$M(SD)$	$M(SD)$	$M(SD)$	$M(SD)$
学习者	3.676(1.933)	1.090(1.399)	4.181(2.187)	1.763(1.322)	0.811(0.665)
本族语者	3.150(1.348)	2.178(1.530)	4.092(1.234)	3.124(1.411)	1.282(0.470)
平均差异	0.526	-1.088	0.089	-1.361	-0.471

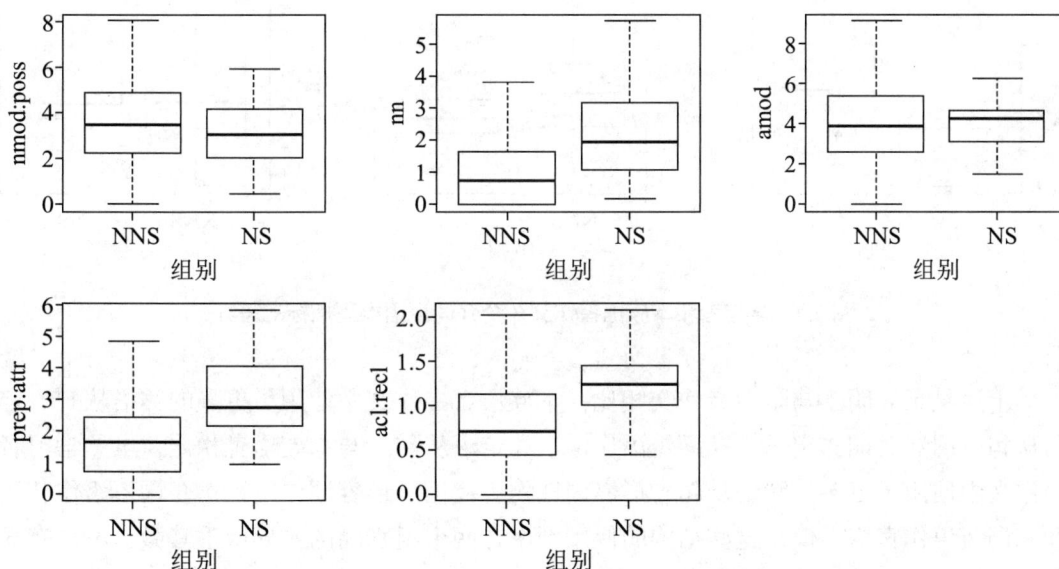

图 2.3　学习者和本族语者作文 5 个名词短语类型指标的差异

　　表 2.5 和图 2.4 呈现了 3 个介词短语类型相关的细颗粒指标在学习者和本族语者作文中的差异。这 3 个指标具体为介词短语作定语、介词短语作状语和介词短语作宾语。与英语学习者相比，本族语者在作文中使用了较多的介词短语作定语和介词短语作宾语。介词短语作状语在学习者作文中的出现频率要高于本族语者作文。根据表 2.5，

本族语者作文平均每 100 个词比学习者多使用了 1.361 个介词短语作定语，多使用了 0.188 个介词短语作宾语，但少使用了 0.588 个介词短语作状语。与前面几组指标类似，介词短语类型下的 3 个细颗粒指标也存在一定的相关性，因此在实施独立样本 t 检验时，我们把 p 值调整为 0.017（0.05/3），以降低第二类错误的可能性。独立样本 t 检验的结果为，3 个指标中，只有 prep:attr [95%CI: −0.274, −0.129; $t(160)$=−5.499; $p<0.001$; Cohen's d=1.094] 的值存在组间差异，而 prep:adv [95%CI: −0.001, 0.099; $t(160)$=1.959; p=0.052; Cohen's d=0.393] 与 prep:obj[95%CI: −0.083, 0.018; $t(160)$=−1.284; p=0.201; Cohen's d=0.251] 的值在本族语者作文和学习者作文中并无显著差异。

表 2.5　学习者和本族语者作文 3 个介词短语类型指标的描述性数据

组别	prep:attr M(SD)	prep:adv M(SD)	prep:obj M(SD)
学习者	1.763(1.322)	3.448(1.382)	3.123(1.347)
本族语者	3.124(1.411)	2.860(0.859)	3.311(1.000)
平均差异	−1.361	0.588	−0.188

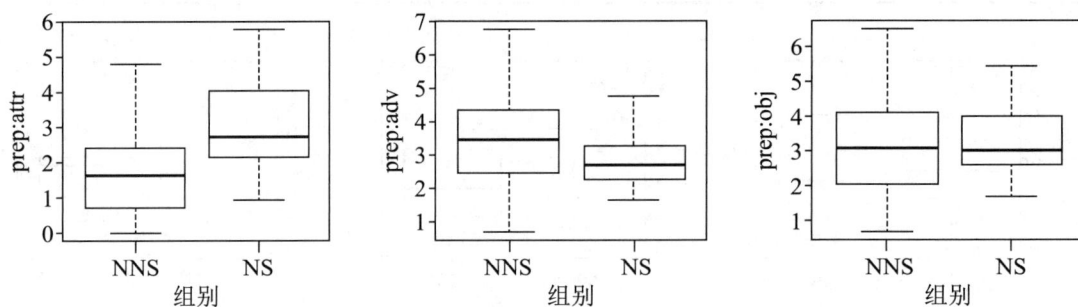

图 2.4　学习者和本族语者作文 3 个介词短语类型指标的差异

上述结果表明，与学习者作文相比，本族语者在作文中使用了更多的宾语从句、定语从句、前置名词作定语、介词短语作定语和定语从句。与本族语者相比，虽然学习者在作文中使用了更多的状语从句、形容词性物主代词、形容词作定语、介词短语作状语和介词短语作宾语，但是这些结构的使用频率在两个组别间的差异微乎其微，不具有显著性。

2.3.3.3　句法多样度指标的差异

我们还探讨了学习者作文和本族语者作文在句法多样度这一维度上的差异，使用的指标为标准化依存关系型例比。两个组别在这一指标的差异见图 2.5。从该图中可以看出，本族语者作文中 MSTTRDR-50 的均值大于学习者作文中该指标的均值，且离散程度要小于学习者作文。两个组别作文 MSTTRDR-50 的描述性数据为：学习者

（M=0.395; SD=0.028），本族语者（M=0.403; SD=0.017）。根据上述描述性数据，英语学习者在作文中平均每50个词大约使用19.75种依存关系，英语本族语者在作文中平均每50个词大约使用20.15种依存关系。本族语者作文MSTTRDR-50值比学习者作文MSTTRDR-50的值大0.008。本族语者作文平均每50个词中比学习者作文多使用了0.4种依存关系。可见，两个组别在句法多样度这一维度上并无较大的差异。独立样本 t 检验也验证了这一点：MSTTRDR-50的组间差异并不显著[95%CI：−0.006, 0.000; t(160)=−1.735; p=0.085; Cohen's d=0.275]。

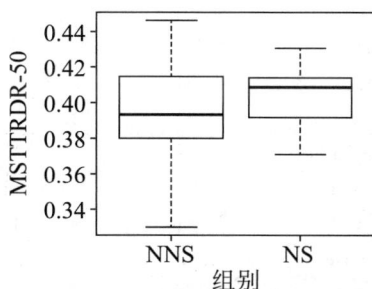

图2.5　学习者和本族语者作文句法多样度指标的差异

为了更全面、细致地剖析学习者作文和本族语者作文中句法多样度的区别，我们还统计了两个组别中依存关系的分布情况（见表2.6）。

从表2.6中可以看出，学习者和本族语者作文中最高频和最低频的10种依存关系构成类似。具体而言，最高频的10种依存关系主要为nsubj、det、root、dobj、pobj、advmod等。这表明主谓结构（nsubj）、动宾结构（dobj）、介宾结构（pobj）以及副词作状语（advmod）皆为英语使用者语言产出中句子的基本架构。最低频的10种依存关系主要包括csubj、iobj、appos等，即现在分词结构作主语（csubj）、双宾结构（iobj）、同位语结构（appos）等在学习者和本族语者语言产出中使用频率都较低。虽然高频与低频依存关系的构成在两个组别作文中基本相同，但是这些依存关系的使用频率却存在一定的差异。排名前五的依存关系在学习者中的使用频率远远高于本族语者。比如，学习者作文中排名第一的依存关系的使用频率为每百词14次；而本族语者作文中排名第一的依存关系的使用频率为每百词10次。根据表2.6的数据，最高频的10种依存关系在学习者作文中每百词使用了68次，而在本族语者作文中被使用了62次。与高频的10种依存关系使用频率恰恰相反，本族语者作文中低频依存关系的使用频率要高于学习者（见表2.6）。据此，我们可以认为本族语者在作文中使用了更多的低频依存关系。

上述结果表明，与学习者相比，本族语者在作文中使用了更多样的句法结构，但是两个组别在句法结构多样性指标上的差异并不显著。两个组别在高频以及低频依存关系的使用频率上却存在一定程度上的差异，具体体现在学习者在作文中倾向于使用更多的高频结构，而本族语者作文中低频结构的使用频率高于学习者。

表 2.6　学习者与本族语者作文中依存关系频率对照

频率类别	学习者			本族语者		
	排序	依存关系	频率	排序	依存关系	频率
最高频的 10 种依存关系	1	nsubj	13.932	1	nsubj	9.979
	2	pobj	8.454	2	pobj	9.717
	3	det	8.393	3	det	9.216
	4	root	8.052	4	dobj	5.391
	5	dobj	6.853	5	advmod	5.371
	6	advmod	6.365	6	root	5.092
	7	xcomp	5.055	7	mark	5.003
	8	amod	4.150	8	xcomp	4.509
	9	nmod:poss	3.661	9	amod	4.092
	10	cc	3.451	10	prep:obj	3.311
最低频的 10 种依存关系	30	prep:other	0.359	30	mwe	0.638
	31	acl	0.296	31	compound:prt	0.471
	32	mwe	0.281	32	nummod	0.405
	33	case	0.275	33	appos	0.389
	34	expl	0.266	34	expl	0.162
	35	discourse	0.181	35	nmod:tmod	0.066
	36	iobj	0.178	36	iobj	0.057
	37	appos	0.108	37	csubj	0.056
	38	csubj	0.095	38	discourse	0.051
	39	nmod:npmod	0.084	39	nmod:npmod	0.025

注: 频率指的是每百词使用率。

前文呈现了英语（二语）学习者作文和英语本族语者作文在 3 个句法复杂度维度上的差异，分别为粗颗粒句法成熟度（见 2.3.3.1）、细颗粒句法成熟度（见 2.3.3.2）和句法多样度（见 2.3.3.3）。表 2.7 总结了我们所探讨的 18 个句法复杂度指标在学习者和本族语者作文中的差异。总体来看，就句法复杂度而言，英语本族语者作文比英语学习者作文更复杂，如使用更长的子句、T 单位、句子，运用更多的从属句、并列短语、名词短语、宾语从句、定语从句、前置名词作定语、介词短语作定语和限定性定语从句。除此之外，部分结构的使用频率在两个组别中并无显著差异，包括并列子句、状语从句、形容词性物主代词、形容词作定语、介词短语作状语以及介词短语作宾语。两个组别作文中句法结构多样度指标MSTTRDR-50 的差异也不具有显著性。

表 2.7　学习者与本族语者句法复杂度指标差异结果总结

NNS<NS	NNS>NS	没有显著差异
MLC; MLT; MLS; DC/C; CP/C; CN/C; ccomp; acl:recl; nn; prep:attr; acl:recl1	无	T/S; advcl; nmod:poss; amod; prep:adv; prep:obj; MSTTRDR-50

注: "NNS<NS"表示该指标的值在学习者作文显著低于本族语者作文，而"NNS>NS"的意思则相反。

2.3.4 讨 论

本节的三个研究问题分别探讨了英语（二语）学习者和英语本族语者作文在粗颗粒句法成熟度、细颗粒句法成熟度和句法多样度 3 个句法复杂度维度下的差异。研究问题 1 的结果表明，与同龄的本族语者相比，除并列小句之外，学习者在作文中过少使用大多数目标结构，包括从属结构、并列短语以及名词短语等。这些结构的使用率较低，也使得学习者在作文中使用的句法单位长度小于母语者，如小句长、T 单位长和句长。该研究结果与众多前人研究结果基本一致（Ai & X. Lu, 2013; de Clercq & Housen, 2017; Mancilla et al., 2017）。Ai 和 X. Lu（2013）研究了大学阶段英语本族语者和英语学习者作文中 10 个 L2SCA 指标的差异，他们的研究也发现，本族语者作文的句法单位比学习者作文中的句法单位更长，使用了更多的从属句和名词短语。de Clercq 和 Housen（2017）比较了学习者和英语本族语者口语产出的句法复杂度，他们的结果表明，本族语的口语产出中的句法单位更长，使用了更多的从属结构。Mancilla 等（2017）探讨了大学阶段英语学习者和英语本族语者在非同步网上聊天（asynchronous online discussions）中语言特征的差异，该研究结果也表明，本族语者在网络聊天用语中使用了更多的从属句和复杂名词短语。Hinkel（2003）考察了英语学习者与英语本族语者学术英语写作中文本特征的差异。该研究结果再次表明，本族语者语言产出比学习者语言产出更复杂，体现在使用了一些相对高级的结构，如"it-cleft"结构等。因此，Hinkel 进一步总结道，"这可能会给大家带来一种印象，认为与本族语者的作文产出比，学习者作文文本特征呈现简单化趋势"（2003: 275）。总之，本研究的结果进一步证明，无论是水平较高的大学英语学习者，还是中低水平的初高中英语学习者，他们的语言产出都比同龄的本族语者语言产出简单。

与此同时，我们还使用细颗粒句法成熟度指标来聚焦一些粗颗粒指标下的特定结构在学习者和本族语者作文中使用的差异。总体而言，7 个粗颗粒指标中，有 6 个指标在学习者作文和本族语作文中存在显著差异，且效应量较大（见表 2.7）。但是，10 个细颗粒指标中，只有 5 个指标组间差异显著，且效应量比粗颗粒指标小（见表 2.7）。据此，我们可以认为细颗粒指标与粗颗粒指标的组间差异模式和具体情况存在较大区别。以名词短语类型为例，粗颗粒指标的结果表明，本族语者在作文中使用了更多的名词短语，且显著性较大，但是细颗粒指标表明，并不是所有的名词短语类型在本族语者作文中的使用频率都高于学习者。与学习者相比，本族语者作文只是使用了更多的介词短语作定语、前置名词作定语以及定语从句。形容词性物主代词和形容词作定语在两个组别中的使用频率并无显著差异。上述讨论表明，粒化不足的传统粗颗粒指标过于宏观与笼统，测量的构念不明确（Biber et al., 2011; Biber et al., 2020; Larsson & Kaatari, 2020），因此过度依赖这些粗颗粒指标一定程度上会妨碍我们了解学习者语言中特定微观结构的使用特征（Biber et al., 2020; Bulté & Housen, 2014; Kyle & Crossley, 2018; Nippold et al., 2005）。

　　除上述学习者过少使用的结构之外，我们还发现部分结构在学习者作文和本族语作文中使用频率并无显著差异，具体包括并列子句、状语从句、形容词性物主代词和介词短语作状语等。这或许说明，中学英语学习者已熟练掌握这些结构（Ai & X. Lu, 2013）。学习者对这些结构的熟练掌握可能归结于两大原因：母语的正迁移和高频率的输入。首先，就母语迁移而言，学习者的母语，即汉语中也存在上述结构，如并列子句（我今天去了很多地方，玩得很开心[①]）、状语从句（当老师进入教室的时候，同学们都在大声喧哗）、形容词性物主代词（我的老师）和介词短语作状语（在早上六点的时候，我起床了）。受母语正迁移的影响，学习者可能更易习得上述目标结构，因此也就在作文中使用了较多的相关结构。其次，基于使用的语言习得理论认为，频率是语言习得的主要机制，频率影响习得（N. C. Ellis & Ferreira-Junior, 2009; N. C. Ellis et al., 2013; Tomasello, 2003; 董晓丽、张晓鹏，2017; 钟志英，2014）。对于二语环境中的学习者来说，他们的主要语言输入为语言教材（Northbrook & Conklin, 2018）。据此，我们考察了所有目标结构在学习者教材中的输入顺序，以考证频率对学习者语言习得的影响。结果显示，学习者掌握较好的结构（并列子句、状语从句、形容词性物主代词和介词短语作状语）一般在初一、初二年级的教科书中已作为语法知识教授。因此，这些结构的输入频率相对较高，学习者也就能更加快速和容易地习得这些结构。综上所述，在学习者和本族语者作文中也有一些结构的使用频率相近，说明学习者已较好地掌握这些目标结构。学习者能够较好掌握这些结构可能与母语的正迁移和高输入频率有关。

　　综上，我们在本节研究中比较了中学阶段的英语学习者和英语本族语者作文中句法复杂度指标的异同，包括粗颗粒指标和细颗粒指标。研究结果再次表明，与同龄的本族语者相比，英语学习者作文中使用的句法结构相对简单。同时，关于细颗粒指标的分析结果进一步明确了学习者作文中较少使用的具体句法结构，包括名词作定语、定语从句以及介词短语作定语。这样的结果更易被广大研究者和英语教师解读并运用。但是，本研究也存在一定的局限性，主要表现在学习者语料库和本族语者语料库体裁并不完全一致，这在某种程度上降低了两组作文的可比性。据此，未来的研究应当严格控制相关变量，如学习者的年龄和作文的话题、体裁，提高学习者语料库和本族语者语料库的可比性。我们将在结论部分对现有中介语对比分析研究中本族语者语料库和学习者语料库可比性这一议题做更加细致的探讨。

2.4　结　论

　　学习者中介语和本族语者语言对比分析研究一般选取有一定可比性的两组语料（口语语料或书面语语料），使用相关数据处理方法，如独立样本 t 检验，来考察两个组别

---

① 文中关于汉语结构的例子都为学习者语料库中的句子汉译版本。

语言产出中语言特征的异同，如词汇特征和句法特征等。相关研究结果可以传递两个层面的信息：其一，明确本族语者语言产出的文本特征，也就是二语习得的基准。这些标准特征理应纳入学生的教材以及其他课堂语言输入材料中。其二，将学习者语言产出与作为基准的本族语者语言产出进行对比，能让我们了解学习者语言与基准的吻合或偏离程度。如果学习者语言产出在某些构式（词汇或句法）上与本族语者有较大程度的吻合，说明学习者已熟练掌握相关词汇和句法知识；反之，则说明学习者需要注意特定结构的使用。同时，相关研究也可进一步考察这些结构的过多或过少使用是否受母语（即L1）的影响。因此，此类研究的开展对相关迁移理论的发展也具有一定的推动作用。已有众多实证研究考察了学习者中介语和本族语者语言在不同维度上语言特征的差异，包括词汇复杂度、程式语的使用和句法复杂度等。相关研究发现应该成为各阶段学习者教材编写的重要参考标准。但与此同时，学习者语言和本族语者语言对比分析研究领域还存在三个方面的问题，分别为术语混用、本族语者语料库和学习者语料库不可比、缺乏理论深度。下文将具体分析这三个方面的问题，并在此基础上为未来中介语对比分析研究提出具体的建议。

一、术语混用。本章2.2.1小节详细介绍了"对比分析"和"中介语对比分析"两大概念。从表2.1中可以看出，对比分析和中介语对比分析在核心内容上有着显著区别，前者比较的是学习者的母语（L1）与目标语，后者比较的是学习者中介语与二语（L2）。同时，二者的侧重点和目的也有所不同，对比分析旨在通过比较学习者母语和目标语，发现二者在不同语言层面（如语法层面）的异同，从而预测或解释学习者在习得过程中所犯的语言错误；而中介语对比分析属于学习者语料库研究的范畴，旨在比较学习者语料库和本族语者语料库中目标结构的使用频率，发现学习者语言中过多或过少使用的情况，从而突出教学的重难点，同时也为教材编写提供依据。中介语对比分析已成为学习者语料库研究中常用的研究方法（Callies, 2015），国外研究者可能为了更好地将其与对比分析区分开来，在研究中会减少使用中介语对比分析这一概念，转而使用"学习者和母语者语言比较"（comparison of NNS and NS）等表达（Ai & X. Lu, 2013; Friginal et al., 2014）。但是就国内研究而言，很多研究虽是中介语对比分析研究，却在标题中使用"对比分析"这一表达（马广惠，2002; 戚焱、丁言仁，2011; 文秋芳等，2003），术语的张冠李戴难免会让读者在阅读标题的过程中产生误解，也会在一定程度上影响读者使用关键词检索查找目标文献。

二、本族语者语料库与学习者语料库不可比。Callies（2015）认为，参照语料库的选择是中介语对比研究中一个关键且尚待解决的问题。参照语料库的选择会直接影响研究结果，也反映了研究者背后的语言习得观，即希望学习者的语言习得达到怎样的水平。目前相关研究选取的参照语料库类型多样，主要体现在比较对象上，具体包括水平较高的母语者语言，如英语新闻语料库（Ouyang & J. Jiang, 2018）、英语期刊文章（徐晓燕等，2013），同龄的本族语学习者的作文（Ai & X. Lu, 2013; Friginal et al., 2014; 马广惠，2002；王立非、张岩，2007），学术英语中常用的专家学者论文（Ansarifar et al.，2018；徐昉，2017）。其中，需要注意的是，一般学术英语研究中往往都会使用已经发表在高水平国际期刊上的论文，也就是专家论文作为参照标准，而不是选取本族语者的学术论文。专家学者的论文虽不都为本族语者所完成，但是"国际核心期刊发表的论文符合国际学术话语团体的写作程序要求，体现学术写作的专业能力，是包括本族语写作新手在内的学习者努力的方向"（徐昉，2017: 76）。我们认为，在比较对象选取上，就一般的二语写作研究而言，应选取与学习者同龄的本族语者的作文，因为对于二语学习者和母语学习者而言，他们年龄相仿，认知能力以及语言学习能力也大抵相同，不同的是目标语（在本研究语境下是英语）的能力，因此使用英语本族语学生作文作为参照标准能够尽可能排除其他外在因素的影响，从而挖掘出学习者和本族语者因语言水平不同而呈现的语言产出特征的差异。所以，相关研究发现更有说服力，也更加科学。同时，对于学术英语写作而言，已经发表在国际期刊的论文应该成为学习者写作的基准（Callies，2015；徐昉，2017）。除比较对象外，中介语对比分析研究还需要注意学习者和本族语者语料中与任务相关的变量可比性，如任务的话题、体裁和任务复杂度，因为前人研究发现，这些因素都会影响作文的文本特征（Allaw, 2019; Qin & Uccelli, 2016; Yang et al., 2015；邢加新、罗少茜，2016）。

三、理论深度不够。从上文的介绍中可以发现，现有中介语对比分析研究大多为描述性研究，研究结果一般只是描述了与本族语者相比，二语学习者在作文或口语产出中过多、过少使用了某些结构或者词汇特征。换言之，这些中介语对比分析研究的实际意义大于理论意义。绝大多数研究由于只是揭示了上述事实，所以对教材编写和语言教学虽有明显的借鉴意义，但是基本没有结合相关的二语写作理论或者二语习得理论，缺乏理论深度。只有少数几项研究在解释研究结果时，提到了母语的影响，即迁移的作用（徐晓燕等，2013；杨玉晨，1998），但遗憾的是，这些研究都没有在相关的迁移理论指导下继续展开讨论，或者是在迁移理论的框架下开展，理论意义有限。我们认为，中介语对比分析研究的持续发展离不开理论价值与现实意义的结合。

基于上述问题，我们在此试为未来的中介语对比分析研究提供如下建议。首先，为了避免术语的混用，未来的中介语对比研究应尽量避免在标题中使用"对比分析"等字眼，可以使用"比较"（comparison）来替换"对比"（contrast）。这样的做法可以一开始就将中介语对比研究同对比分析研究区分开来，也有利于促进中介语对比研究自成体系，推动相关研究的可持续发展。其次，在学习者和本族语者可比性这一议题上，研究者要重点考量两个问题：比较对象的可比性以及任务体裁、话题和任务复杂度等的可比性。一般而言，大多数中介语对比分析研究应该比较年龄相仿、认知能力相近的二语和本族语学生的作文。学术英语研究也可以把学习者的学术论文与国际高水平期刊发表的专家学术论文相比。就任务相关的因素而言，未来的研究在研究设计阶段可以考虑要求本族语者和二语学习者书写话题相同的作文，使任务体裁和任务复杂度保持一致。如果专门收集语料，尤其是本族语者语料难度较大，研究者也可以选取学习者和本族语者作文题目一致的语料库，如亚洲英语学习者国际语料库ICNALE。最后，针对中介语对比分析研究最迫切需要解决的问题（即缺乏理论深度），研究者须将有关的二语写作理论与二语习得理论结合到中介语对比分析研究之中，力求推动二语习得理论的发展。比如，相关研究可以结合复杂动态系统理论，比较学习者和本族语者语言产出文本特征发展的系统性和差异性，研究结果既能显示与本族语者相比，学习者语言发展过程的共性与个性，从而便于教师开展更有针对性的教学指导，又能丰富复杂动态系统理论。

　　在本书第 1 章和第 2 章，我们在依存句法框架下，将传统的句法复杂度指标和基于依存句法的细颗粒句法复杂度指标相结合，全面、细致地探讨了学习者句法发展的总体特征和阶段性规律。而在依存句法理论框架下，除了句法复杂度，我们还可以进一步考察学习者不同句法词组（word combination）产出的复杂度，以捕捉学习者语言产出中句法—词汇界面的特征，这就是我们在第 3 章所关注的话题——中国英语学习者词块（phraseology）复杂度的发展。

3 词块复杂度的发展

3.1 引 言

语言复杂度作为第二语言习得研究中的一个重要构念，常被用来衡量学习者的语言表现和语言能力的发展，一直以来是二语习得领域的热点。在前两章中，我们同时采用粗颗粒和细颗粒指标考察了中国英语学习者写作句法复杂度特征的发展，也对比了他们与本族语英语学习者写作句法复杂度之间的差异。然而，句法复杂度只是语言复杂度的其中一个维度（Bulté & Housen, 2012）。随着人们对语言复杂度这一构念的认识不断加深，研究者逐渐意识到语言复杂度是由多个子构念构成的。比如，Norris 和 Ortega（2009）指出，语言复杂度应由多个维度构成，即具有多维特性。虽然越来越多的研究者认识到语言复杂度涵盖多个语言层面，但众多关于二语写作复杂度的研究仍然专注于句法复杂度和词汇复杂度两方面，忽视了其他的维度（Bulté & Housen, 2012, 2018）。换言之，目前相关研究对语言复杂度的描述和探讨不够全面，仍然有待进一步剖析和阐释。

研究者发现，搭配强度可以解释一些日常中单靠句法复杂度和词汇复杂度无法解释的语言现象。搭配强度反映了组成某一语言单位的成分之间结合的紧密程度（姜柄圭等，2007），是词汇搭配研究中的一个重要构念。比如，我们要表达"浓茶"会说"strong tea"，而不是"powerful tea"，尽管"strong"和"powerful"词义相近，都有"强劲"的意思，但"tea"和"strong"的搭配强度要高于"tea"和"powerful"（Halliday, 1966）。多义词也有类似的情况，如"take a chance"作为一个短语要比"take a bag"搭配性更强。然而，传统的句法复杂度研究、基于单个词的词汇复杂度研究无法描述这种由搭配强度引起的语言复杂性，因此，拓宽语言复杂度研究的视野，关注句法复杂度和词汇复杂度之外的其他子构念具有重要意义。

单词组合或词汇搭配，其实归根结底属于词块学的范畴。传统意义上的词块，即习语、固定搭配等，常用于评估高水平语言学习者的语言习得水平。随着语料库的发展，词块的意义范围得到了明显扩增，除了核心的习语和固定搭配外，还包括一些常见的搭配、词束等等。这些新的词块是否能用来区分二语水平值得进一步探究。此外，传统的词块学研究在探讨搭配频率时，仅考虑词与词之间简单的共现关系。在一些大型在线语料库中，基于这一定义实现的搭配频率检索功能甚至将跨句子的两个词归属于一个搭配，这显然与人类的语言认知和产出过程不符。这也表明，传统词块学研究亟待方法的创新。Paquot（2019）从理论层面提出用词块复杂度来描述由词块引起的复杂性。有研究者认为，词块位于词汇和句法的交界口（Housen et al., 2019）。Paquot（2019）的这项研究便是关注的词汇、句法和词块复杂度之间的差异，将词块复杂度与传统的句法复杂度和词汇复杂度进行对比，发现词块复杂度指标能够比传统的句法复杂度和词汇复杂度指标更好地描述二语的发展。但需要指出的是，该研究的对象是高水平的二语学习者。

Paquot（2019）的上述发现为词块复杂度作为语言复杂度的一个维度提供了实证支撑，同时也引起了我们的好奇和兴趣：既然词块复杂度能够用于衡量高水平二语学习者语言能力的发展，那么是否也能够用于衡量中低水平二语学习者的语言能力发展呢？在区分中低水平二语语言能力时，词块复杂度与传统的句法复杂度和词汇复杂度之间是否有差异？如有，差异体现在哪里呢？

在中国现行教育体系下，大多数英语学习者从小学三年级开始学习英语。他们的英语水平几乎是从零开始的，经过小学、初中、高中阶段的持续学习，最终初步掌握基本语法知识。中国学生英语学习的早期即不成熟的发展阶段揭示了二语学习过程中一些重要的发展特征，有助于深入了解和勾勒二语能力发展的轨迹，并进一步促进二语学习和二语教学，有重要的现实意义和研究价值。但是，如本书前面所述，以往的二语研究所使用的语料大部分来自高水平二语学习者，如英语专业或非英语专业大学生，而对英语初级学习者缺少足够的重视。

作为一个多维度的构念，语言复杂度需要理论层面的进一步更新（Ortega, 2012）和多维度的探究（Housen et al., 2019），并为相关理论提供实证研究的支撑。因此，在前人的研究发现基础之上，我们同时采用词块复杂度、句法复杂度和词汇复杂度这 3 个维度，来研究这 3 个复杂度维度下的不同指标所探测的语言复杂度的内部构念，并对比 3 个维度下的指标在区分中低水平二语学习者语言能力的差异性，以期对语言复杂度的内部构念有一个更全面的了解。

3.2 文献综述

3.2.1 语言复杂度

二语研究领域主要有两个关于复杂度的概念。从认知心理学的角度出发，复杂度指的是任务的复杂程度，即任务对学习者所产生的认知负荷；此外，复杂度也指书面或口头语言产出的形式和结构特征（Pallotti, 2015）。我们所研究的语言复杂度指的是后者，其常被用于测量二语学习者的语言能力。在本书中，除特别注明的情况外，语言复杂度和复杂度不做区分，并采用这种定义作为研究的基础。如何有效、可信地测量二语学习者的语言能力是二语习得领域目前的研究热点之一。过去，二语研究者已经从语言测试、认知心理学、社会语言学等不同角度对二语语言能力的评价提出方案和模型（如Bachman, 1990; Bialystok, 1994; Canale & Swain, 1980）。随着二语语言能力研究的深入，研究者希望能够用更加客观、量化的方式对二语学习者的语言能力进行评价（Larsen-Freeman, 1978）。由此，采用特定指标对二语产出的复杂度、准确度和流利度进行研究的倾向逐渐形成。

将计量指标引入二语语言复杂度和准确度的评价方式发端于一语研究（Housen et al., 2012）。Hunt（1965）就曾收集四年级、八年级、十二年级这三个年级段的英语母语者的作文，并对特定语法结构的长度、频率等情况进行研究，如句长、子句长、从句比例、并列结构频率、名词短语频率、各种形式的词类频率等。该研究旨在通过探索不同类型句法结构的长度、使用频率及其发展趋势，为一语学习者的句法结构发展提供系统、广泛的实证证据。随后，一些学者也开始用这种方法进行二语研究（Housen et al., 2012）。Larsen-Freeman（1978）就采用了Hunt（1965）的一系列T单位指标对英语作为第二语言的大学生的英语写作进行了分析，并且发现，正确使用T单位的比例和正确使用T单位的平均长度这2项指标能有效区分学习者的语言水平。随着该类型研究的增加，Skehan（1996, 1998）首次将复杂度、准确度和流利度相结合，并基于三者提出了一种二语语言能力模型。

自20世纪90年代起，由于能够以直观、客观的方式呈现抽象的概念，复杂度、准确度和流利度被研究者广泛用于评价一些抽象因素对语言能力、发展、产出等的影响，如教学方法、学习环境、任务设计等（如Collentine, 2004; Foster & Skehan, 1996; Norris & Ortega, 2000; Yuan & R. Ellis, 2003）。随着二语习得领域对认知的关注，复杂度、准确度和流利度也被用于研究认知因素对二语学习者语言表现和水平的影响（如Lennon, 2000; Robinson, 2001; Skehan, 1998）。邢加新和罗少茜（2016）经元分析发现，句法复杂度、准确度、词汇复杂度、流利度能够有效地衡量任务复杂度对中国英语学习者语言产出的影响。由此可知，复杂度、准确度、流利度因其可量化的特性，已经成为学界观察和测量各类因素对二语学习者的影响的重要手段。

在复杂度、准确度和流利度这3个维度中，准确度和流利度的界限比较清晰，在学界有较为一致的定位。准确度一般与语言产出的正确率有关，影响正确率的因素有拼写错误、成分赘余、成分缺失等多种词汇和句法层面的错误。Johnson（2017）指出，相关文献对于准确度的计算主要从两个角度出发：一是正确语言的计算，研究者多采用正确使用T单位占全部T单位的比例、正确子句占全部子句的比例等指标进行计算；二是错误语言的计算，研究者计算诸如词汇错误、语法错误、每一T单位平均错误量等指标。流利度则普遍指学习者产出语言的速率。Johnson（2017）的研究表明，每分钟产出字数、每分钟产出音节数、总字数、平均句长等指标可用于计算学习者语言产出的流利度。

相较而言，二语复杂度的情况则更为"复杂"。Ortega（2012）将二语研究者测量语言复杂度的目标定义为："测量水平、描述表现、衡量发展"。但是，由于复杂度涉及的研究对象广、研究方法多样，其概念的定义较为模糊（Bulté & Housen, 2012）。但这似乎并没有明显妨碍围绕二语复杂度研究的开展。在二语习得领域，关于学习者语言复杂度的一个比较有共识性的定义是：使用一定范围的复杂结构和词汇的能力（R. Ellis, 2003; Skehan, 1998; Wolfe-Quintero et al., 1998）。据此，现有复杂度的研究主要聚焦于在句法复杂度和词汇复杂度，并且已经产生了一批有影响力的成果。Bulté 和 Housen（2012）认为，二语复杂度的研究主要分为两种：一是以复杂度为自变量，研究其对二语表现或二语能力的影响（如 Housen et al., 2005; Spada & Tomita, 2010）；二是以复杂度为因变量，考察其他变量对学习者的二语表现和二语能力的影响（如 Collentine, 2004; Norris & Ortega, 2000）。随着相关实证研究的积累，也有学者开始专注于复杂度的理论研究。Bulté 和 Housen（2012）对二语复杂度进行了非常细致的区分。他们认为，二语复杂度可以分为相对复杂度（relative complexity）和绝对复杂度（absolute complexity），其中既包括学习者的语言学能、工作记忆、学习动机等涉及心理、认知因素的内容，也包括对语言产出进行结构、话语上的分析。Pallotti（2015）认为，当前对于"复杂度"的研究主要从三个方面展开：结构的复杂度、认知的复杂度（运用语言结构所产生的认知负荷）、发展的复杂度（二语习得中语言结构的生成和掌握顺序）。三者所测量的构念存在差异。他倡导将作为因变量的复杂度限定在结构上，认为可将其分为词法复杂度（morphological complexity）、词汇复杂度和句法复杂度，以厘清关于"复杂度"的概念和含义。就目前而言，句法复杂度和词汇复杂度是二语语言复杂度研究中相对热门的 2 个维度，同时，随着学习者语料库的兴起，词块复杂度的研究也逐渐受到更多关注。

3.2.2 句法复杂度

句法复杂度一般指语言产出中语言形式的变化以及复杂化程度（Crossley & McNamara, 2014）。在二语习得领域，句法复杂度最初被应用于口语研究（Ortega, 1999; Robinson, 2007; Skehan, 2003）。Ortega（1999）通过研究二语口语产出的句法复杂度发现，任务前规划能够有效提高学习者对语言形式的关注。Robinson（2007）的研究基于他的认知假设展开，通过让学习者完成三项推理难度不同的会话任务发现，提高资源指引维度上的任务难度可以使学习者产出更加复杂的语言。如今，随着句法复杂度研究的推进，出现了更多关注二语写作句法复杂度的研究（如 Frear & Bitchener, 2015; Kuiken & Vedder, 2008; Ong & Zhang, 2010; Rahimi & Zhang, 2018, 2019; Yoon, 2017）。Frear 和 Bitchener（2015）给 34 名中级水平的二语学习者布置了三种任务复杂度不同的信件写作任务，发现随着任务难度的提高，他们的句法复杂度下降，但词汇复杂度有所提高。Rahimi 和 Zhang（2018）的研究发现，加大任务复杂度会提高中高级二语学习者写作产出中从属结构的使用频率，但准确度有所下降。王丽萍等（2020）的大规模研究则发现，写作任务中元素和背景知识的增减对句法复杂度的变化不产生显著影响。

句法复杂度指标的选取一直是相关学者的研究重点（如 Polio, 2001; Wolfe-Quintero et al., 1998）。在最早期的研究中（Hunt, 1965），研究者采用一系列的 T 单位指标来衡量学习者的语言水平，指标的选取相对随意，缺乏系统性。随着认识的逐步深入，近期的研究对句法复杂度指标进行了较为系统性的分类，主要聚集在语言产出长度、并列结构数量、从属结构数量、短语复杂度四个方面（如 Ai & X. Lu, 2013; Mancilla et al., 2017）。J. Jiang 等（2019）通过分析 410 篇初级和中级中国英语学习者的作文发现，平均 T 单位长度、平均句长、每一子句的从属子句数量这 3 个指标对于写作水平的预测能力较强。同时，他们也发现状语从句、补语从句、关系从句、介词短语、形容词性关系从句更常出现在高水平学习者的写作中。受技术条件和人力所限，过去计算句法复杂度指标时往往面临着准确度和效率的问题，这也限制了研究的规模。随着计算机技术的发展，大规模的机器标注和分析成为可能。X. Lu（2009, 2011）研发的二语句法复杂度分析器就能够对文本进行自动识别、分析和标注，其采用的 14 项衡量语言产出的句法复杂度的指标已经获得了一些实证研究的支撑。对前人研究的综述发现，平均 T 单位长度、平均子句长度、每个子句中的并列短语数量、每个 T 单位中的子句数量等指标最常被用于衡量句法复杂度（Johnson, 2017）。此外，Bi 和 J. Jiang（2020）采用标准化依存关系型例比分析了初级和中级青少年英语二语学习者的写作，发现该指标能够有效预测写作分数。

使用句法复杂度指标来探究学习者二语习得过程中的句法发展是相关研究的热点。一系列聚焦英语二语学习者的写作语言产出的研究发现：1）在二语发展的早期，句法复杂度主要通过并列结构实现；2）中期阶段的学习者使用更多的从属结构；3）高水平的学习者则使用更多的复杂名词结构（Mazgutova & Kormos, 2015; Parkinson & Musgrave, 2014）。Norris 和 Ortega（2009）也指出，并列结构更适合检测初级阶段二语学习者的句法复杂度，而从属结构更适合中级阶段的二语学习者。中国语境下二语学习者句法能力的发展是中国学者关注的重点。鲍贵（2009）研究了大学英语专业 4 个年级学生的写作句法复杂度。他将句法复杂度分为单位长度和内嵌度两类，分别用 T 单位长度和子句长度、T 单位复杂性比率和从属句比率进行统计分析，发现相比于英语母语者，中国学生的长度指标增长较快，但密度指标的发展落后。徐晓燕等（2013）通过比较中国英语学习者和本族语者的写作发现，从句在中国学生中的使用频率显著高于本族语者，但紧缩子句和被动句式的使用低于本族语者。江韦姗和王同顺（2015）则从动态系统理论的角度出发，指出中国英语学习者的句法发展呈非线性发展，各个句法结构间存在竞争交互和支持交互的关系。

不同指标所检测的构念存在差异。Norris 和 Ortega（2009）认为，句法复杂度的子构念至少包括：1）从属结构复杂度；2）整体复杂度；3）小句以下复杂度（复杂短语）。从属结构复杂度的指标最易统计，在句法复杂度的研究中使用最为普遍（如 R. Ellis & Yuan, 2005; Kuiken & Vedder, 2007; Iwashita et al., 2001），整体复杂度和小句以下复杂度的研究则相对较少（如Ishikawa, 2007; Storch & Wigglesworth, 2007）。小句以下复杂度主要关注短语层面。郑咏滟和冯予力（2017）跟踪一组大学英语专业学生一学年间议论文写作的句法复杂度，发现句法复杂度和短语复杂度的发展保持高度的一致性。随着学习者语料库的应用，词块复杂度逐渐成了二语复杂度研究领域的新热点。

3.2.3 词汇复杂度

词汇复杂度关注学习者语言产出中的词汇运用。一般认为，词汇复杂度主要有三个子构念组成：密度（density）、多样性（diversity）和复杂性（sophistication）（Skehan, 2003）。其中，词汇密度和词汇多样性属于文本内部指标，而词汇复杂度属于文本外部指标（Johnson, 2017）。词汇密度主要考察词汇中实义词和功能词的比例，或实义词在全部词汇中的占比（Ishikawa, 2007; Ortega, 1995）。此外，基于不同的判断标准，也有学者（鲍贵，2008）将词汇复杂度分为词汇变化性（lexical variance）、词汇密度、词汇复杂度和词汇独特性（lexical originality）四个子类。鲍贵（2008）的研究通过使用WordSmith Tools、Range和在线削尾处理器等工具，发现词汇密度区分低水平组和高水平组的效果较好。词汇复杂度则关注学习者使用低频词汇的情况（Gass et al., 1999）。一些研究已经证明，使用大量低频词是二语写作能力提高和二语写作表现较好的标志（Coniam, 1999; Laufer & Nation, 1995）。鲍贵（2008）的研究表明，词汇复杂性在词汇丰富性的四个层面中最能区分词汇使用的差异。此外，也有学者将平均单词长度作为检测词汇复杂度的指标（Jarvis et al., 2003），不过，有学者指出该指标既不能横向比较写作质量，也不能纵向反应写作能力的发展（Verspoor et al., 2012）。总的来说，对于词汇密度和词汇复杂度，目前学界尽管已有相关研究，但仍尚未达成系统性的认识。

词汇多样性传统上主要通过型例比及其变体等指标进行考察，现在也有学者采用D指数进行计算，或检测各种词性的变化情况（如X. Lu, 2012; Kuiken et al., 2005; Tavakoli & Foster, 2008）。D指数可以通过vocd程序进行操作，它对文本长度不敏感，能够克服TTR用于检测大批量文本时的缺陷（Malvern et al., 2004）。此外，鲍贵（2011b）也介绍了一种不受文本长度影响的测量指标——高级词汇多样性（advanced lexical diversity）（Malvern & Richards, 2009），用于测量高级词汇的使用量和使用频率。实证研究发现，高级词汇多样性指标具有良好的区分性、共现效度和稳定性。一些研究发现，词汇多样性和二语写作表现之间存在正相关（如Crossley & McNamara, 2012; Jarvis et al., 2003）。进一步，Yoon和Polio（2017）指出了写作体裁与词汇多样性之间的关联，他们对二语学习者的记叙文和议论文写作进行分析后发现，记叙文写作中的词汇多样性高于议论文写作，即在记叙文写作中使用了更多的低频词。

一些学者研究了中国语境下英语学习者词汇复杂度的发展。王海华和周祥（2012）对非英语专业学生的历时研究表明，词汇多样性、词汇复杂度和词汇密度均与学习者的写作质量呈现正相关。句法系统和词汇系统的关联也引起了一些学者的关注。郑咏滟和冯予力（2017）发现，从整体的发展模式上来看，中国英语学习者句法系统和词汇系统指标间的相关性并没有达到显著水平，这说明二者可能是相互独立的子系统，是语言复杂度的不同子构念。此外，他们对个体发展模式的观察说明，根据学习者写作能力发展的阶段和水平，句法系统和词汇系统之间存在两种关联模式：一是没有明显互动、各自发展；二是相互竞争、此消彼长。

另有学者（Crossley et al., 2009; Pallotti; 2015）提出，词汇复杂度可以从语义学的角度进行考量，探究词汇之间的语义网络。这对于从理论角度深化词汇复杂度的理解是有帮助的，但从实操角度来看，衡量词汇语义复杂度的难度较大（Pallotti, 2015）。目前相关的测量指标有语义互指性（semantic coreferentiality）和词语上义性（word hypernymy）（鲍贵，2011a）。鲍贵（2011a）的研究发现，中国学生的语义复杂度发展较为不足，同时和其他词汇复杂度指标存在竞争关系和补偿效应。词汇复杂度和词法复杂度可能产生一定的混淆，因为它们都将研究的主体定位在"词"上。不同于词汇复杂度，词法复杂度从词法学的角度出发，更多考察时态结构的使用频率、不同动词形态的数量、过去时结构的多样性等（Bulté & Housen, 2012）。目前有词法复杂度工具（morpho complexity tool）可用于词法复杂度的计算，但其部分功能仍有待开发（Brezina & Pallotti, 2015）。当前对于词法复杂度和写作能力发展之间关系的研究尚不太多（Horst & Collins, 2006），这可能是由于英语是词法相对简单的语言，而二语研究通常将英语作为研究的重点（Yoon, 2017）。

3.2.4　词块复杂度

词块学指"对词块单位、词语组合、词组单位等语言现象的研究"（Cowie, 1998: 1）。随着词块学研究的发展，其研究范围、研究方法、相关术语也不断丰富。Granger和Paquot（2008）认为，词块学研究主要有两个路径：基于词块的方法（phraseological approach）和基于频率的方法（frequency-based approach）。前者主要研究词块的非组合性程度，而后者对于"词块"的定义则更为广泛。传统意义上，词块学侧重于对习语、惯用语等固定搭配的研究（Ebeling & Hasselgård, 2015）。随着语料库研究的发展，越来越多的研究者采用基于频率的方法来研究词块，词块的定义不再局限于传统意义上的固定搭配，范围得到扩大。Gries将词块单位定义为"一个词项的词根或某种形式和一种或一种以上的不同语言成分共现，可以作为一个语义单位出现在子句或句子中，并且共现频率高于随机概率"（2008: 5）。正如词块的定义经历了转变，搭配作为一种词块，其定义也经历了类似变化。以往对搭配的研究主要针对的是限定搭配（restricted collocation），如"make a decision"，其特征是高度的句法固定性（syntactic fixedness）和语义非组合性（semantic non-compositionality），后来扩展为统计上显著的单词共现，既包括限定搭配，也包括自由词组（free combination），后者仅受语义和语法的约束限制，如"make a cake"。我们在本章研究中选取的是广义的词块。

近年来，在二语习得研究中，人们越来越关注词块学。语言研究，尤其是语料库研究把词块的发展作为语言发展的一个重要特征（Ebeling & Hasselgård, 2015）。许多二语研究者认为，词块运用能够较为准确地区分一种语言的母语者和二语学习者（如Granger & Bestgen, 2014; Paquot, 2018, 2019）。通过分析语料库数据，研究者发现，学习者的词块使用能力在语言习得、语言加工、语言流利性等方面发挥着重要作用（如N. C. Ellis, 1996; Goldberg, 2006; Römer, 2009; Schmitt, 2004; Sinclair, 1991; Wray, 2002）。Paquot（2019）从理论层面提出了词块复杂度这一概念，并为其定义了两个维度：词块的多样性（phraseological diversity）和复杂性（phraseological sophistication）。Paquot（2019）认为，可以通过为每个句法关系计算平方根型例比来得出词块的多样性；词块的复杂性则通过计算低频词组合和互信息值得出，其实证研究表明，词块复杂度能够用于预测中高级水平的二语学习者。正如Li和Schmitt（2009）所言，要想学好写作，得学会正确使用词块，二语写作不地道的一个重要原因是词块使用的问题。

词块在二语习得中发挥着如此重要的作用，近年来已开展了许多相关研究，这些研究在研究对象、词块类型、数据分析方法等方面有所差异。大部分词块研究针对的是从中高级到高级水平的学习者，在母语者和二语学习者，以及不同水平的二语学习者之间进行比较。但是，综览现有文献，我们发现针对二语低水平学习者的研究比较少。Siyanova-Chanturia（2015）以中国的意大利语初学者为对象，纵向研究了这些学习者二语写作中的"形容词+名词"搭配。但是，由于研究设计基于浸入式的学习环境，无法推广到其他的学习环境，研究结果不具普适性。Laufer和Waldman（2011）研究了不同二语水平下的希伯来语母语者英语写作中"动词+名词搭配"的使用，然而，其分析仅限于搭配的频率和正确性，并未分析搭配的关联强度。

在研究方法方面，语料库技术的发展进步推动了对搭配的分析研究方法的革新。以往研究侧重于词块的使用量和频率，近来，研究中经常使用代表频率的 t 分数（t-score）和衡量搭配强度的互信息值做深入分析（如Bestgen & Granger, 2014; Durrant & Schmitt, 2009; Granger & Bestgen, 2014; Siyanova-Chanturia & Schmitt, 2008）。除了研究方法不同，现有研究所关注的词块类型也有所差异，研究中常见的词块类型有：词簇（如Y. H. Chen & Baker, 2010; Crossley & Salsbury, 2011; Groom, 2009）、"动词+名词"搭配（如Altenberg & Granger, 2001; Boers et al., 2014; Cross & Papp, 2008; Laufer & Waldman, 2011; Paquot, 2019; Yoon, 2016）、短语动词（Wierszycka, 2013）、"形容词+名词"搭配（如J. Li & Schmitt, 2009; Siyanova-Chanturia & Schmitt, 2008）和强化副词（Pérez-Paredes & Díez-Bedmar, 2012）。Paquot和Granger（2012）在综述中提到，"动词+名词"搭配是被研究得最多的词块类型。

上述研究不仅大大扩展了词块学的研究领域，也清楚地彰显了词块复杂度在二语写作中的作用，但同时仍然存在一些不足。如前所述，大多数研究侧重于中高水平的二语学习者，而对低水平学习者的研究比较少。此外，大多数研究只关注词块及其与二语水平的关系，而忽略了词块复杂度与语言复杂度的其他维度之间的比较。尽管有学者（如 Paquot, 2018, 2019）将词块复杂度与句法复杂度、词汇复杂度进行了比较，但研究限于中高级和高级学习者，而中低水平学习者二语写作中不同复杂度的表现值得进一步研究，因此，我们在本章继续基于我们自建的语料库，用经过依存句法标注的、涵盖从初中到高中六个年级的中低水平的英语学习者作文来研究词块复杂度。

基于前人研究的不足之处，本章研究将围绕以下三个研究问题展开：

研究问题 1：词块复杂度可以衡量中低水平学习者二语写作中语言水平的发展吗？

研究问题 2：句法、词汇和词块三种复杂度分别探测语言复杂度的哪些维度？

研究问题 3：在预测中低二语水平时，词块复杂度如何区别于句法复杂度和词汇复杂度？

3.3 研究方法

3.3.1 语 料

如前所述，我们在本章继续从自建的 CELDT 中抽取数据，所选语料由初高中学生的英语作文组成。这些学生来自中国某省的一所初中和一所高中，涉及从初中一年级到高中三年级共 6 个年级。这些学生的基本信息，包括各年级学生人数、年龄、学习英语时间罗列在表 3.1 中。语料的收集办法已在前面详细介绍，此处不再赘述（见 0.2 节和 1.2.2.2 部分）。

表 3.1　研究参与者信息

年级	人数	年龄 / 岁	学习英语时长 / 年
初一	70	12—13	3—4
初二	63	13—14	4—5
初三	66	14—15	5—6
高一	49	15—16	6—7
高二	39	16—17	7—8
高三	41	17—18	8—9

在中国（大陆），大部分学生通常从小学三年级开始学习英语，初高中学生一般被视为中低水平英语学习者。在中国的教育体制下，教育部发布全国教学大纲并统一管理入学考试，一般来说，低年级学习者对英语的掌握程度低于高年级学习者对英语的熟练程度。但是近来的研究发现，个体间存在显著差异，仅依靠如年级、学习时间等外部标准来衡量学生英语水平并不可靠（Granger et al., 2015）。因此，为了避免外部标准带来误差，我们对所有作文进行了重新评分，以判定研究参与者的英语水平。评分标准采用的是剑桥英语初级测试中的写作评分标准，符合参与者的语言水平。该评分标准包括

内容、沟通、组织和语言使用 4 个维度，由两位评分老师从这 4 个维度对每篇作文分别给出 4 个分数，4 个分数相加即为总分，当总分差异大于 3 分时，由第三位阅卷老师进行重新评分。评分完成后，两位老师所评总分的平均分便是每篇作文的最终得分。通过对作文分数进行排序，我们把所有作文分成了 4 个等级，水平从低到高分别是 Level 1、Level 2、Level 3、Level 4。由于这批作文的分数呈非正态分布，我们通过 Kruskal-Wallis 秩和检验分析了 4 个等级的作文分数，结果显示 4 个水平等级间存在显著差异（$p<0.001$），这说明我们的水平分组合理。此外，两位评分老师所评的总分达到非常高的皮尔逊相关系数（$r=0.80$）（Altman, 1991），说明评分环节操作总体得当、可靠。考虑到在评分标准的 4 个维度中，有的维度与语言复杂度没有直接关系，我们还单独计算了语言使用这个维度下评分的相关性，其皮尔逊相关系数为 $r=0.81$。表 3.2 罗列了各个水平等级语料的分布情况。

表 3.2　各水平等级语料基本情况

水平等级	作文篇数	总词数	词数/篇
Level 1	104	9292	89
Level 2	86	10389	122
Level 3	69	10420	153
Level 4	63	10583	168

3.3.2　指标与工具

3.3.2.1　词块复杂度

本研究中，我们选取搭配作为词块单位。前人研究中对"动词+名词"搭配和"形容词+名词"搭配的研究较多，而且这两类搭配形成了两类重要且常见的句法关系。据此，我们也选取了类似搭配，即"动词+直接宾语"和"形容词+名词"两种搭配。但在选取方法上，我们和以往研究不同。以往的语料库研究通常采用位置模型的办法，通过限定词性和词距来筛选目标词块，但这样并不能完全筛选出目标词块。例如，如果要从语料库中提取"动词+名词"搭配，设定词距为 3，便无法提取出句子"We have made a very important decision." 中的搭配"make+decision"，因为"make"和"decision"的词距为 4。为了避免这个问题，我们效仿了 Lei 和 D. Liu（2018）及 Paquot（2018, 2019）研究中的方法，从依存树库（H. Liu, 2008a）中提取搭配。基于依存句法的词块搭配提取和频率计算考虑了词与词之间的句法关系，更贴近语言产出背后的认知过程，有利于忠实反映词块复杂度背后所体现的语言水平变化及发展。在本研究中，"形容词+名词"搭配对应的正是 amod（adjectival modifier, 形容词性修饰语）依存关系，"动词+直接宾语"搭配对应的是 dobj（direct object, 直接宾语）依存关系。因而，我们可以从依存树库中筛选出 amod 和 dobj 两类依存关系得到目标搭配，确保没有"漏网之鱼"，弥补了前人研究中的缺陷。从依存树库中提取出所要研究的amod和dobj两类依存关系（便利起见，下文用这两类依存关系分别指代两类目标搭配）后，我们做了进一步筛选，删除了含有专有名词、缩略语以及半限定词的搭配（Durrant & Schmitt, 2009）。对于作文中不影响搭配分析的错误，我们予以保留。

对于词块复杂度的计算，我们采用了Paquot（2018, 2019）的范式，包括词块多样性和词块复杂度两个维度。其中词块多样性的测量指标是平方根型例比（RTTR）（参见表3.3）。我们将每篇作文里的amod搭配和dobj搭配各计算出平方根型例比，记录为$RTTR_{amod}$和$RTTR_{dobj}$。

表3.3 词块多样性测量指标

指标	含义	公式
$RTTR_{amod}$	amod搭配的平方根型例比	amod型符数量/amod例符数量的平方根
$RTTR_{dobj}$	dobj搭配的平方根型例比	dobj型符数量/dobj例符数量的平方根

词块复杂度的测量指标是互信息值（mutual information, MI），该指标能够衡量词与词之间的搭配强度。互信息值是信息科技中的一个数据指标，用来比较词a和词b同时出现的概率和独自出现的概率（Manning & Schütze, 1999; Oakes, 1998）。互信息值越高，说明搭配强度越大。然而，在计算互信息值时，如果搭配出现频率过低，互信息值就可能不可靠（Evert, 2009; Evert & Krenn, 2001; Stubbs, 2001），因此我们在统计互信息值的同时也统计了频率，通过频率筛选并删除特别低频的搭配，防止这些搭配的互信息值影响最终的数据分析结果。

在参照语料库的选取方面，以往相关研究多选用BNC语料库（如Durrant & Schmitt, 2009; Granger & Bestgen, 2014）。BNC语料库有1亿左右的词汇，涵盖了口语、小说、杂志文章、报纸文章、学术文章等不同体裁的语料。我们也选用BNC作为参照语料库。筛选出目标搭配后，我们在BNC在线语料库（https://corpus.byu.edu/bnc/）中查取了这些搭配的频率和互信息值。以往研究发现，大多数词块会置于4:4的跨度区间（即节点左侧四个词或右侧四个词）内（Jones & Sinclair, 1974），因此在对频率和互信息值进行查询时，我们也采用了4:4的跨度。我们记录了所提取的每个搭配的频率和互信息值，如表3.4所示。我们删除了在BNC中出现频数低于5次的搭配。最后，我们分别计算了每篇作文中amod搭配和dobj搭配的平均互信息值分数，即MI_{amod}和MI_{dobj}。

在判定一个词组是否为搭配时，互信息值的阈值通常为3（如Durrant & Schmitt, 2009; Granger & Bestgen, 2014; Hunston, 2002）。Yoon（2016）也将此阈值用于高搭配强度的一个筛选条件。对于互信息值低于0的搭配（如"great lunch"），其作为一个词组在参考语料库中的出现频率低于其中单个词在语料库的出现频率。

表 3.4　amod 依存关系记录样例

从属词	支配词	互信息值	在 BNC 中的出现频数
favorite	singer	4.28	12
great	lunch	−1.89	5
interesting	week	−1.15	11
many	pictures	−1.01	38
favorite	day	−0.91	12
new	things	−0.75	244
interesting	show	0.31	25
good	dream	−0.55	20
busy	week	1.75	42
tasty	food	4.88	16

为了详细说明，我们在这里提供一些在树库中提取的 amod 和 dobj 搭配样例。

互信息值大于 3（高搭配强度阈值）的 amod 搭配：national hero（民族英雄），sad story（悲伤的故事），outside world（外面的世界），delicious food（美味的食物），heavy rain（大雨），warm sunshine（温暖的阳光），intense competition（激烈的竞争），classical music（古典音乐）。

互信息值小于 0（低频词阈值）的 amod 搭配：great lunch（很棒的午餐），best weekend（最棒的周末），normal night（正常的夜晚），small possibility（小的可能性），small thing（小事），long thought（长久的思考），high body（高高的身体），usual experience（通常经验）。

互信息值大于 3 的 dobj 搭配：brush teeth（刷牙），climb mountains（爬山），eat breakfast（吃早餐），fly kite（放风筝），pass exam（通过考试），play chess（下棋），ride bike（骑自行车），make mistake（犯错误）。

互信息值小于 0 的 dobj 搭配：find thing（找东西），get assistant（找到助手），have pressure（有压力），do lunch（做午餐），buy cup（买杯子），have activity（有活动），give knowledge（给予知识），lose book（丢失书本）。

3.3.2.2　句法复杂度

我们采用 X. Lu（2009）设计的二语句法复杂度分析器对语料的句法复杂度进行了自动计算。句法复杂度分析器涵盖 14 个指标，分为 5 类，即语言产出单位长度、句子复杂度、从属子句使用量、并列结构使用量和特定短语结构使用量。在指标选择上，我们遵循避免重复冗余、保证效度和独特性的标准（Yoon，2017），选择了 7 个句法复杂度指标。Ortega（2003）指出，单位长度指标，即平均子句长度和平均句长可以作为衡量句法复杂度的指标，所以我们选用这 2 个指标。Norris 和 Ortega（2009）发现，测量每个句子中的所有子句数量比单独测量每个句子中的从属结构或并列结构的数量在效果上更弱一些，所以我们选用了2个测量从属子句使用量的指标——每个T单位中的子句数量、从属子句比率，以及1个测量并列结构使用量的指标——并列句比率。考虑到并列句比率是子句层面的并列结构测量指标，我们还选用了1个短语层面的并列结构测量指标——每个子句中的并列短语数量。在特定短语结构的指标选择上，X. Lu（2011）在研究中发现，每个T单位中的动词短语数量在衡量语言发展时效果有限，所以我们排除了这个指标，选用了每个子句中的复杂名词短语数量。综上，我们一共选择了7个句法复杂度指标（见表3.5），其中2个指标描述语言单位的长度，即MLC、MLS；2个指标衡量句子从属结构使用量，即C/T、DC/C；2个指标测量句子并列结构使用量，即T/S、CP/C；1个指标衡量短语结构使用量，即CN/C。

表3.5　句法复杂度指标

类别	代码	指标
语言产出单位长度	MLC	平均子句长度
	MLS	平均句子长度
从属子句使用量	C/T	每个T单位中的子句数量
	DC/C	从属子句比率
并列结构使用量	T/S	并列句比率
	CP/C	每个子句中的并列短语数量
特定短语结构使用量	CN/C	每个子句中的复杂名词短语数量

3.3.2.3　词汇复杂度

词汇复杂度包括3个维度，即词汇密度、词汇多样性和词汇复杂度。Engber（1995）研究发现，词汇密度与二语写作的评分之间没有显著的相关性。另外考虑到本研究所涉及的其他两种复杂度都只包括多样性和复杂性，因此我们排除了词汇密度这个维度。X. Lu（2012）通过实证研究发现，平方根型例比和修正型例比（CTTR）与二语作文的评分显著相关，基于这一发现，我们选择了RTTR来衡量词汇多样性。至于词汇复杂度，我们选取了词汇复杂度指标-II（LS2），如表3.6所示。我们用X. Lu（2012）设计的词汇复杂度分析器自动计算出了所有作文的词汇复杂度。

表3.6　词汇复杂度指标

类别	代码	指标
词汇多样性	RTTR	平方根型例比
词汇复杂度	LS2	词汇复杂度-II

3.3.3　数据分析

在完成句法复杂度、词汇复杂度和词块复杂度的计算后，我们进行了数据分析。
我们通过单因素方差检验，探究3种复杂度下共13个指标能否区分低水平二语学习者的二语水平，并通过Tukey事后检验来确定哪些水平间存在显著差异。考虑到单因素方差检验需要满足正态分布、方差同质性等前提条件，如果有某些条件无法满足，我们会相应选择其他检测方法：如果指标数据不满足正态分布，则用Kruskal-Wallis秩和检验来代替单因素方差检验；如果不满足方差同质性，则用稳健性检验，同时事后检验选用Games-Howell测试，显著性标准设为0.05。我们用eta squared (η^2)来表示效应量的大小，小的效应量、中等效应量、高的效应量分别对应的数值是0.0099、0.0588、0.1379（J. Cohen, 1969）。

为了深入探究不同指标所探究的语言复杂度内部的不同维度，我们通过探索性因子分析得出这13个指标所衡量的语言复杂度的不同维度，进而通过多重线性回归来比较这些指标在预测二语水平时有何差异。

3.4　结　果

3.4.1　词块复杂度

3.4.1.1　词块多样性

我们用$RTTR_{amod}$和$RTTR_{dobj}$来衡量词块多样性。表3.7展示了不同二语水平下amod和dobj两类搭配的RTTR均值。因为$RTTR_{amod}$和$RTTR_{dobj}$的数据不满足方差同质性，我们用了稳健性检验。

表 3.7　不同语言水平下 amod 搭配和 dobj 搭配的词块多样性

水平等级	$RTTR_{amod}$		$RTTR_{dobj}$	
	M	SD	M	SD
Level 1	0.60	0.67	1.46	0.81
Level 2	1.18	0.75	2.11	0.51
Level 3	1.59	0.60	2.06	0.48
Level 4	1.81	0.61	2.02	0.61

$RTTR_{amod}$从Level 1到Level 4呈现出递增趋势，并且有显著差异（F=53.750，$p<0.001$，η^2=0.336），这表明词块复杂度会随二语水平的提升而增加。事后检验发现，除了Level 3和Level 4组间外，其他组间都存在显著差异（$p<0.05$）。$RTTR_{dobj}$虽然在不同水平间存在显著差异（$p<0.001$），但随着学习者二语水平的提升，$RTTR_{dobj}$从Level 1到Level 2增加，从Level 2到Level 4降低，说明基于dobj搭配的词块多样性指标并不能很好地描述二语水平的发展。

3.4.1.2　词块复杂度

词块复杂度由互信息值来衡量，互信息值的高低反映搭配的强度。表3.8展示了不同二语水平下amod和dobj两种搭配的互信息值的平均值和标准差。其中MI_{amod}均值从Level 1到Level 4呈现递增趋势，表明随着学习者二语水平提高，其二语产出中所使用搭配的MI值也会提高，也就是搭配强度越强。Level 1的学习者在作文中描述"大雨"时会用"big rain"（MI: −1.07），而Level 3的学习者会使用"heavy rain"（MI: 5.94）。Level 2的学习者在表达"空闲时间"时会用"free time"（MI: 0.16），而Level 3的学习者会使用"spare time"（MI: 3.85）。学习者随着其二语水平的提高，会使用更多地道的、贴切的修饰语。这两个例子表明，学习者二语水平越高，使用"形容词+名词"搭配的能力越强，二者呈正相关。

表3.8　不同语言水平下amod搭配和dobj搭配的词块多样性

水平等级	amod		dobj	
	M	SD	M	SD
Level 1	0.93	1.48	1.97	1.56
Level 2	1.32	1.28	2.07	1.09
Level 3	2.14	1.41	1.76	1.15
Level 4	2.29	1.26	1.64	1.19

通过单因素方差检验，我们发现，amod搭配的互信息值均值在不同水平间存在显著差异（$F=18.228$, $p<0.001$, $\eta^2=0.147$）。Tukey事后检验表明，在6组水平组组间中有4组存在显著差异，其中Level 1和Level 2之间以及Level 3和Level 4之间的差异不显著。

MI_{dobj}均值随二语水平变化的趋势和$RTTR_{dobj}$类似，都呈现出先升后降的趋势，说明"动词+直接宾语"搭配的词块多样性不适于描述二语水平的发展。

3.4.2　句法复杂度

表3.9展示了二语句法复杂度分析器对7个句法复杂度指标的计算结果，包括平均值和方差。

表3.9　句法复杂度结果

指标	Level 1		Level 2		Level 3		Level 4		F or KW χ^2	Sig.
	M	SD	M	SD	M	SD	M	SD		
MLS	7.93	1.75	10.05	2.69	11.68	3.01	12.57	2.64	$F=69.579$	0.000*
MLC	6.68	1.31	6.69	1.02	6.90	0.91	7.23	1.10	$\chi^2=14.940$	0.002*
C/T	1.16	0.20	1.37	0.26	1.53	0.26	1.59	0.33	$\chi^2=115.174$	0.000*
DC/C	0.13	0.11	0.22	0.12	0.29	0.10	0.32	0.09	$F=54.952$	0.000*
T/S	1.04	0.08	1.10	0.16	1.11	0.13	1.11	0.11	$\chi^2=25.645$	0.000*
CP/C	0.13	0.12	0.12	0.11	0.11	0.09	0.13	0.09	$\chi^2=3.411$	0.332
CN/C	0.38	0.21	0.45	0.20	0.53	0.20	0.58	0.24	$F=15.114$	0.000*

从表 3.9 中可以看出，除了每个子句中的并列短语数量CP/C之外，其他 6 个指标都随着二语水平的升高而增加。这 6 个指标分别是平均句子长度MLS（F=69.579, $p<0.001$, η^2=0.35）、平均子句长度MLC（χ^2=14.940, $p<0.001$, η^2=0.038）、每个T单位中的子句数量C/T（χ^2=115.174, $p<0.001$, η^2=0.353）、从属子句比率DC/C（F=54.952, $p<0.001$, η^2=0.341）、并列句比率T/S（χ^2=25.645, $p<0.001$, η^2=0.071）、每个子句中的复杂名词短语数量CN/C（F=15.114, $p<0.001$, η^2=0.125）。也就是说，句法复杂度中，语言单位产出长度、从属子句使用量、并列结构使用量、特定短语结构都随着学习者的二语水平提高而显著提高。

3.4.3　词汇复杂度

表 3.10 展示了 2 个词汇复杂度指标在不同二语水平下的平均值和方差。词汇复杂度指标LS2 从 Level 1 到 Level 4 呈现出不稳定的变化趋势，词汇多样性指标RTTR 从 Level 1 到 Level 4 呈现递增趋势。

表 3.10　词汇复杂度结果

指标	Level 1		Level 2		Level 3		Level 4		F or KW χ^2	Sig.
	M	SD	M	SD	M	SD	M	SD		
LS2	0.19	0.06	0.17	0.04	0.17	0.04	0.18	0.04	F=2.536	0.058
RTTR	5.55	0.59	6.19	0.65	7.00	0.61	7.36	0.59	F=143.622	0.000*

单因素方差检验结果显示，RTTR随着语言水平的升高显著增加（F=143.622, $p<0.001$, η^2=0.575）。Tukey事后检验发现，所有的 6 个组间差异均显著，说明词汇多样性可以很好地区分低水平学习者的二语水平，词汇多样性随着中低水平学生的二语水平提高而显著提高。因为LS2 的数据不满足方差同质性，所以我们运用了稳健性检验，结果显示无显著组间差异（$p>0.05$）。词汇复杂度从 Level 1 到 Level 4 在平均值上只有小的波动，且无显著性，说明学生的词汇复杂度并没有显著的进步，该指标不能描述二语水平的发展。

3.4.4　语言复杂度的不同维度

在研究了句法复杂度、词汇复杂度和词块复杂度随学习者二语水平的发展而产生的变化后，我们通过探索性因子分析进一步探究了语言复杂度内部的不同维度，其中采用的提取方法是主成分法。在做因子分析之前，我们先对因子分析的几个预设条件进行了验证，其中KMO值为 0.62，Bartlett的球形度检验呈现显著性（χ^2=1754.202, $p<0.001$），适合做因子分析。我们把特征值（eigenvalue）最低门槛设为 1，共生成 5 个因子，能够解释71.23%的方差。表 3.11 详细列出了因子载荷情况。

表 3.11　旋转成分矩阵

指标	成分				
	1	2	3	4	5
MLS	**0.912**	0.367	0.292	0.127	−0.114
C/T	**0.889**	0.275	0.047	−0.017	0.011
DC/C	**0.834**	−0.016	0.383	0.075	−0.093
T/S	**0.555**	0.045	−0.069	0.347	−0.088
MLC	−0.087	**0.880**	0.183	0.019	−0.143
CP/C	−0.087	**0.752**	−0.100	0.024	0.221
CN/C	0.352	**0.692**	0.403	−0.015	−0.122
$RTTR_{amod}$	0.292	0.231	**0.834**	0.100	−0.018
RTTR	−0.515	0.089	**0.741**	0.090	0.061
MI_{amod}	0.057	0.067	**0.731**	−0.124	−0.048
LS2	−0.087	0.008	0.049	**−0.887**	0.065
MI_{dobj}	−0.191	−0.033	−0.164	−0.200	**0.819**
$RTTR_{dobj}$	0.135	0.082	0.439	0.416	**0.623**
特征值	3.792	1.821	1.475	1.121	1.051
方差的百分比	27.167	14.011	11.343	8.626	8.083

注：提取方法为主成分法。旋转法为具有 Kaiser 标准化的倾斜旋转法。

从表 3.11 可以看出，13 个语言复杂度指标被分到 5 个因子上。其中 4 个句法复杂度指标，即平均句子长度 MLS、每个 T 单位中的子句数量 C/T、从属子句比率 DC/C 和并列句比率 T/S 落在因子 1 上。虽然每个 T 单位中的子句数量和从属子句比率测量的是从属子句使用量，而并列句比率测量的是并列结构使用量，但它们有一个共同点，即都是基于子句的指标。平均句长也落在这个因子上，说明中低水平的二语写作中，平均句长与子句的相关指标与特性关系密切。另外 3 个句法指标，即平均子句长度 MLC、每个子句中的并列短语数量 CP/C 和每个子句中的复杂名词短语数量 CN/C 落在因子 2 上，说明这 3 个指标所测维度相同。平均子句长度 MLC 和短语的长度正相关；每个子句中的并列短语数量测的是子句内部的并列结构，即短语间的并列；每个子句中的复杂名词短语数量衡量特定短语结构复杂度：这 3 个指标都是短语层面的句法指标。我们发现，MLS 和 MLC 这两个单位长度指标落在不同的因子上，再次证明了 Yoon（2017）的发现，即基于长度的指标会根据它们的基础单位探测句法复杂度的不同维度。在我们的结果中，测量句法复杂度的 7 个指标落在 2 个因子上，再次证明句法复杂度内部存在不同维度。更进一步，在中低水平语料中，句法复杂度可以划分为子句层面和短语层面 2 个维度。

测量词汇复杂度的 2 个指标也落在 2 个不同的因子上，其中表示词汇多样性的 RTTR 落在因子 3 上，同样落在这个因子上的还有基于 amod 搭配的词块复杂度的两个指标 $RTTR_{amod}$ 和 MI_{amod}；而表示词汇复杂度的 LS2 单独落在因子 4 上。RTTR 和 LS2 落在不同的因子上，这和 X. Lu（2011）的发现是吻合的，即词汇多样性和词汇复杂度测量的是词汇复杂度的不同维度。值得指出的是，词汇多样性和词块复杂度的 2 个指标落在同一个因子上，表明二者之间有很多共通点，可能测的是语言复杂度的同一个维度。

词块复杂度的 4 个指标落在两个不同的因子上。上文中提到，基于 amod 搭配的 2 个指标落在因子 3 上，基于 dobj 搭配的 2 个指标 $RTTR_{dobj}$ 和 MI_{dobj} 则落在因子 5 上。这表明测量词块复杂度的不同指标能够探测语言复杂度的不同维度，区分依据是基于所研究的词块种类的不同。

3.4.5 语言复杂度各维度间的对比

通过因子分析，我们得到了 5 个因子，代表着这 13 个指标所探测的语言复杂度的 5 个维度。我们将这 5 个因子保存为 5 个变量（见表 3.12），并通过线性回归模型来比较这些指标在预测语言水平方面的差异。

表 3.12　5 个因子和所探测的维度

因子	维度/构念
因子 1	子句层面的句法复杂度
因子 2	短语层面的句法复杂度
因子 3	词汇多样性和基于 amod 搭配的词块复杂度
因子 4	词汇复杂度
因子 5	基于 dobj 搭配的词块复杂度

在线性回归中，我们用作文分数作为因变量代表学生的二语水平，5 个因子作为自变量，采用了逐步法。我们检测了线性回归的几个预设条件，如变量独立性、线性、同方差性、正态分布和误差正态分布。Durbin-Watson 值为 1.074，说明满足变量的独立性。通过观察散点图（图 3.1），发现满足线性和同方差性。各个变量间的相关系数都低于 0.9，并且没有表现出共线性 [VIF(Factor 3)=1.07, VIF(Factor 1)=1.09, VIF(Factor 5)=1.02, 容差 >0.28, 调整 R^2=0.515]。最后的模型排除了因子 2 和 4，因为它们对模型的贡献率不显著。

最终的模型囊括了 3 个变量，能够有效地预测学习者的二语水平。单因素方差检验表明，这个线性模型在统计学意义上是显著的 [F(3318)=114.474, $p<0.001$]。这 3 个变量分别是因子 1（β=0.347, t=8.548, $p<0.001$）、因子 3（β=0.534, t=13.286, $p<0.001$）和因子 5（β=−0.109, t=−2.774, $p<0.001$）。关于模型的具体信息详见表 3.13 和表 3.14。

表 3.13　复杂度与二语水平的回归模型摘要

模型	R	R^2	调整 R^2	标准估计的误差	更改统计量					
					R^2 更改	F 更改	df_1	df_2	Sig. F 更改	Durbin-Watson
1	0.721	0.519	0.515	1.9612	0.012	7.695	1	318	0.006	1.074

表 3.14　模型系数

模型	量	非标准化系数		标准化系数	t	Sig.	相关性		
		B	标准误差	β 值			零阶	偏	部分
1	常数	13.877	0.109		126.976	<0.001			
	Factor 3	1.503	0.113	0.534	13.286	<0.001	0.619	0.597	0.517
	Factor 1	0.976	0.114	0.347	8.548	<0.001	0.495	0.432	0.332
	Factor 5	−0.307	0.111	−0.109	−2.774	<0.001	−0.155	−0.154	−0.108

因变量：分数

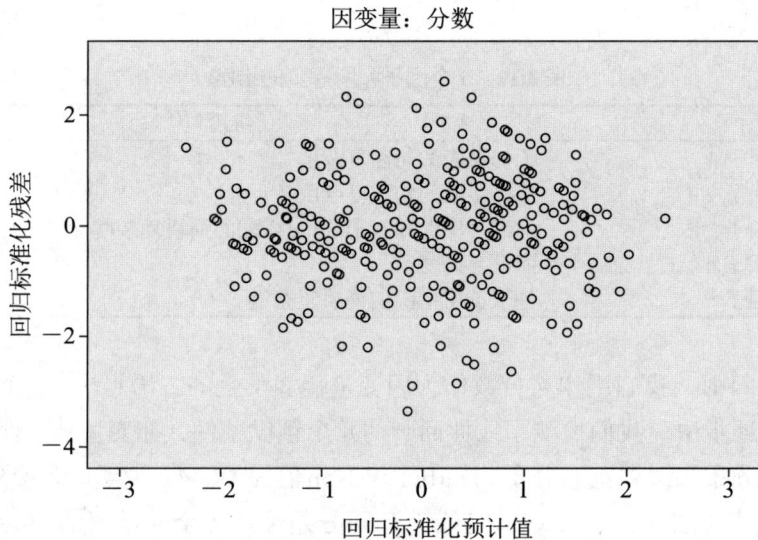

图 3.1　散点图

　　因此，最终模型为：二语水平=13.877+1.503（因子 3）+0.976（因子 1）−0.307（因子 5）。三个变量能够解释作文分数 51.5%的方差。根据偏相关，因子 3 独自解释作文分数 26%的方差，因子 1 独自解释 11%，因子 5 仅独自解释 1%，因此，因子 3 在预测作文分数即预测学习者二语水平时贡献最大，而因子 5 贡献最小。也就是说，在能够预测中低二语水平的复杂度指标中，基于 amod 搭配的词块复杂度和词汇多样性能力最强，子句层面的句法复杂度次之，而基于 dobj 搭配的词块复杂度能力最弱。因子 2 所代表的短语层面的句法复杂度指标和因子 4 所代表的词汇复杂度指标不能有效地预测中低二语水平。

3.5　讨　论

在这一节，我们根据数据结果进一步分析讨论，同时回答本研究的三个研究问题。

3.5.1　词块复杂度的发展特点

针对第一个研究问题，我们研究了中低水平英语学习者二语写作中词块复杂度的发展。具体来说，我们探究了基于"形容词+名词"搭配和"动词+直接宾语"搭配的词块复杂度。从数据结果看，基于"形容词+名词"搭配的词块多样性和词块复杂度都呈现出随着二语水平提高而增加的趋势，也就是说"形容词+名词"搭配的词块复杂度能够区分不同的中低二语水平；而"动词+直接宾语"搭配的词块多样性和词块复杂度呈现出先升后降的趋势，并没有随着二语水平的提升显著增加。综合来看，"形容词+名词"搭配在描述中低水平二语学习者词块复杂度的发展方面更胜一筹。

"动词+直接宾语"搭配的词块多样性和词块复杂度都未能描述二语水平的发展变化，表明学习者随着二语水平的提高，在"动词+直接宾语"的搭配使用能力上并没有显著增强。该发现和 Paquot（2019）的发现不同，她发现，学习者随着二语水平的提升，会使用更多具有高互信息值的"动词+直接宾语"搭配。出现该差异的原因可能是两个研究中研究对象的二语水平范围不同，本研究针对的是中低水平学习者，而 Paquot（2019）针对的是高水平学习者。

经过上述分析，我们可以得出，词块复杂度可以描述中低水平的二语发展，这和很多以往的研究发现一致（如 Bestgen & Granger, 2014; Paquot, 2019; Siyanova-Chanturia, 2015）。比如，Bestgen 和 Granger（2014）研究发现，二语学习者写作中词块的互信息值和他们作文的质量呈正相关。但是本研究也发现，词块复杂度区分二语水平的能力也取决于词块种类：词块不同，结果也有差异。具体而言，我们发现"形容词+名词"搭配的词块复杂度可以描述中低水平学习者二语水平的发展，而"动词+直接宾语"搭配的词块复杂度却不能。以往的研究中也有类似观点，即不是所有的词块类型都能区分特定阶段（如中低水平阶段）的二语语言水平。

Bestgen 和 Granger（2014）认为，词块处在词汇和语法的交界面，会给学习者带来很多学习困难。有些搭配出现频率高，并且在意义和功能使用上很典型，更易于掌握。而有些 dobj 搭配出现频率较低，并且意思也比较抽象、含蓄，就相对不易于掌握。学习者在初学阶段接触到的 dobj 搭配一般较易于掌握，随着学习的不断推进，学生会慢慢接触难度较大的搭配，这些搭配即使是高水平学习者学起来也有困难（Durrant & Schmitt, 2009; Kjellmer, 1990）。这种困难能够在一定程度上解释在本研究中 dobj 搭配的词块复杂度并没有随着二语水平的提升显著增加这一结果。这也启发我们，在词块的教学上，我们应该根据词块种类和难度以及学习者的二语水平做好分类和合理规划。

3.5.2 语言复杂度的不同维度

研究发现，三种复杂度，即句法复杂度、词汇复杂度和词块复杂度都能够随着二语水平的提高而增加，这也验证了这些复杂度指标的效度。中低水平的二语学习者随着二语水平的发展不仅能够更好地掌握句法和词汇，在词块使用上也有进步。第二个研究问题探究了这些语言复杂度指标如何探测语言复杂度的不同维度。通过多维度探究，我们发现，不仅语言复杂度内部可以分为不同的维度，同一种复杂度下也可以细分为不同的维度，如句法复杂度可以分为短语层面的句法复杂度和子句层面的句法复杂度。词汇复杂度可以分为词汇多样性和词汇复杂度。词块复杂度也可以细分为不同维度，但划分依据不是指标，而是词块的种类。同时，我们也探索了不同复杂度维度间的关联。值得注意的是，每个子句中复杂名词短语的数量CN/C和基于"形容词+名词"搭配的2个词块复杂度指标落在不同的因子上。作为一个短语层面的句法指标，CN/C测的是每个子句中的复杂名词短语数量。从名称上看，复杂名词短语和"形容词+名词"搭配会有较多的重合部分。但是，因子分析显示这2个指标测的是语言复杂度的不同维度。CN/C的测量基于使用数量的统计，而"形容词+名词"搭配的词块复杂度基于搭配强度的衡量。二者虽然都和"形容词+名词"搭配有关，但不相同，这也揭示出句法指标和词块指标的区别，证明了把词块复杂度纳入语言复杂度的必要性。

另外，$RTTR_{amod}$ 和 MI_{amod} 这2个词块复杂度指标和词汇多样性指标RTTR落在同一个因子上，说明它们测的是语言复杂度的同一维度。我们可以做一个对比：首先，词块复杂度与词汇复杂度（而不是句法复杂度）更相近，说明在低水平阶段，词块更接近于词汇而不是句法；其次，词块复杂度与词汇多样性（而不是词汇复杂度）更相关，这表明低水平的学习者在"形容词+名词"搭配的使用上更依赖词汇的多样性而不是复杂性。甚至，词汇的复杂性可能还会给词块的使用带来阻碍。例如，低水平学习者在表达"吸引注意力"时，可能会用"draw attention"这个搭配，其互信息值是6.16，搭配强度较高；而随着二语水平的提高和词汇量的提升，他们会用"absorb attention"，虽然"absorb"的复杂性要高于"draw"，但"absorb attention"的互信息值为1.82，其搭配强度低于"draw attention"。大多数人认为，对二语学习者来说，词块要比词汇更难掌握。对此，Bahns和Eldaw（1993）提出，使用搭配的能力和词汇知识并不是平行发展的。Boers等（2014）发现，学习者随着词汇量扩增，会替换掉之前学过的正确搭配里的词汇。这和濮建忠（2003）的发现有共同点：学生词汇知识掌握不牢固，尤其是对词汇的用法不熟时，会导致搭配错误。这给我们一些启示：学习者在学习搭配时，有时会受到新词的负面影响，特别是一些近义词在一定程度上会加大掌握搭配的难度。关于词汇和词块之间的这种影响还值得后续进一步研究。

3.5.3　不同复杂度指标的比较

针对第 3 个研究问题，我们通过线性回归比较了这些复杂度指标在预测二语水平时的差异。在 5 个因子中，因子 3，即词汇多样性 RTTR 和"形容词 + 名词"搭配的词块复杂度指标预测二语水平的能力最强。这一发现和以往的一些研究发现类似，比如，Engber（1995）研究发现，词汇多样性和写作分数正相关。Bestgen（2017）发现，基于词块的指标比基于单个词的词汇多样性和复杂度指标能更好地预测作文质量。Paquot（2019）也发现，词块复杂度能比传统的句法和词汇复杂度更好地描述语言发展。但是，类似的结论还有待进一步验证，如 Vedder 和 Benigno（2016）通过研究意大利语中低水平二语学习者的语料，并未发现语言水平和词汇多样性或词块能力之间具有显著关系。

句法复杂度指标中，因子 1 代表的子句层面的句法指标能够显著地预测二语水平，而因子 2 代表的短语层面的指标不能预测二语水平，这说明子句层面的句法复杂度指标更能预测中低二语水平。该发现和一些以往研究相似，比如，Wolfe-Quintero 等（1998）发现，子句层面的从属结构可以很好地预测二语水平；Bardovi-Harlig（1992）发现，子句层面的并列结构可以预测初级水平的语言发展。但与本研究不同的是，以往的一些研究（如 Biber et al., 2011; Bulté & Housen, 2012; X. Lu, 2011）发现，随着学习者二语水平的提升，子句层面的句法复杂度没有明显改变。这个差异可能是由研究对象的二语水平差异造成的。Ortega（2003）认为，二语水平优秀的学习者在写作中会更倾向于使用复杂的短语实现语言的复杂和高级化。本研究中短语层面的几个指标 MLC、T/S 和 CN/C 能够描述二语水平的发展，但效果一般，很多相邻水平组的组间差异未能表现出显著性。根据上述结果，我们可以得出，中低水平的二语学习者在二语写作中会使用更多的子句而非短语来表达一些复杂的观点，这一点和高水平学习者正好相反。

关于词汇复杂度的 2 个因子，它们在预测二语水平方面也发挥不同的力度。因子 3 代表的词汇多样性能够预测二语水平，而因子 4 代表的词汇复杂度却不能，这说明词汇多样性更能区分中低水平的二语发展。这和 Yoon（2017）的发现有相似之处：词汇复杂度在预测语言水平时不总能发挥作用。

词块复杂度的 2 个因子在预测语言水平时也有差异：因子 1 中的基于 amod 的词块复杂度能够独自预测 26% 的语言水平，而因子 5 代表的基于 dobj 的词块复杂度仅能够独自解释 1%，而且后者和作文分数之间呈负相关。这个结果和 ANOVA 检验的结果一致：基于 dobj 的词块复杂度指标不易区分语言水平，"形容词 + 名词"搭配比"动词 + 名词"搭配更能预测中低二语水平。

3.6　结　论

本研究从多维角度对中国中低水平英语学习者的写作进行了复杂度分析。相比于以往主要针对句法复杂度和词汇复杂度的研究，我们还加入了词块复杂度这一维度。为了对词块复杂度有更深入的了解，我们选取 3 种复杂度下的 13 个指标进行因子分析，探究这些复杂度指标所探测的语言复杂度维度，最后对这些指标在预测语言水平时的能力进行了对比。通过我们的探索性研究，初步结果如下：

词块复杂度能够衡量中低二语水平的发展，但同时也取决于词块类型。"形容词+名词"搭配比"动词+直接宾语"搭配更能区分二语水平。

语言复杂度是个多维度的构念，不仅包括句法复杂度、词汇复杂度，也包括词块复杂度等。一种复杂度内部也存在多个维度，句法复杂度内部可以分为子句层面和短语层面的不同维度，词汇复杂度内部可以分为词汇多样性和词汇复杂度的不同维度。不同于这两种复杂度，词块复杂度的内部维度划分方法不是基于指标，而是基于词块的种类，在本研究中，词块复杂度分为基于"形容词+名词"搭配的词块复杂度和基于"动词+直接宾语"搭配的词块复杂度。另外，研究发现，基于"形容词+名词"搭配的词块复杂度和词汇多样性测的是语言复杂度的同一个维度。这反映出，处在词汇和句法交界面的词块复杂度和词汇多样性更相近，学习者在初级阶段，学习使用词块更依靠词汇而不是句法，词汇多样性的发展有助于词块使用能力的提升。

在能够预测中低二语水平的复杂度指标中，词汇多样性指标和基于"形容词+名词"搭配的词块复杂度指标区分中低二语水平能力最强，子句层面的句法复杂度指标次之，基于"动词+直接宾语"搭配的词块复杂度预测二语水平效果最差。另外，短语层面的句法复杂度指标和词汇多样性指标不能预测中低二语水平。

该研究的意义主要在三方面，下面分别从理论性和实用性进行阐释：一是进一步扩充了对语言复杂度的多维探究，二是对外语教学和语言测试提供一些实用启示，三是研究方法的创新性应用。

首先，如前所述，以往关于语言复杂度的研究忽视了其多维特性，对句法复杂度和词汇复杂度以外的其他维度研究较少，对语言复杂度多维度的综合探究则更为稀少。本研究同时关注了词块复杂度、句法复杂度和词汇复杂度，不仅探究了词块复杂度是否可以衡量二语水平的发展，还对复杂度的内部构念进行了深入探究，比较了不同复杂度指标在区分和预测二语水平时的差异，这有助于我们更全面深入地理解语言复杂度这个大构念。

其次，研究结果对二语教学有较大的指导和参考意义。比如，词块复杂度可以衡量二语水平的发展，但取决于搭配的类型，这说明不同类型的词块学习难度有差别；词块复杂度和词汇多样性的正相关性说明词汇教学对于词块掌握的重要性，这为二语课堂教学的设计、二语教材的研发提供了一些实证支持。

再次，研究结果对语言测试中的作文评分也有指导意义。目前英语作文评分标准，包括机器批改所遵循的规则，主要关注句法和词汇的使用情况，往往忽视词块的使用。而我们的研究发现，词块复杂度是可以区分学习者二语水平的，应当作为作文评分的考虑要素，使作文评分能够更好地反映学习者真实的二语水平。

最后，本研究对于词块复杂度研究的实验方法也提供了创新性的贡献。通过使用依存句法树库，我们改善了前人研究中搭配提取不全的缺陷，确保了所需的搭配能够被完全提取，提升了实验的效度，为今后的相关研究提供了有益的参考。

虽然我们的研究经过精心设计，但还是存在一些不足：

一、考虑到纵向语料在收集数据方面的难度，我们采用了横向跨年级的数据，虽然尽可能地避免了不相干因素的潜在影响，但还是无法保证完全避免异质因素。我们仍然期待之后采用真实纵向语料的研究。

二、本研究选取的词块是搭配，具体来说是"动词+名词"和"形容词+名词"两种搭配，这两种词块是集语义和句法功能于一身的，但词块还有很多其他的类型，比如词簇，就分为有完整语意和没有完整语意两种。其他类型的词块仍然值得进一步研究。

三、在研究中我们发现，词块复杂度和词汇多样性相关性更强。词块处在词汇和句法的交界口，这一发现是否会随着二语水平的变化而有所不同，也是今后一个值得研究的问题。

至此，我们已经分别从句法复杂度、词汇复杂度和词块复杂度对中国英语学习者的写作进行了横截面研究，既揭示了不同水平二语学习者在语言复杂度方面的差异，也探讨了二语学习者写作和本族语者写作之间的不同，为相关研究提供了新的证据。纵观我们目前已经呈现的研究，有一点值得重视，即相较于词汇复杂度和词块复杂度，句法复杂度这一维度下有更多细颗粒的句法结构特征。据此，我们不禁要问：二语学习者在这些句法复杂度特征的发展上，会遵循什么样的顺序呢？这正是本书第 4 章的研究重点。

4 句法结构的发展顺序

4.1 引 言

在前面三章研究的基础上，本章将从中国学生各项英语句法复杂度特征的发展顺序入手，探索学习者二语复杂度的发展规律。考虑到第 1 章和第 2 章已经对句法复杂度的定义、测量维度、发展过程，对于二语习得研究的意义和目前学界在二语句法复杂度研究上主要采用的设计方法进行了详细和全面的介绍，我们在此不再详述。在前 3 章的研究中，以下四点发现引起了我们对于细颗粒从属分句结构的研究兴趣：其一，要想深入了解并且解释学习者语言中特定的微观结构的使用和发展特征，我们需要采用细颗粒的指标，因为粗颗粒的指标往往会掩盖这类重要的特征，并且无法对一些结果进行解释。其二，现有的许多句法复杂度研究未展现学习者在分句使用和发展上的全貌，因为这些研究采用的是 Hunt（1965）对于分句的定义，即一个分句必须包含一个主语（subject）和一个包含谓语动词短语的谓部（predicate）。Bulté 和 Housen（2012）指出，若将含有非谓语动词短语作为谓部的分句（即非限定性分句）排除在外，则无法精确判断学习者的整体语言能力。而句法复杂度研究的这一不足与研究者们使用的句法复杂度计算工具有较大关系。因此，我们有必要扩大分句的定义，将非限定性分句纳入研究，也需要能够同时计算限定性分句和非限定性分句复杂度的工具。其三，不同阶段的学习者会在不同的方面发展自己的句法能力，对于中低水平学习者而言，随着语言能力的不断提升，他们在写作中使用从属分句的能力会有显著的发展，具体会表现在语言产出中从属分句的数量和种类上。从属分句复杂度的不断提升是中低水平学习者语言的一项非常重要的特征，然而，目前学界针对中低水平学习者句法复杂度发展的研究远不如针对高水平学习者的研究丰富，中低水平学习者语料的收集难度和标注难度较大可能是最主要的原因。其四，基于依存句法标注的依存树库使我们能够省时、高效、精准、科学、灵活地从大规模的学习者语料中提取目标句法结构（尤其是细颗粒句法结构），解决了传统句法复杂度研究在技术上的难题。

综合以上四点，我们认为，在依存树库的帮助下，我们可以通过细颗粒的从属分句复杂度指标来探索中国中低水平英语学习者限定性和非限定性从属分句结构发展路径的全貌，给二语学习者的从属分句结构发展研究提供重要的补充。Biber 等（2011）发现，从属分句复杂度特征在英语本族语者的口语语料库中十分常见，名词短语复杂度特征在英语本族语者的书面语语料库中十分常见。由此他们认为，对于英语二语学习者而言，分句复杂度特征应是中低水平学习者语言的重要特点，处于不同阶段的中低水平学习者会在分句复杂度上表现出明显区别；而名词短语复杂度特征则是高水平学习者语言的重要特点，能够区分高水平学习者的语言水平。他们对此的解释是，在本族语者口语对话中常出现的句法结构就输出的角度而言难度不高，即本族语者能够在日常生活中频繁地使用它们，既然如此，这些句法结构的难度对于二语学习者来说也应该是相对较低的，因此会是学习者较早习得的结构。在本族语者的学术文本中常出现的句法结构，即便对于本族语者来说也不是自然习得的，并且许多本族语者都很少会产出这些语言特征，这意味着从输出的角度而言，这些句法结构难度非常高。那么对于二语学习者来说，这样的句法结构也势必是较晚习得的，且需要一定的句法基础。在中国，学生从小学三年级开始在课堂上接受正式的英语教学，这个年级的学生一般尚不具备英语写作的能力。经过一年的课堂学习和练习，学生们积累了一定的词汇量和句法知识，因此从小学四年级开始，他们便能够在写作上有所产出。随着时间的推移，高三年级是学生进入大学接受高等教育之前的最后一年，在这一学年中，学生的学习主要以系统复习为主。该阶段的学生已经具备一定的句法基础，为在大学学习阶段发展更复杂的句法结构做好了准备。可见，中国学生从小学三年级到高三年级经历了从英语初学者到具备英语句法基础的一个漫长过程，我们推测处于这个阶段的中国学生的句法能力主要会体现在对从属分句的使用数量和类型上。

在第 1 章中，我们初步探索了 3 项细颗粒从属分句类型频率指标（宾语从句标准化频率、定语从句标准化频率、状语从句标准化频率）在中学生中的发展特征。在此基础上，本章将小学生、初中生和高中生均纳入研究对象，采用 12 项细颗粒从属分句类型频率指标来探索从初学者到基本具备句法基础的英语学习者的从属分句结构发展路径。需要特别说明的是，我们将含有非谓语动词短语作为谓部的分句也纳入了研究范围。因此，在本章，针对 "clause" 这个术语，我们采用了苏州大学《英语语法大全》翻译组（王国富等，1998）在对伦道夫·夸克（Randolph Quirk）等人所著的 *A Comprehensive Grammar of the English Language*（1985）一书翻译时所采用的术语，即将 "clause" 译为 "分句"。如此，从属分句便包括限定性从属分句和非限定性从属分句两大类。

本章研究覆盖了当前句法复杂度研究的四大趋势：关注中低水平的二语学习者、采用更多的细颗粒句法复杂度指标、使用经过句法标注的学习者语料库、捕捉学习者句法复杂度的动态发展特征（J. Jiang et al., 2019）。由此，本研究是对二语学习者句法复杂度研究的重要延伸和补充，对了解中低水平英语学习者的语言特征具有重要的意义，反映出的学习者在各学习阶段所发展的句法能力能够为我国中小学英语教学和英语教材编写提供重要的参考和启示，有助于教学实践更加符合学习者的外语学习规律。

本章由五部分组成：第一部分为引言部分，即本节，主要概括性地介绍本研究的起因、研究内容、研究目的和研究意义。第二部分先具体介绍研究背景，再列出研究问题。第三部分先介绍选取的语料和研究方法，接着基于英语本族语者编写的权威语法书，具体梳理本研究所使用的 12 项细颗粒从属句结构以及每项句法结构主要实现的句法功能。这一方面能够帮助未来研究者在进行重复性实验时，在统计指标上与本章研究和国外相关研究均保持定义上的一致性，让研究结果更具可比性；另一方面也有助于消除其他读者因国内外语法术语定义和表达上的区别而在阅读过程中产生的困惑。在确定每项句法结构所实现的句法功能后，我们进而可以确定各句法结构在依存树库中通过依存关系来提取的方法，进一步拓展和深化依存句法理论的实践及应用价值。在第三部分的最后介绍数据处理及分析的过程。第四部分展现数据分析的结果，并针对数据分析的结果展开深入讨论，回答本研究提出的三个研究问题。第五部分总结本章的内容，综合主要研究发现和讨论，概括本章研究的理论和实践意义，同时提出本研究的不足之处，并指出下一步可进行的研究计划。

4.2　研究背景

分句是衡量语言产出复杂度发展的重要单位之一（Wolfe-Quintero et al., 1998: 69）。目前学界对于分句的定义主要有两种：一种如前文所述，采用 Hunt（1965）的定义，认为一个分句必须包含一个主语和一个包含谓语动词短语的谓部（如 X. Lu, 2010; Nasseri, 2021; Yang et al., 2015）。另一种观点认为，一个分句必须包含一个主语和一个包含谓语动词或非谓语动词短语的谓部（如 Biber et al., 2011; Bulté & Housen, 2014; McDonough & Crawford, 2020）。对于分句的定义是否一致会直接影响不同研究之间在结果上的可比性，因此，研究者在自己的研究中有必要说明自己采用的是何种定义。若想展示学习者语言的全貌，则必须采用后者的定义，将分句分为限定性分句和非限定性分句。

从属分句（dependent clause 或 subordinate clause）和它所嵌入的句子或短语之间存在一种层级关系，它是它所嵌入的句子或短语的一个组成成分。最常见的从属分句有状语分句（adverbial clause）、补语分句（complement clause）和关系分句（relative clause）三类（Biber et al., 1999）。每一大类别的从属分句还可根据其在句中实现的句法功能继续细分为多个小类，如补语分句可继续分为受动词支配的补语分句、受形容词支配的补语分句和受名词支配的补语分句（Biber et al., 1999）。从属分句结构是引起句法复杂度变化的重要因素之一，Qin 和 Uccelli（2020）称之为"量化句法复杂度的标准方法"。过去许多采用粗颗粒从属分句类型密度指标（如每个分句中从属句数量 DC/C、每个 T 单位中从属句数量 DC/T）的研究发现，随着中低水平二语学习者语言水平的提升，他们的从属分句复杂度也会不断提高。例如，Khushik 和 Huhta（2020）研究了 868 名来自巴基斯坦、母语为信德语、8 年级到 12 年级的英语学习者和 287 名来自芬兰、母语为芬兰语、8 年级到 12 年级的英语学习者英语议论文写作中的句法复杂度，考察了句法复杂度是否能够区分学习者的语言水平这一问题。他们采用 4 个粗颗粒从属分句类型密度指标：每个子句中从属句数量 DC/C、每个 T 单位中从属句数量 DC/T、每个 T 单位中的复杂 T 单位数量 CT/T、每个 T 单位中分句数量 C/T。研究结果显示，从属分句复杂度能够有效区分处于欧洲语言共同参考框架下的 A1、A2 和 B1 级别语言水平的英语学习者，从属分句复杂度随着学习者语言水平的提升而增加，且不受学习者母语背景的影响。在本书第 1 章中，我们也发现了 DC/C 这项粗颗粒分句复杂度指标能够有效区分中学英语学习者的语言水平。

通过上述这些从属分句类型密度指标，我们虽然可以看到学习者从属分句能力的发展规律，但要进一步解释这些发展规律就比较困难。因为这些被广泛使用的粗颗粒指标只能够反映出学习者产出中从属分句使用的密度，我们无法进一步得出学习者所使用的从属分句的类型。若将从属分句视为一个单一的语言现象，则会掩盖不同类型的从属分句所扮演的角色（Lamber & Kormos, 2014）。此外，如 DC/C、DC/T、CT/T、C/T 这些从属分句密度指标通常都是研究者通过使用现有的二语句法复杂度分析器（L2SCA）（X. Lu, 2010）计算得来的（除了 L2SCA 外，也有许多其他有相同功能的工具，如 Coh-Metrix，但是 L2SCA 的使用最为广泛）。该分析器的公开版本采用的是引言中提到的 Hunt（1965）对于分句的定义，由于普通研究者难以更改 L2SCA 的运行代码，因此从严格意义上来说，许多研究的结果只能够反映学习者限定性从属分句复杂度的发展特征。以例（4.1）和例（4.2）为例：

Bob told me that he had found out what was going on.　　　　　　例（4.1）

Bob told me that he was sorry that he wanted to give up.　　　　　　例（4.2）

例（4.1）中有 2 个限定性从属分句："that he had find out what was going on" 和 "what was going on"；例（4.2）中也有 2 个限定性从属分句："that he was sorry that he wanted to give up" 和 "that he wanted to give up"。两个例句均只含有一个 T 单位，因此 L2SCA 计算所得的 DC/T 指标结果均为 2。这意味着从 DC/T 这项指标来看，例（4.1）和例（4.2）的句法复杂度相等，并且我们也只能够给出"在这两个例句中，每个 T 单位均只有 2 个从属分句结构"这样的解释。显然，这不足以展现和说明这两个例句真实的句法结构。例（4.1）中的两个限定性从属分句属于相同类型，为分别受动词 "told" 和动词短语 "find out" 支配的从属分句；而例（4.2）中的 2 个限定性从属分句类型不同，一个为受动词 "told" 支配的从属分句（that he was sorry that he wanted to give up），另一个为受形容词 "sorry" 支配的从属分句（that he wanted to give up）。从句法多样度的角度来看，例（4.2）的句法复杂度要高于例（4.1）。此外，若将非限定性从属分句也纳入计算，那么例（4.2）则比例（4.1）多了 1 个受动词 "want" 支配的非限定从属分句（to give up）。那么，若同时从句法成熟度和句法多样度这两个角度来看，例（4.2）的句法复杂度均要高于例（4.1）。

Biber 等（2020）认为，粗颗粒从属分句复杂度指标能够有效预测学习者的语言水平，但是并不适用于描述学习者语言发展的特征，因为它们不能捕捉到学习者所掌握的不同的句法结构对于他们整个中介语系统发展所分别做出的贡献。从例（4.1）和例（4.2）这2个简单的例子中我们可以看出，使用细颗粒从属分句复杂度指标（包含限定性从属分句和非限定性从属分句）来探究学习者真实的句法能力发展全貌是有必要的。有许多研究者也提出需要将粗颗粒句法复杂度指标与细颗粒句法复杂度指标相结合来测量二语学习者的句法发展（如Kuiken & Vedder, 2019）。X. Chen等人（2020）考察了横跨16个语言水平的31040篇学生作文，这些学生分别来自4个母语不同的国家。他们使用了一项基于依存句法标注信息来自动提取从属分句的系统（AutoSubClause）。通过该系统，他们从学生作文中分别提取了限定性和非限定性状语分句、补语分句和关系分句，并分别计算了它们在写作中出现的标准化频率。他们发现，无论拥有什么母语背景，在学习者出现高原现象之前，随着学习者语言水平的提升，他们能够产出更多的从属分句。Verspoor等人（2012）调查了437名荷兰的中低水平（A1.1—B1.2）中学英语学习者的二语动态发展过程。他们分别计算了5个水平组下限定性状语分句、限定性名词性分句、限定性关系分句、非限定性从属分句在所有分句中所占的比例。研究结果显示，随着语言水平的提升，学习者的从属分句复杂度呈明显的不断增加的趋势，不同的从属分句类型会在不同的水平下得到发展，且不同的从属分句类型在区分语言水平的能力上并不一致。

这些采用了细颗粒从属分句复杂度指标的研究的结果与多数采用了粗颗粒从属分句复杂度指标的研究的发现一致，即中低水平学习者的从属分句复杂度会在某个阈值下随着语言水平的提升而不断提升。但是，若考虑到采用细颗粒从属分句复杂度指标来进行研究的目的，目前这些研究所得到的发现还是不够的。Kuiken和Vedder（2019）认为，在句法复杂度研究上，研究者仍然需要继续进行更加细致和深入的研究。因为如前文所述，每一大类的从属分句（即状语分句、补语分句和关系分句）下还有许多小类，但是目前绝大多数使用细颗粒从属分句复杂度的研究均未对这些大类进行区分，而是笼统地直接统计每一大类的从属分句的出现频率。我们仍然需要更进一步地了解每一大类下不同从属分句小类的发展特点，从而更好地了解学习者的语言发展特征。到目前为止，Gray等人（2019）的研究是少有的对学习者使用的不同从属分句小类进行了量化统计的研究之一。他们对母语为汉语的高中英语学习者进行了一项为期9个月的纵向研究。学习者在这9个月的始和末各参加了一次针对新托福考试的训练性测试，研究者从这些测试结果中选取写作和听力部分考察了学习者的写作句法复杂度和听力句法复杂度的发展路径。他们所选取的写作和听力句法复杂度的指标一致，均来自Biber等（2011）提出的二语习得者句法复杂度特征发展顺序假设，其中属于从属分句结构的句法复杂度特征共有12项。研究结果表明，学习者的从属分句结构使用能力的构成在不同阶段是不一样的。但是，由于只收集了两次语料，研究者只能捕捉到学习者的一次句法能力的变化，且间隔时间不够长。研究者认为，这可能是造成学习者的口语句法复杂度特征并未出现显著变化的重要原因之一。由此可见，目前关于英语学习者细颗粒从属分句复杂度发展的研究主要存在两点不足：1）每一大类从属分句结构下的小类缺乏细分；2）对学习者语言发展的追踪时间跨度不够长，影响了对学习者句法能力变化的捕捉。

基于以上综述，本章研究将在依存句法的理论框架下，从句法多样度的维度出发，使用我们自建的 CELDT 中的小学子库（小学四年级到小学六年级）、初中子库（初一年级到初三年级）和高中子库（高一年级到高三年级）来考察 12 项从属分句结构在 9 个年级的分布特点，探索中国英语学习者的从属分句复杂度的发展路径，通过大规模的真实学习者语料来揭示中低水平学习者的真实语言现象，总结学习者从属分句结构的句法发展顺序。我们将回答以下三个问题：

研究问题 1：中低水平英语学习者的从属分句复杂度呈现什么样的发展趋势？

研究问题 2：9 个年级学习者从属分句复杂度特征的分布是否有统计显著性差异？若有，哪些从属分句结构能够有效地区分不同相邻年级组的英语学习者？

研究问题 3：中国学生的英语从属分句结构发展呈现怎样的顺序？

通过回答第一个研究问题，我们可以观察到中低水平英语学习者整体上的从属分句复杂度发展趋势，有助于对后续两个研究问题展开进一步的探索。回答第二个研究问题能够验证 Biber 等（2011）的猜想，即从属分句复杂度能够有效区分中低水平学习者的语言水平；同时，通过观察不同从属分句结构在不同年级学习者中的分布和发展特征，探索出适用于衡量中低水平学习者语言水平的细颗粒从属分句结构指标。通过第三个研究问题，我们可以总结出中国英语学习者从属分句复杂度的发展路径。

4.3 研究方法

4.3.1 参与者

本研究的参与者共 500 人，年龄范围为 9 岁到 18 岁，是从小学四年级（X4）到高中三年级（G3）共 9 个年级的学生，来自某省水平相当的两所小学、两所初中和两所高中。这些学生的母语都是汉语，大多从小学三年级（8—9 岁）开始学习英语。因为小学三年级的学生尚不具备使用英语来写作的能力，所以我们从小学四年级开始收集作文。不同年级水平代表学生的不同学习阶段，因此本研究的参与者覆盖了中国学生学习英语从起步到基本掌握句法结构的各个阶段，我们可以通过这些参与者观察到随着时间的推移，中国学生句法能力的发展过程。由于本研究的参与者均来自水平相当的学校，因此尽管学生来自不同的小学、初中和高中，但还是较为接近纵向跟踪研究的方法，能够较好地反映和代表学习者英语句法能力的发展情况。参与者的基本信息见表 4.1。

表 4.1 参与者基本信息

年级	人数	年龄/岁
X4（小四）	69	9—10
X5（小五）	72	10—11
X6（小六）	63	11—12
C1（初一）	68	12—13
C2（初二）	60	13—14
C3（初三）	44	14—15
G1（高一）	44	15—16
G2（高二）	39	16—17
G3（高三）	41	17—18
总人数	500	

4.3.2 语　料

本章所使用的 500 篇语料取自 CELDT 中的小学子库（共 204 篇）、中学子库（共 172 篇）和高中子库（共 124 篇），总计 50471 词。题材限定为记叙文或描写文。作文话题贴近学生的生活，有利于学生的表达和写作。这些学生的作文收集于比较接近的三个时间段，同一时间段内收集的作文，所有小学生使用同一个作文题目，所有初中生和高中生使用同一个作文题目。初高中生拿到的作文题目以常见的文字的形式呈现，主题主要有 "My Weekend（我的周末）""An Embarrassing/Unforgettable/Surprising Experience（一次令人尴尬/难忘/惊喜的经历）"等。小学生的作文主题主要有 "Fruit（水果）""Family（我的家庭）""Planting Trees（植树）""My Classroom（我的教室）"等。与初高中生不同的是，小学生拿到的作文题目以看图（彩色打印）写话的形式呈现，这样设计题目的主要目的在于让词汇量和句法能力有限的小学生尽可能地在写作中多产出。同时，我们也允许（但不鼓励）小学生在词汇量不足的情况下使用中文来代替他们不会的英语单词。在每个年级子库中所选取的语料的基本信息见表 4.2。

表 4.2 语料基本信息

年级	文章数/篇	词数	文章平均长度/词数
X4	69	4039	59
X5	72	4354	60
X6	63	4843	77
C1	68	6103	90
C2	60	6165	103
C3	44	6346	144
G1	44	6304	143
G2	39	6155	158
G3	41	6162	150
总数	500	50471	101

4.3.3　句法复杂度指标

本章研究所采用的 12 项细颗粒从属分句复杂度指标见表 4.3，这些指标均选自 Biber 等（2011）提出的二语习得者英语句法结构发展假设。该假设共涉及 23 项句法结构，其中 12 项属于从属分句结构，另外的 11 项属于名词短语结构。Norris 和 Ortega（2003）指出，如果研究者不能够明确他们想要观察的具体行为，以及这些行为所具有的特征和变体，那么就无法对行为进行测量，并为研究发现的解释提供足够的证据。在本研究中，Norris 和 Ortega（2003）所说的"行为"是学习者在写作中所产出的"句法结构"。因此，接下来，我们将首先在这一节中详细梳理每一项从属分句结构的特征和可以实现的句法功能。因为一方面，只有在这个基础上，我们才能够在下一节中确定适用于在树库中提取这些句法结构的依存关系；另一方面，国内外语法书在句法这一部分的编排上，以及对句法术语的描述和分类上是有区别的。而本章研究面向的读者将不仅仅是二语习得和句法复杂度研究相关领域内的研究者，还包括国内从事外语教学相关工作的一线教师、英语教材编纂者，以及对国外语法术语的描述可能并不十分了解的普通读者等。因此，本节的梳理有助于消除国内读者在阅读过程中可能会产生的困惑，有助于国内研究者在进行重复性试验时能够在统计指标的标准上做到一致，使不同研究的发现之间具有可比性。

表 4.3　12 项细颗粒从属分句复杂度指标

句法结构	标签	树库中的例句
受极其常见的动词（如：think, know, say）支配的限定性补语分句（引导词为 that 或 wh-） finite complement clauses (that or wh-) controlled by extremely common verbs (e.g., think, know, say)	v1fcomp	Just **think** that he didn't pay attention.
受其他动词支配的限定性补语分句 finite complement clauses controlled by a wider set of verbs	v2fcomp	I've **forgotten** that he had just testified on that one.
限定性状语分句 finite adverbial clauses	advcl	I'm assuming I gained weight because things are a little tighter than they used to be.
受常见动词支配的非限定性补语分句（尤其是 want） nonfinite complement clauses, controlled by common verbs (especially want)	v1nfcomp	I don't **want** to fight with them about it.
受形容词支配的限定性补语分句 finite complement clauses controlled by adjectives	adjfcomp	I am **sure** that I could smooth over our little misunderstanding.
受其他动词支配的非限定性补语分句 nonfinite complement clauses controlled by a wider set of verbs	v2nfcomp	The snow **began** to fall again.

续表

句法结构	标签	树库中的例句
that引导的关系分句，尤其是先行词为人时 that relative clauses, especially with animate head nouns	frelcl	…the guy that made that call…
受形容词支配的非限定性补语分句 nonfinite complement clauses controlled by adjectives	adjnfcomp	These will not be **easy** to obtain.
外置补语分句 extraposed complement clauses	extracomp	**It is clear** that much remains to be learned…
非限定性关系分句 nonfinite relative clauses	nfrelcl	…the **method** used here should suffice…
介词+非限定性补语分句 preposition+nonfinite complement clauses	ppnfcomp	The **idea of** using a Monte Carlo approach.
受名词支配的补语分句 complement clauses controlled by nouns	ncomp	The **hypothesis** that female body weight was more variable.

在表 4.3 所列出的这 12 项句法结构中，5 项为限定性从属分句指标（v1fcomp、v2fcomp、advcl、adjfcomp、frelcl），5 项为非限定性从属分句指标（v1nfcomp、v2nfcomp、adjnfcomp、nfrelcl、ppnfcomp），另外还有 2 项指标同时涵盖限定性和非限定性从属分句（extracomp、ncomp）。Biber 等（2011）认为，限定性和非限定性从属分句主要可以发挥三种句法功能：作状语、作补语和作名词修饰语。在这 12 项句法结构中，2 项为从属分句作名词修饰语（即关系分句：frelcl、nfrelcl），1 项为从属分句作状语（即状语分句：advcl），9 项为从属分句作补语（即补语分句：v1fcomp、v2fcomp、v1nfcomp、v2nfcomp、adjfcomp、adjnfcomp、extracomp、ppnfcomp、ncomp）。从属分句作名词修饰语，就是国内通常说的作定语。引导限定性关系分句的关系词（relativizer）有许多，分为关系代词（relative pronoun）和关系副词（relative adverb）两类，本研究只统计由关系代词"that"引导的限定性关系分句（不包含关系词that被省略的情况）。非限定性关系分句有三种类型：to分句、-ing分句和-ed分句。对于从属分句作状语而言，Biber 等（2011）只计算了限定性状语分句，且未对状语分句的小类进行进一步的区分，我们在本研究中的做法和他们保持一致。显然，Biber 等（2011）对补语分句的分类比关系分句和状语分句要细致得多。因此，我们认为有必要重点梳理补语分句主要实现的句法功能。由于Biber 等（2011）的这项研究基于《朗文英语口语和笔语语法》（*Longman Grammar of Spoken and Written English*, LGSWE）（Biber et al., 1999）中所报告的研究结果，因此，我们使用的语法参考书为LGSWE，本节接下来所展示的例句也均来自此书。

本章研究的补语分句的类型包括that分句、wh-分句、to分句和-ing分句，均为补语分句的主要结构类型（LGSWE, 1999: 654）。虽然非限定性-ed分句也可以作受动词支配的补语分句，但是支配动词的数量比较有限，因此，我们不考虑非限定性-ed分句作补语的情况。that分句和wh-分句属于限定性分句；to分句和-ing分句属于非限定性分句，其中，to分句属于不定式分句的一种，是不定式分句最常见的形式。除了to分句外，不定式分句还能以不含to的形式（bare infinitive clause）出现，我们不计算不含to的不定式分句。

Biber等（2011）将补语分句的句法功能继续划分为以下三种。

（1）受动词支配的补语分句，担任主语或宾语的角色（LGSWE, 1999: 659, 714），因此可再继续分为以下四种情况。

①限定性动词补语分句作主语：

　　That they are already struggling troubles Graham Taylor.　　　　　例（4.3）

②非限定性动词补语分句作主语：

　　To counteract pollution takes resources.　　　　　例（4.4）

当补语分句作主语时，通常会被外置，因此例（4.3）和例（4.4）也可以被表述为例（4.5）和例（4.6），这时候我们便称它们为外置补语分句。

　　It troubles Graham Taylor **that they are already struggling**.　　　　　例（4.5）

　　It takes resources **to counteract pollution**.　　　　　例（4.6）

③限定性动词补语分句作宾语：

　　You know **what I call my mom**.　　　　　例（4.7）

大部分情况下作宾语的补语分句承担直接宾语的角色，少数情况下补语分句也可以填补间接宾语的空位，前提是引导补语分句的连接词只能是wh-（LGSWE, 1999: 193）。

　　Give **whoever has it** your old Cub.　　　　　例（4.8）

④非限定性动词补语分句作宾语：

　　They are trying **to hold it together**.　　　　　例（4.9）

除了最常见的"支配动词+非限定性分句"结构外，受动词支配的非限定性to分句和-ing分句作宾语时还存在分句的主语与主句的主语不一致的情况，主要有以下两种。

a. 构成"支配动词+名词短语+非限定性-ing分句/to分句"的结构，该结构中的名词短语为非限定性分句的主语，比如（LGSWE, 1999: 694, 740）：

　　It enables the farmer **to maintain uniform and near constant conditions in the house**.　　　　　例（4.10）

　　When you see **a geek walking down the street**, give it a good throw.　　例（4.11）

b. to分句作介词动词（prepositional verb）"动词+for"的宾语，构成"支配动词+for+名词短语+to分句"的结构，该结构中的名词短语为to分句的主语（LGSWE, 1999: 694）：

　　Hire a Daily Mirror van and wait for **Mrs Jones to arrive**.　　　　　例（4.12）

关于介词动词的定义以及常见的介词动词可见LGSWE第413页，此处就不再展开介绍了。

另外，还需要注意两点情况。

第一，补语分句也可以跟在系动词（copular verb）的后面，填补主句中主语补语（subject predicative, 也称subject complement，二者指的是同一种分句成分，只是在术语表达上有所区别）这一空位，对主语的特征进行说明，比如（LGSWE, 1999: 659）：

One of the reasons could be **that some of the people are socially and economically deprived**.   例（4.13）

第二，动词支配的补语分句也可以出现在宾语补语（object predicative, 也称object complement）的位置上，但是这种情况下补语分句只能是由wh-引导的限定性分句（LGSWE, 1999: 193）：

Perhaps it is us who made them **what they are**.   例（4.14）

但是，Biber等（2011）未考虑补语分句作主语补语和宾语补语这两种情况，因此，我们也不考虑上述两种情况。除了Biber等（2011），也有许多研究者在研究补语分句的习得时，不考虑补语分句在主句中作主语补语和宾语补语的情况（如Bloom et al., 1989）。

综上所述，对于受动词支配的补语分句而言，我们只统计受动词支配的补语分句作主语、宾语（包含间接宾语）这两种情况，其中受动词支配的非限定性补语分句存在多种结构，研究者在进行研究时尤其要注意句法结构提取的完整性。

如表4.3所示，Biber等（2011）考虑到了词汇量对学生句法习得的影响。他们根据支配动词的词频高低将受动词支配的限定性补语分句分为两种：受极其常见的动词支配的限定性补语分句和受其他动词支配的限定性补语分句；将受动词支配的非限定性补语分句也分为两种：受常见动词支配的非限定性补语分句和受其他动词支配的非限定性补语分句。因此，在对这4种句法复杂度特征进行量化之前，必须对支配动词的词频范围进行合理的界定。Biber等（2011）在对英语句法结构进行实证研究时，是基于LGSWE中报告的对朗文英语口语和笔语语料库（Longman Spoken and Written English Corpus, 简称为LSWE语料库）的统计分析结果来获取支配词的词频信息的，因此，我们在统计受动词支配的补语分句时，也选择LGSWE中的词频统计信息作为参考。以下分别为在LGSWE中列出的支配限定性补语分句的极其常见的动词和支配非限定性补语分句的常见动词，从左到右词频依次降低。除了所列的这些动词之外的所有其他动词均为支配补语分句的其他动词。

支配限定性that补语分句的极其常见的动词为（LGSWE, 1999: 663）：

think, say, know, see, find, believe, feel, suggest, show

支配限定性wh-补语分句的极其常见的动词为（LGSWE, 1999: 686）：

know, see, tell NP, wonder, ask, understand

支配非限定性to补语分句的常见动词为（LGSWE, 1999: 699）：

want, try, seem, like, begin, tend, attempt

支配非限定性 -ing 补语分句的常见动词为（LGSWE, 1999: 741）：

keep, start, see NP, go, stop, begin

（2）第二种补语分句为"受表语形容词（predicative adjective）支配的补语分句"。国内的语法书很少使用"表语形容词"这一语法术语。形容词按句法功能可以分为两种，一种起修饰名词的作用（attributive adjective），和被修饰的名词一起构成名词短语或名词短语的一部分；另一种起表语的作用，可以作主语补语，对主语的特征进行说明，主语和表语形容词之间通过系动词连接，也可以作宾语补语，跟在宾语的后面，通常表示宾语在动词的作用之下将会产生的结果。在以下例句中（LGSWE, 1999: 515），字体加粗的为表语形容词，加下画线的为主语或宾语。

表语形容词作主语补语：

<u>That</u>'s **right**.　　　　　　　　　　　　　　　　　　　　　　　　　　例（4.15）

<u>It</u> would be **easier**, **quicker**, and **cheaper**.　　　　　　　　　　　例（4.16）

表语形容词作宾语补语：

I said you've got all your <u>priorities</u> **wrong**.　　　　　　　　　　　例（4.17）

She has since declared <u>herself</u> **bankrupt**.　　　　　　　　　　　　例（4.18）

由表语形容词支配的补语分句可位于主句的两种位置上：一种位于系动词之前，处于主语的位置；另一种位于表语形容词之后，作为形容词短语的一部分。在下列例句中（LGSWE, 1999: 660），加下画线的为支配补语分句的表语形容词，字体加粗的为受形容词支配的补语分句。

That it would be unpopular with colleges or students was <u>obvious</u>.　例（4.19）

To see them in the bath is <u>good</u>.　　　　　　　　　　　　　　　　例（4.20）

Her coming was quite <u>useless</u>.　　　　　　　　　　　　　　　　　例（4.21）

I'm not <u>sure</u> **when it's** open.　　　　　　　　　　　　　　　　　　例（4.22）

Everybody's <u>glad</u> **to have him around**.　　　　　　　　　　　　　　例（4.23）

此外，处于主语位置的受形容词支配的补语分句通常会被外置，比如上述的例（4.19）和例（4.20）常被表述为：

It was <u>obvious</u> **that it would be unpopular with colleges or students**.　例（4.24）

It is <u>good</u> **to see them in the bath**.　　　　　　　　　　　　　　　例（4.25）

需要注意的一点是，当表语形容词支配位于其后的非限定性 -ing 分句时，表语形容词和被支配的 -ing 分句之间会存在一个介词（LGSWE, 1999: 749）。

These people were not <u>afraid</u> *of* **signing papers**.　　　　　　　　　例（4.26）

I'm <u>sorry</u> *about* **being in a mood Saturday**.　　　　　　　　　　　例（4.27）

（3）"受名词支配的补语分句" 这一种类型的补语分句对支配名词的内容进行补充说明（LGSWE, 1999: 645），国内通常认为这种补语分句起的是同位语的句法功能。

These figures lead to an <u>expectation</u> **that the main application area would be in**

the office environments. 例（4.28）

There was no <u>question</u> **who was the star**. 例（4.29）

You've been given <u>permission</u> **to wear them**. 例（4.30）

此外，限定性wh-名词补语分句和支配名词之间可以存在一个介词of或as to，此时的wh-分句也起着对支配名词的内容进行补充说明的作用（LGSWE, 1999: 646）。

But the <u>question</u> **of who will pay the multi-million dollar bill** is unanswered.
例（4.31）

Recent studies have posed the <u>question</u> **as to whether there is a link between film violence and real violence**. 例（4.32）

非限定性-ing名词补语分句和支配名词之间一般会存在一个介词（LGSWE, 1999: 645），而这种句法结构就是表4.3中所列出的第11项句法结构"介词+非限定性补语分句"。

He had no <u>intention</u> **of singing at anyone's twenty-first birthday**. 例（4.33）

通过以上梳理，我们对本章研究所使用的12项句法结构指标有了全面且清晰的认识，也让本研究的量化指标有据可依。

4.3.4 句法复杂度指标的提取

本研究在依存句法的理论框架之下，对语料库进行了句法标注，自建了依存树库。关于依存句法的起源和发展、依存关系的基本概念、依存树库的建设过程，以及依存树库最后的呈现和保存形式均见于本书的引论部分，此处不再重复。以Excel表格的形式呈现的依存树库有许多优点，比如：第一，也是最重要的一点，Excel表格自带的筛选、查找和公式功能，能够帮助我们通过依存关系从大量真实的学习者语料中快速筛选、提取出目标句法结构，并计算出频数和频率，解决了国内外句法研究中对学习者产出的句法结构提取困难、耗时、耗力的技术性障碍。在整个对数据进行筛选、提取的过程中，相比较于短语结构语法，依存句法作为一种面向应用的分析语法的优势非常明显。正因为依存句法的结构基础是词间（句法）关系，并且这种关系是显性的，我们才可以通过电子表格的筛选功能迅速、准确、科学、全面且精准地提取数据。第二，Excel电子表格是大家都熟悉且常用的办公软件，因此依存树库在使用上具有较高的友好度，减少了研究者们在进行重复性研究时技术上可能遇到的困难。

在本小节中，我们将具体介绍从依存树库中筛选、提取12项句法结构的过程。这个过程分为3个步骤。

第一步，根据4.3.3小节中所介绍的各句法结构的句法功能，我们确定每一种指标在依存树库中所对应的依存关系，见表4.4。表中共涉及8项依存关系（advcl、csubj、ccomp、pcomp、acl:relcl、xcomp、prept2、acl）和1项从属词词性（VBG）。为了提高筛选的效率，对于-ing分句，我们通过结合从属词的词性和从属词与支配词之间所构建的依存关系来进行筛选。在我们所用的标注手册中，这 8 项依存关系和 1 项从属词词性的编码如下。

advcl：限定性状语分句；

csubj：分句型主语；

ccomp：有内部主语的补语分句；

pcomp：位于介词之后的补语分句；

acl:relcl：限定性关系分句；

xcomp：分句的主语在分句外部的补语分句，一般都为非限定性补语分句；

prept2：to 分句；

acl：-ing 分句和 -ed 分句作名词修饰语；

VBG*：-ing 分句

表 4.4　各句法结构所对应的依存关系

句法结构	备注	依存关系
限定性状语分句		advcl
受动词支配的限定性补语分句（引导词为 that 或 wh-）	作主语	csubj
	作宾语	ccomp
受形容词支配的限定性补语分句	位于系动词之前	csubj
	位于表语形容词之后	ccomp
that 引导的关系分句		acl:relcl
受动词支配的非限定性补语分句	作主语	prept2, csubj+VBG*
	作宾语	prept2, xcomp+VBG*, ccomp+VBG*
受形容词支配的非限定性补语分句	位于系动词之前	prept2, csubj+VBG*
	位于表语形容词之后	prept2, xcomp+VBG*, pcomp+VBG*
非限定性关系分句		prept2, acl
受名词支配的补语分句	限定性补语分句	ccomp, pcomp
	非限定性补语分句	prept2, pcomp+VBG*

注：VBG* 为从属词的词性标记，代表 V-ing 的形式，表示 -ing 分句，非依存关系。

　　第二步，我们使用电子表格的筛选功能，分别从每个年级的依存树库中筛选、提取 8 项依存关系和 1 项从属词词性。

　　第三步，通过依存关系在表格中所处行的序号，一一回溯它们所在的原始句子；通过查看完整的具体句子，将它们分别归类到表 4.3 中的 12 项句法复杂度指标中。比如，我们先筛选出所有的 ccomp 依存关系，然后回到原始句子中，查看完整的原始句子是受动词、形容词还是名词支配。如果是受动词支配，那么就判别该动词属于（非常）常见的动词还是其他动词。此外，学习者语料会出现各种各样的词汇或句法层面的错误，由于本研究的目的是考察中国学生英语句法结构的发展特点，因此，若原始句子中的从属分句包含句法结构层面的错误，我们就在统计时剔除该从属分句。

经过以上 3 个步骤后，我们便完整地从依存树库中提取出了表 4.3 中的 12 项句法结构，为开展数据分析做好了准备。

4.3.5　数据分析

在完成了 4.3.4 小节中所述的所有的筛选、提取、查看和归类工作之后，我们需要计算每一种目标句法结构（即每一项指标）在每个年级的依存树库中出现的频数，并计算出频率。在频数的计算和频率的转换处理上，我们采用和 Biber 等（2011）相同的方法，将每一篇作文（而不是整个语料库）作为一个观察对象，然后计算每篇作文中每一项指标出现的频数并转换为标准化频率，进而计算出每一项指标在每个年级树库中出现的平均标准化频率。因此，本研究一共有 500 个观察对象，具体步骤如下。

首先，我们分别计算 12 项指标在每篇作文中出现的频数，用此频数除以该篇作文的总词数，并将运算结果乘以 100，得到每一项指标在每一篇作文中出现的标准化频率，即每百词中出现的频率。在计算标准化频率时，我们应注意选择合适的基数来乘以频数和总词数相除所得到的商，这个基数的选择通常是参考语料库中文章的典型长度（Biber & Jones, 2009: 1299）。从表 4.2 中可以看到，小学四年级到初一年级的这四个树库中作文的平均长度均低于 100；初二年级树库中作文的平均长度为 103，接近 100；初三到高三这 4 个年级的树库中作文的平均长度均接近 150。本研究所采用的所有 500 篇作文的平均长度为 101。因此我们选定 100 为标准化频率计算的基数，得到每 100 个词中目标句法结构（复杂度指标）出现的频率。比如，限定性状语分句在高三的某个学生的一篇作文（总词数为 162）中出现了 4 次，那么对于该学生来说，如果写一篇 100 个词的作文，大概会用到 2.469 次限定性状语分句，因此对于这篇作文来说，限定性状语分句出现的标准化频率为 2.469。

其次，我们通过计算获得描述性统计信息。我们将同一指标在所属树库的每篇文章中计算所得的标准化频率相加后除以所属树库包含的文章总数，得出每个年级树库中每一项指标的标准化频率平均值，同时也计算出标准差，用以观察数据的离散程度。将每一篇文章作为一个统计观察的对象，不仅可以消除文章长度差异以及每个年级的依存树库大小不同所带来的影响，还能够为我们提供一些将整个语料库作为一个观察对象时不能得出的描述性统计信息，用以进行下一步的数据分析。

针对第一个研究问题，我们将每项句法复杂度指标在每个年级子库中的标准化频率平均值绘制在图中，以观察不同指标随年级增长的变化态势以及所有指标整体上的发展趋势。

针对第二个研究问题，我们先使用 Shapiro-Wilk 检验（即 W 检验）对每个年级的每一项指标的数据分布进行了正态性检验。若经检验得到的显著性值 $p>0.05$，则可推断样本数据的分布为正态分布。结果显示，仅 advcl 这一项指标在高一、高二和高三年级这三个树库中呈正态分布（高一：$p=0.082$, 偏度 skewness=0.209, 峰度 kurtosis=0.855; 高二：

p=0.1, skewness=0.66, kurtosis=0.701；高 三：*p*=0.245, skewness=0.297, kurtosis=0.557），而advcl这一项指标在小学四年级到初三年级这6个树库中均不服从正态分布。即使我们对不服从正态分布的指标数据进行了数据转换，得到的结果仍然不服从正态分布。因此，最后我们选择了Kruskal-Wallis非参数检验来考察句法复杂度指标在不同年级的分布是否存在显著性差异。该检验的零假设为：在年级类别上，句法复杂度指标的分布相同。若显著性概率小于或等于显著性水平*α*（通常*α*=0.05），假设检验的结果则为拒绝零假设，说明原假设不成立，表明不同年级的英语学习者在句法能力上存在显著差异。在Kruskal-Wallis检验得到的结果的基础上，我们继续进行事后检验，对12项句法复杂度指标在不同相邻的两个年级组间的差异进行配对比较，观察相邻组间两两比较的显著性水平。两两比较的零假设为：进行两两比较的两组的分布相同。如果显著性概率小于或等于显著性水平，则拒绝零假设，说明相邻两个年级组的学生在某句法指标上的差异有统计显著性差异。由于本研究需要在同一数据集上同时检验多个独立的假设，即36组两两配对比较，因此需要使用更为严格的显著性水平。此处我们采用Bonferroni事后检验法调整显著性值，调整后的显著性水平*α*'=原显著性水平*α*（通常为0.05）/*n*，*n*代表需要检验的假设的个数，若计算所得的显著性概率小于或等于*α*'，则表明两组之间的差异具有统计学意义。在本研究中*n*=36, 0.05/36 ≈ 0.001，因此调整后的显著性水平约为0.001，若计算所得的显著性水平小于或等于0.001，则表明相邻两个年级组之间在句法复杂度特征上的差异具有统计学意义。

对于第三个研究问题，在观察每项指标的发展趋势时，我们采用和Gray等（2019）一样的方法，观察每项指标的标准化频率随年级增长的变化程度，若组间对比的统计结果显示有显著性差异，那就意味着学习者在该阶段的句法能力产生了显著的变化（提升或者倒退），即有统计学意义的发展。也就是说，在本研究中，学习者习得某一句法结构的时间点并不是该句法结构第一次出现的时间点，而是该句法结构在学习者作文中出现的标准化频率表现出显著提升的时间点。

4.4 结果与讨论

在本节中，我们将围绕本章研究的三个研究问题，先呈现数据分析的结果，然后再展开进一步的讨论，探讨中国学生英语句法发展的特点和顺序。

4.4.1 从属分句复杂度的发展趋势

表4.5及其续表为12项句法复杂度指标的描述性统计信息。每项指标的平均值为该指标在所属年级树库的每一篇文章中出现的每百词标准化频率的平均值，标准差反映了每项指标标准化频率的离散程度。为了更好地观察每项指标的发展路径，我们基于表4.5及其续表中的数据，绘制了图4.1、图4.2和图4.3。在这三幅图中，横坐标均为年

级，纵坐标均为每百词标准化频率。图 4.1 呈现的是每个年级所有指标的每百词标准化频率平均值之和，我们可以从该图中观察学习者句法复杂度的整体发展趋势。在图 4.2 中，我们将所有指标在每个年级的标准化频率平均值单独绘出并集中在了一张图上，因此我们可以明显地对比出不同句法结构在发展路径上的差异。为了进一步更加清晰地观察每一项句法结构的发展情况，在图 4.3 中我们将 12 项指标在每个年级的标准化频率平均值随年级升高的变化分别绘制在了不同的图中。

表 4.5　12 项句法复杂度指标的描述性统计信息

年级	v1fcomp M (SD)	v2fcomp M (SD)	advcl M (SD)	v1nfcomp M (SD)	adjfcomp M (SD)	v2nfcomp M (SD)
X4	0.054 (0.446)	0 (0)	0 (0)	0.097 (0.595)	0 (0)	0.152 (0.586)
X5	0.062 (0.369)	0 (0)	0.020 (0.166)	0.110 (0.592)	0 (0)	0.041 (0.247)
X6	0.163 (0.534)	0.040 (0.224)	0.149 (0.666)	0.148 (0.450)	0 (0)	0.259 (0.759)
C1	0.298 (0.706)	0.066 (0.268)	0.230 (0.498)	0.207 (0.623)	0.014 (0.114)	0.121 (0.382)
C2	0.458 (0.908)	0.090 (0.344)	0.985 (1.128)	0.424 (0.771)	0 (0)	0.373 (0.634)
C3	1.289 (1.071)	0.271 (0.496)	1.361 (1.015)	0.359 (0.604)	0.015 (0.099)	0.653 (0.805)
G1	0.906 (0.784)	0.786 (0.814)	1.349 (0.913)	0.468 (0.657)	0.070 (0.263)	0.457 (0.609)
G2	1.047 (0.887)	0.723 (0.724)	1.740 (1.205)	0.500 (0.753)	0.107 (0.295)	0.663 (0.614)
G3	0.861 (0.872)	0.880 (0.764)	1.564 (1.001)	0.379 (0.522)	0.045 (0.163)	0.882 (0.853)

（续表）

年级	frelcl M (SD)	adjnfcomp M (SD)	extracomp M (SD)	nfrelcl M (SD)	ppnfcomp M (SD)	ncomp M (SD)
X4	0 (0)	0 (0)	0 (0)	0 (0)	0 (0)	0 (0)
X5	0 (0)	0 (0)	0 (0)	0.016 (0.134)	0 (0)	0 (0)
X6	0 (0)	0 (0)	0 (0)	0 (0)	0 (0)	0 (0)
C1	0 (0)	0 (0)	0 (0)	0.009 (0.070)	0 (0)	0 (0)
C2	0 (0)	0.013 (0.101)	0.036 (0.204)	0.168 (0.556)	0 (0)	0 (0)
C3	0.186 (0.408)	0.118 (0.326)	0.115 (0.288)	0.173 (0.291)	0 (0)	0.045 (0.214)
G1	0.194 (0.353)	0.100 (0.262)	0.073 (0.241)	0.104 (0.266)	0 (0)	0.030 (0.138)
G2	0.020 (0.126)	0.119 (0.262)	0.157 (0.264)	0.159 (0.281)	0 (0)	0.151 (0.358)
G3	0.131 (0.387)	0.199 (0.322)	0.196 (0.372)	0.118 (0.250)	0.034 (0.154)	0.083 (0.263)

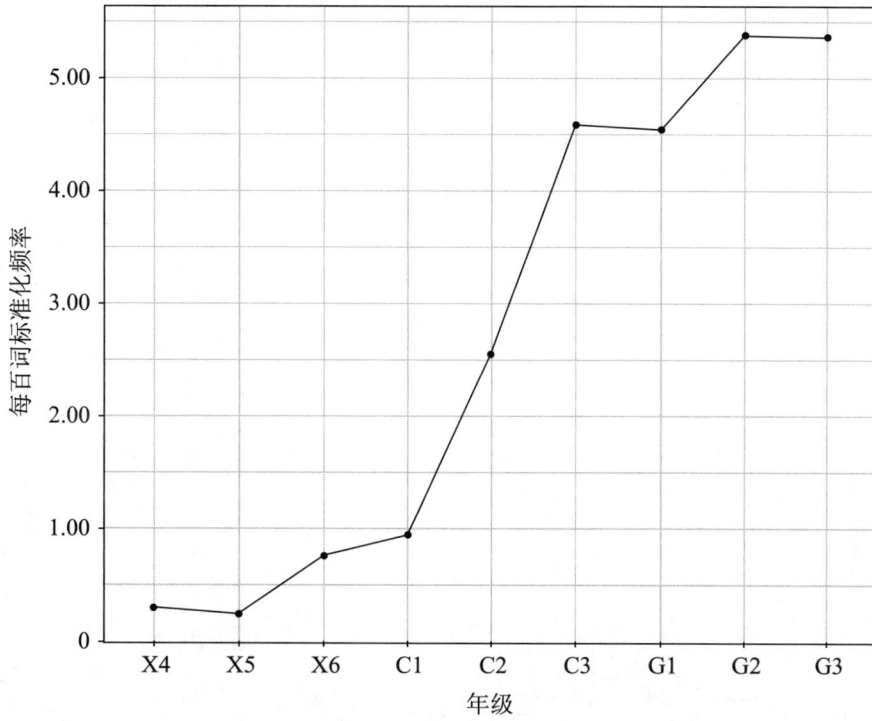

图 **4.1** 中低水平英语学习者从属分句复杂度的整体发展趋势

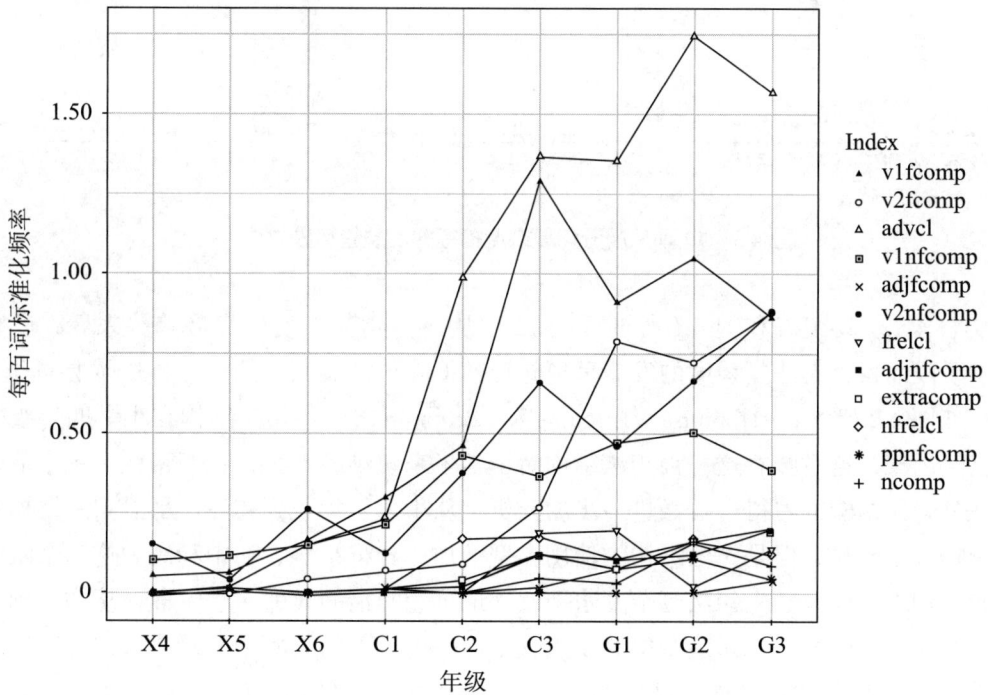

图 **4.2** 12 项从属分句复杂度指标的发展趋势集合对比

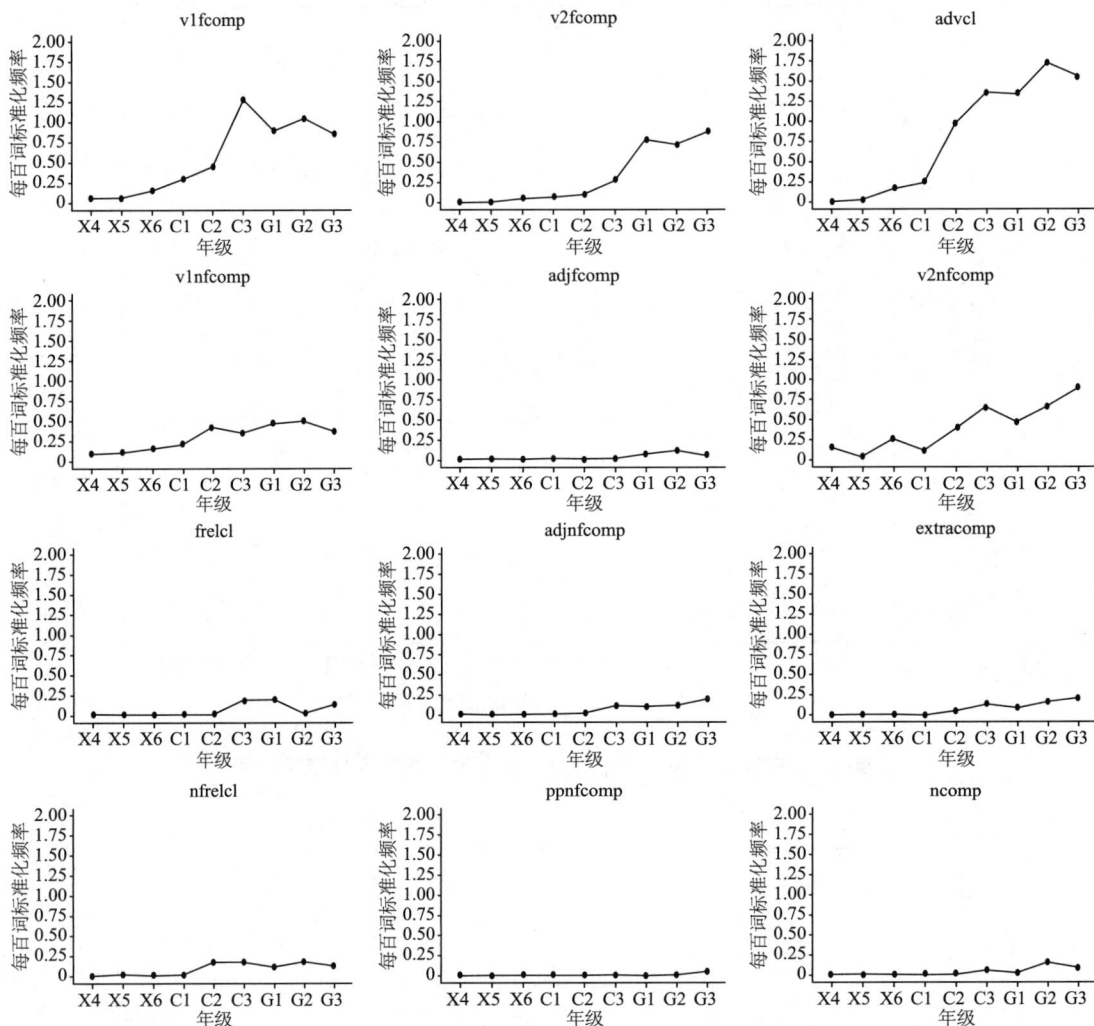

图 4.3　12 项从属分句复杂度指标的发展趋势独立图

　　从表 4.5 及其续表和图 4.1 所展现的 12 项从属分句复杂度的发展趋势来看，就整个小学阶段而言，句法复杂度的发展呈现先轻微下降再稍显回升的趋势，整体上提升不明显。如图 4.2 所示，v1fcomp、v1nfcomp 和 v2nfcomp 这三种句法结构在小学四年级树库中已经出现，这意味着这三种句法结构对于学生来说难度不大，我们将在下一小节中对这三种句法结构的习得过程做进一步的分析。从小学六年级到初一，虽然句法结构在频率上提升不明显，但是句法结构的使用类型增加。若将小学、初中和高中这三个阶段做比较，初中阶段是学生句法复杂度水平发展最迅速、最明显的一个阶段，从初一到初二，以及从初二到初三，句法结构的使用频率均呈现显著的大幅上升趋势。在初三年级的子库中，12 项句法复杂度特征中的 11 项已经出现。这表明初中阶段是学生句法能力发展的关键时期，学生在句法复杂度特征的使用频率和使用类型数上都呈现迅速发展的趋势。J. Jiang等（2016）发现，因果词（causal words）和洞察词（insight words）作为认知机制下的两个类别（Pennebaker et al., 2003），在中学阶段随着年级的升高而显著增加，同时在一定程度上反映了认知复杂性的数量词（Pennebaker, 2011）在初三时达到了最高值。这意味着学生的英语句法能力的发展与认知水平的发展密切相关。随着学生在中学阶段认知机制的明显发展，句法复杂度水平也呈现明显的上升趋势。此外，初中三年是中国九年制义务教育的最后三年，学生能够在义务教育的最后三年在英语学习上取得中小学这九年中最明显的进步，表明我国的九年制义务教育制度在设立的时间上合理科学，在内容上设置合理，在质量和效果上有保障，具有深远的意义。从初三到高一，句法复杂度特征的使用频率稍有回落。就句法复杂度特征的使用频率和类型数而言，学生在高中阶段对从属分句结构的掌握最全面。从高一到高二，句法复杂度特征的使用频率明显回升，并达到了9个年级中的最高值，学生对不同类型的从属分句的运用也更加熟练。高三年级的子库中出现了ppnfcomp这一在前8个年级的子库中从未出现过的句法结构，说明这一句法结构对于英语学习者来说难度较大。由于我们只追踪到高三年级，因此在本章研究中，我们无法捕捉到该句法结构的发展趋势。后续有更高英语水平参与者的研究可对此进行补充。因为句法复杂度特征的使用频率在高一到高二期间的提升幅度明显减弱，在高二到高三期间的发展还表现出轻微衰退的态势，所以我们推测，在高三年级之后，学生的从属分句复杂度发展可能并不会再出现进一步明显的提升了。该发现一方面证实了X. Chen等（2020）的发现，即在学习者出现高原现象之前，随着学习者语言水平的提升，他们能够产出更多的从属分句；另一方面，也证实了Biber等（2011），以及Biber和Gray（2016）的观点：学习者的句法习得始于从属分句，随着英语水平的提升，使用从属分句的能力也不断提升，然而当学习者的英语水平到达某个程度时，他们会开始减少嵌入性从属分句的使用，逐渐将信息压缩到嵌入性短语（embedded phrase）之中。因此，从属分句结构很大程度上只适合衡量中低水平英语学习者的句法复杂度，不适于衡量高水平英语学习者的语言水平，因为高水平英语学习者语言复杂度的提升并不表现在从属分句复杂度上。

从图4.2的12项句法复杂度指标的发展趋势集合对比图中可以看出，与v1fcomp、v2fcomp、advcl、v1nfcomp和v2nfcomp相比，adjfcomp、frelcl、adjnfcomp、extracomp、nfrelcl、ppnfcomp和ncomp的使用频率整体上要低很多，并且随年级增长的变化幅度也要小得多。图4.2和图4.3体现了中介语发展渐进性和连续性的特点。12项指标中有6项指标（v1fcomp、advcl、v1nfcomp、adjfcomp、nfrelcl、ncomp）在高三时出现了下降的趋势，使得在图4.1中高三年级的句法复杂度在整体上呈现出下降趋势，体现了中介语发展的目标语不可接近性。除了指标ppnfcomp之外的其余11项指标均不呈线性发展趋势，都出现过回落的现象，某些指标还出现了多次回落，也就是在曲折中不断发展，这体现了中介语发展的动态性。这一发现与X. Lu（2011）的发现一致。在他的研究结果中，14项语法特征指标中有7项指标并没有随着写作水平的提升而呈线性增长趋势。

复杂动态系统理论（CDST）的代表人之一Larsen-Freeman（2006）提出，语言的习得是一个复杂、动态的过程，它的典型特点就是非线性发展，即在发展的过程中会出现不同程度的波动。越来越多的研究者们支持句法复杂度发展是动态的、非线性的这一观点（如Granfeldt & Nugues, 2007; Ortega, 2003; Pallotti, 2009），这也是目前句法复杂度研究的最新趋势之一（J. Jiang et al., 2019）。二语习得中的交际理论（the interactionist theory to SLA）也认为，学习者产出的语言结构的缓慢和非线性的变化正表明了习得正在逐渐地发生，这是语言习得过程的一个典型特征（Norris & Ortega, 2003: 727）。本研究的这一项发现进一步验证了复杂动态系统理论的观点，也再一次展现了中介语发展的动态性这一特点。

综上所述，我们可以对第一个研究问题做出回答：一方面，就不断增加的句法结构类型和不断提升的句法结构出现频率而言，整体上学生对于从属分句结构的掌握有随着年级的升高而波动提升的明显趋势，体现了语言习得的动态性过程。其中，初中阶段是学习者从属分句复杂度发展最迅猛的阶段。另一方面，从属分句复杂度在经历了初中阶段的大幅度提升之后，在高中阶段提升幅度明显减小，并且在最后出现了下降的趋势。可见，学习者从属分句复杂度的发展存在一个阈值。超过这个阈值，发展会放缓、停滞不前，甚至衰退。

4.4.2 从属分句复杂度特征在不同年级的分布情况

表 4.6 呈现的 Kruskal-Wallis 检验结果显示，12 项检验得出的显著性概率均小于显著性水平 0.05。通常对于效应量 η^2 的解读是：0.01—0.06 之间的值表明效应量小，0.06—0.14 之间的值表明效应量处于中等水平，0.14 以上的值表明效应量较大。因此，从表 4.6 中可以看到，5 项指标的检验结果显示效应量大（v1fcomp、v2fcomp、advcl、v2nfcomp、frelcl），5 项指标的检验结果为中等效应量（v1nfcomp、adjnfcomp、extracomp、nfrelcl、ncomp），只有 2 项指标的检验结果显示效应量较小（adjfcomp、ppnfcomp）。可见，12 项句法复杂度指标在 9 个年级的分布均存在显著差异。

表 4.6　Kruskal-Wallis检验结果

指标	χ^2	p	η^2
v1fcomp	191.000	<0.001	0.373
v2fcomp	227.600	<0.001	0.447
advcl	272.580	<0.001	0.539
v1nfcomp	69.887	<0.001	0.126
adjfcomp	30.152	<0.001	0.045
v2nfcomp	125.100	<0.001	0.238
frelcl	77.926	<0.001	0.142
adjnfcomp	72.268	<0.001	0.131
extracomp	73.758	<0.001	0.134

指标	χ^2	p	η^2
nfrelcl	59.250	<0.001	0.104
ppnfcomp	22.435	<0.005	0.029
ncomp	47.195	<0.001	0.080

为了观察 12 项指标在相邻年级组间的差异，我们继续进行两两组间配对比较。表 4.7 为使用了 Bonferroni 校正法的事后多组配对比较的结果，此处只展示了相邻组间具有统计学上显著性差异的配对比较结果。

表 4.7 各个相邻年级水平组组间配对比较的结果

指标	X4—X5	X5—X6	X6—C1	C1—C2	C2—C3	C3—G1	G1—G2	G2—G3
v1fcomp					<0.001			
v2fcomp						0.015		
advcl				<0.001				
v1nfcomp								
adjfcomp								
v2nfcomp								
frelcl					0.007			
adjnfcomp								
extracomp								
nfrelcl								
ppnfcomp								
ncomp								

从表 4.7 中可以看出，12 项句法复杂度指标均不能区分小学各相邻年级组的组间差异。3 项指标在初中的相邻年级组间具有统计显著差异，其中 1 项指标（advcl）可以区分初一、初二年级组，2 项指标（v1fcomp, frelcl）可以区分初二、初三年级组。最后，还有 1 项指标（v2fcomp）能够区分初三、高一年级组。

最先出现相邻组间差异的句法结构为限定性状语分句，它能够区分初一与初二这一对相邻年级组，初二年级组使用限定性状语分句的能力显著高于初一年级组的学生（$p<0.001$），组间差异具有统计学上的意义。图 4.3 也显示，从初一到初二是限定性状语分句增长最明显的一个阶段。从初二到初三，限定性状语分句的数量稳定增长，但是速度稍显减缓。在小学、初中和高中这三个阶段中，学生在初中阶段使用限定性状语分句的能力进步最大。限定性状语分句可以在主句中表达时间、地点、原因、条件、目的、结果、让步、方式等概念。Clark（2009）指出，认知能力是影响孩子习得状语分句的一个非常重要的因素，随着学生认知能力的不断发展，他们开始使用状语分句来表达时间、地点、原因、条件等关系，表达不同关系和概念的状语分句在习得顺序上也是有区别的。我们在 4.4.1 小节中提到，J. Jiang 等（2016）的研究结果表明学生的认知机

制和认知复杂性在中学阶段不断提升。因此，可以看出，学习者使用限定性状语分句的能力的发展与学习者在初中阶段认知能力的显著提升有着密切的关系。

在限定性状语分句之后，有 2 项句法复杂度指标从初二到初三出现了显著的增长，它们分别是受非常常见的动词支配的限定性补语分句和 that 关系分句。也就是说，初三年级组学生使用受非常常见的动词支配的限定性补语分句（$p<0.001$）和 that 关系分句（$p<0.05$）的能力要显著高于初二年级组的学生。

就受非常常见的动词支配的限定性补语分句而言，从图 4.3 中可以清楚地看到，该句法结构在子库中的数量从小学四年级到初二年级一直保持着增长的发展趋势，但是第一次显著提升发生在初二到初三阶段。在初三年级之后该句法结构的使用频率总体曲折下降。在 4.3.3 小节中，我们介绍过受动词支配的限定性补语分句主要填补主句中的主语或宾语。然而，当我们对 9 个子库中出现的限定性动词补语分句进行了进一步的探索之后，发现了两点：一、限定性动词补语分句主要在主句中作宾语，作主语的限定性动词补语分句出现的频率极低；二、作主语的限定性动词补语分句在子库中出现的时间很晚，直到高二才首次出现。这表明，母语的语序会对学习者的二语句法发展产生重要影响。在英语和汉语中，占主导地位的语序类型均为 SV-VO-AdjN（Haspelmath et al., 2005）。两种语言在宾语的使用规则上有相似之处，都倾向于将宾语放在主要动词之后，并且都时常在宾语的位置上使用分句。未摆脱母语影响的低年级学生会依靠母语的语法规则和思维，将汉语中宾语的使用规则迁移到英语中来，以此来帮助自己的英语写作产出。这表明，在英语学习之初，母语迁移会对中国学生的句法发展产生重要、正向的影响，有助于学习者对句法结构的掌握。从图 4.3 可知，受非常常见的动词支配的限定性补语分句在初二年级之前的各子库中均已存在。这里存在一种可能，即小学四年级到初二年级的大部分学生并没有意识到自己在写作中使用的这一句法结构为受动词支配的限定性补语分句，他们只是将对母语的使用习惯迁移到了英语写作中。学生在初二年级之后才真正理解和掌握了这一句法结构，也导致该句法结构的出现频率出现了显著的大幅提升。虽然两种语言在宾语的使用规则上有相似之处，但是在主语的使用上存在较大的区别。在汉语中，我们通常使用名词或名词短语来作主语，较少像英语一样使用分句来作主语，正是这种差异导致了作主语的动词限定性分句在本研究树库中出现的概率和在所有动词限定性分句中所占的比例均极低，且只出现在了高年级作文中。

由 that 引导的关系分句首次出现于初三年级的树库中。结合图 4.2 和图 4.3 来看，初三到高三年级的学生在该句法结构上整体存在"过少使用"的情况，原因可能有两点。第一，受母语负迁移的影响，学习者学会并正确使用该句法结构时会遇到一定的困难，因而在写作中会回避使用定语从句。相较于英美人写作，中国人在写英文时定语从句（即关系分句）用得少，意义也比较单调（董兵，1998）。在汉语中关系分句处于中心名词的左边，而在英语中关系分句处于中心名词的右边，因此母语为汉语的英语学习者在产出关系分句的时候不仅需要将关系分句从中心名词的左边转移到右边，还必须改变关系分句主要成分的内部顺序。学习者大脑中母语的语法结构干扰着第二语言的顺利习得（Bright & McGregor, 1970: 236）。Schachter（1974）研究了母语分别为汉语、日语、波斯语、阿拉伯语的英语学习者使用关系分句的情况，分别计算了使用正确的和错误的数量，并与英语本族语者进行了对比。他发现，以汉语和日语为母语的英语学习者虽然使用关系分句的正确率比母语为波斯语和阿拉伯语的英语学习者要高很多，但是他们使用的关系分句的数量要低得多。他也指出，语序上的差异导致这些学习者会回避使用关系分句，只有在自己非常有把握时才会使用关系分句。关系分句在产出、理解和模仿上的难度和它们内部结构的复杂性（Sadighi, 1994），以及中心名词相对于关系分句的位置在汉语和英语中不一致等原因都给中国学生学习掌握关系分句增加了难度。随着英语水平的不断提升，他们才能逐渐克服母语句法结构的干扰，回避使用的发生概率才会不断降低，与目标语本族语者在句法结构使用上的差距也会逐渐缩小。第二，学习者产出的that关系分句因包含句法结构层面的错误而在统计中被剔除了，而被保留下来的正确的that关系分句在数量上较少。因此，严格地说，我们尚且无法判断学习者过少使用that关系分句的原因主要是"回避使用"还是"错误太多"。未来在对that关系分句习得的研究中，我们可以通过分别统计正确的和错误的句法结构出现的频次，来对此做进一步验证。

我们在统计that引导的关系分句时，并未区分中心名词为人还是为物的情况，所以我们继续查看了每个年级子库中该句法结构下修饰人的that关系分句的分布情况。我们发现，仅在高一和高二这两个年级子库中存在that关系分句修饰人的情况，分别在相应子库中占that关系分句总数的9%和20%。由此可见，学生使用that关系分句来修饰为人的中心名词的频率较低。这一结果应从两方面来解读：一方面，这可能与本研究提供的写作话题有关，这些作文话题均与学生自己的经历有关，比如"An Unforgettable Experience"和"My Weekend"等，因此在内容上学生可能更倾向于记叙或描写一件事情，导致用that关系分句来修饰某件事或物品等的频率比修饰人的频率更高；另一方面，这并不代表学生使用关系分句来修饰（作为中心名词的）人的能力低，因为学习者也有可能使用了除that以外的其他引导词，比如who，或者直接省略引导词。而我们只统计了that引导的关系分句在语料中出现的频率。因此，就上述这两方面而言，我们通过本研究还暂时不能判断中国学生使用限定性关系分句的实际能力水平。但可以确定的是，中小学生使用that关系分句的能力还是处在一个较低的水平的。

由表4.7可知，另外还有1项句法结构在初三和高一年级组间具有统计显著性差异：受其他动词支配的限定性补语分句。高一年级组使用受其他动词支配的限定性补语分句的能力显著高于初三年级组的学生（$p=0.015$）。这表明该项指标能够很好地衡量初中英语学习者与高中英语学习者在处于衔接阶段时的句法复杂度变化。该指标与v1fcomp之间的唯一区别在于支配动词的词频。受非常常见的动词支配的限定性补语分句的出现频率在经历了初二到初三的显著上升之后，从初三开始表现出曲折下降的发展态势。但是同时，受其他动词支配的限定性补语分句从初三开始呈现明显的曲折上升的发展趋势，其中从初三到高一这一阶段的提升是最显著的，组间差别具有统计学意义。这表明词汇量有限的初学者主要使用高频词来支配限定性关系分句，随着词汇量的逐渐扩大和语言水平的不断提升，他们对高频词的依赖不断降低，转而使用更多其他的单词来满足自己的表达需求，支配动词不仅在数量上不断增加，在类型上也不断增多。v1fomp 和 v2fomp 这 2 项指标的发展变化说明：词汇量是影响学生句法能力发展的关键因素之一，制约着学生在写作中思想的表达，影响着学生写作的句法复杂度，进而影响着写作质量。白丽芳指出，"写作对于词汇水平有个最低要求，即当学生的积极词汇量低于该底线时，写作质量就会很受影响，即使是再高明的写作策略也无法弥补词汇不足带来的缺憾，所以在这个阶段词汇对写作起着决定性作用"（2011:7）。Read（2000）认为，低频词在文中的比例是高质量的作文的特征之一，是评价词汇复杂度的一个指标，而词汇复杂度又是衡量作文质量的一个重要指标。可见，词汇量不仅影响着写作的词汇复杂度，也影响着写作的句法复杂度。这也是我们团队在收集小学生语料时，允许小学生在词汇量不能满足表达需求时可以用汉字来替代的原因，其目的是鼓励他们尽可能地产出。随着年级的增长，学生的词汇量不断扩大，语言表达能力、语法句法能力和写作水平不断提升，写作中不再出现中文的表达，词汇复杂度和句法复杂度不断提高，因此作文的质量也将不断提高。

除了上述 4 项句法复杂度指标，其余 8 项句法复杂度指标均不能区分任意一对相邻年级组在句法复杂度特征上的差异，它们分别是 v1nfcomp、adjfcomp、v2nfcomp、adjnfcomp、extracomp、nfrelcl、ppnfcomp 和 ncomp。

至此，我们回答了本章研究的第二个研究问题：9 个年级学习者从属分句复杂度特征的分布存在统计显著性差异，其中限定性状语分句可以区分初一、初二年级组的学生，受非常常见的动词支配的限定性补语分句和 that 关系分句可以区分初二、初三年级组的学生，受其他动词支配的限定性补语分句可以区分初三、高一年级组的学生。这证实了 Verspoor 等（2012）的发现，即不同的从属分句类型适用于区分不同语言水平的学习者。

4.4.3 句法结构的发展顺序

本小节关注本章研究的第三个研究问题，即中国学生英语从属分句结构的句法发展顺序。在 4.4.2 节中，通过观察各句法结构的出现频率发生显著性增长的时间点，我们可总结出 4 项句法结构的发展顺序：限定性状语分句，受非常常见的动词支配的限定性补语分句，受其他动词支配的限定性补语分句，最后是 that 关系分句。但是，对于其他 8 项句法结构（v1nfcomp、adjfcomp、v2nfcomp、adjnfcomp、extracomp、nfrelcl、ppnfcomp、ncomp），由于没有发生显著性增长，我们未能总结出它们的发展特征。因此，我们拟在本节通过对比考察这 8 项句法结构的发展趋势来推断它们的发展顺序。为了使对比过程更加清晰，图 4.4 展示了这 8 项从属分句复杂度指标的每百词标准化频率随年级增长的变化趋势。

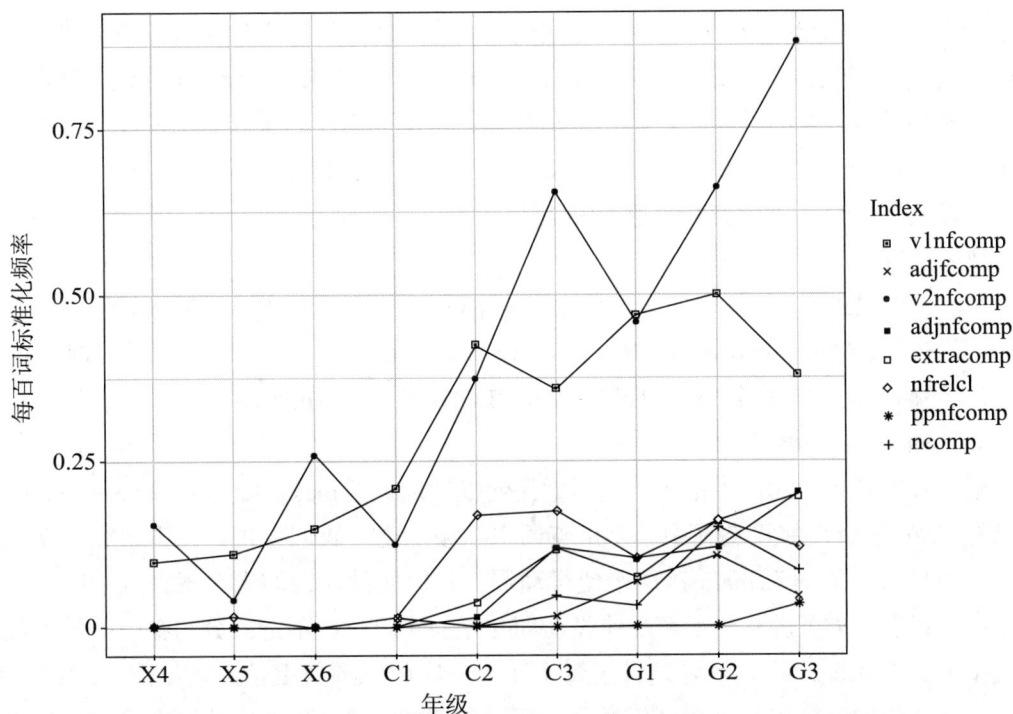

图 4.4　8 项从属分句复杂度指标的发展趋势集合对比

从图 4.4 中可以明显看出，v1nfcomp（受常见动词支配的非限定性补语分句）、v2nfcomp（受其他动词支配的非限定性补语分句）和 nfrelcl（非限定性关系分句）这 3 个指标的发展要早于其余 5 个指标。就受动词支配的非限定性补语分句而言，学习者先学会使用常见动词来支配非限定性补语分句，随着词汇量的扩大和语言水平的提升，支配动词的种类才逐渐变得多样。在图 4.4 中，v1nfcomp 这一指标从小学四年级到初二年级一直保持着稳步增长的趋势，而 v2nfcomp 这一指标从小学四年级到初一年级一直处于明显的波动状态，直到初二年级才开始稳步提升，这正说明了受常见动词支配的非限定补语分句的发展要早于受其他动词支配的非限定性补语分句。通过观察树库，我们发现，在小学四年级树库中，受动词支配的非限定性补语分句呈现两个主要特征：第一，受常见动词支配的非限定性补语分句均为 -ing 分句，to 分句未出现；第二，受其他动词支配的非限定性补语分句同样均为 -ing 分句，to 分句也未出现。接着，在小学五年级树库中，我们发现：第一，虽然在受常见动词支配的非限定性补语分句中出现了 to 分句，但是在整个年级树库中也仅出现了一次，形式为"like + to"分句；第二，受其他动词支配的非限定性分句仍然只有 -ing 分句，to 分句未出现。直到小学六年级时，在受其他动词支配的非限定性补语分句中才出现了 to 分句，并且 to 分句在受常见动词和受其他动词支配的非限定性补语分句中的比例均大幅上升。这些重要结果表明，对于学习者来说，他们先学会使用的是 -ing 分句。为了探究 to 分句在小学四年级子库中不存在、在小学五年级子库中出现的频率也极低的原因，我们进一步观察了树库中的所有非限定性补语分句的特征。我们发现，在这两个年级的树库中，存在许多不包含 to 的不定式分句。例如，虽然小学四年级的学生未使用任何 to 分句，但是他们使用了许多受使役动词支配的不带 to 的不定式分句，比如 "Let me clean the 院子"。不带 to 的不定式分句在作补语分句并受动词支配时，通常被置于主句的宾语位置，并且常以例（4.34）和例（4.35）这两种形式呈现。

1）不带 to 的不定式分句的主语与主句的主语一致（LGSWE, 1999: 694）：

It could have helped **clarify a number of issues**.　　　　　　　　　　　例（4.34）

2）不带 to 的不定式分句有自己的主语（LGSWE, 1999: 694）：

I'll have **Judy do it**.　　　　　　　　　　　　　　　　　　　　　　　例（4.35）

陆军和卫乃兴（2013）指出，英语常用使役动词包括 make、let、get、have 和 leave 等，但只有 make 和 let 型使役态在中国学生英语中高频出现。我们发现，在本研究的 9 个年级树库中只出现了 let 和 make 这两个使役动词，其他使役动词均未出现，这一结果证实了他们的观点。为了进一步了解受使役动词支配的非限定性不定式分句在中国学生英语作文中的分布状况，我们另外统计了每个年级子库的三项数据信息（见图 4.5）：1）受常见动词支配的 to 分句的每百词标准化频率（白色柱）；2）受其他动词支配的 to 分句的每百词标准化频率（灰色柱）；3）受使役动词支配的不带 to 的不定式分句的每百词标准化频率（黑色柱）。

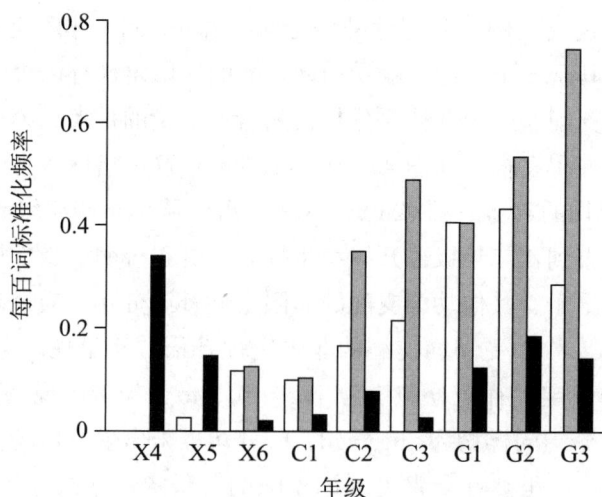

图 4.5　受常见动词和其他动词支配的 to 不定式分句与受使役动词支配的
不带 to 的不定式分句的标准化频率

由图 4.5 中可以看出，学生最先学会使用的是受使役动词支配的不带 to 的不定式分句，这一点在小学四年级和小学五年级子库中最明显。接着，受词汇量影响，学生先开始习得受常见动词支配的 to 分句，随着词汇量的上升，学生最后习得受其他动词支配的 to 分句。整体上，受常见动词支配的 to 分句随着年级的增长呈现先稳定上升最后在高三的时候突然下降的趋势；受其他动词支配的 to 分句随着年级的增长整体呈现在波动中持续提升的趋势；受使役动词支配的不带 to 的不定式分句随着年级的增长从最高值连续下降，接着在较低的标准化频率值处上下波动。可以看出，母语的句法结构对初级英语学习者的句法习得过程影响较大。还未掌握 to 不定式分句的小学四年级和五年级学生对受使役动词支配的非限定性补语分句有很强的依赖性。在结构形式上，英语中的"let + NP + (to) do NP"可以与汉语中的"让+某人+做某事"对等；"make + NP + (to) do NP"可以与汉语中的"使/让+某人+做某事"对等。这种结构上的对等可以大大降低学生学会使用这些句法结构的难度。R. Ellis（1994）认为，由于处于二语习得早期阶段的学习者还未能构建一个发展规则，因此母语会在此时对学习者产生较明显的促进作用。这种"母语与目的语的相同之处会促进第二语言学习，加速通过中介语中某些发展序列"（唐承贤，2003: 37）。在本研究中，学生经过了三年的英语学习之后，即从小学六年级开始，随着词汇量的不断积累以及对动词支配的 to 补语分句这一句法结构的使用熟练度不断增强，受动词支配的 to 补语分句的频率不断提高，受使役动词支配的省略 to 的非限定性补语分句的比例大幅降低。我们的这项实证研究证明了 Corder（1978）的观点。他认为，学习者的二语习得始于母语，随着习得的不断发展，第二语言的特征会逐渐覆盖母语的影响，最终接近或达到目标语本族语者的水平。此外，我们发现，英语课本会对学习者句法发展的特征和顺序产生重要影响，因为受使役动词支配的不带 to 的不定式分句在本研究参与者所用的小学四年级课本中出现的频率和比例非常高：在小学四年级上册课本中，受使役动词支配的不带 to 的不定式分句共出现了 17 次，且均为"let + NP + do NP"的结构，而受动词支配的 to 不定式分句只出现了 1 次；在小学五年级课本中，受使役动词支配的不带 to 的不定式分句共出现了 20 次，而受动词支配的 to 不定式分句只出现了 6 次。在小学五年级上册的课本中，仍然有不少受使役动词支配的不带 to 的不定式分句，但是比例下降了很多，而受动词支配的 to 不定式分句的比例有很大的提升。从小学五年级下册开始，受使役动词支配的不带 to 的不定式分句出现的频率和比例便一直处于低水平。这在一定程度上表明，我国小学英语课本的编写在句法方面符合中国学生的特点，能够使初学者借助母语正迁移，尤其是在语序上的正迁移，来开启英语学习的大门。

就受常见动词支配的非限定性补语分句而言，我们可以在表 4.3 中看见 Biber 等（2011）强调了 want 这一支配动词，这是因为在 LGSWE 所使用的 LSWE 语料库中，动词 want 是在支配 to 补语分句的动词中频率最高的，接近每百万词 500 次（LGSWE, 1999: 699）。因此，我们也观察了动词 want 在本研究 9 个年级子库中的分布情况。我们发现，动词want是支配to补语分句频率最高的动词，每百万词标准化频率接近1600，这一频率大大高于9个年级树库中其他支配动词的频率，也远高于LSWE语料库中动词want的出现频率。例（4.36）来自初一年级树库中的一篇完整作文，其中（-E）表示该处存在错误，由于与本研究无关，我们在此不具体指出错误的类型。从例（4.36）中我们可以看到这名学生在作文中使用了多次"want + to不定式分句"的结构。

Do you <u>want to know what I did last weekend</u>? If you <u>want to know about it</u>. (-E) Let (-E) me tell you. On (-E) last Saturday, I got up not (-E) early—it is (-E) about ten o'clock. And then, I ate breakfast. My mom asks (-E) me, "Do you <u>want to go to the West Lake to play</u>?" Every school days (-E) morning I have to run (-E) a long time with my classmates. I am very tired. So I don't <u>want to go there</u>, (-E) it going (-E) to make my leg very hurt. "No, I don't. I have a lot of homeworkers (-E). I must do this." After my parents left home, I opened the computer—I <u>want (-E) to play (-E) computer</u>. But after that, my parents were (-E) come back. It's terrible! I closed the computer. Do you <u>want to know how I feel about it</u>? Haha, after that, I never play games. I'm sad. 例（4.36）

我们的研究结果表明，虽然两个语料库的语料来源（本研究的语料来源于英语学习者，LSWE的语料来源于本族语者）和文体（本研究的语料为记叙文或描写文，LSWE的语料包含对话、小说、新闻和学术文本）都不一样，但是在支配to分句的动词中出现频率最高的动词均为want。

nfrelcl（非限定性关系分句）的频率在初二时明显上升，在初三时达到峰值，随后呈现波动中下降的趋势。与that关系分句一样，非限定性关系分句整体上在9个年级树库中出现的频率也都不高。这两种结构的句法功能相同，都是作名词的后置修饰语（postmodifier），二者可以实现互相转换。比如，在表4.3的例句中，that关系分句"...the guy that made that call"可以转换为非限定性关系分句的形式"...the guy making that call"，非限定性关系分句"...the method used here should suffice..."则可以转换为that关系分句"...the method that is used here should suffice..."。二者的句法功能相同，但是结合图4.2和表4.7来看，尽管that关系分句比非限定性关系分句先出现显著增长，但从整体上看，非限定性关系分句的使用频率要高于that关系分句，也就是对于学习者而言，非限定性关系分句在习得上难度要低一些，因而在习得顺序上也要稍早一些。作后置修饰语的关系分句与被关系分句修饰的中心名词可以组成"名词 + 名词后置修饰语"的名词短语结构，因此，有研究将这两种句法结构作为名词短语复杂度的指标之一（如Parkinson & Musgrave, 2014）。本章的研究对象为中小学生，他们的英语能力仍处于中低水平。研究结果显示，这些学生使用that关系分句和非限定性关系分句来组建名词短语的能力虽然随着年级的增长有所提升，但是整体上始终保持在一个较低的水平。这一项研究结果证明，关系分句适用于衡量高水平英语学习者的句法复杂度。

从图 4.4 中可以看出，受形容词支配的补语分句的习得要晚于关系分句。其中，受形容词支配的非限定性补语分句的习得顺序先于受形容词支配的限定性补语分句。虽然受形容词支配的非限定性补语分句首次出现于初二年级学生的作文中，受形容词支配的限定性补语分句首次出现于初一年级学生的作文中，但是前者比后者先出现较明显的增长。对于以补语分句为对象的研究，以往研究者们主要关注的是受动词支配的补语分句，对于受形容词支配的补语分句关注较少，忽视了对二者的区分（Kaatari, 2017: 9）。国内一些语法学家将受形容词支配的限定性补语分句称为"形容词性宾语从句"，这种观点也受到了许多反对。由于得到的关注较少，受形容词支配的补语分句甚至在研究中被边缘化了（Kaatari, 2017: 13）。对于受形容词支配的补语分句的研究多见于与文体相关的研究，即受形容词支配的补语分句在不同文体中的分布情况（如 Biber et al., 1999），或是从支配形容词的意义和功能出发研究不同类型的形容词常支配的不同类型的补语分句（如 Kaatari, 2010），而从句法发展的角度对受形容词支配的补语分句的研究较少。本研究的结果显示，对于中国中小学英语学习者而言，掌握受形容词支配的补语分句的时间较晚且使用频率较低。我们可以给予受形容词支配的补语分句更多的关注，进一步挖掘学生在此句法复杂度特征上的习得特点，进而充实相关研究的文献。

从图 4.3 和图 4.4 中都可以看出，外置补语分句的发展特征与受形容词支配的非限定性补语分句的发展特征非常接近，因此，二者在从属分句结构的发展顺序上处于同一阶段。这两种句法结构均首现于初二年级子库，在这之后二者的变化趋势相同：从初二到初三稍有上升，从初三到高一略微下降，从高一到高二以及从高二到高三一直在上升，但是幅度并不大。整体上，外置补语分句在学生作文中的出现频率也很低。该句法结构主要有四种形式：that 分句、wh- 分句、to 分句和 -ing 分句。为了进一步分析外置补语分句在各年级中的分布特征，我们分别统计了初二到高三年级每个子库中每一种外置补语分句占该年级子库中外置补语分句总频次的百分比，结果如表 4.8 所示。

表 4.8　各年级每种外置补语分句在外置补语分句总频次中的占比情况

分句类型	年级				
	C2	C3	G1	G2	G3
that 分句	33.3%	12.5%	25.0%	54.5%	41.7%
wh- 分句	0.0%	0.0%	25.0%	0.0%	0.0%
to 分句	66.7%	75.0%	50.0%	45.5%	58.3%
-ing 分句	0.0%	12.5%	0.0%	0.0%	0.0%

表 4.8 显示：第一，学生将限定性 wh- 分句和非限定性 -ing 分句外置的频率非常低，并且前者只在高一年级中出现，后者只在初三年级中出现；第二，学生倾向于将限定性 that 分句和非限定性 to 分句外置，但是 to 分句外置的频率远高于 that 分句外置（除高二

外）。这表明，学生更习惯于将作补语的to分句外置到句末。这与教材的输入有非常大的关系。国内不少语法书在关于不定式的叙述中，都会将"It is/was + adj./n + (for/of sb.) + to do sth."这样的句型结构单独列出，这会使学生产生组块记忆。多数学生能够在并不清楚在这样的结构中to分句所担任的句法角色的情况下较准确地使用该结构。此外，在本研究所收集的语料中，无论是在受动词支配的补语分句中还是在受形容词支配的补语分句中，wh-分句和-ing分句整体上出现的频率均大大低于that分句和to分句，这也就不奇怪为什么将wh-分句和-ing分句外置的频率也比将that分句和to分句外置的频率低了不少。因此，一方面，中小学生在wh-补语分句和-ing补语分句的使用上还有很大的提升空间，教师可以在这两种补语分句上对学生加大输入并进行针对性的训练，提高他们的句法能力；另一方面，在未来的研究中，我们可以继续观察高中阶段以后的英语学习者使用wh-补语分句和-ing补语分句的情况，以判断这两种补语分句是否与学习者的语言水平有关。

受名词支配的补语分句和"介词+非限定性补语"分句是学习者最后习得的从属分句结构，这也意味着这两种句法结构在习得上难度非常大。在4.3.3节中我们介绍过，这两种句法结构本质上是一样的，补语分句均为支配名词的同位语，只不过前者覆盖的范围更广，包含that分句、wh-分句和to分句，而后者主要就是指-ing分句。显然，后者由于在支配名词和补语分句之间存在一个介词（通常为of），而在结构上显得更加复杂，对学习者的认知能力要求更高，因此，"介词+非限定性补语"分句在顺序上是最后一个在本研究中出现的句法结构，即在高三年级子库中首次出现，其频率也低于任何其他11项句法结构的标准化频率。可见，"介词+非限定性补语"分句这一结构在习得顺序要晚于受名词支配的补语分句。受名词支配的补语分句与关系分句在形式结构上有相似之处，都位于名词之后。但是，二者的句法功能完全不同。受名词支配的补语分句"在所指和句法功能方面与其构成同位关系的名词或名词短语是一样的"（黄国文、肖俊洪，1996: 14）。国内传统语法通常在句子成分上将受名词支配的补语分句称为"同位语"。而关系分句的主要功能是作名词修饰语（章振邦，2008），国内传统语法在句子成分上则称其为"定语"。如上文所分析，受名词支配的补语分句在习得顺序上要晚于关系分句（包括that关系分句和非限定性关系分句），并且从整体上看，受名词支配的补语分句出现的频率比关系分句低不少，这表明虽然二者在形式结构上相似，但是它们在所指和句法功能上迥异，对于中国学生来说学习和掌握受名词支配的补语分句要困难得多。这一研究发现支持了郑伟和周统权（2018）的研究结果。他们认为，中国学生在区分句法结构相似的宾语关系从句（object relative clause）和同位语从句（appositive clause）上有很大的困难。他们所说的宾语关系从句即关系代词在关系分句中作宾语的关系分句，比如"The news that my father told me yesterday was exciting."。同位语从句即受名词支配的补语分句，比如"The news that the man won the medal was exciting."。他们通过自定步速阅读的实验方法比较了中国英语学习者在这两种句法结构上的加工差异，发现中国学生在加工同位语从句时明显比加工宾语关系从句更吃力。他们从空位填充效应和工作记忆的角度对宾语关系从句在认知中的加工优势进行了解释，其研究发现和本文的研究发现均表明，受名词支配的补语分句对学习者的认知能力有更高的要求。该句法结构的习得、发展和在大脑中的加工对学习者的认知能力有一定要求，因此教师不宜过早地向学生输入受名词支配的补语分句的用法，对学生英语句法能力的发展需要考虑到学生认知能力的发展水平，否则在教学上就难以达到令人满意的成果。在与名词短语复杂度相关的研究中，许多研究者也将受名词支配的补语分句都归类为名词修饰语，作为名词短语复杂度的指标之一（如 Parkinson & Musgrave, 2014; Shadloo et al., 2019），可见受名词支配的补语分句，包括"介词+非限定性补语"分句结构，更适合用于衡量高水平英语学习者的句法能力。事实上，受名词支配的补语分句是高中英语必修 3 课本中的教学安排，是高一学生的学习内容。因此，从本研究结果来看，该句法结构在教材和教学的安排上，可以适当推迟一些，待学生进入高二或者高三之后再来进行教学。

至此，基于在 4.4.2 和 4.4.3 节中展开的讨论和分析，我们可以对中国学生英语从属分句结构的句法发展顺序进行总结，见表 4.9。

表 4.9　中国学生英语从属分句结构的句法发展顺序

advcl	>	v1fcomp	>	v2fcomp	>	nfrelcl	>	frelcl	>	adjfcomp
		v1nfcomp		v2nfcomp				adjnfcomp		ncomp
								extracomp		ppnfcomp

如表 4.9 所示，限定性状语分句和"介词+非限定性补语"分句、受名词支配的补语分句、受形容词支配的限定性补语分句位于连续统的两端，分别为对于中小学生来说最容易掌握和最难掌握的句法结构。词汇量对于学生在写作中运用不同的句法结构有着很大的影响。因此，对于受动词支配的限定性补语分句来说，受非常常见的动词支配的限定性补语分句和非限定性补语分句在习得上均早于受其他动词支配的限定性补语分句和非限定性补语分句。学习者在学会使用最常见的动词补语分句之后便能够使用 it 来将补语分句外置。非限定性关系分句的习得要早于 that 关系分句。就受形容词支配的补语分句而言，它的非限定性结构的习得也早于其限定性结构，并且整体上受形容词支配的限定性补语分句的出现频率十分低。作同位语的补语分句对于学习者的语言水平和认知水平有更高的要求，因此习得时间最晚。

4.5　结　论

在本章研究中，我们以包含 500 名从小学四年级到高三年级的中国英语学习者的写作依存树库为语料，选取了 Biber 等（2011）提出的 23 项句法复杂度特征中的 12 项作为英语学习者写作句法复杂度指标。这12项句法复杂度特征均为从属分句结构。在对它们的定义、结构特征、变体和实现的句法功能进行梳理后，我们确定了每项指标在依存树库中所对应的依存关系，利用Excel电子表格的筛选功能，筛选、提取并确认在每个年级树库的每篇文章中所出现的每项句法复杂度特征，计算出频次并转换为每百词标准化频率，从而得到每项句法复杂度指标的标准化频率平均值。基于标准化频率平均值随着年级增长而产生的变化，我们首先从整体上观察了中国学生从属分句复杂度的发展趋势，而后考察了哪些从属分句结构适用于衡量中小学生的句法能力发展，最后根据每项指标的标准化频率随年级增长的变化程度，总结出中国学生英语从属分句结构的句法发展顺序。此外，我们还综合得到以下几点重要的发现和结论：

（1）学习者的句法发展过程是复杂的、动态的和非线性的，这些特征符合相互作用理论对于习得的定义，也支持复杂动态系统理论对于学习者语言习得和句法能力发展的描述。

（2）中小学生的从属分句复杂度明显呈现随年级的增长而上升的趋势。虽然一些句法结构在小学子库中已经出现，但是由于从四年级到五年级，以及从五年级到六年级，这些句法结构的出现频率未有明显的发展，因此并不能认为学习者在小学阶段就已学会了使用它们。进入初中后，学习者才开始真正掌握这些句法结构的句法规则。初中阶段是学生句法能力发展的关键时期，在此期间，学生的从属分句复杂度水平呈现迅速发展的趋势，这可能与该年龄段学生认知水平的迅速发展有密切的关系。因此，在教材编排和教学安排中，我们要充分考虑各阶段学生的认知发展水平。当学生进入高中阶段之后，从属分句复杂度的发展逐渐放缓，甚至出现衰退趋势。

（3）从属分句复杂度特征对学习者句法复杂度水平的描述力是有限定条件的。一方面，并不是所有的从属分句复杂度特征都适于有效衡量中低水平英语学习者的句法复杂度差异。这说明，在对待从属分句这一句法结构时，我们不能够一刀切地说从属分句特征只能用于衡量中低水平学习者的语言水平。另一方面，不同的从属分句复杂度特征适用于衡量处于不同水平的中小学英语学习者之间的句法复杂度差异，这也证明了处于不同年级或英语水平的学习者会在不同的方面发展自己的句法能力，因此，对于低水平、中等水平和高水平英语学习者，我们应该采用合适且有效的句法复杂度指标来衡量他们的英语水平，否则相关研究可能最终无法取得理想结果。在本研究中，那些能区分低年级段相邻年级组间句法能力的复杂度特征（如限定性状语分句）更适合作为衡量中低水平学习者句法水平的指标。而那些首次出现时间晚、整体频率非常低、整体随年级的提升未见明显增长趋势的复杂度特征（如受名词支配的补语分句）更适合作为衡量高水平英语学习者句法能力的指标。

（4）学习者本族语与目标语之间在语序上的异同会带来母语正迁移和母语负迁移的影响。在学习的初始阶段，母语扮演了重要的角色，母语（汉语）与英语在句法结构上的相似性有助于学习者对于相似句法结构的习得，如受动词支配的补语分句。而那些在语序和句法结构上与母语有差异的英语句法结构则会给学习者带来很大的学习难度，如关系分句。这种句法结构一般习得顺序靠后，出现频率低，但是在本研究中，我们还不能判断这些句法结构出现的频率低是因为学生因还未掌握而不会使用或者回避使用，还是因为包含句法错误而在统计中被剔除了。

（5）词汇量是影响写作句法复杂度的关键因素之一。

（6）教材是学生学习英语的重要工具，句法结构在课本中的编排顺序在很大程度上影响了学生的句法结构发展顺序。因此，科学、优质的英语教材在句法知识点的编排上应当符合学习者的学习规律和认知发展规律，这样便能够对学习者的语言发展起到助推的作用。

本章研究还具有重要的理论与实践意义：

（1）本研究验证了依存句法在句法研究中的强大优势。在计算机软件辅助下，依存句法让研究者能够更精准和科学地开展研究，克服了人工句法分析费时费力的缺陷。同时，通过依存句法标注的树库能够帮助研究者解决在进行细颗粒句法复杂度研究时会碰到的测量上的困难，弥补了测量方法不足导致的目前大多数相关研究只关注学习者粗颗粒句法复杂度发展这一局限。

（2）本研究的研究对象为中小学英语学习者，突破了现有与二语句法复杂度相关的研究中对于中低水平学习者关注度不足的局限，同时以学习者真实的书面语语料所开展的句法研究能够真实地反映出学习者在不同阶段的句法特征和变化发展。

（3）本研究详细梳理并说明了各项分句复杂度特征所覆盖的结构特征和变体，这有利于其他研究者在不同语料的基础之上重复本研究，增强不同研究的结果之间的可比性，从而验证和丰富本研究的结果，获得更客观和科学的研究结论。

（4）本研究所得到的中国学生英语句法的发展顺序可作为衡量中小学生英语句法发展水平的参考标准，即以本研究获得的学生句法发展顺序为标准，根据学生写作产出中分句复杂度特征出现的类型数和频率来判断学习者英语句法能力发展所处的水平，或比较不同学习者句法能力发展的差异。

（5）本研究结果可应用于中国的英语句法教学，帮助英语教师、教材编写者和教学大纲制订者基于英语学习者真实的英语句法发展顺序和特征进行教学设计和教学活动，使英语教学符合学习者的句法学习规律，更好地推动学生的英语句法习得和句法能力的发展。

本研究也存在一定的局限性：

（1）作为CAF理论框架的其中一个维度，复杂度与准确度和流利度密切相关。目前已有许多研究以三者之间的关系为研究对象，考察三者之间的相互影响。如Gunnarsson（2012）发现，对于二语为法语的学习者来说，流利度与准确度相关，然而二者之间的关系又取决于所选择的语法结构的复杂度。具体来说，就简单的语法结构而言，流利度越高，准确度越低，但是就复杂的语法结构而言，流利度越高，准确度也越高。本研究只关注了英语学习者的句法复杂度发展特征，在未来的研究中应关注他们的句法准确度和流利度的发展特征，关注三者之间动态的关系发展，从而更全面地衡量英语学习者的句法水平和英语水平。

（2）Bulté 和 Housen（2012）指出，用于衡量二语句法复杂度发展的指标应在研究中覆盖句法习得的整个过程。本文只关注了小学四年级到高三年级的英语学习者，然而一些句法结构出现的时间比较晚，频率也非常低，如"介词+非限定性补语"分句结构在高三时才首次出现，我们无法进一步观察它的发展趋势。因此，在未来的研究中我们应关注大学生的句法复杂度发展，甚至更高水平的英语学术写作句法复杂度水平的发展。在将这些学习者纳入研究范围时，也可以将他们与英语本族语者的英语句法复杂度水平作比较，以期对英语学习者中介语的发展特征获得更全面和丰富的认识。

（3）本研究的写作任务为记叙文或描写文，话题均与学生过去的经历有关。然而，此类型的写作任务可能不利于学生产出某些复杂的语法结构（Gunnarsson, 2012），因此，对于本研究中某些句法复杂度特征出现时间晚且频率低的现象，还需要进一步研究论证是否与写作的任务或者类型有关。

（4）若未来能进行个案研究，即对中低水平的英语学习者进行跟踪研究，将会使本研究的结果更加准确，让我们对学习者句法学习的个性和共性获取更深入的认识。

至此，我们进一步明确且证实了依存句法在（二语）句法分析研究中的优势。在下一章中，我们将把研究对象从学习者从属分句复杂度的发展转移到学习者中介语句法的整体发展特征上，进一步挖掘依存句法理论的应用潜力。我们将基于依存句法中两个十分重要的指标——依存方向和依存距离，将依存句法和计量语言学相结合，来准确、科学地描绘学习者中介语句法的整体发展特征，进一步挖掘依存句法在中介语研究中的价值和意义。

5 中介语依存方向和依存距离概率分布发展

5.1 引 言

我们在上一章通过依存关系从 9 个年级的依存树库中分别提取了 12 项句法结构，探究了中国英语学习者从属分句结构的句法发展特征和发展顺序。本章将基于依存句法理论框架中最重要的两个计量指标，即依存方向和依存距离，对中介语句法的整体发展特征进行探讨。

1969 年，塞林格首次提出了中介语概念（Selinker, 1969）。50 余年来，已出现了大量有关中介语的理论和实践研究成果。但是，中介语的研究仍然有很多不足，特别是随着语言学理论的发展和技术手段的更新，中介语研究在很多方面值得进一步深入和突破。

中介语研究要在合适的语言学的理论指导下，结合定性和定量研究，采用大规模的真实语料，使研究结果经得起重复性检验；研究对象应该是学习者语言的整体（司联合，2004）。因此，本章尝试将依存句法和计量语言学方法应用于中介语研究领域：一方面拓展和延伸依存句法理论的应用价值；另一方面使中介语的研究更加科学化、精确化、多样化，可在系统的理论指导下构建中国英语学习者二语句法发展模型，也可为他国英语学习者句法发展研究提供参考。另外，本章基于各个阶段学习者真实书面语语料开展研究，真实地反映了学生的实际语言水平，更有利于纵向比较学生作文中句法现象和学习者句法能力的发展变化。本章的实证研究部分的研究对象涉及初中生、高中生、大学本科生和英语专业的研究生，便于研究者研究各个阶段学习者的句法学习规律和特征，以及发现中国英语学习者句法发展规律的全貌。

5.2 背景文献

5.2.1 中介语研究评述

语言学习者在学习第二语言过程中，会形成一种既不同于其母语又不同于其目标语的个人独特性语言，或者说出现离开母语却受其干扰，并不断地向目标语靠拢的现象。塞林格称这一语言现象为"中介语"。回顾 20 世纪 70 年代以来 50 余年中介语的研究，我们将中介语研究的发展历史大致分为三个阶段。接下来，我们先从三个阶段介绍中介语研究的发展，然后再分析现有研究的不足。

5.2.1.1　20世纪70年代，中介语概念的诞生和早期中介语理论

早期中介语研究中，学者们围绕学习者语言系统，提出了各式各样的术语来描述其特征，并提出了不同的假设和研究方法。

1972 年，塞林格进一步发展了他在 1969 年提出的"中介语"概念，分析了中介语和潜在结构之间的关系，重点论述了"僵化"（fossilization）现象，详细阐述了第二语言学习过程中的 5 种中心过程（central processes）（Selinker, 1972）。从塞林格的理论阐述中可以看出，他所关注的不仅仅是中介语系统这一特殊的语言现象，更是一种能够对学习者的语言系统做出解释的心理语言学理论框架。这种理论框架正是以"潜在的心理结构"为基础的，关于这种潜在的心理结构的构成，塞林格则列举了第二语言学习过程中的 5 种重要的心理过程/中心过程。

Nemser（1971）提出了"渐进系统"（approximative system）的概念来描述学习者的语言系统。所谓渐进系统是相对于目标语系统而言的。Nemser 认为，学习者的语言系统是逐渐接近目标语系统、不断变化的连续体。学习者的渐进系统是内部结构化的（internally structured），在特征上与熟练度（proficiency）的变化一致。Nemser 用 La 来表示渐进系统，用 $La_{1...n}$ 来表示渐进系统不同发展阶段构成的连续体。学习者的母语系统是一种干扰源，使学习者的语言系统偏离目标语系统。因此，我们需要从 3 个方面来研究渐进系统：学习者的母语、学习者的目标语和学习者的语言系统。

Richards（1971）把学习者在某一时间上的能力称为"过渡能力"（transitional competence）。他认为，学习者在某一阶段的能力充满了"语际错误"（intralingual errors）或"发展中的错误"（developmental errors）。这些错误阐释了语言习得的某些特征。学习者的能力是过渡的，因为只要学习者努力改进，他的能力就不断变化。如果他停止了学习，那么他在某个阶段的能力就成为他最终的语法能力。

Adjemian（1976）认为，中介语具有系统性、可渗透性、僵化现象和反复性。

Tarone（1979）认为，中介语是一种自然语言，遵守与自然语言一样的语言普遍性的限制，可以通过标准的语言技术来分析。但是中介语不是一个系统，而是可以应用于不同社会环境中的一套文体。

5.2.1.2　20世纪80、90年代，中介语研究的进一步发展和壮大

进入 20 世纪最后 20 年之后，中介语的研究进一步得到了发展和壮大。其发展趋势主要体现在以下几方面。

从 20 世纪 80 年代起，中介语的语用方面越来越受到研究者的重视。中介语语用学的目的就是要对学习者使用中介语进行理解和表达时所出现的种种现象和特征做出语用学的解释，涉及跨语言和跨文化等因素。在 1993 年，第一部中介语语用学论文集（Kasper & Blum-Kulka, 1993）正式出版，包括 11 篇中介语语用学的论文。中介语语用学的学名正式在学术界使用开来，中介语语用学这门学科随之诞生。

中介语、普遍语法和语言迁移的关系成为研究的热点。普遍语法的引入帮助解释了中介语中出现的母语迁移现象（Gass, 1984）。基于普遍语法的标记性理论（R. Ellis, 1985a）、参数设置理论（White, 1986）可以较好地解释母语迁移。

自 20 世纪 80 年代以来，可变性研究成果不断涌现，其中以 R. Ellis（1985a, 1985b, 1994, 1999）和 Tarone（1983, 1988, 1990）两位学者的研究最引人注目。他们分别提出了"可变语言能力模式"（variable competence model）和"语言能力连续体范式"（capability continuum paradigm）。虽然中介语变异现象的研究取得了很大的进步，但依然只是对语言系统的个别变异现象的描述，没有达到理论应用阶段，还需要进一步的纵向和横向研究。

除此之外，错误分析、僵化现象等也得到了进一步的探究。但是，中介语理论还是一种假设，许多方面有待进一步的研究。

5.2.1.3　21世纪00、10年代，中介语研究新发展

进入 21 世纪后，随着语言学研究手段的进步和语言学各领域理论研究的发展，中介语的研究更广泛，研究趋势有了新的变化。

中介语研究越来越多地关注不同语言背景以及儿童第二语言学习者（双语者）。特别是关于语言迁移，研究者更多地关注不同母语和第二语言背景的学习者，以探究跨语言因素的影响。Odlin（2014）基于 40 年来的实证研究，对比分析了不同母语背景的学习者习得英语、荷兰语等二语时表现出的语言迁移特征和中介语特征，最后证实可用语言迁移的方法预测中介语的发展。

20 世纪 80 年代末，构式语法兴起，90 年代中期以后得到迅猛发展（陈满华，2009）。因为构式语法在语言习得研究方面的实用性，基于构式语法的中介语研究不断涌现。这些研究多是聚焦在某个具体的语言结构的习得，如轻动词结构（D. Wang, 2011）、动词论元构式（Römer et al., 2014）与格结构（Jäschke & Plag, 2016）等。

5.2.1.4　中介语发展研究的不足

回顾这 50 年中介语研究的发展，我们明显可以观察到，早期举例式的定性研究较多；越往后发展，定量研究和实验研究就越多。我们认为，中介语发展研究的不足可概括为以下三方面。

第一，尽管随着中介语研究的发展，定量研究和实验研究不断出现，但是数量依

然不足，且研究结果不能重复。中介语研究的主流，仍然沿袭传统人文学科的研究方法。这类研究采用逻辑、代数和集合论等方法建立中介语的结构模型，所用的数学方法通常是定性的。即使有定量分析，之后的研究者也无法在原来研究的基础上进行重复性或检验性研究，或者说经不起重复性检验。科学研究的成功离不开可验证的结论、精确的预测和丰富的实际应用（刘海涛，2017）。然而，中介语的研究一直以来都忽略了"建构可检验理论"这一科学研究的核心问题，很大一部分研究仍然停留在描写研究上。Lightbown（1984）认为，这种描写研究做出的解释大部分是一种事后的解释性猜测。另外，有些研究的数据统计基本上都是对原始数据的描述，缺少推理统计数据。

第二，一些中介语研究的语言材料收集也存在一定的问题。在中介语研究蓬勃发展（20世纪80、90年代）的时期，受研究方法和研究手段的限制，研究者无法便捷地获取或处理分析大规模的语言学习的真实语料。对中介语的规则和特点只是通过观察少数学习者的语言学习过程进行实证性的概括总结，生成中介语系统和构成句子的规则。而对于中介语的语料收集，数量原则至关重要。由于学习者的个体差异，语言系统的变化千差万别，没有量的统计很难得到规律性的发现。除去数量原则，范围原则也是中介语语料收集需要考虑的原则（王建勤，2000），即中介语语料的收集要考虑学习者语言变异连续体的全距（range）。尽可能地覆盖不同语言学习阶段的中介语语料，有利于理解第二语言习得过程。

第三，中介语研究大部分反映的是局部发展，不能反映中介语的整体发展。构式语法在20世纪90年代中期的迅猛发展为二语教学和二语研究带来了启示，涌现了大量基于构式语法的二语习得研究。构式语法主要从范畴化、范式发现、意图解读等认知角度研究语言习得（袁野，2010）。构式语法能够解释语言中的特例，包括句法规则无法解释的少数特殊结构及惯用语等，而这些特例很多正是语言习得中的难点。但是，构式语法忽略语法的系统性，其包含的范围也没有定论（侯国金，2013）。基于构式语法的中介语句法研究虽然能反映学习者对某句法结构的习得，但是没有办法反映中介语句法的整体发展。没有合适句法理论指导，是现在中介语实证研究局限于语言学习过程中具体微小的语言现象以及特殊结构，而不能反映中介语的整体特征和发展的重要原因。

综上，中介语句法发展研究首先需要选择合适的句法研究范式。我们在本章采用依存句法和计量语言学相结合的研究方法。依存句法中有很多重要的概念或指标（如依存距离、依存方向），通过结合计量语言学的研究方法和定律，我们能够准确、科学地描绘中介语句法的整体发展。依存句法、依存距离和依存方向的基本概念已在引论部分进行了介绍，此处不再赘述。接下来，我们将介绍计量语言学中的重要定律——齐普夫定律，以及省力原则。

5.2.2　齐普夫定律和省力原则

早在 1932 年，美国哈佛大学教授乔治·金斯利·齐普夫（George Kingsley Zipf）就提出了"语言相对频率原则"（Zipf, 1932）。他指出，语言研究不需要也不可能研究全部的样本。出现的某一个结果在多次重复语言实验以后，如果达到一定百分比，样本中的百分比就可以代表全部语料中的概率，达到比例的样本规模称为齐普夫规模（Zipfian size）。因此，我们在研究语言的时候，可以不需要（往往也难以获取）全部的语料，但需要语料样本达到齐普夫规模。

1935 年，Zipf（1935）提出了"齐普夫分布（Zipf distribution / Zipfian distribution）"[①]。他发现，将普劳图斯（Plautus）（古罗马剧作家）的拉丁文作品中的词语按照频序进行排列，即出现频次最多的排序第一，其次排序第二，直到出现频次最低的排在最后。在最终得到的序列（图 5.1）中，频次和频序之间的乘积为一个常数。这个在语言学领域提出来的定律不仅在人文领域，在很多自然学科中也是普适的。在不同领域，齐普夫分布的曲线形状相似，均有一条长尾，如图 5.1a 所示，如果将双轴的值都作对数化处理，双对数点阵图（图 5.1b）类似一条直线，其斜率接近−1。

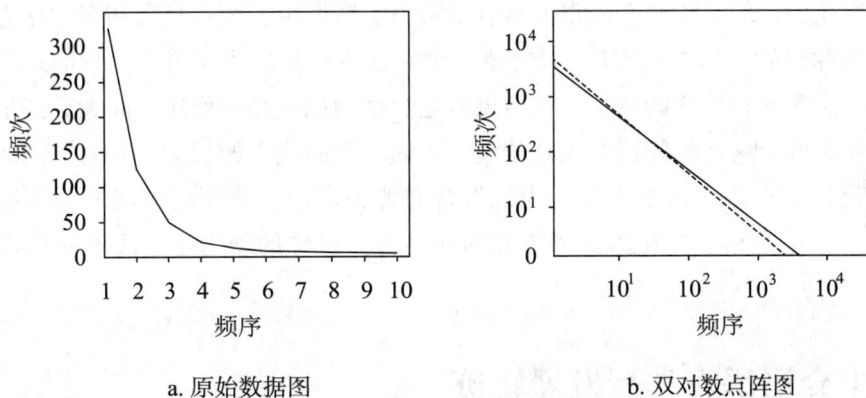

a. 原始数据图　　　　　　　　　　　b. 双对数点阵图

图 5.1　齐普夫定律图示

（引自：刘海涛，2017: 8）

齐普夫分布所研究的语言现象具有什么样的特征？与其他的语言属性之间存在什么关系？如何为这些特征和属性关系进行建模？这些问题的回答涉及语言的多样性进程以及省力原则这两个相关的概念。

多样性进程在语言发展的各个层面都有发生。以英语词汇为例，单词可以不经过任何形式变化，而具有更多的词性，比如"the head""to head"中的"head"；也可以通过

[①]　齐普夫并非发现文本秩频关系的第一人，但他对该普适性的语言学规律做出了最大的贡献，故后人称之为齐普夫定律。

形态变化来改变词性，比如"compose—composition"。再比如，单词可以具有多义性。这些都是多样化进程的典型例子。Altmann（1991）提出，多样化进程是整个语言演化、方言形成、词类构建等的基础。

多样化进程与省力原则相关。齐普夫认为，省力原则不仅指导着语言行为，也指导着各种人类行为。

从语言的角度来说，根据省力原则，人们在表达自己的思想的时候，有两个力对该过程起着作用，其一是统一化力（force of unification），其二是多样化力（force of diversification），二者方向相反。我们以词来做一个简单的例子。对于说话者而言，最省力的方法是用最少的词表达最多的意义，即用词尽量统一，这就是统一化力。当这种趋势趋于极端时，一个词能表达所有的意义。说话者的省力会增加听话者的负担。比如，表达一定量的意义时，用词越少则同义词越多，要求听话者进行辨析的难度就越大；同义词过多的时候，听话者很难从众多意义中甄别出最合适的那个，双方交流难度过大。尤其是在极端情况下，一个词表示所有的意义，则完全无法进行交流，因为听话者完全不懂对方要表达什么意义。因此，对于听话者而言，最省力就是花最小力气理解最多意义。如果一个词只表达一个意义，理解最省力，因为不需要去进行甄别，这就是用词的多样化力，但是这样会使得说话者很费力。所以说，统一化力和多样化力是互相矛盾、互相冲突的。不能只实现一方的最省力；双方交流的真正省力，只能是一种二者达到妥协、实现动态平衡的状态。其结果就是少量的词被高频使用，而大量甚至绝大部分词使用频次低，这些低频词在秩频分布中，体现为曲线上的长尾。省力原则能解释为何包括语言使用在内的诸多人类行为都符合齐普夫定律。该原则体现了语言的动态特征，因为单一化力和多样化力是语言的内部动力，这样的动力是造成不同语言现象的机制。

5.3　中介语语言类型发展轨迹

Selinker等（1975）假设中介语是一种自然语言。中介语是学习者试图建立的逐渐向目标语系统靠近的语言系统，被认为是本族语和目标语两个语言系统相互作用的产物（Selinker, 1969; Selinker & Lakshmanan, 1992）。那么，从类型学角度看，中介语在其发展过程中是如何变化的呢？

过去，由于技术受限，学界缺乏从整体角度来衡量中介语类型特征的方法和指标。中介语研究集中于发现细微具体的语言现象，如动词过去时标记的变异（郭鸿杰，2009）、be动词省略（张妍岩，2010）、空主语参数特征簇（马志刚，2014）、语序对格位标记的影响（Vanpatten & Smith, 2018）等。随着自然语言处理的发展，利用大规模基于真实语料的句法标注树库研究中介语类型发展已成为可能。

类型学研究中，句子中语法单位的线性序列是区分语言最基本的方法。前人的研究表明（Dryer, 1992; Greenberg, 1963），句子中句法单位线性序列和二元关系是获取人类语言的类型学特征的重要方法。支配词和从属词的位置被用于分类语言的做法由来已久（Tesnière, 1959）。在依存句法中，依存方向是支配词和从属词之间不对称的线性序列的关系，已被证实是语言分类实用又可靠的指标（J. Jiang & H. Liu, 2015; H. Liu, 2010）。

依存方向通过词序表明依存关系是支配词居前还是支配词居后来反映语言的类型学特征。在不同语言中，充当不同句法功能的词在句中的位置不同。例（5.1）表明了依存方向如何反映词序（支配词标下画线；从属词为斜体）。在英语中，动词和状语的依存关系是支配词居前，但是在汉语中，动词和状语的依存关系是支配词居后。因此，通过依存方向，我们可以得知特定句法结构的位置，并且能在不同的语言间进行比较。

I <u>went</u> home *by* bus.

我坐车<u>回家</u>。

I *by* bus <u>went</u> home.   例（5.1）

二语学习者经常把本族语的某些特征迁移到目标语的学习中（Gass, 1979）。语言迁移是影响中介语句法发展的主要因素（Gass, 1984）。前人研究发现（Chen, 1999），受汉语语言迁移的影响，中国英语学习者倾向于把时间状语从句放在动词之前。例（5.1）说明了依存方向如何反映出学习者受本族语迁移的影响。如前所述，方式状语在汉语和英语中位置不同。受汉语语言迁移的影响，学习者将方式状语"by bus"放在动词之前，动词和状语间依存关系的依存方向由支配词居前变为支配词居后。由此，通过依存方向，我们还可以得知语言迁移如何影响语序。

5.3.1 研究问题

我们从自建的CELDT中选取了横跨8个连续年级的中国英语学习者中介语语料，通过依存方向这个语言类型指标，探究中介语的类型发展。主要回答以下问题：

研究问题1：动词支配的主要句法关系的依存方向如何变化？

研究问题2：语言迁移在依存方向的变化中产生了什么影响？

研究问题3：随着二语习得者语言水平的提高，从类型学的角度看，中介语是否逐渐向目标语靠近？

5.3.2 研究方法

5.3.2.1 参与者

本章研究参与者共341名，来自某省的两所中学和一所大学。参与者的年级、数量、年龄等信息如表5.1所示。他们是从初一（C1）到大二（D2）的学生，母语都是汉语，大多从小学三年级（8—9岁）开始学习英语。

表 5.1　参与者基本信息

年级	数量	年龄/岁
C1（初一）	60	12—13
C2（初二）	60	13—14
C3（初三）	44	14—15
G1（高一）	44	15—16
G2（高二）	39	16—17
G3（高三）	41	17—18
D1（大一）	25	18—19
D2（大二）	28	19—20

5.3.2.2　语　料

本章研究共采用了 341 篇初、高中学生和非英语专业大一、大二学生的英文作文，总计 51114 词。为了更好地进行纵向比较，我们对所选取的作文题材和话题进行了控制：体裁限定为记叙文，作文话题是有关学生自己的经历，如"My Weekend（我的周末）""An Embarrassing Experience（一次尴尬的经历）""An Unforgettable Experience（一次难忘的经历）""An Annoying Experience（一次讨厌的经历）"等。目标语对比树库语料取自 FLOB 语料库（the Freiburg-LOB corpus of British English）。该语料库包含 15 种文体的书面语料，是英语使用者书面语的代表。我们从中选取了"一般小说（general fiction）"，因为从体裁来说，FLOB 语料库中的这个类别与记叙文最为相似。本族语对比树库语料选自 PKU 语料库（北大树库）。PKU 语料库是基于《人民日报》的汉语标注语料库。两个对比树库均包含 6500 词左右，和每个年级的作文词数相当。

5.3.3　结果与讨论

根据引论中依存方向分布的计算公式，我们先计算并分析四种主要句法关系，即主语、宾语、状语和定语所涉及的依存关系的发展特征。之所以选择这四种句法关系，是因为在汉语和英语中，它们组成了最主要且最重要的句法关系（L. Wang & H. Liu, 2013）。

5.3.3.1　主要依存关系的依存方向发展

表 5.2 列出了从初中一年级到大学二年级以及在目标语和本族语树库中的四种主要句法关系的依存方向的分布状况，包括支配词居前和支配词居后的主语、宾语、状语和定语的频次和在所有句法关系中的占比（百分比）。

由表 5.2 可知，支配词居后的主语依存关系占大多数，每个年级支配词居后的主语依存关系的比例都在 96% 以上。尽管有轻微的变动，进入大学后，支配词居后的主语依存关系的比例在 98%—99%。在本族语树库中，主语依存关系全部为支配词居后；在目标语树库中，96.4% 为支配词置后的主语依存关系。刘海涛（2022）用计量的方法，分析了 20 种语言中特定依存关系的比例，发现汉语中 SV 结构（动词在主语之后）占 98.7%，VS 结构（动词在主语之前）占 1.3%。数据表明，中介语树库中主语依存方向的分布无论在哪个阶段，都处于本族语和目标语之间。此外，相关分析表明，学习者支配词居后的主语依存关系比例和他们的年级水平无显著相关（p=0.637），即主语依存关系的分布与学习者语言水平无关。

表 5.2　主语、宾语、状语和定语依存方向变化

组别	主语		宾语		状语		定语	
	居后	居前	居后	居前	居后	居前	居后	居前
NL	490(100)	0(0)	0(0)	959(100)	717(100)	0(0)	1381(100)	0(0)
C1	921(99.1)	8(0.9)	4(0.8)	525(99.2)	551(56.9)	418(43.1)	579(98.0)	12(2.0)
C2	871(97.5)	22(2.5)	6(1.2)	509(98.8)	519(51.4)	491(48.6)	640(92.9)	49(7.1)
C3	934(98.5)	14(1.5)	20(3.5)	554(96.5)	438(48.8)	459(51.2)	375(82.1)	82(17.9)
G1	953(97.4)	24(2.6)	21(4.1)	488(95.9)	435(48.0)	471(52.0)	485(80.6)	117(19.4)
G2	883(96.5)	32(3.5)	20(4.2)	452(95.8)	434(47.2)	486(52.8)	491(84.1)	93(15.9)
G3	829(97.0)	26(3.0)	15(2.8)	520(97.2)	406(43.9)	519(56.1)	461(73.6)	165(26.4)
D1	770(98.1)	15(1.9)	8(1.4)	556(98.6)	450(44.8)	555(55.2)	666(75.3)	218(24.7)
D2	701(98.6)	10(1.4)	13(2.6)	484(97.4)	380(38.2)	615(61.8)	741(74.0)	260(26.0)
TL	692(96.4)	26(3.6)	14(3.6)	376(96.4)	279(36.2)	491(63.8)	534(66.7)	267(33.3)

注：NL 为本族语，TL 为目标语。

和主语的依存方向分布不同，宾语支配词居前的依存关系占大多数，每个年级支配词居前的宾语依存关系的比例都在 95% 以上。在本族语树库中，宾语依存关系全部为支配词居前；在目标语树库中，96.4% 为支配词居后的宾语依存关系。在刘海涛（2022）的研究中，VO 结构（动词在宾语之前）占 98%，OV 结构（动词在宾语之后）占 2%。同样，数据表明，中介语树库中宾语依存方向的分布无论在哪个阶段，都处于本族语和目标语之间。相关分析表明，学习者支配词居前的宾语依存关系比例和他们的年级水平无显著相关（p=0.327），即宾语依存关系的分布与学习者语言水平无关。

主语和宾语的依存方向数据分析显示，中国英语学习者的中介语，和汉语（H. Liu et al., 2009）与英语（H. Liu, 2010）一样，都是 SV、VO 的语言。

Corder（1981）把学习者的语言称为他们的个人特异方言。他把共享某些句法规则的两种语言定义为"方言"（dialect）。基于此，如图 5.2，语言 A 和语言 B 有部分相同的句法规则，Corder（1981）认为它们处于一种方言关系（dialect relation）中，这种方言关系便是中介语。

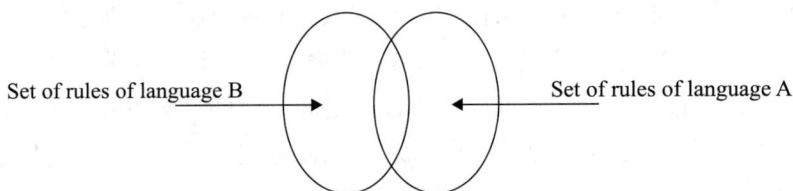

图 5.2　方言关系概念

（引自：Corder, 1981: 14）

汉语和英语的主语、宾语的语序基本相同。对于中国的英语学习者来说，这些相同的句法规则是共享句法（shared syntax）。Hartsuiker 和 Bernolet（2017）发现，当跨语言句法表征足够相似时，双语者会共享这些句法表征。Selinker（1972）假设人脑中潜伏着心理结构（psychological structure），当学习者在学习第二语言时，这种心理结构会被激活。Selinker（1983）将迁移（transfer）分为两类：正迁移（positive transfer）和负迁移（negative transfer）。正迁移是指母语的知识正向促进二语习得的过程。通过对主语和宾语依存方向发展的研究，我们认为，早期中国英语学习者会将主语和宾语的共享句法正迁移到中介语中。这就是为什么中国英语学习者的中介语是 SV、VO 偏向的语言，且在初学者阶段，这种偏向最强烈。这一点在本书第 4 章中已经得到了证明，因为我们发现中国英语学习者在英语学习的最初阶段便能够使用受动词支配的限定性和非限定性补语分句。

不同于主语和宾语，状语依存方向的变化比较剧烈。从表 5.2 得知，在初一和初二学生的作文中，支配词置后的状语占大多数。随着年级的增加，支配词居前的状语数量持续增加，在初三时超过 50%。最终在大二时，支配词居前的状语比例达到 61.8%。在本族语树库中，状语依存关系全部为支配词居后；在目标语树库中，63.8% 为支配词居前的状语依存关系。可见，随着年级的增长，学习者英语作文中支配词居前的状语依存关系比例逐渐增加，最终接近目标语。相关分析表明，学习者支配词居前的状语依存关系比例和他们的年级水平显著相关，即状语依存关系的分布与学习者语言水平显著相关。回归方程为 $y=2.14x+42.3$（$p<0.001$，$R^2=0.904$）。

中介语状语的依存方向在初学阶段表现出支配词居后为主。随着语言水平的提高，依存方向的分布特征逐渐向目标语靠拢，最终表现为支配词居前为主。状语位置的变化过程受到以下几个因素的影响：首先，在目标语和本族语中，状语的位置不同，这给状语的习得带来了负迁移；其次，随着学习者英语语言水平的提高，负迁移的影响逐渐减弱；最后，随着年级的增长，学习者接受新的输入，习得新的状语结构。接下来，我们详细讨论这三个因素影响状语位置变化的具体机制。

在英语中，"adverbial" 是 "adjunct of a verb"（动词附属）的非正式名称（Hudson, 2002）。英语的状语位置十分灵活。Jackendoff（1972）认为，英语状语可处于句中的三个基本位置：初始位置、没有中间停顿的结束位置和辅助位置。Zhang和Koller（2015）进一步把英语状语的位置分为五种：句首、第一个助词之前、第一个助词之后、主动词之前和主动词之后。比起英语，汉语的状语位置更为固定。在汉语中，状语通常在作为句子根词的动词之前（Chan, 2004）。

因为英语和汉语中状语位置的不同，所以来源于汉语状语在词序上的负迁移影响了初学者状语的习得。因此，他们会输出如例（5.2）一样状语语序错误的句子。[例（5.2）和例（5.3）中，斜体部分为状语，画线部分为状语修饰的对象。]

I *with my classmate* <u>go</u> to park.

I *by a bus* to <u>got</u> to there.　　　　　　　　　　　　　　　　　　　例（5.2）

英语中很多不同的句法成分都可以充当状语，如副词、介词短语、状语从句等。为了进一步探究哪种句法成分充当状语时影响了状语的依存方向，我们将状语细分为五类成分：状语从句、副词修饰语、名词短语作状语、介词短语作状语和动词分词作状语，依次见例（5.3）。

When I told her that, I <u>felt</u> my heart is open.

This is a *very* <u>useful</u> lesson for me.

Last weekend, I <u>went</u> to the park.

After class, I <u>came</u> up to the teacher's office.

I <u>turned</u> up music with tears *falling* down.　　　　　　　　　　　　例（5.3）

表 5.3 列出了五种状语相关依存关系依存方向的分布随着年级增长的变化（频次和占比）。

表 5.3　五种状语相关依存关系依存方向的分布

组别	状语从句		副词		名词短语		动词分词		介词短语	
	居后	居前	居后	居前	居后	居前	居后	居前	居后	居前
NL	16(100)	0	341(100)	0	43(100)	0	0	0	167(100)	0
C1	10(50.0)	10(50.0)	239(78.6)	65(21.4)	46(71.9)	18(28.1)	/	/	256(44.1)	325(55.9)
C2	32(40.5)	47(59.5)	256(73.6)	92(26.4)	42(70.0)	18(30.0)	/	/	189(36.1)	334(63.9)
C3	44(49.4)	45(50.6)	236(70.7)	98(29.3)	36(66.7)	18(33.3)	0	2(100)	122(29.2)	296(70.8)
G1	57(56.4)	44(43.6)	272(75.6)	88(24.4)	42(82.4)	9(17.6)	2(13.3)	13(86.7)	62(16.4)	317(83.6)
G2	67(52.8)	60(47.2)	277(66.6)	139(33.4)	27(71.1)	11(29.9)	/	/	63(18.6)	276(81.4)
G3	36(36.7)	62(66.3)	263(70.9)	108(29.1)	33(76.7)	10(23.3)	8(30.8)	18(69.2)	66(17.1)	321(82.9)
D1	42(40.8)	61(59.2)	298(68.7)	136(31.3)	28(63.6)	16(36.4)	1(5.6)	17(94.4)	81(19.9)	325(80.1)
D2	45(37.8)	74(62.2)	243(70.2)	103(29.8)	17(50.0)	17(50.0)	0	8(100)	75(15.4)	413(84.6)
TL	20(27.8)	52(72.2)	197(58.8)	138(41.2)	8(38.1)	13(61.9)	5(9.4)	48(90.6)	48(17.0)	240(83.0)

从表 5.3 可知，随着年级的增长，支配词居前的状语从句比例从 50% 增长到 62.2%，支配词居前的副词比例从 21.4% 增长到 29.8%，支配词居前的名词短语比例从

28.1% 增长到 50%，支配词居前的介词短语从 55.9% 增长到 84.6%。状语从句、副词、名词短语和介词短语的依存方向都表现出了支配词居前的依存方向比例增加、支配词居后的依存方向比例减少的变化趋势。不同于以上四类，动词分词依存方向分布并没有明显的变化。另外，动词分词作状语占所有状语成分的比例非常低（在每个年级的比例都少于 2%）。因此，可以认为是状语从句、副词、名词短语和介词短语的位置变化共同导致了状语依存方向的变化。

通过以上数据，我们认为，中国英语学习者在英语二语习得的过程中，存在着状语逐渐后置的过程。具体来说，在二语习得的过程中，随着英语学习者语言水平的提高，他们会逐渐把状语放在支配动词之后而不是之前。在四类状语成分中，这个过程都存在。随着学习者语言水平的提高，他们越来越倾向于把状语从句、副词、名词短语和介词短语放支配动词之后，而不是之前。

这个逐渐后置的过程可以归因于本族语的负迁移随着学习者语言能力的提高逐渐减弱。负迁移是指一语的知识干扰了二语习得，即消极影响二语习得的过程（Selinker, 1983）。因为汉语状语位置的负迁移，低水平英语学习者有着将状语置于动词之前的倾向。这种迁移的影响对于低水平的学习者影响较大（Chan, 2004），但是随着二语语言水平的提高，一语迁移的影响会减轻（F. J. G. Chen, 1999）。因此，随着中国英语学习者英语语言水平的提高，汉语状语位置的负迁移逐渐减弱，表现为状语依存方向随着年级增长的变化，也就是状语位置的逐渐后置。

英语中，修饰名词的定语可以是单词、词组或是从句。从表 5.2 可知，支配词居前的定语在初学者阶段（初一、初二）的比例都少于 10%。随着年级的升高，支配词居前的定语比例上升，在大二时达到了 26.0%。在本族语树库中，定语依存关系全部为支配词居后；在目标语树库中，33.3% 为支配词居前的定语依存关系。可见，随着年级的增长，学习者英语作文中支配词居前的定语依存关系比例逐渐增加，最终接近目标语。相关分析表明，支配词居前的定语依存关系比例和学习者的年级水平显著相关，即定语依存关系的分布与学习者语言水平显著相关。回归方程为 $y=3.3x+2.59$（$p<0.001$, $R^2=0.823$）。

汉语中定语通常在被修饰的名词之前，而英语中定语的位置通常在被修饰的名词之后且更为灵活。英语中关系从句在被修饰名词之后，但是汉语中关系从句在名词之前（L. Wang & H. Liu, 2013）。

英语中很多不同的词类和小句可以充当定语，如形容词、介词短语、定语从句等。为了进一步探究哪种句法成分充当定语时影响了定语的依存方向，我们将定语细分为如下七类：定语从句、形容词修饰语、名词修饰中心名词、介词短语、数词修饰语、所有格修饰语和动词分词，依次见例（5.4）。[例（5.4）中，斜体部分为定语，画线部分为定语修饰的对象。]

A waiter gave me the <u>food</u> *that I had ordered*.

My *last* <u>weekend</u> was very interesting.

I went to the *basketball* <u>club</u>.

Late in the afternoon, we put up our tent in *the middle of* <u>the field</u>.

I draw an apple and *five* <u>bananas</u>.

I always do *my* <u>homework</u> in the morning.

I saw a <u>lady</u> *walking* in front of me.　　　　　　　　　　　　　　例（5.4）

形容词、名词、数词、所有格作定语的位置在英语和汉语中都位于被修饰名词之前，所以我们将这四类汇总在一起分析。此外，定语从句、动词分词和介词短语在英语中作定语时都位于被修饰名词之后，这与它们在汉语中作定语时的位置不同，所以我们将这三类单独分析。因此，这些不同类别的定语相关依存关系的比例变化共同决定了定语依存方向的变化。

表 5.4 列出了不同类别定语相关依存关系的比例随年级的变化。

表 5.4　定语相关依存关系比例变化 / %

组别	定语从句	动词分词	介词短语	形容词、名词、数词、所有格
NL	2.9	0	0.1	97.0
C1	0	0.2	1.7	98.1
C2	0.7	0.2	4.3	94.8
C3	3.3	1.0	6.5	89.2
G1	7.6	1.0	10.1	81.3
G2	6.7	1.0	12.2	80.1
G3	9.0	1.6	13.9	75.5
D1	7.8	1.2	14.3	76.7
D2	7.3	1.4	16.8	74.5
TL	5.7	1.8	24.2	68.3

从表 5.4 可知，随着年级的升高，形容词、数词、所有格和名词作定语的总量的比例从 98.1% 下降到 74.5%；介词短语的比例从 1.7% 增加到 16.8%；定语从句和动词分词的比例尽管没有随着年级升高而持续增长，但是也表现出了增长的趋势。因为各类定语相关依存关系的位置相对固定，所以支配词居前定语比例的增加可以归因于定语从句、动词分词和介词短语比例增加。

无论在汉语中，还是在英语中，形容词、数词、所有格和名词修饰语都是在中心名词之前，所以英语初学者能将这些句法结构从本族语正迁移到中介语的学习中。相比之下，定语从句和动词分词作定语对于学习者来说是较为困难的结构，因为它们在汉语和英语中用法不同。学习者从初三开始学习定语从句，从高一开始学习现在分词作定语，从高二开始学习过去分词作定语。新句法知识的习得增加了定语相关依存关系中定语从句和动词分词的比例。

5.3.3.2　总体依存方向变化

为了探究二语习得过程中中介语的类型变化，我们分析了学生作文中所有依存关系的依存方向的变化。利用 H. Liu（2010）提出的公式，我们计算了中介语树库每个年级、本族语（NL）树库以及目标语（TL）树库中支配词居前和支配词置后依存关系的比例，结果见图 5.3。

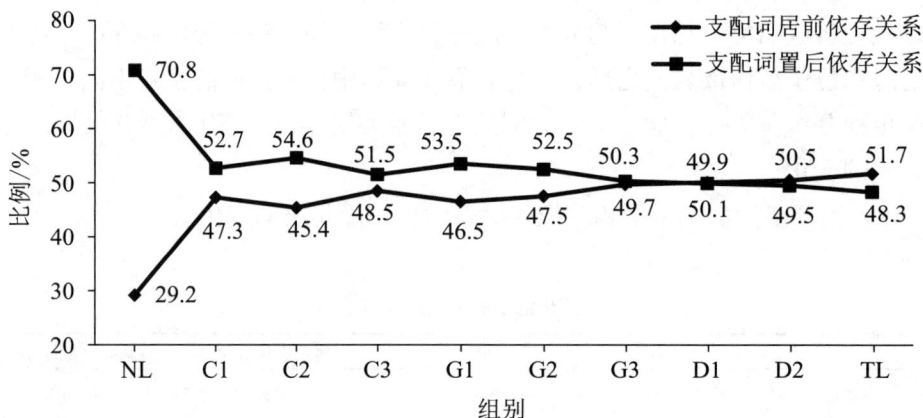

图 5.3　中介语树库、本族语树库和目标语树库中依存方向分布

由图 5.3 可知，随着年级的升高，学生作文中支配词居前依存关系的比例从初一时的 47.3%增加到大二时的 50.5%。在目标语树库中，支配词居前的依存关系的比例为 51.7%，这和 H. Liu（2010）对 20 种语言依存方向的研究得出英语的支配词居前的依存关系的比例（51.2%）很接近。在本族语树库中，支配词居前的依存关系比例为 29.2%，和 H. Liu（2010）研究得出汉语的支配词居前的依存关系的比例（31.5%）接近。H. Liu 等（2009）定量分析了 5 个汉语依存树库中依存关系的依存方向，得出汉语的支配词居前依存关系比例为 30% 左右。从以上的数据中可以发现，中介语的依存方向的分布一直处于本族语和目标语之间。随着学习者语言水平的提高，中介语的依存方向逐渐接近目标语。在高三时，中介语的支配词居前依存关系的比例（49.7%）接近支配词居后的比例（50.3%）。另外，大一是一个转折点，中介语在大一时从支配词置后的语言转变为支配词居前的语言（支配词居前比例：50.1%；支配词置后比例：49.9%）。在大二时，中介语依存方向分布接近目标语依存方向的分布，表明学习者开始克服本族语在语序上的负迁移影响。

相关分析的结果表明，支配词居前依存关系的比例和年级水平显著相关，回归方程为 $y=0.597x+45.5$（$p=0.015$，$R^2=0.652$）。因此，我们认为，依存方向在一定程度上可以作为衡量学习者语言水平的一个有效指标。随着学习者语言水平的提高，中介语的依存关系的依存方向分布逐渐向目标语靠拢。

5.3.4　小　结

本节从语言类型学视角出发，基于中国英语学习者中介语依存树库，以依存关系的依存方向分布为切入点，探究了中介语的类型发展变化。在中国英语学习者中介语系统中，支配词居后的主语和支配词居前的宾语占大多数，且不随着学习者语言能力的提高而显著变化。对于学习者来说，SV 和 VO 结构是本族语和目标语的共享句法特征，学习者会将这些句法结构正迁移到中介语中。受汉语状语位置负迁移的影响，初学者中介语系统中，支配词居后的状语占多数。随着语言水平的提高，负迁移影响减弱，支配词居前的状语比例逐渐增加。受汉语定语位置正迁移的影响，初学者中介语系统中，支配词居后的定语占多数。随着年级升高，学习者接受新的支配词居前的定语句法的输入，支配词居前的定语比例逐渐增加。随着学习者语言能力的提高，学习者中介语整体的依存方向分布逐渐接近目标语的依存方向，表明从语言类型学上看，学习者的中介语语言系统断逐渐向目标语靠近。

本节通过依存句法的重要计量指标——依存方向，从语言类型学视角探究中介语的整体发展轨迹。下一节，我们将基于依存句法另一个重要计量指标——依存距离，探讨其概率分布和学习者二语水平的关系。

5.4　依存距离概率分布和语言学习者二语水平关系探讨

人类的自然语言遵循一定的普遍规律。早在 20 世纪 30 年代，Zipf（1935）就提出"齐普夫分布"：将自然语言文本中的词语按照频率大小进行排序，词语的频次和频序之间的乘积为一个常数。此外，人类语言的计量研究广泛涉及语素长度（Pustet & Altmann, 2005）、词长（H. Chen & H. Liu, 2016; Eger, 2013; Kalimeri et al., 2015; Narisong et al., 2014; Pande & Dhami, 2012）、句长（Pande & Dhami, 2015; Sigurd et al., 2004）和依存关系（H. Liu, 2009）等的分布，并且发现这些分布都遵循一定的规律。更重要的是，Popescu 等（2014）发现，很多语言单位的长度分布都能较好地拟合同一个分布模型：齐普夫–阿列克谢耶夫分布（Zipf-Alekseev distribution）。

依存距离是依存句法研究领域的一个重要概念，指的是句子中两个有句法关系的词之间的线性距离（Heringer et al., 1980; Hudson, 1995）。大量研究表明（J. Jiang & H. Liu, 2015; H. Liu, 2008a; H. Liu et al., 2017; Q. Lu & H. Liu, 2016），依存距离的分布是有规律的。通过探究从汉语依存树库中提取出的六个文本中的依存距离概率分布，H. Liu（2007）发现，它们拟合右截尾泽塔分布（right truncated Zeta distribution）模型的结果甚佳。之后，J. Jiang 和 H. Liu（2015）基于汉英平行依存树库，进一步研究了句长对于依存距离的影响。研究结果发现，右截尾泽塔分布模型对于 420 个（英汉各 210 个）句长范围在 10 个到 30 个词之间的句子的依存距离的分布数据的拟合结果同样很理想，即依存距离的分布受句长影响较小。陆前和刘海涛（2016）对 30 种语言的依存距离分布情况进行研究，通过多种模型拟合对比，发现广延指数分布（stretched exponential distribution）和指数截断的幂律分布（truncated power law distribution）分别适合拟合"短句"和"长句"的依存距离分布。

依存距离的大小反映了人类认知机制对于句法结构的约束作用（Ferrer-i-Cancho, 2004, 2014; H. Liu, 2008a; 梁君英、刘海涛, 2016）。如果依存距离能体现人类工作记忆限制语言理解和产出的机制，并且大多数人的工作记忆容量都相似，那么人类语言的依存距离概率分布很可能遵循一定的规律（J. Jiang & H. Liu, 2015）。依存距离的分布也是长度分布的一种。Popescu 等（2014）的研究发现，齐普夫–阿列克谢耶夫分布模型适合拟合多种语言单位的长度分布，包括音节长度、语素长度、词长、句长等分布数据。另外，Popescu 等（2014）还发现，齐普夫–阿列克谢耶夫分布模型的参数在一定程度上能反映人类语言的特性。从语言演化的角度看，较为"古老"的语言的参数 a 比更"年轻"的语言要大。

如前所述，二语习得者的语言系统，即中介语，是一种介于本族语和目标语之间的语言系统（Brown, 1994; Selinker, 1969），也是一种自然语言。在二语习得领域，衡量语言学习者不同阶段的二语语言水平一直是研究的重点。句法复杂度、准确度和流利度是描述二语语言水平的必要概念（Nearysundquist, 2016）。理论上来说，作为一种自然语言，中介语的句法复杂度也应该能用依存距离来衡量（J. Jiang & Ouyang, 2017）。如果齐普夫–阿列克谢耶夫分布模型的参数能反映语言的共性和特性，那么我们是否能通过不同阶段二语习得者的中介语依存距离概率分布的参数来衡量二语习得者的语言水平呢？

通过应用计量语言学的方法和模型来研究二语习得，对计量语言学和二语习得研究都有着重要的意义和价值。计量语言学使用数理统计的方法来研究语言，目的是发现人类语言所遵循的普遍规律。计量语言学的方法和成果也可以用于解决应用语言学领域的各种实际问题。本节将展现如何应用计量语言学的方法、模型和研究成果解决应用语言学的问题。对于二语习得，本节将展示如何将计量语言学和中介语研究进行结合，并通过更加科学和普遍的方法解释语言现象。

5.4.1 研究问题

本节通过探究二语习得者的中介语依存距离概率分布参数的变化，来观察他们的二语语言（中介语）水平的发展。我们提出了以下四个具体的研究问题：

研究问题 1：齐普夫–阿列克谢耶夫分布模型是否适合拟合不同阶段的中介语依存距离概率分布的数据？

研究问题 2：齐普夫–阿列克谢耶夫分布模型的参数是否能反映不同阶段二语学习者的语言水平？

研究问题 3：高水平学习者的依存距离概率分布的参数和本族语者是否相同？

研究问题 4：两个随机树库的依存距离概率分布是否遵循齐普夫-阿列克谢耶夫分布？

5.4.2　研究方法

5.4.2.1　参与者

本研究参与者共 367 名，来自某省的两所重点中学和一所重点大学。参与者的年级、数量、年龄等信息如表 5.5 所示。参与者是从初一（C1）到大二（D2），以及语言学专业硕士一年级（Y1）的学生。他们的母语都是汉语，大多从小学三年级（8—9 岁）开始学习英语。大学二年级结束后，中国的学生通常不需要再上英语课。因此，选择中国的初中生、高中生和大学一二年级的学生能观察到中国英语学习者英语学习的主要过程。为了探究中国英语学习者英语作文的依存距离概率分布能否达到英语本族语的程度，我们将英语本族语和语言学专业硕士一年级的英语学习者进行对比。语言学专业硕士一年级的学生可以被视为中国高水平英语学习者的代表。

表 5.5　参与者基本信息

年级	数量	年龄 / 岁	学习英语时长 / 年
C1（初一）	60	12—13	3—4
C2（初二）	60	13—14	4—5
C3（初三）	44	14—15	5—6
G1（高一）	44	15—16	6—7
G2（高二）	39	16—17	7—8
G3（高三）	41	17—18	8—9
D1（大一）	25	18—19	9—10
D2（大二）	28	19—20	10—11
Y1（硕一）	26	22—23	13—14

5.4.2.2　语　料

语料选自 CELDT，共采用了 367 篇中学生、大一大二学生和语言学专业硕士一年级学生的英文作文，总计 58583 词。为了更好地进行纵向比较，我们对作文的体裁和话题进行了控制。体裁限定为记叙文。作文话题是有关学生自己的经历，比如 "My Weekend" "An Embarrassing Experience" "An Unforgettable Experience" "An Annoying Experience" 等。本族语对比树库取自 *Wall Street Journal*（WSJ）树库。我们随机从 WSJ 树库中选取了语言数据，建立了四个本族语对比依存树库，每个子树库包含 6500 词左右，和每个年级的作文词数相当。

5.4.2.3 构建随机树库

针对研究问题 4，为了进一步验证二语习得者在句法习得的不同阶段是否一直受到依存距离最小化的约束，从而使得不同语言学习阶段的中国英语学习者英语作文的依存距离概率分布都遵循特定的规律，我们在原有的中介语依存树库的基础上，构建了两个随机依存树库。在理想情况下，随机依存树库中的词汇和句子都应当是随机生成的，但是要从句法上分析这样的语言是不可能的。因此，考虑到研究目的，我们只对所有词汇随机指派了支配词。

H. Liu 和 Hu（2008）提出了具体的构建随机语言的方法和公式。按照他们的方法，可以构建两种不同的随机树库。在第一种随机树库（RL1）中，在每个句子内，我们选择一个单词作为词根，然后对于其他词，不考虑句法和语义，随机选择句子内的另一个词作为它们的支配词。图 5.4 展示了用这种随机句法分析句子的效果。

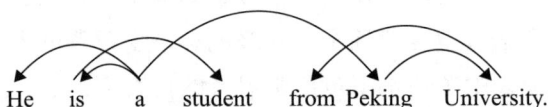

He   is   a   student   from Peking   University.

图 5.4 "**He is a student from Peking University.**"的 RL1 随机句法分析

在第二种随机树库（RL2）中，在随机选择支配词的同时，要保证有句法关系的词之间的弧线不会交叉。这种特性被称为投影性（projectivity），最早由 Lecerf（1960）和 Hays（1964）提出。图 5.5 是 RL2 的一个例子。

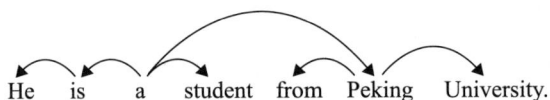

He   is   a   student   from   Peking   University.

图 5.5 "**He is a student from Peking University.**"的 RL2 随机句法分析

因此，我们可以为"He is a student from Peking University."这个句子构建三种依存句法树。第一种，也就是引论中的图 0.1，是符合句法的；第二种，如图 5.4，是最不符合句法的；第三种，如图 5.5，相比第二种更合理，但是仍然不符合句法。我们根据后两种随机句法构建了两个随机依存树库。

5.4.2.4 数据分析

我们假设中国英语学习者英语作文的依存距离概率分布数据服从修正的右截尾齐普夫－阿列克谢耶夫分布（right truncated modified Zipf-Alekseev distribution）。

在推导这个公式时，Hřebíček（1996; 引自 Strauss & Altmann, 2006）用到了这样两个假设：

A. 概率 P_1 和 P_x 之比的对数与类别规模的对数成比例，用公式表示为：

$$\ln(P_1/P_x) \propto \ln x \qquad\qquad 公式（5.1）$$

B. 门策拉定律（Menzerath's law，$y=Ax^b$）公式两边取对数体现了上述比例公式：

$$\ln(P_1/P_x)=\ln(Ax^b)\ln x \qquad\qquad 公式（5.2）$$

解为：

$$P_x=P_1 x^{-(a+b\ln x)}, x=1, 2, 3, \cdots \qquad\qquad 公式（5.3）$$

其中，$a=\ln A$。

如果公式（5.3）是概率分布，那么 P_1 即为归一化常数；如果不是概率分布，P_1 则为第一类别的估计规模（$x=1$）。需要注意的是，第一类别的实际频次会决定总体分布，因此，修改公式（5.3）为：

$$P_x=\begin{cases} \alpha, & x=1 \\ \dfrac{(1-a)x^{(a+b\ln x)}}{T}, & x=2, 3, \cdots, n \end{cases} \qquad\qquad 公式（5.4）$$

其中，$T=\sum_{j=2}^{n} j^{-(a+b\ln j)}, a, b \in \mathbb{R}, 0<\alpha<1$

公式（5.3）或（5.4）称为齐普夫-阿列克谢耶夫分布。当 n 有限时，公式（5.4）为经修正的右截尾齐普夫-阿列克谢耶夫分布。在我们的研究中，我们使用Altmann-Fitter（阿尔特曼拟合器）软件拟合研究数据。另外，NLREG 6.3软件被用来检查概率分布中参数之间的关系。

5.4.3　结果与讨论

前人基于语料库和心理实验的研究成果指出，人类语言具有依存距离最小化的趋势（H. Liu et al., 2017）。这个趋势表明，虽然人类语言在发音、词汇等方面不同，但是它们的句法受到普遍机制的约束（陆前、刘海涛，2016）。依存距离最小化是认知机制的约束和省力原则对句法结构共同作用的结果。另外，为了减轻认知负担，人会倾向于避免使用长距离的依存关系。因此，依存距离的分布会呈现有规律的模式。

5.4.3.1　不同分布模型拟合不同语言水平的中介语

图5.6呈现了9个不同年级中介语和4个本族语子树库的依存距离的分布。如图所示，这13个依存距离分布曲线都是下凹式曲线。大量的前人研究都发现指数分布模型和幂率分布模型适合拟合自然语言依存距离分布的数据（Ferrer-i-Cancho, 2004; J. Jiang & H. Liu, 2015; H. Liu, 2007; 陆前、刘海涛，2016）。因此，我们用计量语言学软件

Altmann-Fitter将不同的指数分布模型和幂率分布模型与不同年级中介语和本族语子树库的依存距离分布进行拟合。

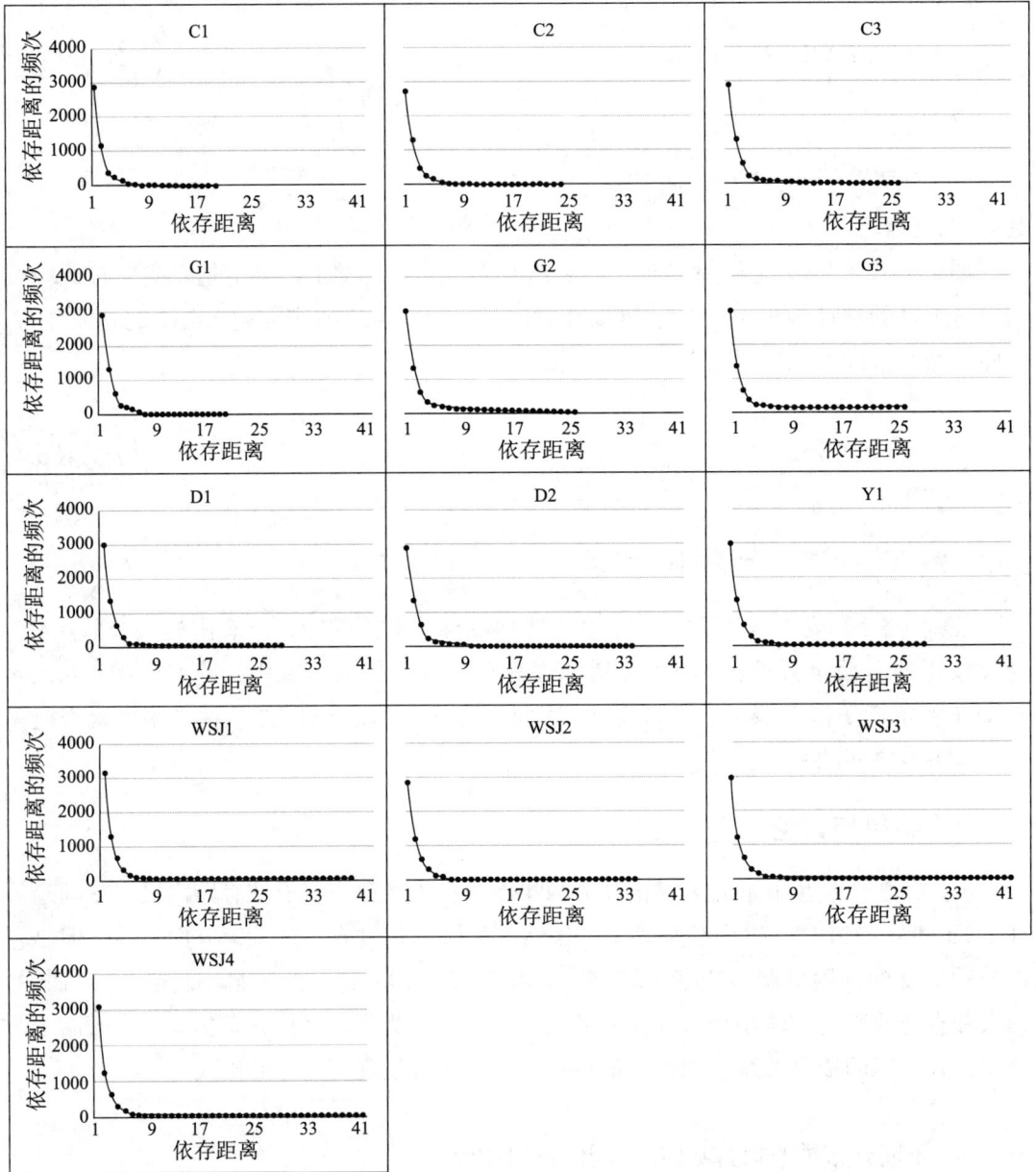

图 5.6　不同年级中介和四个本族语树库依存距离概率分布

　　不同分布模型拟合 13 个依存树库依存距离分布后的决定系数 R^2 值表明，以下的分布模型适合同时拟合这 13 个依存树库依存距离分布的数据：修正右截断齐普夫-阿列克谢耶夫分布（a, b; $n=x$-max, α fixed）、韦林（Waring）分布（b, n）、右截断韦林（right truncated Waring）分布（b, n）、扩展对数（extended logarithmic）分布（θ, α）和混合几何（mixed geometric）分布（q_1, q_2, α）。表 5.6 详细呈现了这 5 种分布模型拟合 13 组依存距离分布数据的决定系数 R^2 值。

表 5.6　不同分布模型拟合每个年级和本族语树库的决定系数 R^2

依存树库	修正右截断齐普夫－阿列克谢耶夫分布	韦林分布	右截断韦林分布	扩展对数分布	混合几何分布
C1	0.9988	0.9990	0.9990	0.9994	0.9991
C2	0.9975	0.9976	0.9975	0.9997	0.9972
C3	0.9991	0.9993	0.9993	0.9947	0.9996
G1	0.9986	0.9981	0.9980	0.9991	0.9989
G2	0.9970	0.9982	0.9980	0.9994	0.9983
G3	0.9979	0.9990	0.9989	0.9999	0.9993
D1	0.9982	0.9991	0.9988	0.9991	0.9997
D2	0.9963	0.9976	0.9974	0.9988	0.9988
Y1	0.9973	0.9989	0.9987	0.9994	0.9995
WSJ1	0.9990	0.9994	0.9993	0.9985	0.9992
WSJ2	0.9991	0.9997	0.9997	0.9991	0.9997
WSJ3	0.9990	0.9997	0.9995	0.9988	0.9991
WSJ4	0.9995	0.9996	0.9996	0.9987	0.9987

　　如表 5.6 所示，5 个分布模型能同时拟合中国英语学习者和本族语者依存距离分布的数据。虽然中国英语学习者的英语水平不如英语本族语者，但是他们英语作文的依存距离分布和本族语者相似，这说明人类自然语言具有共性。此外，我们还能推断出，二语习得者句法习得的过程一直受到依存距离最小化的约束，使得不同语言学习阶段的中国英语学习者英语作文的依存距离分布都遵循特定的规律。这是认知机制的约束和省力原则对句法结构共同作用的结果。

5.4.3.2　齐普夫－阿列克谢耶夫模型拟合不同语言水平的中介语

　　同一个分布模型拟合不同阶段中介语的不同结果有可能反映不同的语言水平。由于齐普夫－阿列克谢耶夫分布是（计量）语言学研究中相比较于表 5.6 中其他 4 种分布模型来说更常用的分布模型，因此，在对问题 1 给出了肯定的回答之后，我们选择用修正右截断齐普夫－阿列克谢耶夫分布模型去拟合数据，观察依存距离概率分布的参数是否能反映不同阶段二语习得者和本族语者的英语语言水平，以此探究研究问题 2。

　　修正右截断齐普夫－阿列克谢耶夫分布模型共有四个参数：a、b、n 和 α。表 5.7 呈现了拟合结果的参数。为了得到本族语更准确的数据，我们计算了四个随机本族语数据参数的平均值：$a=0.7918, b=0.4532, n=37, \alpha=0.5045$。

表 5.7　修正右截断齐普夫–阿列克谢耶夫分布模型拟合

不同年级和本族语树库分布数据的参数

语料库	参数 a	参数 b	参数 α	χ^2	$P(\chi^2)$	df	n	C	R^2
C1	0.3372	0.9325	0.5755	38.0044	0.0001	11	19	0.0076	0.9988
C2	0.1164	0.9183	0.5185	43.8182	0.0000	13	23	0.0083	0.9975
C3	0.4027	0.7734	0.5328	23.7847	0.0486	14	21	0.0043	0.9991
G1	0.5027	0.6783	0.5193	43.8244	0.0004	17	25	0.0078	0.9986
G2	0.3878	0.6891	0.5162	68.1798	0.0000	15	20	0.0123	0.9970
G3	0.3784	0.7323	0.5364	50.9597	0.0000	16	25	0.0092	0.9979
D1	0.5495	0.5683	0.4999	64.4543	0.0000	21	28	0.0106	0.9982
D2	0.4194	0.6150	0.4913	109.8569	0.0000	22	33	0.0183	0.9963
Y1	0.4578	0.5853	0.4952	78.4422	0.0000	22	29	0.0127	0.9973
WSJ1	0.8803	0.4235	0.5079	63.6525	0.0001	27	34	0.0101	0.9990
WSJ2	0.6724	0.5030	0.5016	43.2867	0.0130	25	33	0.0075	0.9991
WSJ3	0.7255	0.4621	0.4981	54.3986	0.0020	28	41	0.0090	0.9990
WSJ4	0.8889	0.4242	0.5105	62.5308	0.0002	28	40	0.0102	0.9995

　　为了更清楚地看到参数 a、b、α 的变化，我们将参数数据做成线形图 5.7。结果明确地显示，参数 a 随着年级的增加而增加，逐渐接近 0.7918，即本族语的参数 a 的数据。同时，参数 b 随着年级的增加而减小，逐渐接近 0.4532，即本族语的参数 b 的数据。参数 α 的值，在 0.49—0.58 之间变动，没有表现出明显上升或是下降的趋势。

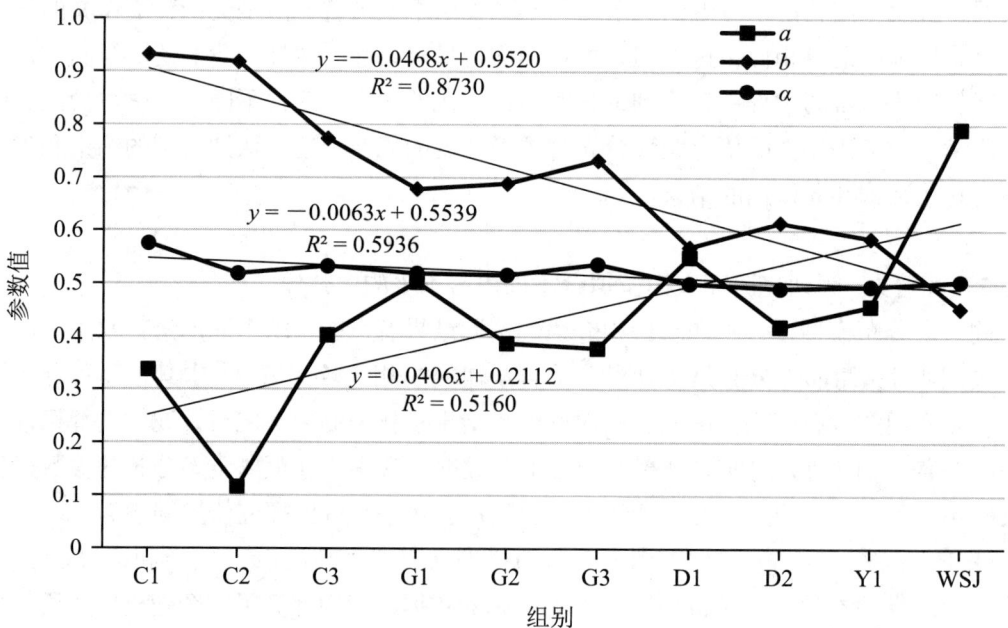

图 5.7　修正右截断齐普夫–阿列克谢耶夫分布模型拟合

各个年级和本族语树库的参数变化

　　为了探究中国英语学习者的英语语言水平和参数 a、b、α 之间是否具有相关性，我们进一步做了年级和参数 a、b、α 之间的相关分析。数据分析的结果显示，参数 b 和年级之间高度相关，随着年级的增长，或者学习者语言水平的提高，参数 b 显著下降。回归方程为 $y=-0.0468x+0.9520$, $F(1, 8)=54.9690$, $p<0.01$, $R^2=0.8730$。参数 a 和年级中度相关。回归方程为 $y=0.0406x+0.2112$, $F(1, 8)=8.5280$, $p=0.019$, $R^2=0.5160$。但是，参数 α 和年级的相关性未达到统计学意义上的显著性（$R^2=0.0370$, $p>0.05$）。通过相关分析，我们发现随着年级的增长，或者说学习者语言水平的提高，参数 a 显著上升，参数 b 显著下降。可以推导出，齐普夫–阿列克谢耶夫分布模型中的参数 a 和参数 b 能很好地反映中国英语学习者的英语语言水平。英语语言水平较高的中国英语学习者的参数 a 比英语语言水平较低的学习者的参数 a 要大；相反，参数 b 则要小。这回答了问题 2，即齐普夫–阿列克谢耶夫分布模型的参数能很好地反映不同学习阶段的二语学习者的语言水平。参数 a 和参数 b 可以作为衡量二语习得者语言水平的良好指标。另外，齐普夫–阿列克谢耶夫分布模型中参数的变化还表明，随着年级的增长，或者说学习者语言水平的提高，学习者英语作文的依存距离概率分布逐渐向本族语的接近。

　　此外，我们采用 Popescu 等（2014）的研究中的分析方法去探究参数 a 和参数 b 之间的关系。

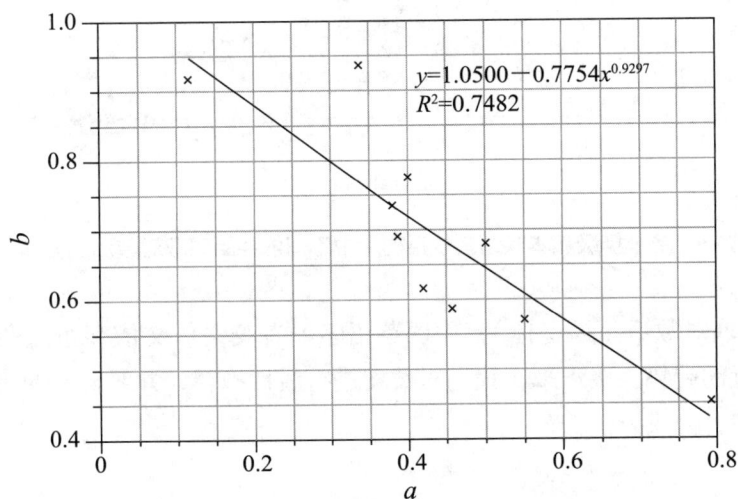

图 5.8　参数 a 和参数 b 的关系

　　图 5.8 表明，幂函数 $y=1.0500-0.7754x^{0.9297}$（$R^2=0.7482$）能很好地拟合参数 a 和参数 b 的关系。这个结果和 Popescu 等（2014）的研究结果完全符合：正则函数能拟合齐普夫–阿列克谢耶夫分布模型中参数 a 和参数 b，而且这个正则函数能表达为幂函数 $y=k+mx^b$ 或者线性函数（当 $b=1$ 时）。数据分析的结果进一步验证了 Popescu 等（2014）的结论：在统一模型中，只有参数有差异；参数本身是能够自动调节的动态系统的一部

分。这进一步说明了语言中任何单位的长度分布都遵循同样的规律，可以认为是人类语言的共性之一。

为了更清楚地观察随着年级的增加，中国英语学习者英语作文中依存距离的分布是如何逐渐向本族语者接近的，我们对各个年级和本族语者树库中不同依存距离的频次取对数，以简化修正右截断齐普夫-阿列克谢耶夫分布模型的参数。这样我们得到了图5.9。

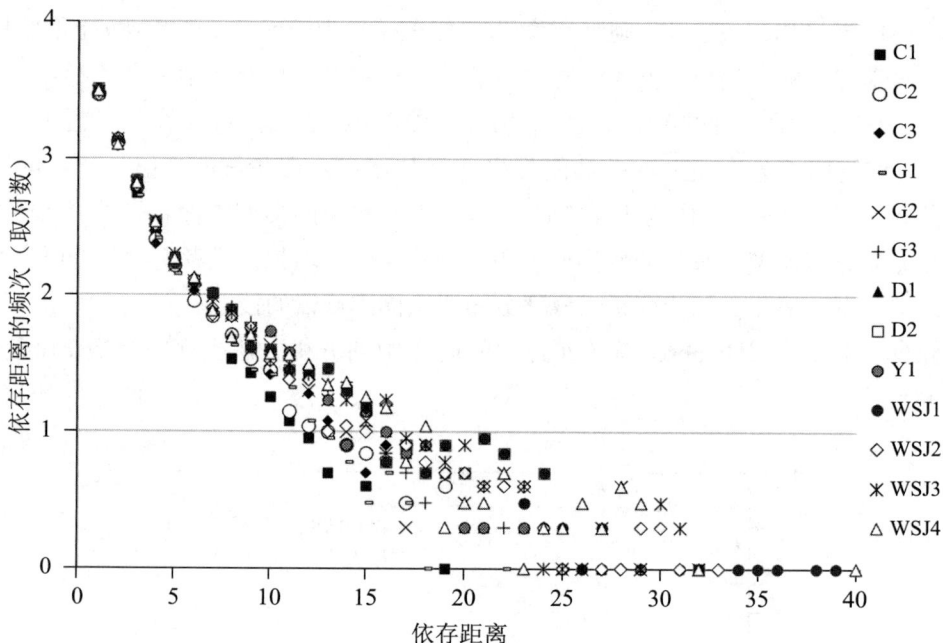

图 5.9 各个年级和本族语者依存树库中不同依存距离取对数后的分布

如图5.9，取对数后（纵坐标），中国英语学习者英语作文依存距离的分布表现出向本族语者接近的趋势。接下来，我们对数据进行线性拟合，并对得到的参数也进行线性拟合。线性拟合公式为：

$$f(x)=ax+b, \ x=1, 2, 3, \cdots, n \qquad \text{公式（5.6）}$$

a 和 b 是两个参数。为了获取本族语者的准确数据，我们计算了四个随机本族语子树库参数的平均值。

如图5.10和图5.11，参数 a 和参数 b 分别呈现出上升和下降的趋势。参数 a 经历几次下降，由初一的 -0.2162 逐渐上升到硕士一年级的 -0.1192，最后接近本族语者的 -0.0847。参数 b 历经数次上升，由初一的 3.1840 逐渐下降到硕士一年级的 2.9786，最终接近本族语者的 2.6218。接下来，我们进一步分析了年级和参数 a、b 之间的相关性。数据分析的结果表明，参数 a 和年级高度相关，意味着随着年级的增长，或者说学习者英语水平的提高，参数 a 显著上升。回归方程为 $y=0.0120x-0.2110$, $F(1, 8)=51.4740$, $p<0.01$, $R^2=0.8650$。参数 b 和年级中度相关。回归方程为 $y=-0.0480x+3.2620$, $F(1, 8)=13.2370$, $p=0.007$, $R^2=0.6230$。

相关分析的结果表明，随着学习者年级的升高（英语水平提高），参数 a 显著上升，参数 b 显著下降。这验证了我们的猜想：不同长度的依存距离与它们取对数后的频次间线性拟合的参数的值也能很好地反映不同学习阶段中国英语学习者的英语水平。

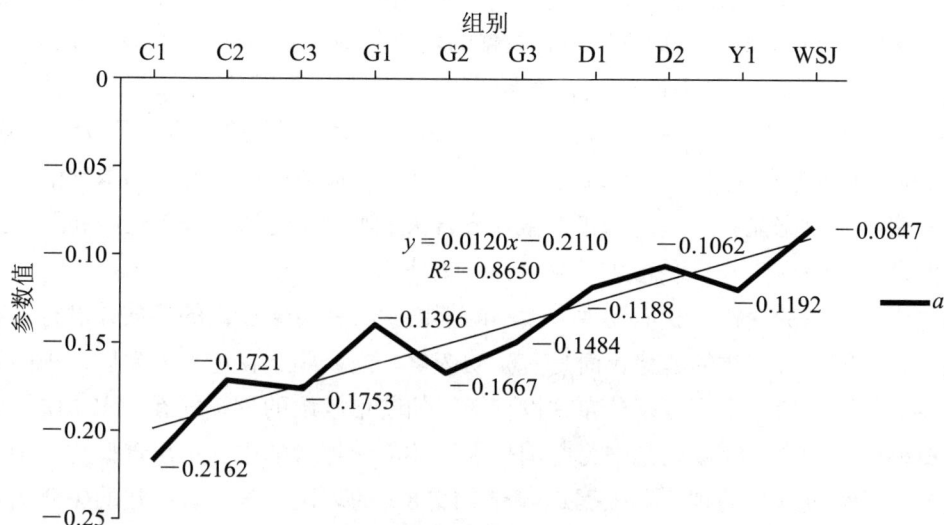

图 5.10 参数 a 的变化

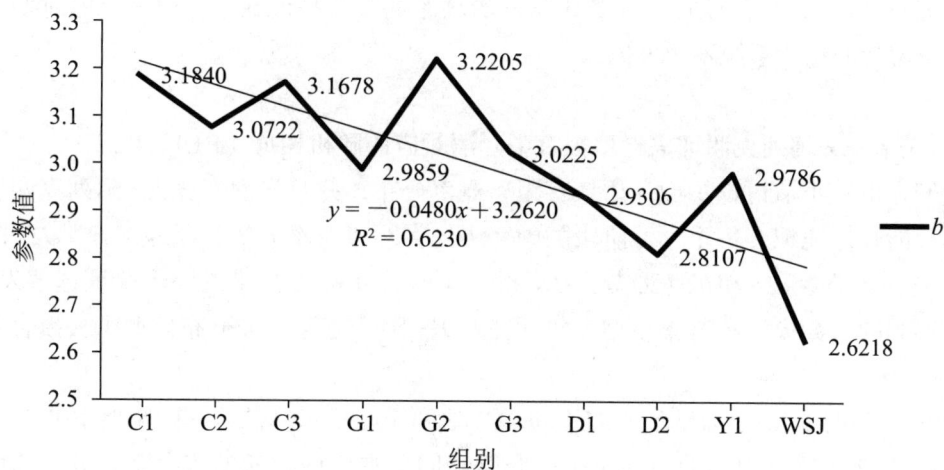

图 5.11 参数 b 的变化

　　无论是修正右截断齐普夫-阿列克谢耶夫分布模型的拟合结果还是不同长度依存距离的频次取对数后线性拟合的结果都表明，随着年级的增加，或者说学习者语言水平的提高，中国英语学习者英语作文的依存距离概率分布向本族语者不断地接近。

　　通过对比修正右截断齐普夫-阿列克谢耶夫分布模型以及线性函数拟合硕士一年级和本族语者的数据结果，我们可以对问题 3 作出回答，即高水平中国英语学习者的依存距离概率分布是否能展现和本族语者相同的参数。表 5.7 显示，修正右截断齐普夫-阿列克谢耶夫分布模型的拟合结果中，a、b、n、α 这四个参数的值在硕士一年级分别为 0.4578、0.5853、29、0.4952，而本族语者数据的均值分别为 0.7918、0.4532、37、0.5045。图 5.10 和图 5.11 显示，对不同长度依存距离的频次取对数后的拟合线性函数的参数 a 和 b 的值在硕士一年级分别为 −0.1192、2.9786，而本族语者的值分别为 −0.0847、2.6218。从这些参数的值中我们可以看出，虽然中国高水平英语学习者和本族语者的依存距离概率分布数据能较好地与修正右截断齐普夫-阿列克谢耶夫分布模型和线性函数拟合，但是它们的具体分布形态并不一样。

　　通过观察参数的变化，我们发现，大学的英语学习者英语作文的参数并没有表现出稳定地朝着本族语者变化的趋势，而是有波动变化。这表明，在进入大学后，中国英语学习者英语作文的依存距离概率分布并没有持续朝着本族语的分布发展。大学阶段的依存距离概率分布发展停滞可能是因为中国高水平英语学习者的中介语出现僵化。中介语僵化是二语习得过程中的现象。根据 Corder（1978）的理论，学习者构建的中介语是暂时的、不断变化的，并且逐渐向目标语接近。前人研究发现，中国英语学习者在进入大学后，受学习环境、教学方法和缺少动力等因素的影响，英语水平不再持续地提高，而是进入英语学习的"高原期"。在英语学习的高原期，或是说在中介语僵化的时期，中国英语学习者的句法系统不再发展。

5.4.3.3　齐普夫-阿列克谢耶夫模型拟合中介语对应的随机树库（RL1、RL2）

　　我们在上一小节讨论了中介语依存距离概率分布，并且发现齐普夫-阿列克谢耶夫分布模型能较好地拟合每个学习阶段的中介语依存距离概率分布。此外，齐普夫-阿列克谢耶夫分布的参数 a 和 b 能反映学习者的二语写作水平。为了进一步验证这些发现，我们用不同的指数模型和幂率模型（包括齐普夫-阿列克谢耶夫分布模型）去拟合两个随机树库。

　　图 5.12 和图 5.13 分别显示了 RL1 和 RL2 这两个随机树库的依存距离概率分布。

　　如图 5.12 所示，RL1 的不同年级中介语和四个本族语树库的依存距离分布曲线都是凹向下的曲线，但是随着写作水平的提高，凹陷的程度越来越小，曲线变得越来越平缓。各种指数函数和幂率函数的拟合结果显示，RL1 的不同年级中介语和四个本族语树库的依存距离概率分布不能拟合同一个分布模型。

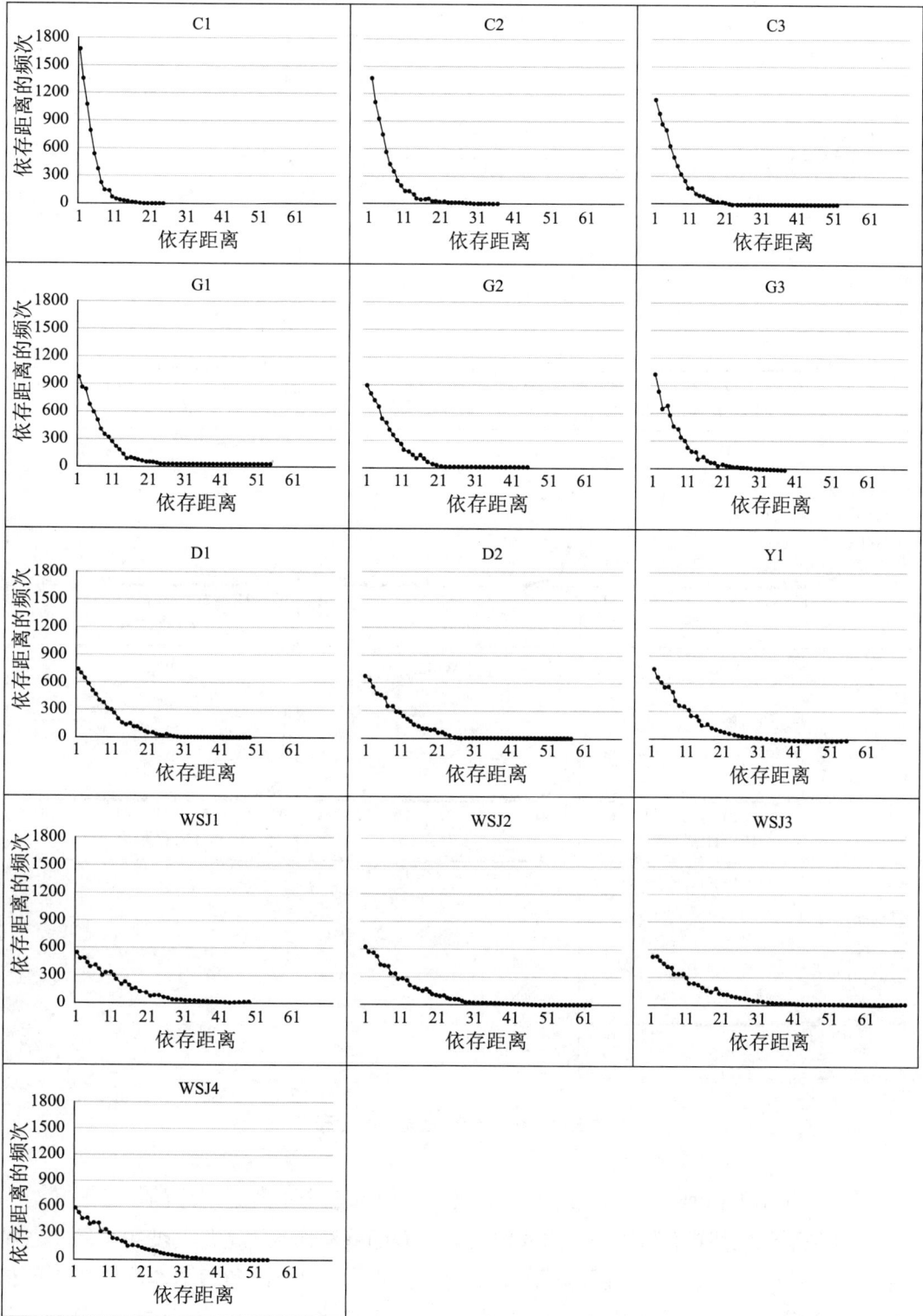

图 5.12　RL1 依存距离概率分布

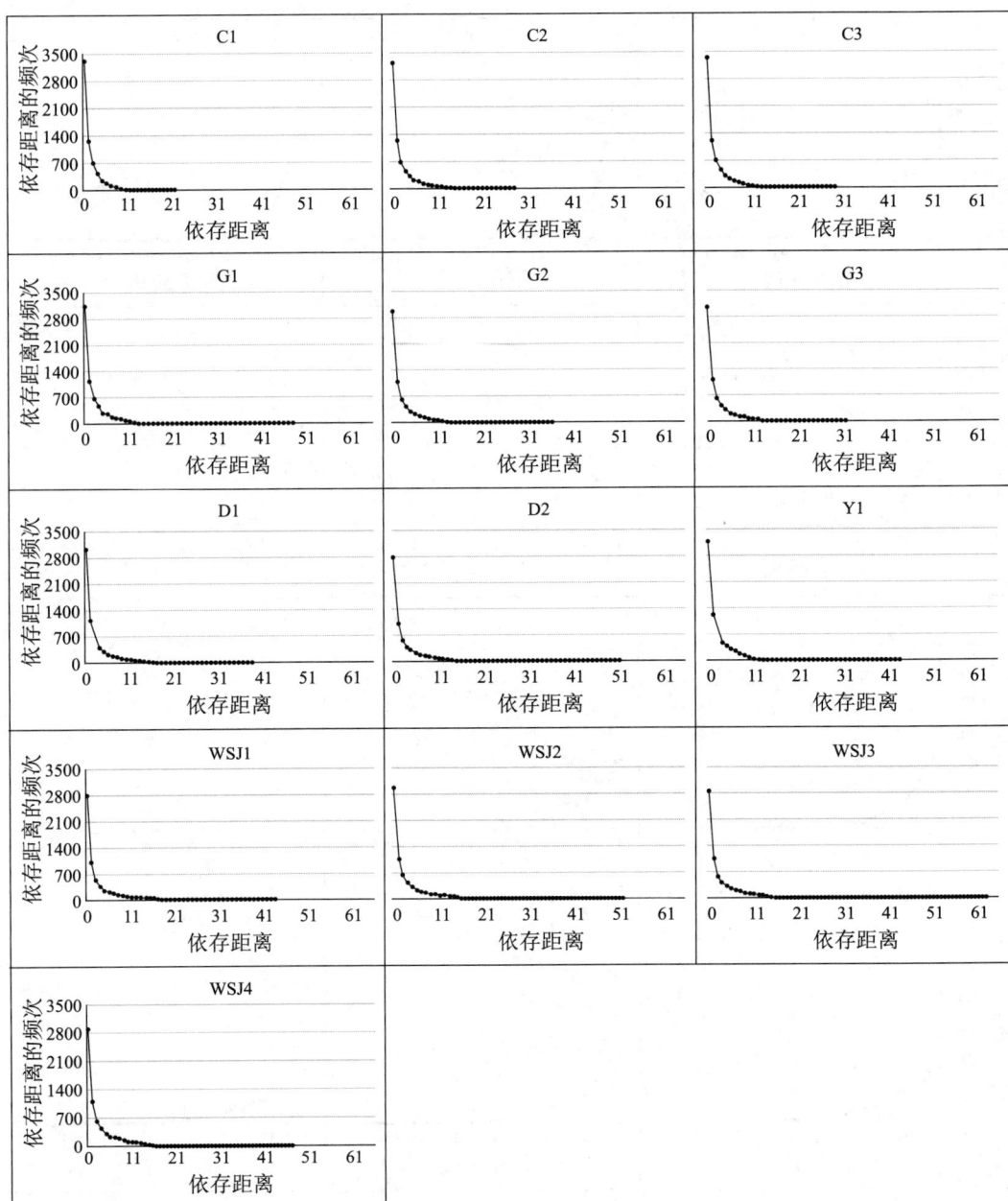

图 5.13　RL2 依存距离概率分布

　　同样，如图 5.13 所示，RL2 的不同年级中介语和四个本族语树库的依存距离分布曲线也都是下凹曲线；不同的是，这些曲线并没有随着写作水平的提高变得平缓。各种指数函数和幂率函数的拟合结果显示，RL2 的不同年级中介语和四个本族语树库的依存距离概率分布能同时拟合以下分布模型：修正右截断齐普夫-阿列克谢耶夫分布、负二项（negative binomial）分布、右截断负二项（right truncated negative binomial）分布、混合负二项（mixed negative binomial）分布、逆波拉（inverse Polya）分布、扩展正负二项（extended positive negative binomial）分布、混合几何分布和混合几何对数（mixed geometric-logarithmic）分布。RL2 依存距离概率分布拟合结果（决定系数 R^2）见表 5.8。我们可以看到，齐普夫-阿列克谢耶夫可以很好地拟合RL2 依存距离概率分布。

表 5.8　RL2 依存距离概率分布拟合结果（决定系数 R^2）

RL2	修正右截断齐普夫-阿列克谢耶夫分布	负二项分布	右截断负二项分布	混合负二项分布	逆波拉分布	扩展正负二项分布	混合几何分布	混合几何对数分布
C1	0.9972	0.9999	0.9999	0.9999	0.9997	0.9999	0.9973	0.9999
C2	0.9991	0.9997	0.9997	0.9998	0.9996	0.9999	0.9994	0.9998
C3	0.9978	0.9998	0.9997	1.0000	0.9996	1.0000	0.9995	0.9998
G1	0.9953	0.9998	0.9998	0.9998	0.9991	0.9998	0.9989	0.9997
G2	0.9986	0.9998	0.9998	0.9998	0.9996	0.9998	0.9996	0.9998
G3	0.9986	0.9997	0.9997	0.9997	0.9992	0.9997	0.9996	0.9998
D1	0.9994	0.9993	0.9991	0.9991	0.9627	0.9996	0.9996	0.9995
D2	0.9995	0.9992	0.9990	0.9991	0.9702	0.9997	0.9993	0.9998
Y1	0.9993	0.9992	0.9991	0.9992	0.9643	0.9999	0.9992	0.9997
WSJ1	0.9995	0.9981	0.9978	0.9979	0.9547	0.9997	0.9991	0.9996
WSJ2	0.9976	0.9991	0.9982	0.9989	0.9562	0.9998	0.9969	0.9992
WSJ3	0.9991	0.9981	0.9980	0.9982	0.9528	0.9993	0.9987	0.9998
WSJ4	0.9993	0.9978	0.9976	0.9976	0.9523	0.9996	0.9990	0.9994

齐普夫-阿列克谢耶夫分布模型拟合RL2 依存距离概率分布的结果如表 5.9 和图 5.14 所示。

表 5.9　齐普夫-阿列克谢耶夫分布模型拟合RL2 结果

RL2	参数 a	参数 b	参数 α	χ^2	$P(\chi^2)$	df	n	C	R^2
C1	1.4607	0.2337	0.2555	112.3073	0.0000	16	21	0.0171	0.9972
C2	1.0562	0.2883	0.4833	73.5962	0.0000	23	28	0.0111	0.9991
C3	1.4234	0.1635	0.4867	116.5065	0.0000	24	29	0.0171	0.9978
G1	1.6004	0.0774	0.4626	288.9861	0.0000	42	47	0.0427	0.9953
G2	1.2210	0.1647	0.4515	135.4195	0.0000	31	36	0.0206	0.9986
G3	1.2507	0.1610	0.4627	144.5751	0.0000	26	31	0.0220	0.9986
D1	1.0434	0.1776	0.4327	133.6942	0.0000	33	38	0.0195	0.9994
D2	0.9620	0.2270	0.4520	95.0371	0.0000	46	51	0.0156	0.9995
Y1	1.1694	0.1525	0.4405	111.4474	0.0000	38	43	0.0158	0.9993
WSJ1	0.9990	0.1740	0.4377	82.2867	0.0000	38	43	0.0130	0.9995
WSJ2	1.4866	0.0428	0.4261	167.3760	0.0000	47	52	0.0241	0.9976
WSJ3	0.8318	0.2012	0.4186	129.4442	0.0000	58	63	0.0190	0.9991
WSJ4	0.9134	0.1862	0.4204	101.5624	0.0000	42	47	0.0147	0.9993

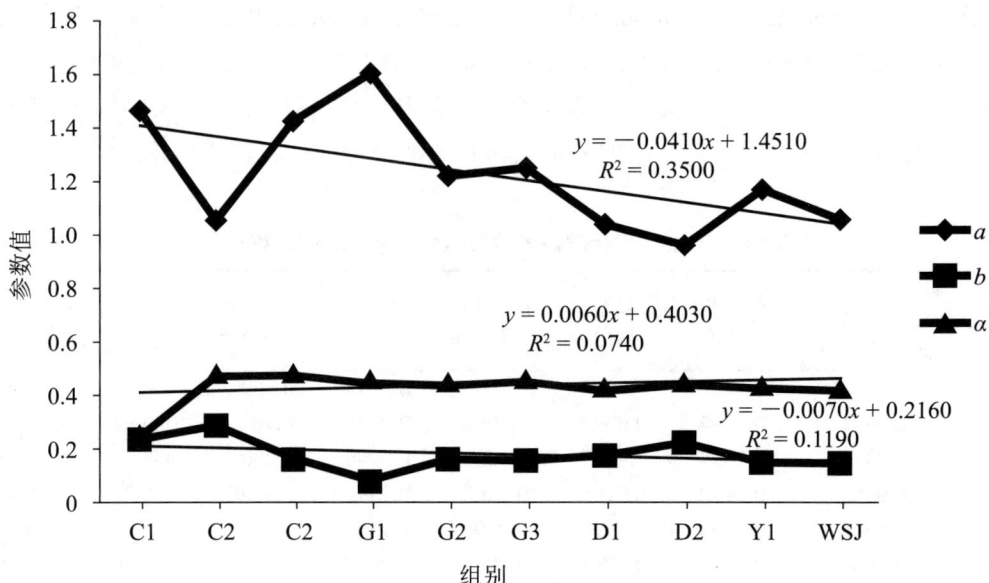

图 5.14　参数 a、b 和 α 值的变化

　　从表 5.9 和图 5.14 中可以清晰地看出，随着写作水平的提高，参数 b 和 α 的值相对稳定，参数 a 的值表现出一定的下降趋势。为了检验学习者写作水平和三个参数的值之间是否有显著的相关关系，我们对学习者写作水平和三个参数的值做了进一步的相关性检验。结果显示，参数 a 和写作水平之间没有显著的相关性（$R^2=0.5490$，$p=0.059$），参数 b 和写作水平之间没有显著的相关性（$R^2=0.3040$，$p=0.150$），参数 α 和写作水平之间也没有显著的相关性（$R^2=0.5310$，$p=0.220$）。也就是说，虽然齐普夫-阿列克谢耶夫分布模型能很好地拟合 RL2 的依存距离概率分布，但是拟合后的参数和学习者写作水平相关性低，即随机树库的依存距离概率分布的参数并不能反映学习者的语言水平。RL1 和 RL2 的依存距离分布的拟合结果进一步说明，二语学习者中介语的发展遵循依存距离最小化的规律，但是它们的随机语言并不遵循此规律。

　　有趣的是，RL1 的依存距离概率分布结果不能满足齐普夫-阿列克谢耶夫分布模型，但是 RL2 的依存距离概率分布和自然语言一样，满足齐普夫-阿列克谢耶夫分布模型。这与 H. Liu（2007）研究第一语言的结果相似，即自然语言的六个中文文本的 RL2 的依存距离概率分布都服从右截尾泽塔分布，但是 RL1 的依存距离概率分布不服从。H. Liu（2007）认为，投影性是导致这种现象的背后机制。Ferrer-i-Cancho（2006）的研究表明，投影性可以限制依存距离。显然，在我们的研究中，投影性是使齐普夫-阿列克谢耶夫分布模型很好地拟合中介语自然语言和满足投影性的随机语言 RL2 的依存距离概率分布的背后机制。自然语言的平均依存距离低于 RL2，RL2 的平均依存距离低于 RL1。与自然语言相比，尽管 RL2 具有投影性，但不遵循句法规则。这表明，句法在最小化第二语言学习者的中介语言系统的平均依存距离中也起一定作用（H. Liu, 2007）。此外，我们认为，中介语的参数 b 可以反映第二语言学习者的语言水平，而RL2的参数 b 不能反映，这种现象也可以通过句法来解释。与机器创建的RL2不同，第二语言学习者的中介语言是自然产生的。句法区分了自然语言和人工语言。当然，句法如何在依存距离概率分布的参数变化中发挥作用，需要在未来进行更深入的研究。

5.4.4　小　结

本节的数据基于中国英语学习者 9 个年级的依存树库。研究结果表明，依存距离概率分布的参数能很好地衡量二语习得者的语言水平。齐普夫–阿列克谢耶夫分布模型适合拟合二语习得者的中介语依存距离概率分布的数据。这进一步说明，语言单位的长度分布都遵循一定的规律，即能用齐普夫–阿列克谢耶夫分布模型进行拟合。二语习得者的语言系统也遵循人类自然语言所遵循的分布规律，这是受人类工作记忆约束导致的人类语言的共性。

修正右截断齐普夫–阿列克谢耶夫分布和线性分布拟合结果表明，分布模型的参数值能衡量二语习得者的语言水平。在修正右截断齐普夫–阿列克谢耶夫分布模型中，参数 a 和 b 能很好地预测二语习得者的语言水平，并且，随着二语习得者语言水平的提高，二语习得者作文的依存距离概率分布的参数逐渐向本族语者靠拢。然而，高水平学习者依存距离概率分布的参数和本族语者的不同，这意味着高水平学习者的语言水平仍然不如本族语者。此外，我们还发现当二语习得者进入大学后，其二语作文的依存距离概率分布的参数变得稳定，且与母语者之间仍有距离。这可能是进入大学后，中介语僵化和依存距离最小化约束共同作用的结果。

就两个随机树库RL1 和RL2 而言，不同分布模型的拟合结果表明，不同写作水平上的RL1 不能同时符合任何的指数或幂率分布模型；不同写作水平上的RL2 能同时符合某些指数或幂率分布模型，包括齐普夫–阿列克谢耶夫分布模型，但是齐普夫–阿列克谢耶夫分布模型的参数不能反映学习者写作水平的变化。两个随机树库的依存距离概率分布的拟合结果以及参数的变化进一步说明，语言的投影性和句法规则是中介语依存距离呈现规律性分布以及二语学习者遵循距离最小化的背后机制。

本节印证了应用计量语言学研究方法和依存句法应用于二语习得研究，探究语言和人类认知机制的可行性。通过数学模型和公式，计量语言学的研究方法能很好地发现人类语言的共性和特性。另外，我们发现，不同学习阶段的二语习得者的中介语可以用统一理论框架下的不同参数来描述。当然，本节的成果和发现需要更多的证据去证实同样适用于其他不同本族语和目标语的二语习得者。

5.5 结 论

中介语是语言研究中一个重要的概念，距离塞林格在 1969 年首次提出已有 50 余年的历史。考虑到以往中介语研究中存在的不足，本章将关注点放在中介语的整体发展上，使用依存方向和依存距离概率分布来描绘中介语的整体句法发展，并尝试结合认知科学的知识，从语言共性和特性的角度进行解释。鉴于本章的主要发现已经在 "5.3.4 小结" 和 "5.4.4 小结" 部分阐述，此处不再赘述。

本章研究的主要特点与创新点体现在以下三个方面：一是在语料方面，使用了大量真实语料，即中国英语学习者在课堂上写的限时命题作文。由于学习者的个体差异，其语言系统的变化千差万别，没有量的统计很难发现其规律性。中介语这一现象并非有或无的问题，而应该在概率的层面加以观察与讨论。相比于观察少数学习者中介语中出现的特殊的语言现象，使用大规模真实语料的方法更能科学地发现中介语的发展规律。二是从研究对象看，中介语的研究对象应该是学习者语言的整体，这样才能让我们认识语言学习过程的全貌。但是，因为没有合适的句法理论框架和研究方法，多数中介语的实证研究只关注具体的、局部的语言现象，而忽略了学习者的语言整体。我们在本章从宏观角度考察了中介语的整体发展。三是在句法框架方面，其一，基于依存句法的理论框架，借助依存方向、依存距离等计量指标，从宏观的角度展现了中介语整体特征的发展；其二，基于依存句法树库，高效、精准地处理了大规模真实的二语学习者语料，包括词性标注和句法标注，以及具体依存关系的快速提取。依存句法在本章研究中的应用也显示了其在二语习得和中介语研究中的潜力。

本章研究通过依存方向和依存距离这两种计量指标，从语言共性和特性的层面探讨了中介语的句法发展特征。当然，围绕这两种指标，仍有值得深入探讨的问题。中介语在其发展过程中会出现各式各样的错误，错误的产生和语言的理解难度密切相关。依存距离作为衡量语言理解难度的计量指标，和中介语中的错误有什么样的关系呢？这是我们下一章的关注重点。

6 依存距离与中介语错误的关系

6.1 引　言

我们在上一章发现，学习者的中介语也具有依存距离最小化的倾向，这意味着长距离依存结构对学习者来说具有挑战性。其背后的基本逻辑是，长距离依存结构的处理成本随着词间距离的增加而增加（H. Liu, 2008a; H. Liu et al., 2017）；而在工作记忆有限的条件下，词间距离越长，越有可能出现记忆干扰或记忆衰减，导致语言产出和理解上的困难，进而出现错误。因此，书写出合乎语法的、流畅的语篇与英语学习者可使用的认知资源密切相关（de Bot, Lowie & Verspoor, 2007; Yu & Lowie, 2019）。英国诗人亚历山大·蒲柏（Alexander Pope）有句名言"To err is human, to forgive, divine"，这与汉语中的"人非圣贤，孰能无过"说的几乎是同一个意思。人总是不可避免地出错，而语言学习活动又是一个复杂的过程，因此，任何人在这个过程中都可能出现各式各样的错误。对语言错误，尤其是对第二语言和外语学习者语言错误的研究一直是语言教学的一部分。从认知角度来看，学习者处理认知难度大的语言单位可能存在困难，从而产生更多的错误。目前，已有一些二语习得研究探讨了二语学习者对wh-移位（wh-movement）和关系从句等长距离结构的习得和处理过程（如Berghoff, 2020; Leal et al., 2016; Lee, 2009; O'Grady et al., 2003; Pliatsikas et al., 2017; Slavkov, 2014）。尽管这些研究对于观察和分析某个句法结构具有优势，但针对词间距离（句法难度）是否以及多大程度上能够预测学习者中介语错误这一问题，证据仍然有限。一方面，以往研究几乎只局限于特定的句法关系，并且实验研究的样本量也相对较少；另一方面，前人计算两个语言单位之间距离的方法并不一致，因此部分研究间的结果互相矛盾。第 5 章研究所使用的依存距离是依存句法中衡量句法难度和认知成本的指标，可以定义为两个具有句法关系的词的线性位置的差值（H. Liu, 2008a; H. Liu et al., 2017）。因此，本章引入依存距离作为二语句法结构难度的计量指标，探讨依存距离与学习者中介语错误之间的关系，从而在一定程度上解释二语学习者学习和处理复杂句法结构的认知机制。

6.2 依存距离与语言错误

6.2.1 研究综述

6.2.1.1 错误分析

从 20 世纪 50 年代起就不断地有学者对第二语言或外语学习者书面语和口头语中的错误进行搜集、分类和分析。对比分析是早期研究语言错误的主要手段。对比分析主要试图通过分析学习者母语和目标语之间的差异来预测学习者可能会出现的错误。其基本假设是：学习者会将母语的"习惯"转移到所学的第二语言上来，母语会对学习者学习第二语言造成一定的干扰，由此，学习者在学习二语或外语时便会出现各种各样的错误。对比分析的主要目的是探索一语对二语或外语学习的影响。由于受到结构主义语言学和行为主义心理学的影响，对比分析只重视语言学习的外部环境，忽略了学习者自身的一些因素对语言学习的影响，因此，基于对比分析研究错误的方法受到一些研究者的诟病。Corder（1967）发表的《学习者错误的意义》（"The significance of learner's errors"）一文，标志着对错误的研究由对比分析发展到一个新的研究方向——错误分析（error analysis）。错误分析以学习者为研究重点，心理学基础采用的是认知理论，语言学基础则是诺姆·乔姆斯基（Noam Chomsky）的普遍语法理论，主要目的是确定学习者在语言学习中使用的策略，以帮助教师进行教学或准备适当的教材。因此，支持错误分析的研究者认为学习者的错误反映了他们普遍的学习策略，并且试图通过分析错误来揭示学习过程中具有规律性的现象。Corder（1974）提出了进行错误分析的五个步骤，分别是学习者语言样本的收集、错误识别、错误描述、错误说明和错误评估，由此奠定了错误分析的基本研究框架。20 世纪 60 年代末，错误分析逐渐取代了 50 年代对比分析的主导地位，成为研究语言错误的主要方法和手段。随后，塞林格提出了中介语的概念，指出在学习者的母语和目标语之间应该有一个中间过渡阶段，即中介语（我们在第 5 章中已经进行了详细的介绍）。在此之后，错误分析被视为研究学习者中介语的重要框架。自 70 年代以来，错误分析在错误研究中蓬勃发展（如 Brown, 1982; Corder, 1967; R. Ellis, 1994; Krashen, 1985; James, 2001），并且在近年的二语研究中仍然受到一定关注（如 Chan, 2010; Doolan, 2017; Doolan & Miller, 2012; Y. Liu & X. Lu, 2020; Satake, 2020）。

在我国，二语习得研究主要从 20 世纪 80 年代初开始。中国学者（如胡壮麟、桂诗春等）对西方学者二语研究成果的引进、介绍或评述，为我国的外语教学和二语习得研究提供了信息，拓宽了思路，也为我国后来的外语教学和二语习得研究奠定了基础。我国学习者大都将英语作为第一外语，所以我国的外语研究主要以英语学习者作为研究对象。90 年代中期，我国学者通过建立学习者语料库来开展中介语的研究，特别是对中国学生独有的错误进行分析和研究。随后，此类研究发展迅速，取得了丰硕的成果。

其中以桂诗春和杨惠中（2003）主持建设的"中国学习者英语语料库"（Chinese learner English corpus, CLEC）最具代表性。该语料库收集了包括我国中学生、大学英语四六级、英语专业低年级和高年级学生在内的 100 多万词的书面英语语料，并对所有的语料进行了人工语法标注和错误标注，目的在于观察各阶段中国英语学习者的中介语特征和语言错误情况，再通过定性和定量的方法做出较为精确的描述，以便为我国的英语教学和改革提供有价值的参考。学习者语料库的建立和发展为二语习得研究，特别是错误分析，提供了多维度研究中介语的途径。这种以概率和频率为基础的学习者中介语语料库错误分析研究方法，为我们的外语教学研究提供了一种新的认知方式，有助于揭示中国英语学习者的真实错误类型和中介语发展的全貌。

虽然以往关于错误分析的研究成果丰富，但随着认知科学在语言学和心理学中的广泛应用，对语言错误的分析逐渐转向对语言学习中的隐性认知活动的研究，从而更好地从认知层面解释产生语言错误的原因，揭示中介语特征（Aburabia & Shakkour, 2014）。一些涉及语言处理的心理语言学研究认为，如果一个语言单位占用了过多的工作记忆容量，就会出现认知超载，导致信息未处理，从而对二语学习者的语言使用产生负面影响（如 O'Grady et al., 2003; Pliatsikas et al., 2017; Slavkov, 2014）。以下面两个句子为例。这两个句子是由同样的词构成的，但例（6.1b）的处理往往比例（6.1a）更难，因为"Ellen"这个宾语与谓语动词"consulted"不相邻。传统的错误分析框架很难解释这种现象。由于人的工作记忆容量是有限的（Baddeley & Hitch, 1974），因此，从认知的角度出发的研究可以为上述问题提供更好的解释。

      a. It was John who **consulted Ellen** in the library.

      b. It was **Ellen** who John **consulted** in the library.   例（6.1）

6.2.1.2　句法处理难度

句子的线性顺序背后实际上是句法的层级结构，这与语言的产出和理解密切相关（H. Liu et al., 2017）。在依存句法理论中，这种层级结构被解析为依存关系，指的是句子中词与词之间的不对称句法关系（Temperley, 2007）。当依存关系被转化为一个句子的线性词序时，其中的词可能会彼此相邻（相邻依存关系），或者被其他词所间隔（非相邻依存关系）。词之间的线性距离（长度）被认为是影响句子处理难度的一个重要因素（J. A. Hawkins, 2004），因为先出现的句子成分如果与后续的成分构成句法关系，必须保留在工作记忆中，直到其所参与的所有句法关系都处理完毕后才会从工作记忆中被删除，所以，处理长距离依存结构的认知成本是随着词间距离的增加而增加的（Gibson, 2000; H. Liu, 2008a; H. Liu et al., 2017）。这在一定程度上揭示了语言理解和加工的认知机制：大的词间距离可能形成复杂的词间关系，词间关系的难易程度会对学习者的语言处理产生影响。但是，由于分析方法不同，目前并没有一个统一的计算词间距离的标准。许多研究试图从认知的角度建立一个统一的衡量语言处理难度的指标。

R. Hawkins（1989）认为，句法加工难度可以根据具有句法关系的两个词之间的线性距离（linear distance），即计算介入两词之间的其他单词的数量来预测。O'Grady等（2003）认为，应根据词与词之间的结构距离（structure distance）来预测词间关系难易程度，即根据两词之间插入的层级节点数量来计算。以往的研究根据不同的计算方法得到的研究结果也不尽相同，存在一定的争议（如Berghoff, 2020; O'Grady et al., 2003; Pliatsikas et al., 2017; Slavkov, 2014）。

词是构成句子的基本单位（刘海涛，2009）。根据法国语言学家泰尼埃（Tesnière, 1959）提出的依存与配价理论，价是词的根本属性，广义的配价是指词具有的一种和其他词结合的潜在能力（刘海涛、冯志伟，2007）。它是对词的一种静态描述。当词进入具体语境时，受到句法、语义特征等方面的约束，这种潜在能力得以实现，与其他词组合形成依存关系。一个词的出现往往决定着句中可能与其有联系的词的位置和相应的语义角色，所以难度大的词间关系会对语言处理造成困难。因此，依存句法中的依存距离这一指标可以作为语言处理过程中记忆负担的度量。近年来，依存距离这一概念越来越受到研究者的关注，本书的引论部分对这一概念已经进行了详细的描述。基于依存句法框架的研究通常使用的是依存距离的绝对值（ADD），这样一来，相邻单词的依存距离为1（如无注明，本书研究中所用的依存距离均为依存距离的绝对值）。将例（6.1）中的两个句子转化为依存树后如图6.1所示。基于0.3节中的计算公式，在例句a中，支配词"consulted"与其被支配词"Ellen"之间的依存距离为1（|5−6|=1），而在例句b中，"consulted"和"Ellen"之间的依存距离则是3（|6−3|=3）。因此，通过对比依存距离的值的大小，可以看出例（6.1）中的例句a（即主语关系从句）相对于例句b（即宾语关系从句）来说更容易处理。这与前人基于实验范式的研究结果一致（O'Grady et al., 2003）。

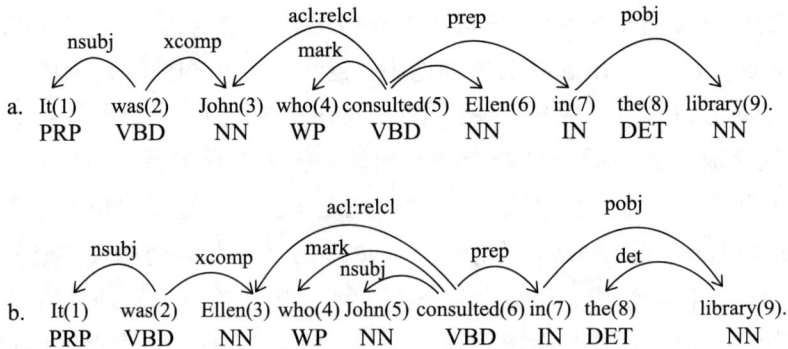

图6.1　基于依存句法的英语句子结构分析

刘海涛（Liu, 2008a）通过调查20种语言发现，人类语言平均依存距离具有最小化倾向，其阈值在4以内。这表明，由于所有人的工作记忆都是有限的，为了减轻记忆负担，人类语言具有依存距离最小化（dependency distance minimization, DDM）这一普遍特征。一些研究基于 37 种语言（Futrell et al., 2015）和 53 种语言（Futrell et al., 2020）的大规模语料库进一步证实了 DDM 的存在。因此，依存距离被认为是衡量语言处理认知负荷的高效指标，也是句法难度或语言复杂性的跨语言指标（H. Liu et al., 2017）。此外，一些基于依存句法树库的研究发现，中国和日本的英语学习者都像英语本族语者一样倾向于使用依存距离较短的结构（W. Li & Yan, 2020; Ouyang & J. Jiang, 2018），这表明学习者对二语中非相邻结构的学习往往受到认知约束。此外，依存距离也可以作为评估学习者句法复杂度的指标（Ouyang et al., 2022）。总之，以依存距离作为量化指标可以从语言处理的视角来解释学习者中介语的错误。

本小节通过对中介语错误的介绍和实证研究的综述，总结了有关错误分析的研究的不足。第一，由于对错误的分类及解释具有较强的主观性，许多问题存在一定的争议。第二，以往研究大都将学习者出错的原因归结为语际迁移、语内迁移和学习者因素三个方面。这样的研究多局限于分析两种语言形式、思维模式及文化的差异，并将一些错误归因为学习者目标语知识不足，但这并不能完全解释学习者出现错误的原因。对学习者错误的研究与认知科学、心理科学研究的结合还不够紧密。由于学习者语言学习涉及众多认知和心理机制，那么对于错误的研究也应该结合认知因素，寻找错误的深层原因。以依存句法和配价理论为理论框架，基于二语学习者大规模真实语料的研究开始引起学界的关注，这也为二语错误分析提供了新的研究视角。因此，我们在本章基于从初中到大学 8 个年级的中国英语学习者作文依存树库，通过对学习者的错误进行定量分析，探讨依存距离、语言水平这两个因素与学习者在二语习得过程中在书面语中产生的错误的关系，主要回答以下三个问题：

研究问题 1：在处理长距离依存关系时，中国英语学习者是否会出现更多的错误？

研究问题 2：随着学习者语言水平的提高，他们的中介语中的错误呈现出怎样的变化特征？

研究问题 3：中国英语学习者在长距离依存中最容易出现的错误类型是什么，为什么会出现这些错误？

6.2.2 研究方法

6.2.2.1 参与者

本章研究所涉及研究对象是某省的中学生和大学生，共有 270 名。参与者的人数、年龄、年级等基本信息见表 6.1。研究对象是从初中一年级（C1）到大学二年级（D2）的学生，共涉及 8 个年级。初中、高中和大学三个阶段的教学大纲和教学目标不尽相同，8 个年级的学生能够较好地反映中国英语学习者的大部分英语学习过程。因此，将 8 个年级学习者的英语水平按学习阶段粗略分为三个层次：初中生（初一到初三）为低水平，高中生（高一到高三）为中等水平，大学生（大一和大二）为高水平。

表 6.1　参与者的基本信息

语言水平	所在年级	年龄/岁	作文数量	总数
低水平	C1（初一）	12—13	30	
	C2（初二）	13—14	30	90
	C3（初三）	14—15	30	
中等水平	G1（高一）	15—16	30	
	G2（高二）	16—17	30	90
	G3（高三）	17—18	30	
高水平	D1（大一）	18—19	45	
	D2（大二）	19—20	45	90

6.2.2.2　语　料

本章所使用的语料选自 CELDT 中的 270 篇英语作文，共有 47917 个单词。使用的作文类型包括记叙文和议论文。所有学生的作文都通过 0.2 节的操作步骤转换成依存树库。我们对学习者写作中的所有错误也都进行了人工标记。本章将学习者在英语作文中因为违反句法规则而出现的错误归为句法错误，将学习者因为词汇运用出现的错误归为词汇错误（James, 2001）。在依存句法中，如果一个单词想要与相应的支配词组合，则需要满足一定的句法、语义甚至语用要求（刘海涛, 2009）。也就是说，依存关系中的两个单词都具有语义角色，即单词需要具有一定的语义属性才能与另一个单词组合。此外，研究还发现，在语言处理过程中的非句法信息，如单词的形态特征等，经常被用来帮助构建句法关系（Molinaro et al., 2011）。由于认知资源有限，语言错误不仅存在于句法层面，也存在于词汇层面。因此，本研究包含了词汇错误和句法错误。详细错误分类及错误标签见表 6.2。这些分类和标注标准是经过团队成员多次小组讨论和修改最终达成统一的。在手动标注之前，所有团队成员需要完全熟悉这些标准。我们先对 10 篇作文进行试点标注，对不一致的地方进行讨论，并进行相应的修改，以保证错误标注的一致性。随后，对剩余作文中的错误进行标注。所有的标注完成后，团队成员再进行统一检查。

表 6.2　错误分类及依存树库中错误标记标签

错误分类	错误类型	错误标注
词汇错误	词形错误	大小写错误（CAPS）、单复数（SAPS）、形式变化（COF）、词性误用（POS）
	选词不当	选词错误（WC）、冠词错误（DET）、主宾所有格（CAS）
	搭配不当	搭配错误（COLL）
	拼写错误	拼写错误（SP）
句法错误	成分缺失	成分缺失（MIS）
	成分赘余	成分赘余（RDD）
	动词错误	主谓不一致（SVD）、时态错误（TD）、形式错误（VBF）
	结构混乱	结构混乱（STRU）、语序不当（WO）、语态错误（VOI）
	非谓语错误	非谓语动词（INF）

6.2.2.3 数据分析

基于 0.3 节中依存距离的计算公式，本章提出了计算错误依存关系的依存距离的方法。如图 6.2 所示，例句中主语"man"受谓语动词"look"支配，然而该动词并没有使用正确的第三人称单数形式，"man"和"look"之间的依存关系存在句法层面上的错误，该错误在树库中会被标记为"SVD"（见表 6.2），此时该错误依存关系的依存距离被记为 4（|6−2|=4）。

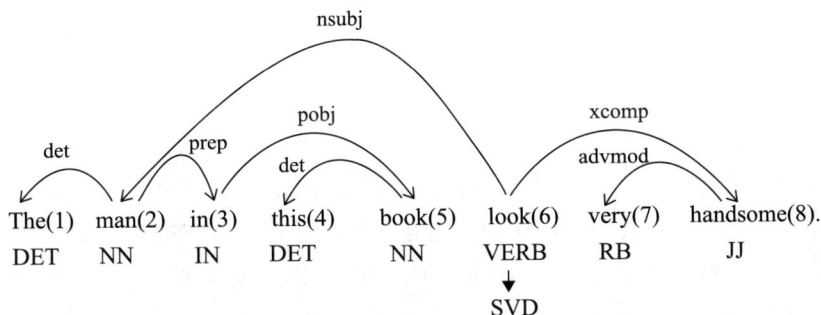

图 6.2 例句"**The man in this book look very handsome.**"（书上的这位男士看起来很英俊。）的依存结构

为了确定判断长、短依存距离的标准，我们计算了 CELDT 中 700 多篇作文的错误率。如表 6.3 所示，当依存距离大于 3 时，各年级学习者的出错率呈上升的趋势。此外，前人通过对多种语言进行分析，发现人类语言具有依存距离最小化的趋势，并且大部分依存关系的距离一般不超过 3 个单词（H. Liu, 2008a）。因此，我们以 3 为界，将依存关系分为短距离依存关系（3 以内，包括 3）和长距离依存关系（3 以上）。

表 6.3 中国英语学习者依存树库中不同依存距离下的错误率分布 / %

ADD	1	2	3	4	5	6	7	8	9	10+
C1	5.37	5.77	9.60	12.90	19.77	18.02	24.56	28.57	10.00	30.00
C2	6.32	6.62	8.47	12.41	16.67	15.29	9.47	18.75	20.41	21.88
C3	5.53	7.47	8.17	10.14	9.34	14.06	13.91	14.29	12.70	20.88
G1	4.68	6.36	6.43	8.64	9.82	11.28	23.21	10.53	9.26	10.75
G2	5.22	5.71	4.85	5.86	7.71	10.45	8.78	13.11	8.57	13.61
G3	3.48	5.36	5.39	6.24	7.36	9.52	11.97	8.51	5.88	7.38
D1	1.90	2.12	2.50	2.35	3.13	2.61	5.08	2.40	6.32	3.88
D2	2.19	1.93	2.21	2.69	3.50	2.97	3.47	2.82	4.00	3.03

我们将学习者的语言水平（初、中、高）看作主体间因素，将依存距离（短、长依存距离）看作主体内因素。运用公式（6.1），可以得到不同语言水平下每个学习者在不

同依存距离下的错误率。需要指出的是，由于短距离依存关系的出现频率远大于长距离依存关系，为更真实体现长、短依存关系中的出错情况，公式（6.1）进行了分类处理。然后，我们通过SPSS进行3×2的两因素混合方差分析，探讨依存距离与学习者错误的关系。此外，我们还分析了不同语言水平学习者在长距离依存关系中出现的主要错误类型，以了解错误类型在学习过程中的变化并探究其背后的原因。

$$错误率（长、短依存距离）= \frac{出错的长、短距离依存关系的数量}{长、短依距离依存关系的总数} \times 100\% \quad 公式（6.1）$$

6.2.3 研究结果

6.2.3.1 总体趋势

3×2的混合方差分析结果表明，依存距离和语言水平对中国英语学习者英文写作错误率的交互作用显著[$F(2, 87)$=39.727, $p<0.001$, η_p^2=0.229]。这意味着两个因素对学习者英语写作错误率的变化有影响。此外，依存距离和语言水平各自的主效应也都显著[依存距离：$F(1, 87)$=183.764, $p<0.001$, η_p^2=0.408；英语水平：$F(2, 87)$=70.246, $p<0.001$, η_p^2=0.345]。

如图6.3所示，不同语言水平的学习者在长距离依存关系中的错误率均高于在短距离依存关系中的错误率。随着学习者语言水平的提高，错误率均呈现下降趋势，并且长、短距离依存关系中的错误率之间的差距也逐渐缩小。当学习者达到较高的英语水平时，他们在长、短距离依存关系中的错误率非常接近。为了进一步探讨依存距离和语言水平两个因素究竟是如何影响学习者的错误率的，需要分别对这两个因素做简单效应分析。

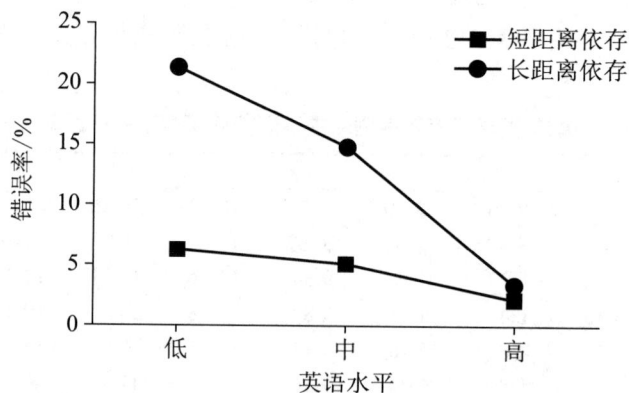

图6.3 不同水平学习者在长、短依存距离下的错误率

对语言水平进行简单效应分析得到的结果如表6.4所示，无论依存距离的长短，不同语言水平的学习者的错误率都有显著组间差异（短距离依存关系——低水平与中等水平：$p<0.05$；中等水平与高水平：$p<0.001$。长距离依存关系——低水平与中等水平：

$p<0.001$；中等水平与高水平：$p<0.001$）。这表明，随着英语水平的提高，学习者在英语写作中的错误率是明显下降的。

表 6.4　语言水平在不同依存距离下的简单效应分析

依存距离	语言水平		均值差	标准误	显著性	95% 置信区间	
						下限	上限
短	低水平	中等水平	0.012*	0.005	0.010	0.003	0.021
		高水平	0.041*	0.005	<0.001	0.032	0.050
	中等水平	低水平	−0.012*	0.005	0.010	−0.021	−0.003
		高水平	−0.030*	0.005	<0.001	0.021	0.038
	高水平	低水平	−0.041*	0.005	<0.001	−0.050	−0.032
		中等水平	−0.030*	0.005	<0.001	−0.038	−0.021
长	低水平	中等水平	0.066*	0.017	<0.001	0.033	0.099
		高水平	0.179*	0.017	<0.001	0.147	0.212
	中等水平	低水平	−0.066*	0.017	<0.001	−0.099	−0.033
		高水平	0.114*	0.017	<0.001	0.081	0.147
	高水平	低水平	−0.179*	0.017	<0.001	−0.212	−0.147
		中等水平	−0.114*	0.017	<0.001	−0.147	−0.081

对依存距离进行简单效应分析得到的结果如表 6.5 所示，中低水平学习者的错误率在长距离依存和短距离依存中有显著差异（低水平：$p<0.001$；中等水平：$p<0.001$）。然而，高水平的学习者在长距离和短距离依存关系中的错误率的差异并不显著（$p=0.265>0.05$）。这说明，依存距离对学习者错误率的影响与学习者的英语水平有很大的关系，即处于中低水平的英语学习者更容易受到长依存距离的限制而在英语写作中出现错误，但是高水平英语学习者对长依存距离所带来的负面影响并不敏感。

表 6.5　依存距离在不同语言水平下的简单效应分析

语言水平	依存距离		均值差	标准误	显著性	95% 置信区间	
						下限	上限
低水平	短	长	−0.151*	0.011	<0.001	−0.172	−0.129
	长	短	0.151*	0.011	<0.001	0.129	0.172
中等水平	短	长	−0.097*	0.011	<0.001	−0.118	−0.075
	长	短	0.097*	0.011	<0.001	0.075	0.118
高水平	短	长	−0.012	0.011	0.265	−0.034	0.009
	长	短	0.012	0.011	0.265	−0.009	0.034

6.2.3.2　句法错误分析

低、中、高水平学习者在长、短距离依存关系中的平均错误率见图 6.4。从数值来看，低水平学习者在长距离依存关系中的句法错误率为 12.25%，高水平学习者的错误率则下降到了 2.24%；低水平学习者在短距离依存关系中的句法错误率为 2.29%，高水平学习者的错误率下降到1.01%。显然，随着学习者英语水平的提高，短距离和长距离依存关系中的句法错误率都呈现下降趋势。此外，高水平学习者在长距离和短距离依存关系中的句法错误率已经非常接近了。

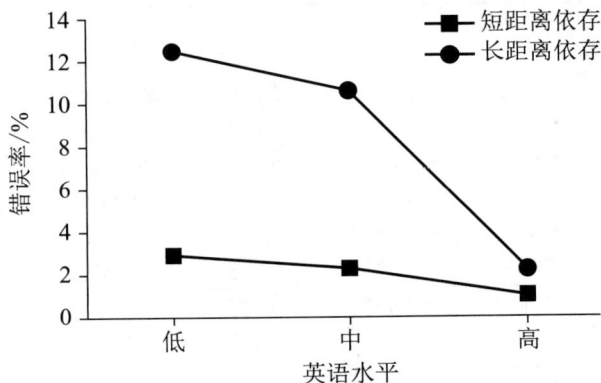

图6.4 不同水平学习者在长、短距离依存关系中的句法错误率

在对不同水平学习者在长距离依存关系中出现的五种句法错误类型数量占长距离依存关系总数的比例进行统计后（图6.5），我们发现，三个水平的学习者所犯的成分缺失错误在所有句法错误中都占有较大的比例，低水平学生的成分缺失错误率为6.08%，中等水平为5.48%，高水平为0.68%。此外，动词错误的比例也相对较高，低水平学生的动词错误率为2.25%，中等水平为4.17%，高水平为1.21%。从图6.5中还可以发现，低水平学习者的冗余错误比例（2.62%）相对高于中高水平学习者。

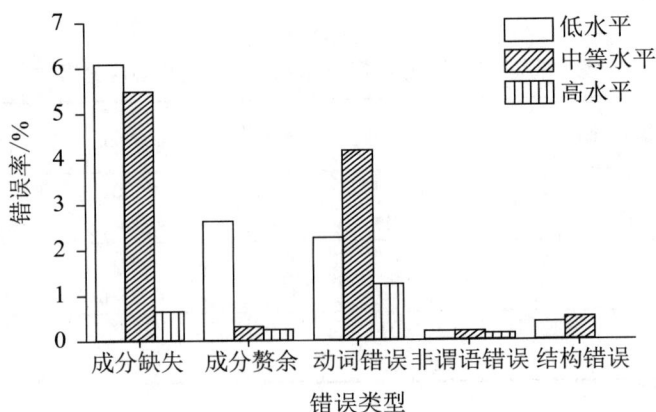

图6.5 不同水平学习者在长依存距离下的五种句法错误类型错误率

接下来，我们对不同水平的英语学习者在长、短距离依存关系中的这三种句法错误类型进行进一步分析。

（1）成分缺失

不完整的句子主要体现在不完整的句子成分、不完整的句子表达，与英语表达要求不一致。在英语句法中，句子成分包括主语、谓语、宾语、定语、补语和状语等。各水平学生在长、短距离依存关系中成分缺失错误率的均值比较情况见图6.6。通过对学习者在作文中出现的成分缺失错误进行3×2的混合方差分析，我们发现，依存距离和英语水平对学习者产出完整句子具有显著的交互作用[依存距离 × 英语水平：$F_{(2, 87)}=21.171$, $p<0.001$, $\eta_p^2=0.137$]。中低水平学习者在成分缺失错误率上无论在长距离依存关系中还是在短距离依存关系中均没有显著差异（短距离依存关系：$p=0.993$；长距离依存关系：$p=0.275$），但是高水平学习者写作中的成分缺失错误率在长、短距离依存关系中均显著下降（短距离依存关系：$p=0.039$；长距离依存关系：$p<0.001$）。此外，中低水平学习者在长距离依存关系中的成分缺失错误率上都要显著高于短距离依存关系中的错误率（低水平：$p<0.001$；中等水平：$p<0.001$），而高水平英语学习者在长、短距离依存关系中的成分缺失错误率上没有显著差异（$p=0.746$）。

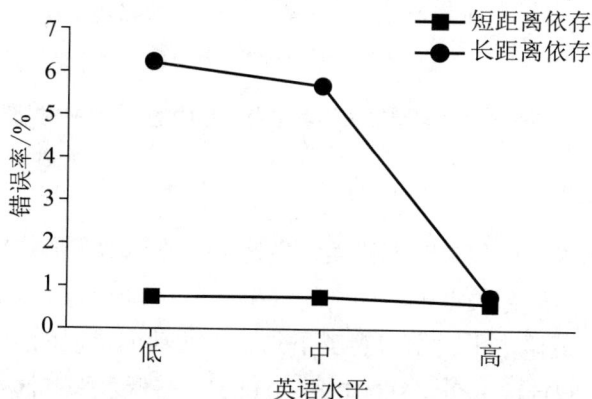

图6.6 不同水平学习者在长、短距离依存关系中的成分缺失错误率

在成分缺失这一类型的错误中，缺失的成分有主语、谓语、宾语、连词、固定短语部分等。各水平学习者在长距离依存关系中的成分缺失类型比例如图6.7所示。学习者英语写作在长距离依存中因缺失连接词导致的错误占比较大：在低水平中占55.56%，在中等水平中占60.71%，在高水平中占35.14%。例（6.2）和例（6.3）为学习者在长距离依存关系中出现连接词缺失的错误。例（6.2）中，"listen to this hard（单词hard为词汇层面的错误）"和"paint again"这两个小句之间为并列关系，然而具有依存关系的动词"listen（听）"和"paint（画）"之间缺失了一个表示并列的连接词"and（和）"。例（6.3）中，"That day I met a deaf man"和"he asked for some money"这两个小句之间也为并列关系，但是在具有依存关系的动词"met（遇见）"和"asked（索要）"间也缺失了并列连词"and"。不同水平中国学习者在英语写作中受到长依存距离的干扰时最

容易缺失的成分是连接词 "and" "or" "but" "however" "because" 等。

*It's too big, but I don't listen to this hard (?) paint again.　　　　　　例（6.2）

*That day I met a deaf man (?) he asked for some money.　　　　　　　例（6.3）

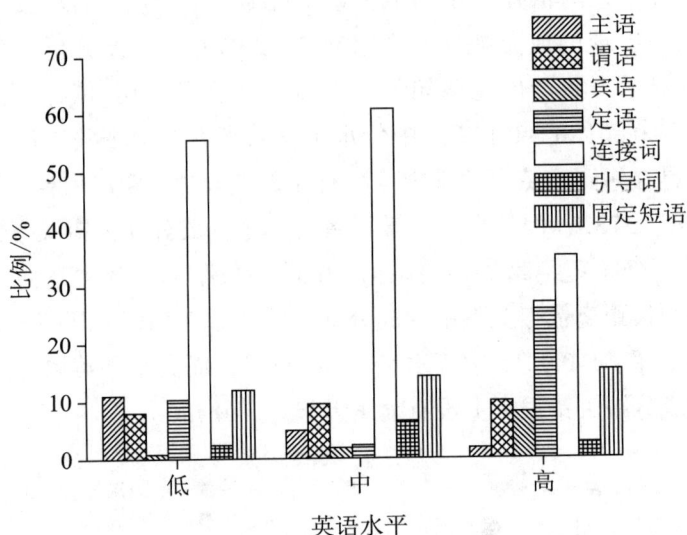

图 6.7　不同水平学习者在长距离依存关系中的成分缺失类型比例

（2）动词错误

本章中的动词错误主要包含时态错误、主谓不一致和动词形式错误这三种情况。各水平学生在长、短距离依存关系中的动词错误率如图 6.8 所示。3×2 的混合方差分析结果显示，依存距离和英语水平对学习者英语句子中的动词错误的交互作用显著[依存距离 × 英语水平：$F(2, 87)=12.159, p<0.001, \eta_p^2=0.083$]。与低水平和高水平学习者相比，中等水平的学习者会出现较多的动词错误，但这类错误在长、短距离依存关系中均随着语言水平的提高而显著减少（短距离依存关系：$p<0.001$；长距离依存关系：$p<0.001$）。中

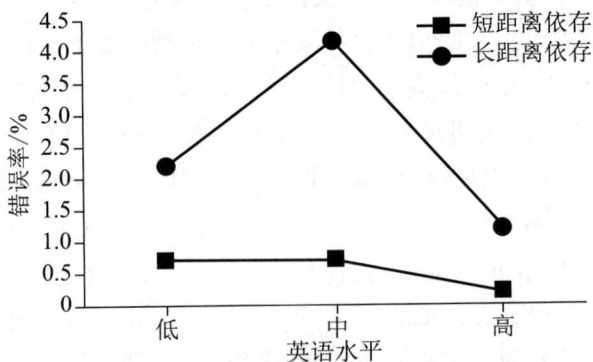

图 6.8　不同水平学习者在长、短距离依存关系中的动词错误率

低水平的学习者在长距离依存关系中出现动词错误的比例要明显高于在短距离依存关系中的动词错误率（低水平：p=0.003；中等水平：p<0.001），而高水平学习者在长、短距离依存关系中产生的错误率没有明显差别（p=0.103）。

各水平学习者在长距离依存关系中的动词错误类型比例如图6.9所示，学习者在长距离依存关系中的动词错误主要集中在时态和形式上。这两类错误在低水平中占动词错误的94.12%，在中等水平中占95.77%，在高水平中占90.24%。这表明，中国学习者在长距离依存关系中往往出现动词时态上的错误。例（6.4）中，动词"stay（待在）"和"help（帮助）"处于并列关系，可是二者时态并不一致。例（6.5）中，动词"get（变得）"和"knew（知道）"是状语修饰的关系，然而"get"的时态有误。例（6.6）中，动词"was（是）"和"order（下单）"具有依存关系，但是order在时态上也出现了错误。

On Saturday night, I stayed at home and *help my mother cook dinner.（礼拜六晚上，我待在家里，帮妈妈做饭。） 例（6.4）

He knew some things when he *get well.（他在康复后对一些事情有所了解。） 例（6.5）

It was the first time that I *order meals in English.（我第一次用英语进行点菜。） 例（6.6）

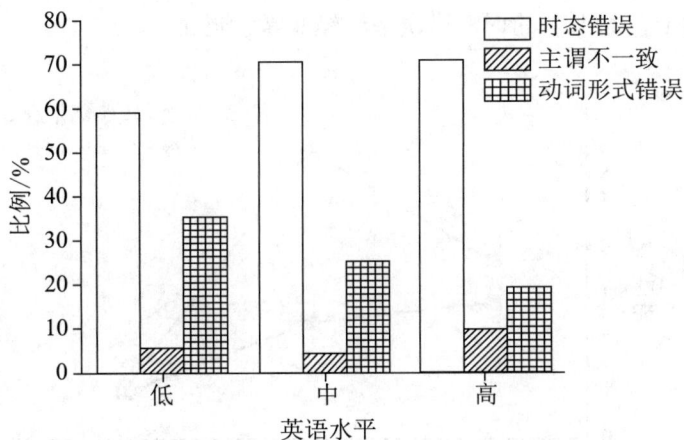

图6.9 不同水平学习者在长距离依存关系中的动词错误类型比例

（3）成分冗余

成分冗余是指在句子结构完好、语义清楚的情况下，句中还出现了其他不必要的成分，从而造成句子不通顺。3×2的混合方差分析结果显示，依存距离和英语水平对学习者中介语中的冗余错误都有交互作用[依存距离×英语水平：$F(2, 87)$=8.295, p<0.001, η_p^2=0.059]。依存距离对不同英语水平的中国学习者冗余错误的影响是有差异的。低水平学习者在处理长距离依存关系时（相较于短距离依存关系）的冗余错误率较高

（$p<0.001$），而中高水平学习者在短距离依存关系中的冗余错误率略高，但是长、短距离依存关系中的错误率差异不显著（中：$p=0.637$；高：$p=0.955$）。

低水平学习者易受到长依存距离引起的认知约束，从而在句子中使用不必要的介词、冠词和连接词等成分。通过对低水平学习者成分冗余错误的统计，我们发现，低水平学习者在处理长距离依存关系时容易出现介词冗余，介词冗余占比高达 78.26%，如例（6.7）和（6.8）中的介词"on（在……时候）"和"at（在……时候）"。

*On last weekend, I played the piano for two hours.（我在上周末弹了两个小时的钢琴。） 例（6.7）

I went to art class *at from eight thirty to eleven thirty.（八点半到十一点半，我上了美术课。） 例（6.8）

6.2.3.3　词汇错误分析

在不同语言水平学习者的英语作文中，长、短距离依存关系中的词汇错误率概况如图 6.10 所示。除了中等水平学习者在长距离依存关系中出现较多的词汇错误外，学习者的词汇错误率一般随着语言水平的提高而降低。学习者在长距离依存关系中的词汇错误率从低水平时的 3.74% 降低到高水平时的 1.09%，在短距离依存关系中的词汇错误率从低水平时的 2.89% 下降至高水平的 0.98%。当学习者达到较高的英语水平时，他们在长距离和短距离依存关系中的词汇错误率已经非常接近了。

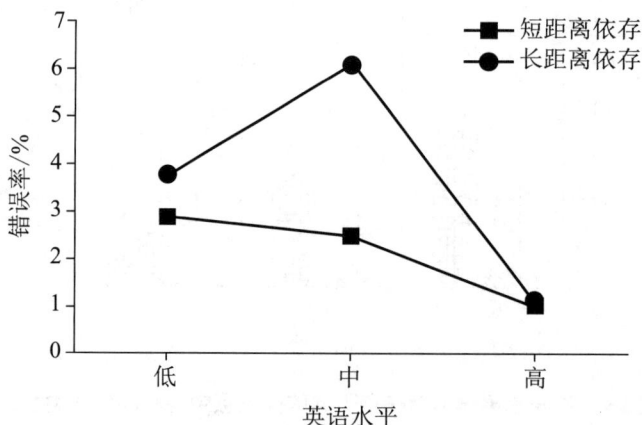

图 6.10　不同水平学习者在长、短距离依存关系中的词汇错误率

各水平学习者在长距离依存关系中所犯的四种词汇错误比例如图 6.11 所示，长距离依存关系中的四种词汇层面的错误类型总体上占比都比较小。低水平学习者的词形错误、选词不当以及搭配错误的比例都在 1% 左右，而拼写错误所占比例相对较低。随着语言水平的提高，所有词汇错误类型的比例均呈下降趋势。所以，这四种词汇错误类型通常在长距离依存关系中的所有错误类型中占相对较小的比例。接着，我们分别对这四种词汇错误类型进行了 3×2 的混合方差分析，结果表明，依存距离和语言水平对学习者出现这四种词汇错误的交互作用都不显著（搭配：$p=0.095$；词形：$p=0.351$；拼写：$p=0.796$；选词：$p=0.503$）。而在词形、选词和拼写错误方面，只有语言水平的主效应显著 [词形：$F(2, 87)=8.114$，$p<0.001$，$\eta_p^2=0.057$；选词：$F(2, 87)=9.232$，$p<0.001$，$\eta_p^2=0.065$；拼写：$F(2, 87)=7.700$，$p<0.05$，$\eta_p^2=0.055$]，说明语言水平对学习者在词形、选词和拼写方面的影响较大。

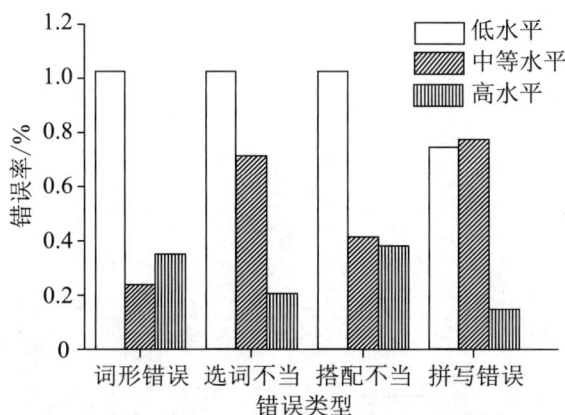

图 6.11　不同水平学习者在长依存距离下的四种词汇错误类型错误率

各水平学习者在长、短距离依存关系中的搭配错误率情况如图 6.12 所示。3×2 的混合方差分析表明，在搭配错误方面，依存距离和英语水平各自的主效应均显著 [依存距离：$F(1, 87)=8.359$，$p=0.04$，$\eta_p^2=0.030$；英语水平：$F(2, 87)=3.134$，$p=0.045$，$\eta_p^2=0.023$]。在短距离依存关系中，不论学习者的英语水平如何，搭配不当的错误率都较低，且没有

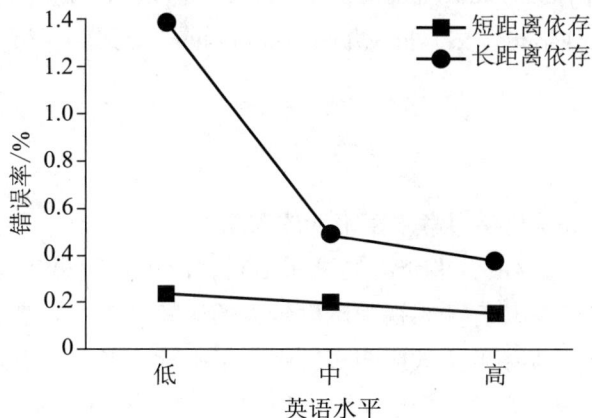

图 6.12　不同水平学习者在长、短距离依存关系中的搭配错误率

显著差别。但是，当低水平学习者在处理长距离依存关系时，搭配不当的错误率明显高于处理短距离依存关系时产生的错误率（p=0.01）。此外，依存距离对中高水平学习者产出搭配错误的影响并不明显（中等水平：p=0.389；高水平：p=0.485）。

我们对三个水平学习者在长距离依存关系中产生的搭配不当错误的词类数量进行统计（结果见图6.13）后发现，各水平学习者的搭配错误主要集中在介词上。低水平学习者介词搭配不当在搭配错误中的比例为84.00%，中等水平为89.28%，高水平为62.50%。

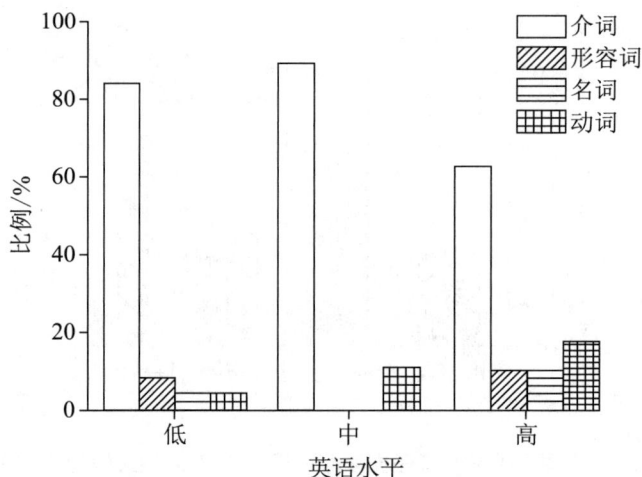

图 **6.13**　不同水平学习者在长依存距离下的搭配错误类型比例

介词搭配错误如例（6.9）和例（6.10）所示。对于例（6.9），英语中表达"嘲笑某人"的短语搭配应该是"laugh **at** sb."。对于例（6.10），表达"从……到……"这样一段时间的介词搭配应为"**from**…to…"。

However, my classmates laughed *with me.（但是同学们嘲笑了我。）　　例（6.9）

Because *at Monday to Friday, I can do my homework.（因为从礼拜一到礼拜五，我能写作业。）　　　　　　　　　　　　　　　　　　　　　　　　　例（6.10）

6.2.4　讨　论

6.2.4.1　长距离依存关系与学习者语言错误的关系

我们基于中国英语学习者中介语的真实语料，以依存距离作为衡量句法难度的指标，将依存距离大于3的依存关系视为难度较大的词间关系，数据结果显示，依存距离只对中低程度学习者错误率的主效应明显，中低水平学习者在长距离依存关系中的错误率更高，而且在长距离依存关系中句法错误所占比例较大。这一结果表明，长距离依存关系对中低水平学习者实现句法配价的限制较大，即线性距离大的词间关系是中低水平学习者英语学习的难点。该结果与以往研究结论（Felser & Roberts, 2007; Hoshino et al., 2010; 陈晓湘等, 2013; 冯丽萍、王亚琼, 2013）相似，即长距离的词间关系会造成语言理解和处理的困难，从而可以作为预测语言处理的难度的指标。与前人研究相比，我们以依存距离为衡量句法难度和认知成本的一个计量指标（H. Liu et al., 2017），克服了以往衡量语言结构难度的标准不一致的问题。此外，基于学习者真实语料的数据分析也表明，学习者在学习过程中容易受到长距离依存关系的认知约束。但是，数据显示只有中低水平学习者会受长距离依存关系的限制而出现较多语言错误。一些研究发现，二语者的句法加工会受到一些相互联系的因素的制约，如工作记忆、二语熟练度及句法结构相似性等（常欣、王沛, 2015），所以，我们也试从这些方面对中低水平学习者在长距离依存关系中产生的错误加以解释。

语言理解、逻辑推理、心算加工等复杂认知活动都离不开工作记忆（Baddeley & Hitch, 1974）。前人通过一系列研究发现，人类工作记忆的容量大约为 4 个单位（Cowan, 2001; 陆丙甫、蔡振光, 2009）。所以，一旦认知负荷超过记忆限度，学习者的语言加工便会受到限制。然而，一些研究发现，二语熟练度和语言间结构相似性对二语者的工作记忆具有一定的调节作用（常欣等, 2017; 常欣、王沛, 2015）。从信息加工论的角度看，学习者二语熟练度的进步能够促进二语知识的整合并且内化为学习者中介语体系的一部分。这意味着对二语词汇、句法的读取和处理速度加快，在一定程度上减少对工作记忆的占用，从而提高语言处理的自动化程度。在本章研究中，由于中低水平学习者的英语熟练度较低，对英语中词的配价并不熟悉，还没有能力将所学语言知识进一步整合并内化为长时记忆的一部分，因此，语言处理时自动化加工所占比例不高，消耗的工作记忆容量较多。此外，很多研究也发现，语言加工存在句法结构相似性效应，即当一语和二语句法结构相似时，二语学习者在处理二语时与一语基本没有大脑活动差异，这表明句法结构相似性可以减少语言处理时的认知消耗。当学习者在处理与母语差别较大的句法关系时则会更多地依靠工作记忆（McDonald, 2006; 常欣、王沛, 2013）。由于英汉两种语言在词汇、语义和语法等方面存在一定的差异，中低水平学习者加工和处理英语时会占用一定的工作记忆。总之，中低水平的学习者很难对所学英语知识进行整合以减少认知消耗，当处理依存距离超过工作记忆限度的复杂句法关系时，学习者从记忆中提取支配词或被支配词来构建依存关系的过程便容易受到认知约束。因此，复杂句法结构的构建对于中低水平学习者来说存在困难，在高认知负荷条件下，他们还不能产出较多准确的复杂词间关系。

6.2.4.2 语言水平和依存距离对学习者错误的交互作用

研究结果表明，与中低水平学习者相比，高水平学习者在长距离依存关系中的错误率与短距离依存关系中的错误率没有明显的差别，这说明依存距离对学习者错误率的影响程度与学习者的二语水平有关。学习者英语水平的提高会弱化长依存距离对学习者的认知限制，特别是对句法错误的影响；高水平学习者在长距离依存关系中成分缺失、动词错误和介词冗余等句法错误明显减少。

我们主要从学习者二语熟练度提高的角度对语言水平和长依存距离对学习者错误产生的交互作用加以解释。首先，与中低水平学习者相比，高水平学习者由于二语熟练度较高，可以通过组块等认知策略对所学英语知识进行整合，提高语言加工自动化能力。由于认知资源的有限性，Miller（1956）认为，记忆能够把单个的信息组成更大的单位，以便检索和提取，这个过程的结果便是组块。在语言学习中，学习者并不是单独记忆某个单词的，而是常常将能建立联系的语言结构和搭配进行组合。组块作为短时记忆策略，把信息组织成较大的单位，扩大工作记忆的短时加工量，使之储存于长时记忆中。前人研究表明，信息以组块形式存储在记忆中可以在语言处理过程中对于这些词间关系的调取节省更多认知成本（宋德生，2002；王龙吟、何安平，2005），但学习者并非能对所有语言信息进行组块。以往研究表明，学习者是否会将二语中的某些结构或搭配进行组块记忆与学习者接受的输入频率和语言水平有关，即高频共现的语言组合常被当作语块存储和提取，并且高水平学习者往往对组块识别速度更快、错误率更低（吴继峰，2016；许莹莹、王同顺，2015）。其次，高水平学习者通过大量练习和实践，逐步掌握英汉两种语言的差异，对于与母语不一致的英语结构的自动化加工程度也会相对提高，减少了对工作记忆的依赖。

一些实证研究也证明，高水平学习者处理复杂句法关系的能力更强。一些基于认知神经科学的语言加工研究发现，当学习者的熟练度达到较高水平后，他们的二语加工会出现类母语的加工成分（常欣、王沛，2013；耿立波、杨亦鸣，2013；郭晶晶、陈宝国，2009），自动化加工的比例增大，释放了较多认知资源。另外，高水平学习者对英语知识的熟练程度增强，提高了处理复杂词间关系的能力，那些在学习过程中反复遇到的长距离依存关系，如复合句型、固定搭配、并列结构等，会成为存储在学习者大脑中的大量语言范例，应用和处理这些依存关系时并不会形成过高的认知负担。高水平学习者对长距离依存关系的构建能力提升，可以在一定程度上克服长距离依存所带来的认知负荷，降低在处理长距离依存关系时的错误率，这在一定程度上反映了学习者英语水平向本族语者渐进的认知过程。

6.2.4.3 学习者在长距离依存关系中的错误类型及原因分析

中低水平学习者在长距离依存关系中所产生的错误里，成分缺失、动词错误及成分赘余等句法错误均占比较大，而词汇错误中只有搭配错误占比相对较大。中低水平学习者在长依存距离复合结构中会频繁出现遗漏连接词、前后动词时态误用、介词冗余和介词搭配错误的情况。这说明，对中低水平学习者而言，具有较长依存距离的复合结构及英语介词的使用是较为困难的。对于中低水平学习者在长距离依存关系中容易出现的错误类型，我们将认知因素与传统错误分析方法相结合来进行更为全面的解释。

首先，学习第二语言需要大量可理解的二语输入，才能逐步将语言知识重构并且内化（Gass，1988）。不仅要确保学习者二语的输入量，还要提高学习者对输入语言的注意程度，才能促进二语的学习（N. C. Ellis，2002；洪炜、张俊，2017；马志刚，2012）。但是很多研究通过探究不同语言语料库中依存关系的依存距离分布规律发现，相邻词之间的依存关系（即依存距离为1）数量最多（J. Jiang & H. Liu，2015；刘海涛，2009；陆前、刘海涛，2016），也即人类语言中的大部分依存关系是建立在相邻词之间的，这是依存距离最小化的一大因素。由此可知，中低水平中国学习者通过课堂教学接受的二语输入中，长距离依存关系出现的频率可能很低。其次，二语学习者需接受可理解的语言输入。由于长距离依存关系产生的认知负荷大，学习者对复杂关系的理解存在困难（Gibson，1998，2000；Liu，2008a），因此，学习者很难将语言输入进行转化，构成自己的语言系统，在写作中也不能总是正确地输出长距离复合结构或介词搭配等内容。再次，学习者的二语错误也离不开母语的影响。学习者对母语和目标语之间语言距离的心理感知是影响母语迁移的关键因素（Kellerman，1979），一些基于依存句法的错误分析也表明，中低水平学习者的英语配价能力有限，对词的配价关系的理解含混不清（方绪军，2001；仲晶瑶，2010），中低水平学习者往往将汉语知识迁移到英语中去；再加上语言加工存在句法结构相似性效应，而汉语和英语对于连接词、时态、介词等的使用存在明显差异，故而在处理与加工时会消耗更多的认知资源。因此，在高认知负荷的条件下，中低水平学习者会倾向于省略必要的连接词，出现许多不符合英语语法规则的连缀句，而且出现前后动词时态不一致、介词误用和搭配错误等问题。

6.3　不同母语者的英语错误对比分析

语言处理的认知过程一直是研究的热点问题。前人研究普遍认为，在语言处理时需要先将最初的语言信息存入工作记忆，然后与后面出现的信息整合，以形成完整的词间关系。由于工作记忆等认知资源的有限性，词间距离越长，整合难度越大，工作记忆负担越重，从而妨碍语言的通达和使用（Gibson，1998，2000；Liang et al.，2017；H. Liu，2008a）。基于这种观点，不少研究发现，词与词之间句法关系的难度可能是造成语言处理和理解困难的原因之一（如Fedorenko et al.，2012；X. Jiang & Y. Jiang，2020；H. Liu，2008a；van Dyke，2007；van Dyke & Lewis，2003）。许多研究从不同角度证明，由于人的认知资源有限和省力原则的限制，依存距离最小化是人类语言的普遍特征（H. Liu et al.，2017），因此，依存距离可以测量和计算在语言处理上所需的记忆负荷（Hudson，1995），并且能够反映语言的动态认知负荷（H. Liu et al.，2017）。上一节的研究利用依存距离作为衡量指标，从二语写作中错误分析的角度发现，在长距离依存关系中，中低水平中国英语学习者会出现更多的错误。由此，我们得出的结论是，较长的依存距离会增加语言处理中的认知负担，从而导致二语写作中出现较多的错误，即当依存距离超过工作记忆负荷限度时，二语学习者在语言处理时会出现一定困难。但是，这一研究的对象仅限于中国英语学习者，如果想要得到更强有力的证据来支持这一结论，必须考虑来自不同母语的英语学习者的情况。

6.3.1　母语迁移研究综述

二语学习者在处理语言时除了依存距离（句法难度）外，还会受到母语等因素的影响。我们在前文提到过，二语熟练度和语言间结构相似性对二语学习者的工作记忆具有一定的调节作用。句子中词与词之间的线性顺序通常被用作捕捉语言类型学特征的方式（Greenberg, 1963; J. Jiang et al., 2019; H. Liu, 2010）。基于词序类型学，当学习者的母语与目标语差异较大时，便容易受到母语负迁移的影响，学习者可能会在二语中出现更多的错误。一些关于语言处理的认知心理学和神经语言学研究表明，学习者在处理和母语相似的二语句法结构时表现出与母语者相似的行为和神经活动模式（如 Bernolet et al., 2013; Tolentino & Tokowicz, 2011）。如果两种语言的基本句法特征相似，学习者可能会共享其母语处理中使用的工作记忆资源（Linck et al., 2014; Tokowicz & MacWhinney, 2005），这会触发母语的正迁移。当二者的基本结构不相似时，就会发生负迁移，此时学习者在二语处理过程中会更多地依赖工作记忆（Andersson et al., 2018; Mickan & Lemhofer, 2020）。这些研究表明，对于二语学习者来说，目标语中句法结构的认知难度可能会受到他们母语迁移的调节。

不同母语背景的英语学习者中介语可以用来检验母语迁移在长距离依存对学习者的认知负荷中是否起着调节作用。语言中的优势语序在一定程度上可以用来划分语言类型，常见的优势语序有 VO（谓语—宾语）和 OV（宾语—谓语）语序。比如，汉语和英语均被归类为 VO 语序为主的语言。在这两种语言的句子中，谓语动词通常在其宾语之前，而日语则被归类为 OV 语序为主的语言。如例（6.11）所示，日语中的宾语"リンゴ（苹果）"在动词之前，而汉语中的宾语"苹果"和英语中的宾语"apple"均在动词之后。这三个例句也表明，汉语、日语和英语都偏爱 SV（主语—谓语）语序。

  a. 汉语：我　吃　苹果。

  b. 日语：私は　リンゴを　食べます。

    （我）（苹果）　　（吃）。

  c. 英语：I　　eat　　an apple.

    （我）（吃）（苹果）。   例（6.11）

除了 VO 和 OV 语序外，关系从句和状语从句在句中的位置也常被用来区分不同的语言类型。比如，例（6.12）显示了汉语、英语、日语这三种语言中关系从句的不同位置。在日语和汉语中，当关系从句修饰名词（短语）时，一般位于被修饰名词之前，如例（6.12a）和（6.12b）所示，而关系从句在例（6.12c）的英语中则被置于名词之后。

　　a. 汉语：这是　　（明天 会议 使用 的）　资料。

　　b. 日语：これは　　明日の会議で使う　資料です。

　　　　　　这是　　　（明天会议使用的）　　资料。

　　c. 英语：This is the material which will be used in the meeting tomorrow.

　　　　　　这是　　　　资料　　（明天会议使用的）。　　　　　　　例（6.12）

　　就这三种语言而言，状语从句的使用相当复杂，如例（6.13）所示。连接词的使用是汉语和英语之间的显著差异之一。例（6.13c）中的状语从句由连接词"because"引导，这与例（6.13a）中对应的汉语句子不同。而在日语中，从句后面要附加连接助词和后缀（Suzuki & Thompson, 2016），以表达与状语从句的功能相关的目的、原因、时间、条件等概念。在例（6.13b）中，在从句中添加连接助词"から"来表示因果关系。这表明，在这三种语言中，状语从句的概念、结构和使用是不同的。

　　a. 汉语：天气　不好，我们　不　上山。

　　b. 日语：天気が悪いから、　山に登りません。

　　　　　　（天气不好）　　　　我们不上山。

　　c. 英语：We will not go up the mountain because the weather is not good.

　　　　　　我们不上山　　　　　　　（因为天气不好）。　　　　　例（6.13）

　　综上，可以假设，中日英语学习者在处理具有长依存距离的跨语言不同结构时会出现更多的错误，而在处理相似的结构时错误会减少。本节将详细说明依存距离、母语迁移和中介语错误之间的关系。本节采用依存距离作为衡量句法难度和语言处理认知负荷的指标。上述四种句法结构——主谓关系nsubj、动宾关系dobj、关系从句recl和状语从句advcl，可以从类型学上区分三种语言，因此，这四种跨语言句法关系可以作为影响学习者中介语错误的另一个变量。基于上述讨论，本节主要解决以下三个研究问题：

　　研究问题1：中日两国英语学习者在不同依存距离下的错误率如何分布？

　　研究问题2：中日两国英语学习者是否在长距离依存关系中会出现较多的错误？

　　研究问题3：母语迁移是否会影响中日英语学习者在长距离依存关系中产生的错误？

6.3.2　研究方法

6.3.2.1　语　料

　　所有的语料来自亚洲英语学习者语料库（Ishikawa, 2013）中中国和日本两个国家的英语学习者的英语作文。我们从每个国家的作文中随机选择了120篇，每篇作文都由两位在大学接受过良好训练的评分员从五个方面进行评分，包括文章内容、组织结构、词汇、语法以及衔接连贯。总分按公式（6.2）进行计算（Jacobs et al., 1981）。两位评分员之间总分的相关性较高（中国英语学习者：$r=0.872, p<0.001$；日本英语学习者：$r=0.853, p<0.001$）。对每篇作文，我们取两位评分员所给的平均分作为最后得分。接

着，我们分别将每个国家英语学习者的作文按照分数划分为低、中、高三组，每组包含 40 篇作文，总共 240 篇英语作文，总词数为 56248，具体信息如表 6.6 所示。

$$总分（权重\%）=\frac{内容}{12}\times30+\frac{组织}{12}\times20+\frac{词汇}{12}\times20+\frac{语法}{12}\times25+\frac{衔接}{12}\times5 \quad 公式（6.2）$$

表 6.6　中日不同英语水平学习者的英语作文基本信息

国家	英语水平	数量	总数	平均分	字数
中国	低水平	40		55.72	8982
	中等水平	40	120	64.54	9452
	高水平	40		75.37	10578
日本	低水平	40		55.83	8742
	中等水平	40	120	63.95	8901
	高水平	40		75.07	9593

我们对中日两国英语学习者的英语作文成绩分别进行单因素方差分析（One-way ANOVA）。结果表明，每个国家低、中、高三组水平的英语学习者的作文成绩之间均具有显著差异。单因素方差分析检验结果（图 6.14）表明，三个熟练程度之间的分数存在显著差异（中国英语学习者——低水平与中等水平：$p<0.001$；低水平与高水平：$p<0.001$；中等水平与高水平：$p<0.001$。日本英语学习者——低水平与中等水平：$p<0.001$；低水平与高水平：$p<0.001$；中等水平与高水平：$p<0.001$）。上述统计检验结果表明，对中日两国英语学习者的英语作文按照成绩进行分组的结果是可靠的。

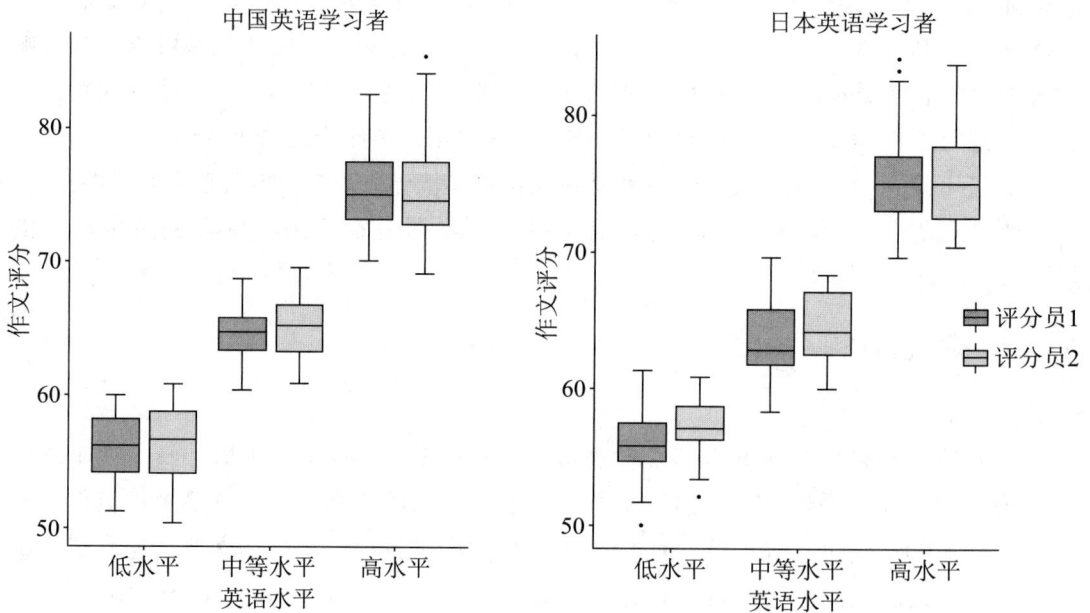

图 6.14　两位评分员的作文评分统计

6.3.2.2 依存关系类型分类

根据 6.3.1 小节，我们从中日英的跨语言结构中分别挑选出四类依存关系，分别为主谓、动宾、状语从句和定语从句。四种依存关系的细分类和标注见表 6.7。

表 6.7 四种依存关系及其标注

依存关系	依存树库中的标注	细分类
主谓 nsubj	nsubj	subject
	nsubjpass	subject in passive structure
动宾 dobj	dobj	direct object
状语从句 advcl	advcl	adverbial clause
定语从句 recl	acl:relcl	relative clause

6.3.2.3 数据处理

同 6.2.2.3 部分中我们对绝对依存距离长短划分的标准一样，我们仍将 ADD ≤ 3 的依存关系划为短距离依存关系，ADD > 3 为长距离依存关系，并按照公式（6.1）计算每篇作文中在长、短依存距离下的错误率。得出的数据则通过 SPSS 进行 3×2 的两因素混合方差分析，从而探讨依存距离和语言水平与二语学习者错误率的关系，并将中日英语学习者的统计结果进行比较。此外，我们分别计算中日英语学习者四种依存关系类型在长、短依存距离下的错误率，然后通过 SPSS 软件进行 4×2×3 的混合方差分析统计验证，从而探讨依存距离、母语迁移与学习者错误之间的关系。

6.3.3 数据分析与讨论

6.3.3.1 错误率分布

以往的研究表明，依存距离的分布具有一定的规律性（J. Jiang & H. Liu, 2015; H. Liu, 2008a）。本书第 5 章对 8 个年级中国英语学习者作文的依存距离分布的研究结果表明，二语学习者的中介语依存距离具有最小化倾向，依存距离分布符合齐普夫–阿列克谢耶夫模型。这是一个用于描写语言中各层级单位长度分布的统一模型。但是前人的研究多关注的是学习者正确的语言产出，忽略了学习者语言产出中的错误。由于人类认知资源的有限性和省力原则，依存距离的大小反映人类认知机制对句法结构关系的约束（H. Liu, 2008a），因此，探究学习者产出的语言错误的依存距离分布情况可以帮助我们进一步了解认知机制与语言结构的关系。由于依存距离大于 15 时错误的依存关系数量非常少，接近于 0，据此计算出来的错误率波动性较大，这样的数据不具有代表性，也不能证明数据的可靠性，因此，我们在这里仅统计了依存距离在 15 以内的依存关系中错误率的分布情况，如图 6.15 所示。

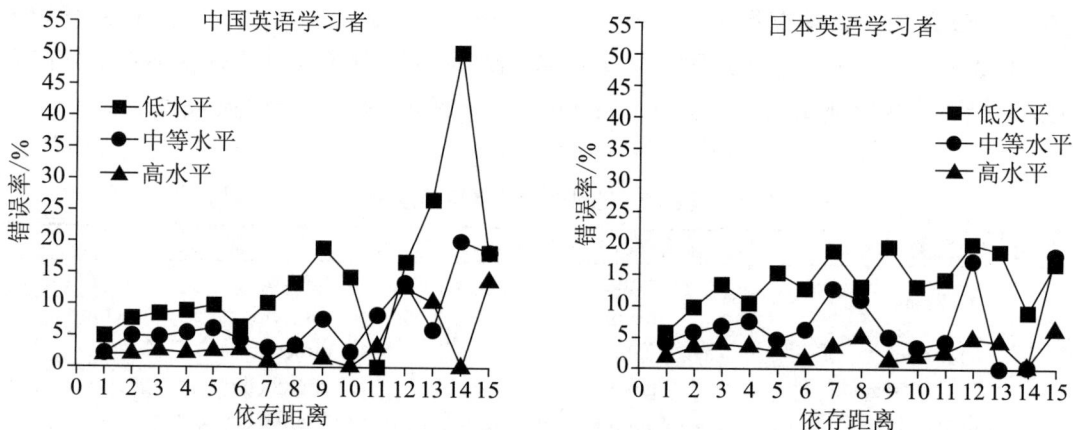

图 6.15　中日不同水平英语学习者不同依存距离的错误率分布

　　总体上看，两国中低水平英语学习者不同依存距离的错误率的分布不稳定，起伏波动很大，中低水平英语学习者的错误率分布大概呈现出波动上升的趋势，当依存距离达到 3 以上时的错误率较高。我们可以从图中看出，中日两国高水平英语学习者在不同依存距离下的错误率低于中低水平的错误率，高水平英语学习者错误率的分布几乎是一条直线，没有较大的起伏。由此可以初步推断，两国中低水平英语学习者在处理长距离依存关系时的错误率较高，存在一定的困难。依存距离、英语水平与学习者错误之间的具体关系还需要我们进一步进行统计验证。

6.3.3.2　依存距离、英语水平与错误的关系

　　3×2 的混合方差分析统计验证的描述性统计结果见表 6.8。

表 6.8　中日英语学习者在长、短距离依存关系中错误率的描述性统计

学习者	英语水平	数量	依存距离	M	SD	R
中国英语学习者	低	40	短	0.099	0.032	0.141
			长	0.134	0.083	0.443
	中	40	短	0.060	0.025	0.095
			长	0.086	0.051	0.281
	高	40	短	0.037	0.018	0.080
			长	0.032	0.027	0.109
日本英语学习者	低	40	短	0.121	0.043	0.186
			长	0.173	0.071	0.314
	中	40	短	0.073	0.029	0.122
			长	0.095	0.046	0.189
	高	40	短	0.044	0.019	0.079
			长	0.046	0.034	0.125

中日不同水平英语学习者在长、短距离依存关系中的错误率情况见图6.16。

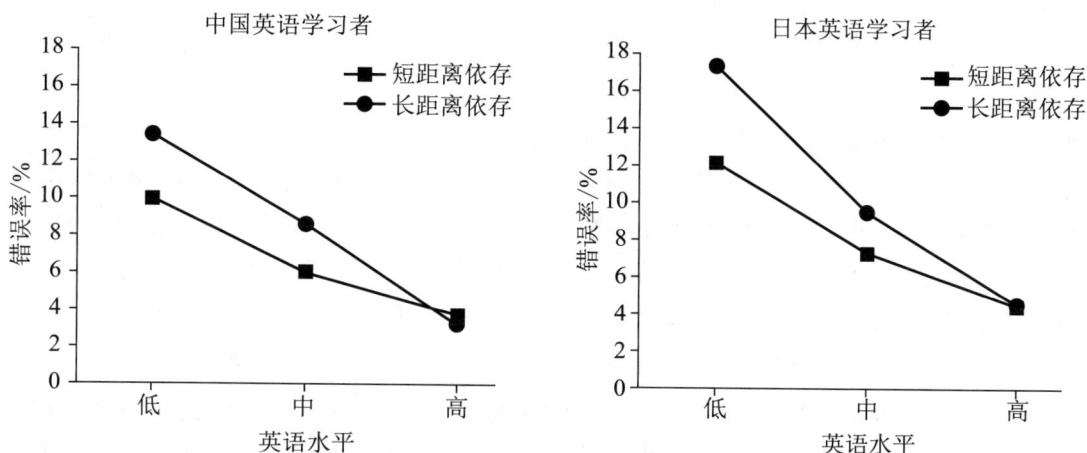

图 6.16 中日不同水平英语学习者在长、短距离依存关系中的错误率

由图6.16可知，随着英语水平的提高，中日英语学习者在英语写作中的错误率整体上呈下降趋势。依存距离和英语水平对两个国家英语学习者的错误率的交互作用显著[中国：$F(2, 117)=6.405$，$p=0.002$，$\eta_p^2=0.099$；日本：$F(2, 117)=13.124$，$p<0.001$，$\eta_p^2=0.183$]，英语水平对中日两国英语学习者的错误率影响的主效应显著[中国：$F(2, 117)=49.685$，$p<0.001$，$\eta_p^2=0.459$；日本：$F(2, 117)=80.364$，$p<0.001$，$\eta_p^2=0.423$]，并且依存距离的主效应也显著[中国：$F(1, 117)=15.235$，$p<0.001$，$\eta_p^2=0.115$；日本：$F(1, 117)=37.797$，$p<0.001$，$\eta_p^2=0.244$]。上述结果与前几节的发现一致，说明依存距离、英语水平与学习者错误之间存在一定的相关性，并且中日英语学习者作文中错误的发展和变化趋势存在一定差异。

对英语水平的简单效应检验显示，中国英语学习者的错误率随着英语水平的提高显著下降（短距离依存——低水平与高水平：$p<0.001$；中等水平与高水平：$p<0.001$；低水平与高水平：$p<0.001$；长距离依存——低水平与中等水平：$p=0.001<0.05$；中等水平与高水平：$p<0.001$；低水平与高水平：$p<0.001$）。同样，对日本英语学习者的简单效应分析的结果表明，高水平英语学习者的作文错误率也较低（短距离依存——低水平与中等水平：$p<0.001$；中等水平与高水平：$p<0.001$；长距离依存——低水平与中等水平：$p<0.001$；中等水平与高水平：$p<0.001$）。综合来看，中日高水平英语学习者的高准确率与英语水平的提高密切相关。总体上来看，中日两国英语学习者的错误率随着英语水平的提高而显著降低，写作的准确性提高。

另一项对依存距离的简单效应分析表明，两国中低水平英语学习者由长距离依存关系引起的错误率明显高于由短距离依存关系所引起的错误率（中国英语学习者——低水平：$p<0.001$；中等水平：$p=0.002$；日本英语学习者——低水平：$p<0.001$；中等水平：

p=0.002）。对于两国高水平英语学习者来说，并未发现长、短距离依存中的错误率存在显著差异（中国英语学习者：p=0.551；日本英语学习者：p=0.860）。从图6.15也可以看出，随着英语水平的提高，长、短距离依存关系中的错误率之间的差距逐渐缩小。

6.3.3.3 母语迁移、依存距离和错误率的关系

两个$4 \times 2 \times 3$的混合方差分析结果显示，依存类型、英语水平和依存距离对中日英语学习者的错误率没有显著的交互作用（中国英语学习者：p=0.378；日本英语学习者：p=0.241）。同样，依存类型与英语水平之间也没有交互作用（中国英语学习者：p=0.391；日本英语学习者：p=0.121）。值得注意的是，依存类型对错误率的主效应显著[中国英语学习者：$F(3, 115)$=3.416，p=0.020，η_p^2=0.082；日本英语学习者：$F(3, 115)$=3.312，p=0.023，η_p^2=0.080]。依存距离对错误率的主效应也显著[中国英语学习者：$F(1, 117)$=14.426，p<0.001，η_p^2=0.110；日本英语学习者：$F(1, 117)$=13.827，p<0.001，η_p^2=0.106]。在两组英语学习者中，依存距离与依存类型二者之间的交互效应也是显著的[中国英语学习者：$F(3, 115)$=11.025，p<0.001，η_p^2=0.233；日本英语学习者：$F(3, 115)$=9.440，p<0.001，η_p^2=0.198]。表6.9展示了该分析的描述性统计结果。

表 6.9 中日英语学习者不同依存关系类型在长、短距离依存关系中错误率的描述性统计

依存类型	依存距离	中国英语学习者			日本英语学习者		
		M	SD	R	M	SD	R
nsubj	短	0.035	0.049	0.238	0.038	0.050	0.222
	长	0.033	0.077	0.333	0.047	0.111	0.714
dobj	短	0.052	0.081	0.444	0.081	0.100	0.500
	长	0.021	0.065	0.333	0.064	0.182	1.000
recl	短	0.025	0.111	0.667	0.032	0.118	0.500
	长	0.093	0.257	1.000	0.106	0.255	1.000
advcl	短	0.013	0.102	1.000	0.008	0.091	1.000
	长	0.114	0.230	1.000	0.080	0.154	1.000

图6.17呈现了中日英语学习者的四种依存关系在长、短依存距离下的错误率。从图中可以看出，中日英语学习者并不总是在长距离依存关系中出现更多错误，长依存距离对中介语错误的影响程度因依存关系类型而异。因此，有必要进行进一步的简单效应分析，从而明确长依存距离如何影响每种依存关系类型的错误率，并对比中日英语学习者每种依存关系类型在长、短距离依存关系中错误率的异同。

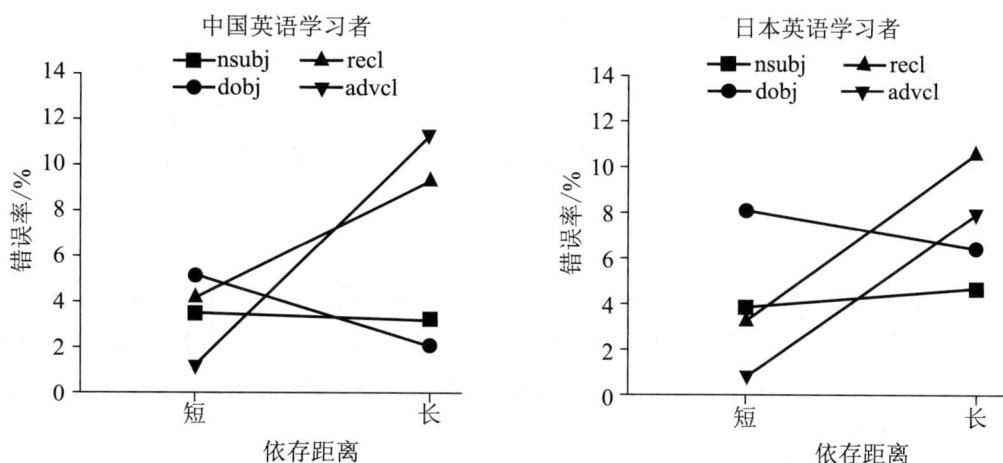

图 6.17 四种依存关系在长、短依存距离下的错误率

简单效应分析的结果如表 6.10 所示。

表 6.10 中日英语学习者在长、短距离依存关系中不同依存关系类型的简单效应分析结果

学习者	依存关系	p	η_p^2	F
中国英语学习者	nsubj	0.750	0.001	0.102
	dobj	0.001	0.087	11.179
	advcl	0.000	0.137	18.600
	recl	0.008	0.058	7.184
日本英语学习者	nsubj	0.451	0.005	0.570
	dobj	0.333	0.008	0.944
	advcl	0.000	0.166	23.362
	recl	0.004	0.069	8.612

　　首先，对于中日英语学习者来说，他们在长距离 advcl 和 recl 上的错误率均显著高于在短距离上的错误率（中国英语学习者——advcl: $p<0.05$; recl: $p=0.008$; 日本英语学习者——advcl: $p<0.05$; recl: $p=0.004$）。这个结果在一定程度上证明，当学习者在处理跨语言有差异的依存关系时，由长距离依存引起的错误率会显著增加。其次，一方面，中国英语学习者在处理长距离 dobj 时的错误率显著降低（$p=0.001$），在处理 nsubj 时，长、短距离依存关系之间的错误率没有显著差异（$p=0.750$）；另一方面，日本英语学习者在处理长、短距离的 nsubj 时错误率没有显著差异（$p=0.451$）。这意味着跨语言相似的句法结构特征会减轻工作记忆负荷，母语正迁移调节了长距离依存关系所带来的认知和语言处理难度，因此，学习者在处理长距离依存关系时的错误率并没有显著高于，甚至还会显著低于处理短距离依存关系时的错误率。以上结果都为前人的研究发现提供了新的支持（如 Andersson et al., 2018; Linck et al., 2014; Mickan & Lemhofer, 2020; Tokowicz &

MacWhinney, 2005）。最后，唯一出乎意料的发现是，虽然日语是OV占主导语序的语言，而英语是VO占主导语序的语言，但是日本英语学习者在处理长、短距离的dobj时错误率并没有显著差异（p=0.333），也就是说，此时跨语言有差异的句法结构并没有触发长距离依存关系可能会带来的错误率的升高。这一点在以后的研究中值得深入挖掘。

6.3.3.4 讨 论

通过上述对中日两国英语学习者的数据分析，我们发现，尽管两国英语学习者的错误率变化有一定程度上的不同，但是中日英语学习者的错误率都随着英语水平的提高而呈显著下降趋势。两国中低水平英语学习者在处理长距离依存关系时的错误率都显著高于处理短距离依存关系时的错误率。当学习者达到较高的英语水平后，他们在长距离依存关系中的错误率与短距离依存关系中的错误率没有显著差异。因此，我们可以基于6.2.3.1部分的发现，更加肯定地得出以下结论：不同母语背景的人在学习英语时都会受到人类普遍的认知机制的约束，即长距离依存关系对中低水平英语学习者错误率会产生显著影响。由于工作记忆资源的限制，中低水平英语学习者在处理长距离句法结构时，在检索已经存储在记忆中的单词时往往要承担较高的认知负荷（Gibson, 1998, 2002），因此，记忆力会下降或受到干扰，导致语言处理困难（Dobrić et al., 2021; Fedorenko et al., 2013; H. Liu, 2008b; H. Liu et al., 2017）。中低水平英语学习者作文中长距离结构的较高错误率可能反映了有限工作记忆资源对语言结构的约束，因此，长距离依存可能是中低水平英语学习者写作错误的主要原因之一。此外，依存距离对二语学习者错误率的影响程度依赖于学习者的二语水平。高水平二语学习者由于二语熟练度的提高，一方面加强了对二语知识的组块记忆，提高了二语自动化加工水平（Hou et al., 2018）；另一方面逐渐克服了母语对二语的干扰，减少了二语处理的认知成本，从而增强了处理复杂句法关系的能力，在一定程度上摆脱了长距离依存关系对二语学习的制约。因此，中日高水平英语学习者写作错误率的显著下降可能揭示了他们在二语学习过程中认知机制的变化。

依存关系类型调节了长依存距离和学习者错误之间的关系，即学习者并不是在所有长距离依存关系中一定会出现更多的错误，这与依存关系的类型密切相关。第二语言学习者的学习过程受其母语语法系统的影响。英语中的nsubj结构对于中日英语学习者来说是一个与他们母语相似的句法结构，词序的相似性在跨语言句法启动中起着促进作用（J. A. Hawkins, 2004），学习者可以共享他们在母语处理中使用的工作记忆资源（Linck et al., 2014; Tokowicz & MacWhinney, 2005）。当nsubj的依存距离超出工作记忆的有限容量时，由于母语的正迁移，两国英语学习者很可能将母语的语法规则应用于对英语句法的处理中，以避免额外的认知成本。在这种情况下，他们处理此类句法信息相对容易。这可以解释为什么他们在长距离的nsubj错误率没有显著增加。然而，在句子处理的研究中，如果学习者的母语和目标语之间的词序不同，这类句法结构将表现出更大的处理难度（Andersson et al., 2018; Mickan & Lemhofer, 2020）。因此，中日英语学习者由于不熟悉英语中 advcl 和 recl 的依存关系，不得不承担较高的认知负荷。他们在处理写作中的跨语言结构差异时存在较大处理困难，从而出现了更多的错误。

此外，日本英语学习者作文中 dobj 的数据结果非常有趣。因为对于日本英语学习者来说，他们的母语的基本词序与英语是不同的。日语是典型的 SOV 主导语言，而英语是 SVO 主导语言，因此，英语中的 dobj 被视为与日本英语学习者的母语不同的结构。然而，其错误率在长距离依存关系中并未显示出显著增加。这一结果可能与二语输入的频率有关，因为结构的较高输入频率可能也会降低这种长距离依存关系的处理难度（Berghoff, 2020; H. Liu et al., 2017）。VO 序列作为英语中的基本词序，与其他结构（状语或关系从句）相比，具有更高的频率输入。由于不同英语结构的输入频率不平衡，与其他结构相比，日本英语学习者可能更快地适应英语的 VO 词序。因此，这在一定程度上表明，母语迁移对学习者作文中由长距离依存关系引起的错误的影响并不绝对。

与前人研究相比，本研究中长距离依存关系的高错误率证实了距离效应（distance-based account）在二语学习中的普遍影响。这种效应即使在简单的结构中也存在，而这一点在以前往往是被忽视的。不过，我们的研究结果也表明，长距离依存结构对学习者而言并非一直都是棘手的问题，而是可以通过母语正迁移的积极作用进行调节的。在母语正迁移的影响下，学习者会减少中介语长距离依存关系中的错误，甚至完全避免。此外，日本英语学习者作文中 dobj 结构的错误率结果使得我们可以推断，语言经验或输入频率对二语学习者处理长距离依存关系具有积极的作用。当然，该推断还需要进一步的研究和验证。

上述研究结果说明，学习者似乎拥有一个认知生态系统（de Bot et al., 2007），包括与语言学习相关的内部和外部因素。受限于工作记忆，每个因素的变化可能导致分配给其他因素的认知资源的可及性和分布出现差异。从这个意义上说，相互关联的因素需要相互配合才能逐渐适应认知约束（Köhler, 2005b; H. Liu et al., 2017）。基于学习者的真实语料，本章研究在很大程度上验证了认知难度和母语迁移可能与潜在的学习者错误相关，这在一定程度上揭示了二语学习过程中认知机制的发展和变化。因此，错误分析需要超越传统的语内和语际迁移分析，或者至少将学习者中介语中出现的错误看作普遍认知机制下多方面因素之间共同作用的结果。

6.4 结　论

本章以依存距离为认知负荷（词间关系距离）的衡量指标，结果证明，长依存距离对中低水平学习者英语写作限制较大，二语水平和语言句法相似性对学习者的工作记忆具有一定的调节作用。具体而言，中低水平学习者在处理长距离依存关系时，二语熟练度低和句法差异会导致高认知负荷，从而出现较多错误。与中低水平学习者相比，高水学习者一方面二语熟练度高，能够采取组块等短时记忆策略，对长距离依存关系的识别和运用能力更强；另一方面，能够在一定程度上克服母语负迁移的干扰，从而减少错误出现的频率。中低水平学习者在长距离依存关系中受认知约束、输入频率和母语迁移的影响，容易出现成分缺失、动词错误等句法错误。我们基于依存距离开展错误分析的尝试，一方面克服了以往语言结构难度衡量标准不统一的问题，表明复杂的词间关系不仅影响语言的理解和加工，对语言习得也具有约束作用；另一方面，也为探究复杂词间关系对学习者语言错误的影响提供了量化分析的方法，使研究不再局限于传统二语错误研究的对比分析、错误分析和迁移理论的范式。词间关系的难度也是造成学习者语言错误的因素之一，是由学习者的认知机制制约导致的。这为错误分析提供了新的研究视角。从错误分析的角度探究学习者在学习复杂词间关系过程中的认知约束，有利于进一步挖掘隐藏于错误中的中介语发展的认知机制。

虽然本章从认知角度探讨了复杂词间关系、二语水平、语言结构相似性和二语学习者错误的关系，在一定程度上揭示了二语学习的认知规律，但是由于种种限制，我们目前对中国英语学习者在写作中产生的错误的研究还存在一定的不足：

第一，二语习得是一个非常复杂的过程，涉及母语、目标语、学习者、教师、认知等多方面因素，我们目前的研究仅探讨了依存距离、二语水平、语言相似性与学习者错误的关系，而这四者间的关系是否会受到二语习得过程中其他因素的影响、什么因素与学习者错误的相关性较高等问题都是亟待解决的。未来的研究可以考虑将多个因素结合起来进行分析，从而更全面地探讨语言习得和发展的过程。

第二，我们研究选取的样本比较集中。从初一到大学的英语学习者都来自同一个省份。由于中国各省市的英语教材、教学环境、教师水平以及教学方式等存在一定的差异，因此，我们研究选取的作文样本存在一定的局限性。如果要更全面地反映中国英语学习者二语学习的情况和发展过程，未来的研究可扩大语料样本的选取范围，覆盖中国大部分省市的英语学习者。

第三，为了研究和分析的方便，我们对于错误的分类可能不够精确。梳理以往的研究，我们发现，学界对学习者错误的分类各不相同，存在一定的争议性。学习者错误的分类间接影响着对错误原因的分析。我们的研究将学习者错误类型分为词汇和句法错误，词汇错误分为四种类型，包含九个细分类，而句法错误分为五种类型，包含八个细分类。我们后续对错误的分析多是基于四种词汇错误和五种句法错误进行的，着重研究所占比例较高的错误类型，对细分的错误类型关注度不是很高。

第四，虽然我们将认知因素和传统错误分析结合，对学习者在长距离依存关系中的错误原因进行了分析，但是对于错误的解释依然不够全面，比如忽略了学习者的一些可能的影响因素：动机、性格、态度和学习策略等。未来的研究可以将这些因素考虑进来，进一步分析学习者在长距离依存关系中容易出现的一些错误类型的原因。

本章研究的结果表明，二语学习者的一些错误具有一定的规律性，教师可以适当调整英语教学策略来弱化认知机制对英语初学者的约束，促进学习者对复杂词间关系的掌握。

第一，要通过真实的语言资料增加目标语言的输入。我们的研究发现，学习者在长距离依存关系中的错误与二语输入量存在关联。由于依存距离最小化倾向，人类语言中的长距离依存关系所占比例较小，因此，中国英语学习者在英语教材和课堂学习中接触到的长距离依存关系较少，如此，学习者对难度大的英语句法结构的学习就会存在困难。输入不足将不可避免地导致母语负迁移——因为输入不足，学习者大脑中可用的词汇量、句型以及固定表达方式较少，从而倾向于借助母语的帮助。因此，可以通过增加英语阅读量的方式提高对学习者的英语输入。阅读和写作互相联系，并且能够互相促进。阅读是增加学习者对目标语接触程度的最有效方法之一，通过大量英语阅读，学习者能够扩大自身的词汇、句型储备，提高英语运用能力。此外，教师也要注意引导学习者对长距离依存关系的理解，帮助学习者更好地理解英语中的复杂句法结构，并逐渐内化为中介语体系的一部分，从而减小错误的发生率。

第二，我们的研究也发现，中国英语学习者的语言产出错误与母语迁移有联系。在长距离依存关系中，学习者对英汉存在差异的句法结构的加工存在困难，错误率占比较大。以往的研究都表明，中国英语学习者在学习和应用英语时在一定程度上都会借鉴汉语思维，母语迁移是不可避免的（郭晶晶、陈宝国，2009）。因此，教师在平时的英语教学中应该考虑英语和汉语句法结构与语义等方面的差异，使学生加强对英语中与汉语不同或独有的句法结构的训练，提高对英语和汉语差异的敏感度。此外，教师应尽可能标注出学习者受母语迁移影响导致的错误，并对这些错误进行详细的分析，归纳出一些纠正错误的方法，以帮助学生尽量避免受到母语负迁移的影响。

第三，教师可以有意识地采用语块、词块等教学方法，加强对学生的记忆引导和训练，从而促进他们的英语学习。不少研究者通过对照实验等方法发现，组块或语块教学在一定程度上可以提高学习者在英语词汇习得、阅读、写作等方面的能力（宋德生，2002）。我们的研究也发现，中低水平学习者的英语熟练度不高，他们对语言处理多是控制性加工，会消耗过多的工作记忆，因此，在处理认知成本较高的长距离依存关系时，没有足够的认知资源，容易出现错误。高水平学习者由于二语熟练度提高，不再逐个处理句子中的单词，而是采用组块等短时记忆策略扩大短时信息处理的容量，此时的语言处理多是自动化的，降低了认知负担。所以，我们认为，英语教学中可以采用语块、词块等方式，加强学习者在不同语境提取正确词块和语块的能力，克服认知加工的限制，从而提高英语学习的水平。

第四，由于依存句法和配价理论注重句法形式与语义关系之间的联系，教师在教学过程中应该强调词的配价，让学习者了解每个词的与其他词组合的条件及限制。方绪军（2001）曾提出，应该在语言教学活动中贯彻配价观念，不仅让学生了解词语的意义，还要让他们了解各个词语与其他词语组合构成依存关系的能力，从而促进学习者建立起正确的中介语系统。因此，不可忽视的就是加快对配价词典的编纂、引入和在外语教学中的应用。心理语言学认为，人脑中存在着类似于词典的心理词汇，每个词汇项目都详细标明一个词与其他词结合的句法和语义等方面的条件，以及这个词究竟能与哪些词结合，可以运用到什么语境下。心理词典（库）有助于学习者将外语的各种规则归纳到自己的中介语体系中，并且使各规则相互联结，形成一个复杂的网络体系。J. Gao 和 H. Liu（2020）通过研究提出了编纂汉语配价词典的方法和规则，为外国汉语学习者提供了学习汉语的工具。所以，我们认为，在我国英语教学中也应该引入英语配价词典作为英语教学的辅助工具。然而，要想编撰出适合我国英语学习者使用的配价词典，首要的是对学习者中介语配价的发展变化规律有所了解，本书下一章将尝试从配价的角度揭示二语学习者中介语的发展过程，从而探讨中介语动词配价的分布特征和发展趋势。

7　中介语中的动词配价发展

7.1　引　言

我们在上一章探讨了二语水平、依存距离、母语迁移与中日英语学习者写作中错误率的关系，得到了许多有趣、有意义的发现。其中有一项发现是中日英语学习者二语水平的提升会减轻工作记忆的负荷，因此，高水平学习者在长依存距离下的错误率并没有显著升高。对此，我们认为，一个非常重要的原因可能是高水平学习者对词汇配价的了解逐渐加深，也就是他们更加了解一个词可以和其他词构成依存关系的条件、形式和能力。这可以有效克服认知机制对工作记忆的约束，调节长依存距离所带来的语言学习、理解和产出的困难。可见，了解不同水平的二语学习者对于词汇配价知识的掌握情况和发展特征十分有意义，不仅是对上一章结论的重要补充，也能够让我们更进一步地了解二语学习者的中介语系统。这是我们在本章的主要研究内容和目的。

配价作为单个词汇单位的属性，是一种对词项针对性较强的具体化描述，而非抽象的概括。配价结构之中涵盖了句法和语义特征（Herbst, 2011），这些信息并非在每一种词汇搭配结构中都能有所覆盖。据分析，一些搭配结构的形成机理并不能单纯从句法或者语义的角度给予解释。一些词汇在语义上比较相近，但其句法结构却不完全相同（比如动词"provide"与"offer"都有"提供"之意，但它们的使用结构不同，前者为"provide somebody with something"，而后者为"offer somebody something"）；还有一些词汇虽然使用的是相同的搭配结构，但是在意义上却相差甚远。这种情况需要视具体词汇来进行具体分析，而配价理论正好提供一种适用的分析框架。鉴于以上特点，我们认为，可以将配价理论应用于词汇搭配的分析之中，基于具体词汇对该类语言现象进行深入细致的探索。

搭配的使用能够反映语言使用的能力水平，这点在外语学习者的中介语中较为突出。不同水平的学习者对于搭配结构的掌握有明显的差异。前人研究（如Durrant & Schmitt, 2009; Laufer & Waldman, 2011）发现，外语学习者使用的词汇搭配与这门语言的母语者有许多不同之处。传统的语言搭配类研究虽然已经取得了诸多有意义的成果，但使用的研究方法仍然存在一些缺陷，需要进一步完善与拓展，而配价理论就可以作为搭配研究的分析框架。因此，我们尝试把配价理论与中介语中的搭配结构相结合，旨在探讨不同阶段的中国英语学习者所使用的配价结构是否存在一定的发展趋势，力图从新的研究视角突破前人相关研究的局限，拓展词汇搭配的分析方法，以期能够对英语学习者写作能力的培养与语言水平的提高有所启示

7.2 配价理论及其相关研究

本节，我们梳理配价理论的起源、发展、核心概念以及相关的应用研究，突出该框架不同于其他理论之处和适用于搭配分析的特点，为后面的实证研究奠定基础。

7.2.1 配价理论的起源、发展与核心概念

在化学领域，配价指原子的组合能力，即与多少个原子结合以形成某种化合物的能力。这一概念体现了以某个成分为核心而建立起一个组合的思想。泰尼埃借用这个化学概念，把它引入了语言研究之中。最初他只将配价用于动词的分析（Ninio, 2006），把句子中的动词视为对行为、事件等过程的一种描述，而其余的成分则提供了关于这个动词的一些细节，如实施行为的人、行为发生的环境等。泰尼埃将这些不同成分进行了分类，并用化学原子来类比动词，认为动词带着"钩子"来吸引那些依附于它的成分，决定了一个句子中这些成分出现的数量以及形式。从这样的描述中，我们可以看出动词在一个句子形成过程中的重要地位。一个动词的配价源于其自身的词汇意义，而句子则可以说是配价的一种句法属性（刘海涛，2009）。泰尼埃提出的配价思想的重要意义在于，他让配价的相关核心概念成了一套基于词汇的语法框架，还阐明了价的具体特点、成分类别的划分等细节。这些处理方法为后来配价理论的发展起到了非常关键的启示作用。

有关配价理论起源的讨论离不开依存句法。对于二者之间的关系，不同的定义框架表现出了不同的观点。一些学者认为，配价是依存句法的理论基础。配价不仅指词与词的结合潜力，也指把句子中各种成分组成一个整体的凝聚力，这一点在动词的配价上尤为突出（刘海涛，2009）。依存表示的是句子中所包含的各个部分之间的关系，这些关系来自句中单个词汇的配价（Faulhaber, 2011）。在依存关系中，核心词被称为支配词，其配价结构中的其他成分被称为从属词。从这些名称上就可以看出词之间的依存关系。这样的研究框架通常将配价理论作为依存句法的一个部分来进行描述，目标是建立一个基于配价的语法体系。也有一些研究者在讨论配价时并没有联系依存句法。如德国的莱比锡学派，他们致力于编撰配价词典，并将之应用于语言教学，与依存句法的发展没有太多的关联。对于依存关系中哪个是支配的一方，哪个是依附的一方，有时也难以确定，由此，一些学者在提到配价时不会强调词汇之间的依赖关系（Matthews, 2007）。

配价理论自提出以来经过了一系列的发展，在不同理论框架的影响下，产生了许多变化，不同学术派系或研究领域也有各自的特点。国内有许多学者将配价引入汉语研究中，并形成了一套分析框架。配价在国内学术文章中最早出现于 20 世纪 70 年代。在

泰尼埃思想的影响下，结合汉语的语言特征，语言学家开始讨论配价类别的区分、价的确定等根本问题，并将这些理论基础知识应用于实际的语言现象分析中，硕果颇丰。到20世纪90年代末、21世纪初，国内出版了一些关于配价的研究专著，如《汉语动词的配价研究》（袁毓林，1998）、《配价理论与汉语语法研究》（沈阳，2000）等。后来，国内学者逐渐把配价理论与其他语法理论相融合（包括生成语法、构式语法、认知语法、功能语法等），使之相互补充。这样的做法不仅加强了各种理论观点之间的交流与衔接，也对配价理论本身的深入发展起到了推动作用。在理论应用方面，呈现出了多样化的趋势，研究的对象不再局限于汉语，还涉及少数民族语言，研究方法从共时研究发展到了历时研究，研究领域从单纯的句法范畴扩展到了语言教学、认知心理等，体现出了配价理论跨学科性质的研究价值。

在欧洲配价理论体系的基础上，国内学者提出了一些自己创新的配价分析框架，其中非常具有代表性的就是概率配价模式（刘海涛、冯志伟，2007）。在传统意义上，配价体现的是词与其他词结合的能力，而这些词所指范围到底有多宽则一直没有定论。也就是说，人们对于价的判定方法总是持有不同的意见，如补足语与说明语是否都可以算作配价结构中由核心词所决定的成分，是否有必要区分必要成分、非必要成分等。针对这些广受争论的问题，概率配价模式从真实语料出发，用概率数据来支撑分析中所做出的判断，脱离仅限于理论上的抽象讨论。配价被视为一种潜力，在使用语言时得以实现，表现为词汇间的依存关系，这些关系在语料库中的概率分布是有差异的，基于统计数据，我们就可以判断一个词支配其他词的能力以及该词受其他词支配的能力。

不同的派系对于配价理论的发展都做出了重要的贡献，尤其突出的是德国学界。在20世纪60年代末，格哈德·黑尔比希（Gerhard Helbig）出版了一系列配价词典，不仅有动词的，还有形容词的、名词的。到了90年代，黑尔比希还编撰了一些教科书，加深了人们对配价理论的了解。另外一位德国早期的代表是乌尔里希·恩格尔（Ulrich Engel），他在有关德语语法的著作中主要介绍了依存句法的核心思想，并且编撰了德语配价词典。这些学术成果被广泛应用于德语的对外教学。配价理论代替传统的语法理论来描写语言现象并指导教师与学生开展教学实践，这样的实践同时也反哺了配价理论的发展。除了词典和专著之外，德国的许多学者也发表了许多有关配价的文章，还出版了论文集。这些研究探讨了德语的句法、词汇的配价特点、语言自动处理等内容，研究者不仅针对德语，还对英语、法语、罗曼语族内其他语言等进行了分析，逐渐拓宽了德国配价研究的对象以及领域。无论是对语言词汇现象的研究，还是在理论层次上的探索，有关配价的一些基本概念划分标准的讨论一直都备受关注，其中包括补足语和说明语的区分、各种补足语类型的必要程度的探讨等。通过不断的探索与讨论，德国的学者们慢慢建立起了一套较为完整的配价体系。

在此我们以托马斯·赫布斯特（Thomas Herbst）为代表，介绍其配价分析框架的主要概念与核心思想。总体来说，整个框架中最基本的概念包含以下几条（Herbst &

Schüller，2008）：1）一个词语单位具有配价的属性，如果它打开了一个或几个配价空位，这些空位由补足语来填补；2）在形式层次上，配价空位通过补足语来进行描写，补足语可以是一个短语或者是从句；3）在语义层面上，配价可由参与者或参与者角色来表示，它描绘了补足语的语义功能；4）配价空位对补足语有选择性，即不是所有的配价空位都必须有补足语填充；5）说明语不被纳入配价结构当中。

在这些基本原则之上，区分补足语和说明语的方法是配价理论中非常核心的一个问题。Herbst（2014）的标准有两条：1）一个成分的形式或在小句中的位置由配价携带词所决定；2）只要配价核心词被使用时，该成分必须出现。满足其中一个条件的这个成分就可以被称为补足语。相应地，当一个成分的形式或在小句中的位置不为配价携带词所决定，或者它并不能填充一个必要的配价空位时，这个成分可被归为说明语。补足语是配价空位在形式上的实现方式，因此，在分析过程中可通过短语、各种类型的从句来表示。加入语义因素之后，可用语义角色来表示施事、受事、受益者等。同一个补足语成分可以根据研究目的，在不同层面上加以标注。赫布斯特的配价框架包含了主语成分，这体现了补语的句法功能，添加这个因素的原因在于主语的形态与谓语动词的句法形态有关联，且对补足语出现的必要性也存在着影响（如祈使句、非限定性从句等句型中主语可省略）。在对实现配价的补足语中区分了主语之后，Herbst和Schüller（2008）提出，一个句子可以由主部和谓部两个部分组成，分别标记为主语补足语单位、谓语中心词单位和谓语补足语单位。第一个单位指作为配价携带者的一个动词中心词的主语补足语，第二个单位指这个动词中心词以及可能出现的助动词，第三个单位指这个动词的另一个补足语。此外，如果句子包含了说明语成分，可标记为说明语单位。

如前所述，德国学术界在配价理论上的一个非常突出的贡献就是编撰配价词典。在不同的词典当中，编写者会采用不同的配价描写框架。下面我们以Herbst等（2004）出版的英语配价词典为例进行介绍，并为本研究后面分析的展开打下基础。整个词典收录了英语中常见的动词、形容词和名词，每个词项中通常包含以下信息：1）一个词或一个词义之下的配价模式；2）一个词用在某种模式中时表达的意义；3）在这些模式中出现的其他词，包括搭配范围和语义角色；4）模式之间在意义、搭配范围及频率方面的差异。对于补足语的描写可分为两种类型：定量配价和定性配价。前者指一个词在语句中出现所需要的补足语的数量，后者关注的是补足语的各种特征。有关补足语成分的数量，词典中给出了在主动与被动语态下可能出现的最小以及最大价数。如一个动词最少需要一个补足语，其最小价就是一价；最多带三个补足语，则最高价为三价。除了数量之外，词典还给出了补足语可能呈现出的句法形式（短语、不定式、从句等）、所搭配的介词、成分的必要性、语义角色，并为每个类型配以一些例句。补足语的组合形式以配价模式的方式列在每个词项之下，用句法范畴来表示，介词被单独列出。当动词是一个一价词时，即补足语只有主语，则不会再单独给出其配价模式。名词以及形容词中的一些简单常见搭配也采取了类似的处理方式。一个词有不同语义之分时，会用不同的标识加以区分，其配价模式也会分列在这些语义之下。该配价词典有一个特别之处，就是它基于英语语料库提供了配价模式在真实语言环境中出现的频率信息，将这些搭配结构分为少见、频繁、非常频繁出现等类别，以供词典的使用者对自己的语言选择加以考量。

7.2.2 配价相关应用研究

配价理论体系的建立与发展离不开与之相关的各种应用研究。许多学者将该理论应用于真实语料的分析之中。一些研究利用计量的方法调查了在不同语言中与配价相关的特征的分布情况。比如，Köhler（2005a）分析了德语动词配价；S. Gao 等（2014）探究了汉语的动词配价概率分布规律；H. Liu（2011）考察了英语动词配价的量化特征。当一个词在语境中出现时，其潜在的搭配能力即被激活，与其他词形成了句法关系，并由此构成一个句子。这种潜能在配价中以补语模式的数量衡量，对这些量化特征进行统计，就可探索词汇的配价特性。Köhler（2005a）率先用这种思路研究了德语动词配价。他分析了动词的句法语义变体分布、句子模式的分布、行动元的语义次范畴数量的分布等。这些动态分布数据很好地说明了配价的静态属性。Čech 等（2010）在对捷克语的分析中提出了全配价的概念，主张不再区分补足语与说明语，将它们都算作配价结构中的研究对象，旨在探索全配价模式的分布；研究中还加入了动词的频率、词长等因素，探讨它们与配价之间的关联。H. Liu（2011）认为，将配价词典中的静态资源与语料库中频率分布数据的动态资源结合是研究配价特点的一个有效方法。他利用BNC中的频率信息以及英语配价词典中的配价信息探查了英语动词的配价属性特点。

以上采用计量手段的研究通常对语料库中的词汇进行了较为全面的分析，但都属于共时类研究，没有关注在不同时期语料的异同之处。据此，一些学者把目光集中到了历时研究领域。Habermann（2007）对德语配价的历时变化特点展开了分析。研究者查看了从中古高地德语、新高地德语到现代德语的动词配价，探索了配价句法结构、词汇语义多样性、语篇语言学等方面的变迁与相互间的影响，并剖析了变化背后可能存在的原因。刘丙丽和刘海涛（2011）对汉语动词配价的历时变化做了分析。该研究以古文言文、古白话文及现代白话文的语料为基础，根据动词在语料库中出现的频率，筛选出了10个高频动词作为研究对象。在配价结构组成成分上，他们选择区别补足语与说明语，并按这些成分的句法功能再分类。研究分析了搭配成分的复杂程度，结果发现，经过不同时期的语言发展，汉语的句法结构越来越复杂，现代白话文与前面阶段的语言差异更为明显突出。总体来说，历时性的配价研究需要覆盖范围比较广的语料库，所用的数据也比较多，分析起来需要投入较多的时间与精力。虽然有着诸多困难，但随着现代语料库技术的快速发展，此类研究也会逐渐受到重视。

还有一些研究者从配价的视角来讨论句法或语义范畴中的某个细节特征，并由此找出传统研究方法或理论框架未能发现的特点。譬如，陈昌来（2007）专门针对给予型的三价句法结构进行分析，从使用频率、显要性、优先原则、文体等方面解释了在该类结构中产生省略论元成分现象的影响机制。研究者发现，在诸多因素的作用下，词汇语义的作用力以及给予者的判断的影响更为凸显。这样集中于一种配价结构或某一词汇的研究在配价的应用领域比较常见，虽然只是个别例子，但这些研究的结论显示了整体语言现象的典型特点，同样具有非常重要的启示意义。Benedicto 等（2007）分析了一种特殊的动词复杂形式的句法特征，主要利用配价的分析框架探索了论元结构的实现。值得一提的是，该研究对比了两种不同的手语，扩展了配价的句法研究领域范围。Dixon 和 Aikhenvald（2000）对几种语言的及物性进行了案例分析，在配价变化（上升、下降）的过程中观察动词句法派生形式的变化，并根据各种语言呈现出的形态结构上的特点得出了具有类型学意义的结论。这使得读者重新审视以前对于语言系统共同点的看法。Willems（2006）调查了具有各种变体的动词的语义特征，这些动词的配价结构存在许多变化，体现在补足语的论元形式上。研究指出，不及物结构的命题意义不一定蕴含在及物结构的命题之中。这对于动词或论元结构的功能来说并不适用。语义蕴含的概念意味着拥有较少论元的简单句法结构在语义上含有更细致的论元结构；此外，语义蕴含并不一定就暗示了多义性而应被视为一种中立化现象。

对于配价理论各个方面的补充与完善，应用研究所做出的贡献不可小觑。通过语料库手段并结合其他理论，这些研究将配价的思想用于分析各种领域的语言现象，让配价理论得到了长足的发展；反过来，理论的不断提升与创新也是指导实践研究的必要基础，虽然不同的研究者对于配价理论中一些细节标准的选择会有所差异，但这些选择都没有偏离配价的核心主张，同样是整个框架体系中的组成部分。在进行配价研究的过程中，学者们需要针对自己的分析对象，明确分析框架的核心概念，判断什么样的研究方法才是最合适的。

7.3 中介语中的搭配现象研究

随着语料库等技术方法在二语习得领域的应用，学者们在对单个词汇单位进行研究（如 Bartolotti & Marian, 2017; Elgort, 2011; Janssen et al., 2015）之外，也逐渐对多词表达或程式化语言产生了浓厚的兴趣。这些研究包含范围较广，如搭配、习语、词束等，且在研究对象上各有侧重。前人关于搭配的界定并无统一标准，一般可分为两种：一种是传统词块研究（Cowie, 1998），另一种则是基于频率来划分搭配（Sinclair, 1991）。前者根据词汇的句法、语义等特点将词语组合分类，但有些定义比较模糊，实施起来也有一定难度；后者按照在一定范围内词汇的共现频率来进行判断，并利用一些量化指标来测量搭配的强度。两种方法区分出的搭配结构有一定的差异，但也有重合部分。

Nesselhauf（2005）认为，搭配是具有一定稳定性的词语组合。他从词汇语义局限性的角度区分了自由组合、搭配以及习语三者的差异（Nesselhauf, 2003）。第一类的限制最小，搭配相对自由；第二类有部分限制，比较依赖搭配中某一个词的意义；最后一种的限制最大，整个结构的意思透明度不强。这些基于语言特征的传统分类，在不同研究中都会被选作分析对象。一些学者选择只针对第二种最典型的搭配进行分析（如Laufer & Waldman, 2011），另一些则涵盖范围较广，包含了多数搭配类型（如Nation, 2001），甚至把词束这类词语组合也算作一种搭配。词束指在多个文本中频繁共现的连续多词序列（Biber et al., 1999）。这类看似比较琐碎的多词组合对于语言表达的流畅程度及语篇结构的组织都有重要作用，由此，近年来对于该类词束的探索也越来越多（如Ädel & Erman, 2012; Y. H. Chen & Baker, 2016; Crossley & Salsbury, 2011）。对词束进行分类，可以按词语的数量，也可以按该种词束出现的频次。这种基于频率的分析方法也被广泛地应用于对常见搭配的探究之中。但是，利用频率的方法来探究搭配结构并非毫无缺陷，不同的取值范围会影响研究所得出的结果。另外，频率大小的阈值设定也会对判断搭配的强弱程度产生较大的差异。即便如此，基于数据量化的搭配分析可以使得研究对象更加广阔，不只局限于传统视角下认为有价值的搭配。这种方法让搭配的使用能够摆脱二元对错的简单区别，而将其视作一种连续的、程度上的差异变化。

　　学习者语料库是使用基于频率研究方法的一个重要数据来源。近年来，随着语料库技术的快速发展，许多学者都尝试把这种技术与自己的搭配研究结合起来，利用来自语料库的各种语言数据得出研究中的重要统计结果（Durrant & Schmitt, 2009）。学习者语料库的优势在于：首先，其包含了大量学习者的语言实例，避免了个例分析研究中范围过于集中、狭窄等问题，这种数据覆盖面广泛的特点对于词汇类的研究来说至关重要，尤其是对多词单位的共现分析，需要大量的语言搭配数据支撑才具有说服力；其次，学习者语料库包含的是真实的语言材料，不受某些特定条件的限制，比较丰富、多样，是学习者自然的语言输出。与实验设计中诱导学生做出的选择不同，语料库提供了一个对现实情况的写照，帮助我们了解各种各样的语言分布规律甚至学习者在使用词汇时存在的缺陷之处。但纵有上述优势，学习者语料库也有其局限性，如语料来源仅限于学习者的语言产出，只能服务于输出型的研究，而对于输入类的现象则未能提供有用的信息。此外，并非所有的搭配现象都可以用语料库来进行探究，比如习语这类多词单位。

　　在对语料库中的语言搭配进行分析时，不同研究所选择的研究范围不同。一些只针对某类结构（如动名搭配、形名搭配）进行探查（Laufer & Waldman, 2011），一些则不作区分，包括语料库里的所有搭配。从频率的角度来看，当词汇共现频率比结构中词汇单独出现的频率大时则可以称这种词语组合为搭配（Siyanova-Chanturia, 2015）。这种基于频率的分析方法比较具有客观性，不依赖于母语者凭直觉的主观判断。在对这些搭配进行提取时可以充分利用现代语料库技术。我们可以细致对比不同种类搭配在学习者语料库中的分布，也可以直接比较学习者与母语者所使用的某种搭配的总体数量的差异。此外，除了单纯对搭配频次的讨论之外，还可以深入分析搭配类型的多样性。利用型例比计算所得出的结果能够帮助研究者发现学习者在应用词语搭配时是否只倾向于某些常见用法，从而降低了搭配结构的多样度。这些量化的研究结果可以体现学习者在中介语词汇搭配学习过程中所表现出的普遍问题，对于相关教学来说有重要的启示意义。

一些研究认为，在识别、判定搭配时，非此即彼的二分法存在一定的不足。由此，除原始频率外，一些分析还会利用某类表示搭配强度的指标来探究各种搭配之间的区别，其中比较常见的有互信息值、t 值等指数。由于不依赖于词汇的原始频率，互信息值能够帮助我们发现一些有意思的搭配。它不受语料库大小的制约，可以应用于各种规模的语料库分析中。一些分析（如 Durrant & Schmitt, 2009）发现，非母语学习者比较依赖于高频搭配的使用，而对低频且对母语者来说搭配关联度较强的搭配则用得过少。除互信息值外，还有一个指标在搭配研究中也比较常见——t 值。它测量了词汇之间所存在的关系的确定程度，能够突出表现频率较高的搭配，由此可见此类指数与原始频率所代表的搭配关系的相关性。一般认为，t 值在 2 以上的词语组合即可被归为搭配。t 值可以分为不同区段，以细分各个档次搭配的出现频率。前人相关研究曾利用这种方法发现，与母语者相比，外语学习者所使用的高 t 值（$t \geq 10$）搭配更多。这说明，外语学习者对于某些常见搭配模式有高度依赖的倾向。

二语语料库中包含的信息丰富多样，不同的研究所选择的考察内容也各不相同。一些规模较大的语料库包含了上亿词的语料，包括口头语料、书面语料，英式英语、美式英语等。一些研究并不细分语料库中的各种次范畴，如水平、年代、体裁、主题等，把所有的搭配都作为分析对象，统一计算频率等数据。一些研究虽然没有把语料库内部的语篇再作区分，但会选择另一个语料库来进行对比。最常见的是将学习者语料库与母语者语料库进行比较，以研究外语学习者与母语者在搭配的使用上的差异。这种研究中的外语学习者通常都拥有相同的母语背景（Y. H. Chen & Baker, 2010）。还有一些研究选择对比不同母语背景的学习者语料库，目的是查探母语对于词汇习得所产生的影响。这种方法目前也被广泛应用于中介语研究领域。该类研究有助于判断某种搭配用法是否只与某个母语背景有关，或是与某类母语共有的特征有关，表现了中介语的发展特点。不同于母语的习得，学习者在学习外语时已经拥有了母语的语言知识储备，这对他们的外语学习会产生重要影响。在讨论母语的迁移作用时，研究者主要关注的主题是在母语中是否有一一对应的语言搭配结构，且认为这是造成搭配语言错误或表达不恰当的原因之一。Nesselhauf（2005）分析发现，大约有一半的搭配错误可能是受到了母语的影响。此外，这种影响还体现在对某些搭配的过度使用或使用不足的问题上。语料库所包含的丰富数据实现了对各种母语背景的学习者语料库的对比，找到了前人研究未能发现的迁移作用，说明母语对于外语学习者产出的程式化语言的重要影响。

除了不加分类地把所有搭配作统一分析或只针对某个时间点的静态研究之外，也有许多研究根据学习者的语言水平对所研究的搭配加以分类，旨在探讨多词组合所反映出的各个阶段学习者的特点。此类分析可分为两类：横向研究和纵向研究。横向研究以不同水平的学习者为调查对象，但并非同一批学习者，通常这类研究的学习者水平跨度相对纵向研究来说要大得多。总体来说，低年级学生的英语水平不如高年级的学生水平，所以，不同水平学习者所使用的搭配特征能够展现学习者随着语言水平提升而在搭配使用上的能力变化。Laufer 和 Waldman（2011）在对搭配的研究中就采用了这种方法。他们收集了以色列英语学习者的作文并构建了学习者语料库。这些学生来自不同的教学机构，水平跨度较大，包括从中学 9—12 年级到大学英语专业的学生。语料库中每个语篇都由不同的学生完成。除了学习者语料库之外，该研究还采用了母语者语料库作为对比分析的基准，该语料库由大学生英语母语者的文章构成。与横向研究的大跨度研究范围不同的是，纵向研究多数只集中于分析小部分语言学习者在一段时间内的变化趋势，如 Siyanova-Chanturia（2015）的研究就是一个典型的例子。研究者选择了 30 多名学习意大利语的中国学生作为分析对象，从课程开始就一直跟踪这组学生，把他们产出的作文分为三个水平阶段（每隔 7 周时间），用以比较每个阶段的学习者对搭配结构使用的变化。这类纵向研究能够观察在较短的时间内同一个学习者的语言学习动态，数据来源较为可靠。在单纯的横向或纵向研究之外，还有研究者将两类方法结合起来探讨搭配现象。Yoon（2016）先利用纵向方法，分析了 51 名来自 5 个国家的处于中上语言水平的非母语者在一个学期内（15 周）所使用的搭配结构的变化；之后利用横向分析法，将二语学习者语料库与一个自建的母语者语料库进行对比。研究者希望通过结合两种分析法来探索不同水平二语学习者和母语者在搭配使用上的差异。这样的综合研究方式既能弥补横向法不能集中分析同一学习者产出的语言随时间推移而变化的缺陷，又能打破纵向法只针对在较短时间内同一学习者的变化而很难观测语言使用者群体的语言特征的局限。

无论是横向研究，还是纵向对比研究，研究者对于语言学习者使用搭配的能力发展情况都提出了相似的看法。首先，搭配对于学习者来说普遍较难掌握，学习者这方面的能力较其总体的词汇知识而言发展相对滞后。当学习者处于高级阶段时，其使用的搭配数量才有所增长（Laufer & Waldman, 2011）。然而，随着研究方法的改变以及研究范围的扩展，也有一些学者发现，即使在中级甚至初级学习阶段，搭配的使用数量也是有所变化发展的（Siyanova-Chanturia, 2015）。其次，由于分析颗粒度的细化，我们对于搭配的认识不再局限于数量的多少上。对于搭配类型的细分研究展现了各个阶段学习者对于高频搭配的依赖程度，以及对于低频但强度高的搭配的使用问题。搭配结构类型（如动名、形名搭配等）也能在区分学生语言水平上起到不同的作用，一些结构在不同的学习阶段没有显著差异，而另一些则有比较明显的变化（具体可见本书第 3 章）。除了对发展阶段的讨论之外，还有一类是关于发展所需要的时长的发现。纵向型的研究结果比较能够说明这方面的问题。一些研究发现，在比较短暂的十几周的学习周期里，学习者的语言搭配能力没有表现出显著的提升（Yoon, 2016）；而在另一些同样花费几个月时间的跟踪研究（Siyanova-Chanturia, 2015）中却能看到明显的发展趋势。这种研究结论的差异表明，学习速度的快慢与许多因素有关联，如学习者本身的语言水平、语言输入的质量以及数量、探索的搭配结构类型等。由此可见，在该类研究中做好变量控制是十分重要的。

在中介语研究领域，也有学者将配价理论用于词汇搭配分析。前人从配价的角度对不同外语中的搭配结构展开了调查，如Brač和Magić（2015）对比、探讨了克罗地亚语及俄语学习中某些动词的配价特征，以期发现可能因母语迁移而引起的学习者错误。他们从一个语料库提取了需要分析的动词，这个语料库由符合欧洲语言共同框架下B1级难度的克罗地亚语教科书组成；以从克罗地亚语语料库中挑选出的动词作为源语言，为每一个动词配对相对应的俄语单词，所有动词都依据配价结构中的补语数量以及句法实现方式进行了分类。经过对比分析发现，由于克罗地亚语与俄语在动词配价方面有许多相似之处，因此，对于句法结构的过度概括常常会导致系统性的错误。还有一些学者直接对学习者产出的语料进行了分析。甄凤超和杨枫（2015）对学习者英语动词配价的探究就是一个很好的例子。作者利用中国学习者英语语料库观察学生对"consider"这个动词的各种配价模式的使用情况。研究者参照BNC语料库中出现过的所有该动词的配价结构，对比学习者语料库中出现了哪些类别的配价模式。此外，该研究还对该动词所表达的语义做了区分，并与母语者的表达习惯进行了比较。研究结果显示，中国学习者所使用的配价结构不如母语者的丰富，且出现频次的差异也较大；在对语义的表达方面也发现许多差异。这些差异有助于我们探析学习者在搭配结构使用上的特点，这种结合语料库的研究方法也为研究提供了真实的数据支撑。

与中介语研究中常见的关于搭配错误的研究相似，有学者探讨过与配价相关的各种学习者语言错误类型。Roe（2007）对母语为德语的英语学习者以及英语为母语的德语学习者的配价类语言错误进行了比较。作者应用了一个小型语料库，其中包含德国交换留学生所翻译的英语语篇及英国的大学生所翻译的德语语篇。研究者首先将语篇中的各种错误进行了统计，包括非配价类的错误，由此计算出与词汇配价相关的各种类型错误在所有错误中所占的比例。对比两种语料的统计结果，研究者发现了二者之间的异同之处。这些错误分析说明了了解词汇配价的重要性。作者最后提出将这些结果与配价词典的制定相结合，有针对性地为外语学习者提供帮助。国内也有学者对中国学习者的配价错误进行过梳理（仲晶瑶，2010）。同样基于语料库，研究者选择了中学到大学五个等级的学生作文进行分析。与Roe（2007）的研究不同的是，这篇文章只包含了动词的配价错误，包括价数的错误、形式的错误和语义角色上的错误。虽然进行了配价错误的类型区分，但该研究并没有提供详细的分布数据信息，因此，不能从中了解各种错误在中国学习者语料库中的出现情况。

基于语料库的学习者配价使用特征的相关研究对于词汇教学来说有一定的启示意义（甄凤超、杨枫，2016）。词汇与句法二者之间不可分割的思想打破了传统的词汇、语法独立学习的方法，让学生意识到掌握一个词语以上的多词单位的重要性。除了配价理论所具有的指导意义之外，在前人研究中被广泛使用的语料库数据也可以在教学上发挥特殊的作用。学习者本身产出的真实语言数据能让教学者更准确地认识到教学中存在的问题，由此更有针对性地对自己的教学方法进行调整。学习者也可以从语料库中的各种语言实例中自主学习并发现自身的不足，逐渐提升自己使用词汇搭配的能力。教师可指导学生观察并归纳配价结构出现的规律、搭配词汇的语义句法等特征，辅助其学会利用语料库的相关语言数据来促进自己的外语词汇学习。结合母语语料库，教学过程中还可以突出学生难以掌握或容易犯错的重难知识点，有目的性地辨析母语与二语的差异，提高学习效率。

前人的研究证明，配价理论可以被应用于分析中介语语料中的搭配结构。该理论框架中所提倡的基于单个词汇的视角能够实现对学习者语言特点的详细描述，就连习语类用法也被涵盖在内。从配价的角度对各种搭配进行仔细研究，有助于开展有针对性的教学，提高学习者对搭配的规则与非规则性意识。本章深入考察学习者中介语中的词汇配价结构以及发展模式，以期为二语教学提供有效的理论和实践指导。

7.4　研究方法

本研究旨在分析中国英语学习者在写作中所产出的动词配价的分布情况。考虑到在依存句法中，句子的核心（根词）一般由动词来充当，我们在本研究中选择动词为研究对象。在本章研究中，我们不将词汇的语义与句法分为两个独立的方面来进行探究；我们也不集中分析某个单词、构式的相关搭配（这是第 8 章的主要研究内容）。在本研究中，只要是与每个句子中的核心动词相搭配的词汇以及配价模式都会被仔细查看，如动名搭配、动形搭配等。我们试通过观察不同年级水平学习者所产出的动词的配价结构来探寻学习者动词配价的发展模式。以下是具体分析方法。

我们从 CELDT 中挑选了从初一年级到非英语专业大学二年级这 8 个年级水平的学生作文作为分析语料。中国学生从初一开始逐渐形成相较于小学阶段更完整的英语写作能力。进入大学后，对于非英语专业的大学生来说，教育部大纲要求的必修外语课程的学习基本只在大一和大二年级中进行。因此，我们将初一和非英语专业大学二年级作为我们语料选取的起始和终止年级。为了保持语料的一致性，我们把作文的体裁都限制为记叙文类型。

基于经过依存句法标注的语料（具体语料处理步骤参照引论），我们展开对动词配价的相关数据的统计。每个动词的配价结构都有不同的特点，我们根据 *Valency Dictionary of English*（Herbst et al., 2004）提供的英语词汇配价信息来进行分析。需要重点说明的是，本研究把补足语和说明语都算作配价结构中的研究对象。我们对每个单词都按照其拥有的语义进行了分类（还包括语态上的差异），并列出了在这个语义下该词所具有的配价特征，如价数、配价模式等。一个词的价数取决于与之搭配的补足语的数量。在分析过程中，我们包含了动词的主动语态以及被动语态两种用法，并根据配价词典对所有动词进行了价的分类。由于我们在语料中极少发现零价动词的用法（少于1%），因此统计时没有包括此类动词。配价词典中所包含的四价动词在语料库中也并未出现。最终，从动词的价数来看，可被分为三类：一价、二价以及三价动词。比如，表7.1 呈现了动词 "give" 的配价结构。

表 7.1　动词 give 的配价结构示例

句子	I	give	you	a kiss	every day
词性	代词	动词	代词	名词短语	名词短语
配价	补足语	动词	补足语	补足语	说明语
功能	主语	动词	间接宾语	直接宾语	状语

在表 7.1 的例句中，总共有三个补足语，由此我们把这个句子视为该动词的三价用法。除了补足语的数量，表 7.1 中还显示了词汇的句法功能，这体现出了词汇之间的句法联系。每个单词在依存树库中都有相应的词性标记。代词 "I" 在句中作主语，代词 "you" 及名词短语 "a kiss" 作宾语，它们在配价结构中充当补足语，名词短语 "every day" 作状语并在配价结构中充当说明语成分。正如表 7.1 的例子所示，价数只由补足语的数量决定，不受说明语数量的影响。以下是关于三类不同价数类型动词的更详细的例子，其中前三句、中间三句和最后三句分别体现了一价动词（monovalent）、二价动词（divalent）和三价动词（trivalent）的用法。

A large-scale debate **began**.（一价动词）　　　　　　　　　　　　例（7.1）

An interesting thing **happened** last week.（一价动词）　　　　　　　例（7.2）

All the people were **standing** because the room was very small.（一价动词）

例（7.3）

We **visited** many famous beautiful places.（二价动词）　　　　　　例（7.4）

I really did not **know** why he did that at that time.（二价动词）　　　例（7.5）

The little girl just **wanted** to run away from the classroom.（二价动词）　例（7.6）

Your behavior sometimes **makes** your friends angry.（三价动词）　　例（7.7）

The photo **reminded** me of the precious time with my friends.（三价动词）例（7.8）

I **asked** my mother in the audience loudly whether she could come to the stage.（三价动词）　　　　　　　　　　　　　　　　　　　　　　　　例（7.9）

在对补足语词性的划分方面，除了详细的类别之外（如代词、名词、形容词等），我们还将这些词汇归为简单与复杂两种。前者指只包含单个单词的补足语成分，如名词、代词等，后者指多词成分，如短语、非限定性不定式分句、非限定性现在分词分句、限定性分句等。进行分类之后，我们对每类动词（按价数分）以及与之搭配的各种词语（按词性分）的分布情况进行了统计。

除了对补足语成分的单独分析之外，我们还对各类补足语的组合形式（即配价模式）

进行了探究。每个动词的配价模式都参照配价词典中逐条列出的结构来进行统计。在配价词典中，每个配价模式都以动词的语义区分开来，补足语也按成分的形式来加以区别，如名词、动词的现在分词、不定式、从句等。词典里的配价模式中不包含说明语成分，且会单独给出介词，即对介词不作省略或归纳处理，如"argue with somebody"的配价模式在配价词典中被表示为"(argue) with N"，这个配价模式省略了主语的成分信息，但明显标出了"with"这个介词，这意味着该配价模式与"(argue) N"是不同的两种配价模式。不同于配价词典中配价模式的表示方式，我们保留了词典里的配价模式只包括补足语成分的选择，但没有单独对介词作细致的区分，并加入了主语成分的标识。如，"N + (argue) + N"就等同于"(argue) N"，皆指动词"argue"的二价结构。所有动词都按照配价词典上的配价结构先进行分类，再综合统计各种模式出现的概率分布。

另外，需要指出的是，学生的作文中有许多错误，我们在录入数据时并没有纠正这些错误，而是完整地保留了语料的真实情况。一些类型的错误并不影响配价结构的统计，如拼写、字母大小写、名词的单复数、标点符号等方面的错误；而有些类型却会导致动词的配价模式发生变化，如缺少补足语成分、补足语形式误用等都会让配价结构的划分出现差异。针对这种情况，我们选择按照原文的错误形式进行统计分析，而未将其还原至符合句法的正确形式，目的在于完全和真实地展现英语学习者采用的动词配价形式的原貌。例如："***It didn't happen anything.**"这个句子的正确表达形式应该为"Nothing happened.（无事发生。）"前者乃学习者的错误使用，导致"happen"这个动词拥有了一个二价结构（包括了"it"和"anything"两个补足语成分），而正确的句子是把"happen"作为一个一价动词来使用。我们保留学习者对"happen"的错误使用，将其按照二价的模式进行归类。

利用依存树库，本研究对中介语中的动词配价进行了仔细分析。我们首先统计了三类价数动词的分布数据，其次考察了配价结构中的补足语以及说明语，最后对各种价数类型的动词配价模式进行了讨论。所有的分布数据都按英语学习者所属的年级分组，以便比较不同年级间的异同，并查看从低年级到高年级的变化趋势。

7.5 结果与讨论

7.5.1 动词的价数

对于不同价数类型（一价、二价以及三价）的动词，我们分别计算了这些词在各个年级的作文中出现的个数（型符数）以及频次（例符数）。统计结果如表 7.2、表 7.3 所示。

表 7.2　不同价数动词的型符数及所占比例

年级	一价		二价		三价	
	型符数	比例 / %	型符数	比例 / %	型符数	比例 / %
C1（初一）	21	26.58	48	60.76	10	12.66
C2（初二）	21	21.65	61	62.89	15	15.46
C3（初三）	27	20.77	86	66.15	17	13.08
G1（高一）	33	19.41	113	66.47	24	14.12
G2（高二）	39	20.10	126	64.95	29	14.95
G3（高三）	31	15.50	132	66.00	37	18.50
D1（大一）	36	14.52	170	68.55	42	16.94
D2（大二）	20	10.58	133	70.37	36	19.05

表 7.3　不同价数动词的例符数及所占比例

年级	一价		二价		三价	
	例符数	比例 / %	例符数	比例 / %	例符数	比例 / %
C1	75	16.48	361	79.34	19	4.18
C2	89	19.26	351	75.97	22	4.76
C3	87	12.57	557	80.49	48	6.94
G1	60	9.46	513	80.91	61	9.62
G2	86	11.78	577	79.04	67	9.18
G3	59	9.61	476	77.52	79	12.87
D1	52	7.83	526	79.22	86	12.95
D2	25	5.29	383	80.97	65	13.74

　　为了便于统一查看并比较不同年级水平之间的异同，基于表 7.2 和表 7.3 中呈现的数据，图 7.1 及图 7.2 展示了不同年级中各种价数动词所占比例的变化情况。

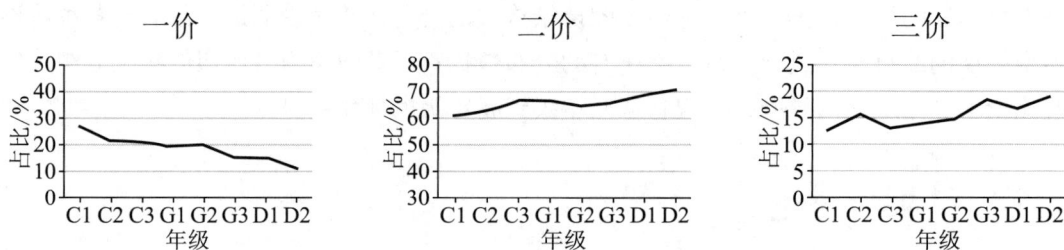

图 7.1　不同年级中各类价数动词所占比例（型符数）

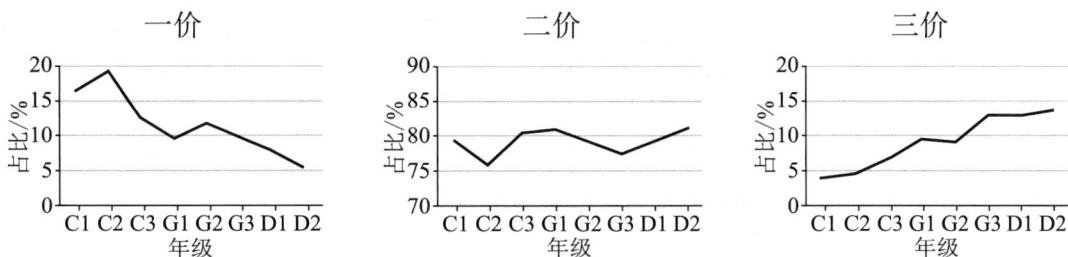

图 7.2　不同年级中各类价数动词所占比例（例符数）

　　从以上数据可以看到，三类动词在不同年级之中的分布显示出一定的规律。首先，一价动词的型符数和例符数所占比例从初一年级到大二年级均呈现出总体下降的趋势，尽管中间有些许浮动（如图 7.1 中的高二年级及图 7.2 中的初二、高二年级）。最高的百分比与最低的百分比之间相差 15% 左右（型符数中的最高值约为 26%，最低约为 10%；例符数的最大占比约为 19%，最小值约为 5%）。其次，二价动词的两种比例数据的变化不完全一致。该类动词的型符数在 60% 到 70% 之间波动，基本上呈上升趋势（如图 7.1 所示）；例符数只在 75% 至 80% 这个相对较小的区间变化，且从初一到大二年级中虽在个别阶段有所下降，但总体来说较为平稳（见图 7.2）。最后，三价动词在两张图中都有较明显的上涨走势。然而，二者的变化比例区间有所不同。此种动词的型符数所占比例从不到 13% 上升到了 19% 左右，而例符数却从 4% 一直升至大约 14%。型符数总体上要比例符数的占比更高一些，同样的情形在一价动词之中也出现了。这意味着，三价及一价动词的型符数在所有动词型符数中所占比例（平均每个年级占比约 34%）要比其例符数在动词总例符数中所占比例（平均每个年级占比约 20%）高。与此相反的是二价动词，其型符数所占比例比例符数所占的比例低。这说明学生在重复并且高频地使用某些二价动词，导致二价动词的出现频率远远超过一价和三价动词的总出现频率。

　　从总体上来看，三类动词的变化情况体现了英语学习者在动词搭配使用能力上的进步。无论哪种统计方式（型符或者例符）得到的数据都表明，随着年级的上升，学习者倾向于采用越来越多的复杂动词配价结构。只带一个补足语的一价类动词数量和出现频率比例均逐渐减少，而包括三个补足语成分的三价动词的数量和频率占比均逐渐增加。虽然二价动词的例符数所占比例变化甚微，但学生所使用的该类词汇却越来越丰富（型符数占比逐渐提升）。无论哪个年级的学生都更易使用二价动词，这体现在二价动词的例符数占比和型符数占比始终都比一价和三价动词高这一点上。除了整体的变化趋势以外，我们在上面的数据中也可以清晰地发现某些波动较为突出的点，尤其明显的是初二以及高二两个年级。例如，图 7.2 显示这两个年级的一价动词占比有较为显著的上升，二价、三价动词相对有所下降。这些浮动体现了语言学习过程的动态性，它并不是一个单向的、持续的变化过程，不同年级之间的上下波动也是非常普遍的。而数据表明，每个阶段（初中、高中）的第二学年也许是学生的外语学习容易出现倒退或不稳定发展现象的时间段。

以上是我们按动词的价数分类来查看学生对配价结构的使用情况。下面，我们再按年级水平来探究各种价数动词出现频率的整体分布。

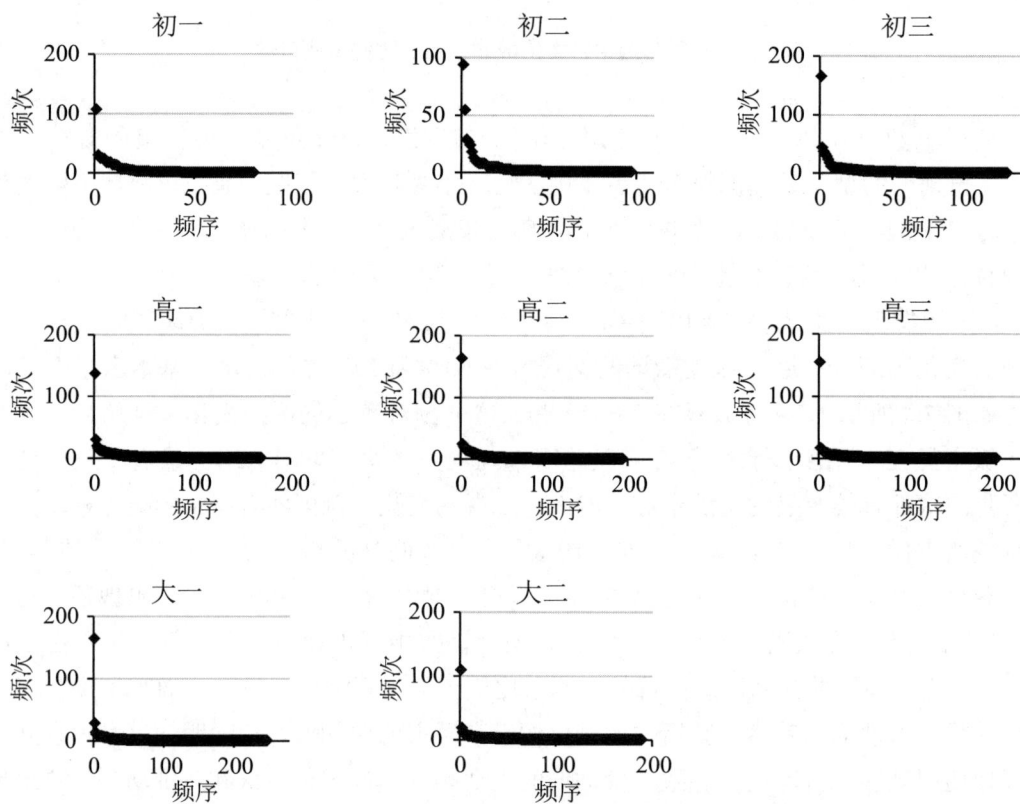

图 7.3　各个年级中的动词频率分布

图 7.3 列出了从初一到大二各个年级作文中所有价数动词出现的频率分布，图中横坐标为频序，纵坐标为频次。比较突出的一个特点是，绝大多数的动词（无论是几价）在每个年级的语料中都只出现了一次。仅有少数的词被同年级的学习者反复使用超过了10 次，如动词 be、have、get、do 等，这些词都主要以二价的形式重复出现。其中最为特殊的是动词 be，图 7.3 中每个年级频率最高的那个点即是该词，可以观察到它的出现次数平均都在 100 以上，有些年级甚至超过了 150 次。这个特征解释了前面提到的二价动词的型符数占比比例符数占比低的情形，反复使用高频的二价动词（如 be 动词）导致整体二价类动词的例符数占动词总例符数的比例非常大。二价动词的例符数占比大，则一价和三价动词的例符数占比相应地就会小得多。

如图 7.3 所示，每个年级的动词频率分布似乎呈现出了一个长尾的幂律分布模式，由此我们将统计数据与幂律分布进行了拟合处理，发现确实符合这样的分布规律，拟合结果见表 7.4。

表 7.4　各年级动词频率的幂率拟合结果

年级	R^2	幂率方程式	a	$|b|$
C1	0.9568	$y=135.250x^{-1.180}$	135.250	1.180
C2	0.9621	$y=103.170x^{-1.085}$	103.170	1.085
C3	0.9619	$y=154.600x^{-1.083}$	154.600	1.083
G1	0.9559	$y=82.437x^{-0.899}$	82.437	0.899
G2	0.9486	$y=95.916x^{-0.919}$	95.916	0.919
G3	0.9371	$y=51.524x^{-0.792}$	51.524	0.792
D1	0.9031	$y=38.576x^{-0.718}$	38.576	0.718
D2	0.9091	$y=29.921x^{-0.703}$	29.921	0.703

如表 7.4 所示，各个年级拟合的 R^2 值均在 0.9 以上，说明拟合结果很好。在幂律分布方程 $y=ax^b$ 中，a 和 b 是参数，不同年级的这两个参数都有差异。我们将这两个数单独提出来列在表中（$|b|$ 指参数 b 的绝对值）。随着年级升高，这些参数表现出了一定的变化规律（详见图 7.4）。

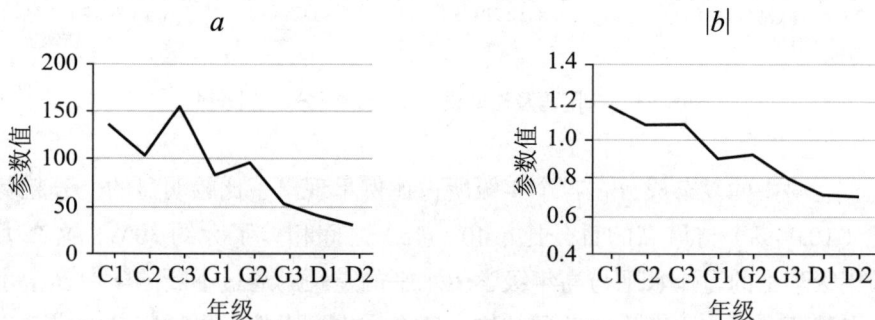

图 7.4　不同年级拟合方程中的参数 a 和 $|b|$ 的分布

虽然均存在一定的波动，但参数 a 以及参数 b 的绝对值都随着年级升高而有所下降。这似乎表明，作文中动词的频率分布模式变化是学生英语语言能力变化的一种体现，而幂律分布拟合模型中的这两个参数能够抽象出这种变化过程。利用这些量化结果，我们既可以对比不同年级水平间的差异性，也可以进一步通过对比前人研究中得出的类似结果来发掘中介语与本族语之间的关系，如参照前人的拟合数据来探索英语（作为目标语）、汉语（作为母语）以及中国英语学习者产出的语言（中介语）的异同。这是一个值得拓展的研究方向。

7.5.2 配价结构中的成分

上一小节是对树库中各种配价类型的动词总体分布的统计分析。尽管发现了拟合模型参数与学生中介语发展之间可能存在关系，但还尚未得出更细致的结论，如与每个动词搭配的成分的具体特征。在这一小节中，我们进一步探索配价结构中的补足语与说明语成分。鉴于各种价数动词在不同年级间的发展趋势，我们不禁要问：与这些动词搭配出现的补足语以及说明语是否也有同样的变化模式？如果将补足语再细分为主语和宾语两类，那么动词配价结构中的主语多为名词性成分、短语类成分，还是更加复杂的从句？动词的宾语又多为什么形式的成分？在研究方法部分，我们曾提及区分这些成分复杂性的方法：把只含单个单词的成分看作简单成分，由多词组成的看作复杂成分。按照树库中标注的具体词性，我们可以探查不同类型的配价成分在各个年级作文中所占的比例。图 7.5 呈现了在不同年级中两种补足语及说明语的复杂成分所占比例。

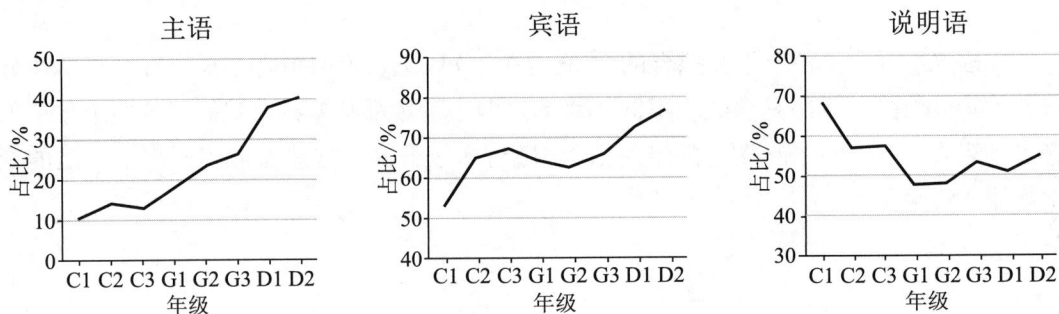

图 7.5 补足语及说明语中的复杂成分所占比例

首先，主语中的复杂成分在各个年级所占比例呈现出了比较明显的上升趋势。最低的百分比（10.44%）与最高的百分比（40.17%）之间相差了大约 30%。这么大的差异体现了低年级学生的写作水平与高年级学生水平的差距。通过不断的学习，学生在写作时不仅越来越倾向于使用高价的动词结构，还会在搭配中选择更加复杂的成分来充当动词的主语。以下是树库中的一些例句：

Most of my classmates seemed to be anxious.　　　　　　　　　　　例（7.10）

Writing the paper took me a lot of time.　　　　　　　　　　　　例（7.11）

What impressed me most was her smile.　　　　　　　　　　　　例（7.12）

其中，例（7.10）的主语是一个名词短语，例（7.11）的主语是个非限定性分句，而例（7.12）的主语则是一个限定性从句，这些都是由一个以上单词组成的主语成分。从这几个例子可以看到，复杂成分的种类不一。

通过进一步细分可以发现，引起主语的复杂成分比例发生如图 7.5 所示的变化的主要有两种成分：代词和名词短语。图 7.6 展现了这二者随年级提升而变化的整体趋势。

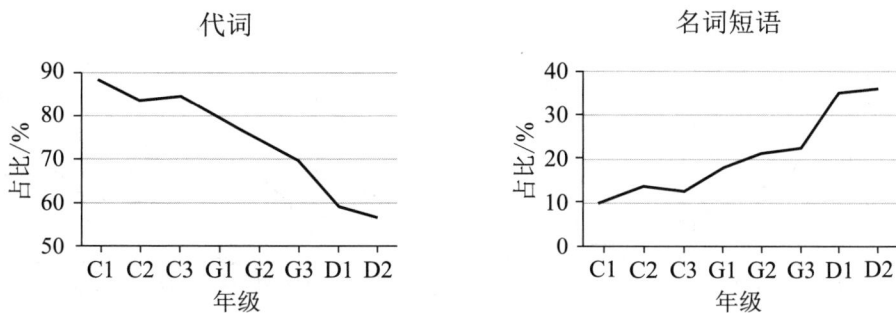

图 7.6　不同年级中两类主语成分的变化

如图 7.6 所示，前者属于简单类成分（只由一个代词组成），后者是复杂类的结构。从初一年级开始，代词（如 I、you、we 等）作为主语在英语学习者作文中的出现频率非常高，其所占百分比接近 90%。随着年级的上升，出现频率逐渐下降，到大二年级，降幅超过 30%。与此相反的是，名词短语类主语的占比从初一年级的 10% 上升到了大二时的 36% 左右，这个比例的变化与代词下降的比例相当，并且与整个主语复杂成分的百分比变化幅度（30%）也比较接近，由此可见这两类成分对于主语整体复杂性发展的重要影响。这些数据说明，学习者逐渐学会了利用较复杂的名词短语代替简单的代词来充当一个动词配价结构中的主语补足语成分。

其次，我们来观察图 7.5 中的宾语成分。与主语类似，宾语的复杂性也表现出大致上升的发展模式，但其变化幅度不如主语的大。最低（53.02%）和最高（76.57%）的占比相差约 20%。从初二年级开始一直到高中三年级期间，该类复杂成分的变化都非常小，几乎保持在一个水平上（65% 上下），这种分段式的跃升（初一到初二一次，高三到大一一次）与主语类的逐渐爬升趋势有所不同。尽管如此，在英语学习者作文中出现的宾语成分还是有逐渐复杂的趋势。下面几个例子中的宾语就属于复杂成分类别。

We should keep **studying hard** every day.　　　　　　　　例（7.13）

A friend of my neighbor also wanted **to help them**.　　　　例（7.14）

I firmly believed **that we could go through it shoulder to shoulder**.　　例（7.15）

例（7.13）中的宾语是一个非限定性现在分词分句，例（7.14）中的宾语是一个非限定性不定式分句，例（7.15）中的宾语是一个限定性宾语从句。与主语的复杂成分相同，宾语也有多种复杂成分形式，图 7.7 列出了两种对宾语整体复杂成分比例变化产生主要影响的词类：名词和名词短语。

名词　　　　　　　　　　　　名词短语

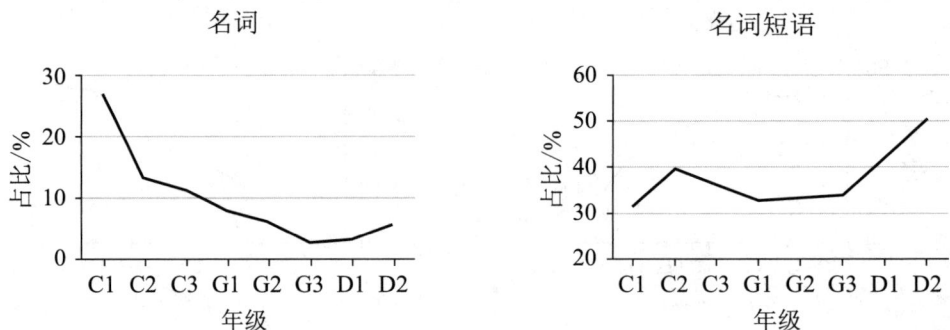

图 7.7　不同年级中两类宾语成分的变化

　　图 7.7 左边是名词类成分（单个单词），右边是名词短语。前者的变化范围是 26%到 3%，而后者大约从 30% 上升到了 50%。由此可见，这两类词在所有宾语成分中占比变化的幅度与复杂类成分宾语在所有宾语成分中占比的变化幅度相似（皆为 20% 左右）。联系图 7.6 中的主语变化情况，随着年级升高，英语学习者在主语及宾语的位置上都越来越倾向于使用名词短语，而逐渐减少代词或单个单词的名词来充当动词的补足语成分。

　　最后，我们来看说明语的分布情况。从图 7.5 中可以看到，说明语与两类补足语的变化相反，其复杂性大致呈现出了下降的趋势。在 8 个年级中，最高百分比约 68%，最低百分比在 48% 左右，变化幅度约 20%。初一年级的作文中复杂类的说明语所占比例最大，但最少的占比并非在大学阶段，而是在高中的一、二年级，之后又有所回升。这说明了其变化的波动性。接下来，我们进一步细分说明语的词性，查看哪些类型的说明语成分对图 7.5 中复杂类说明语成分占比变化的影响最大。经过对比和分析，图 7.8 列出了两种影响最大的成分，分别为副词和介词短语。

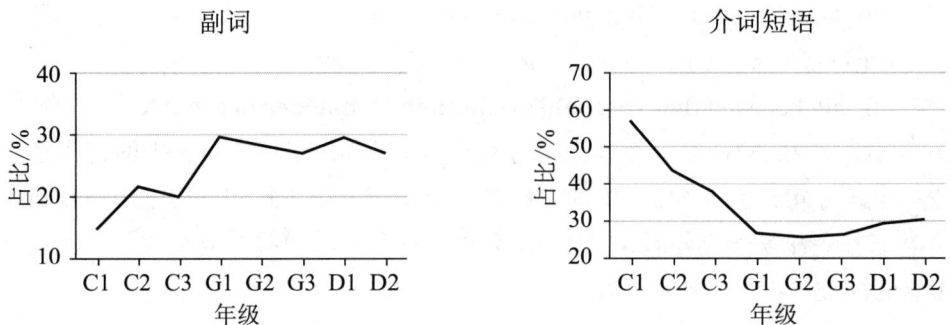

副词　　　　　　　　　　　　介词短语

图 7.8　不同年级中两类说明语成分的变化

副词（单个单词）类的说明语成分占比呈先明显上升后在波动中保持相对稳定的状态，整体占比变化幅度在 15% 左右，而介词短语这种复杂类成分的占比则呈现先剧烈下降后基本维持稳定的状态，整体占比变化幅度约 30%。降低的幅度比提升的幅度大，表明说明语的复杂性整体随年级水平的提升而降低。其他说明语成分也有较明显的变化，如连接词、名词短语等，但它们所产生的影响比较有限。下面例句展示了学习者语料中常见的说明语成分：

But I still feel tired and sleepy.   例（7.16）

I did my homework in the afternoon.   例（7.17）

I was very happy last weekend.   例（7.18）

例（7.16）包含了连接词以及副词这类简单的说明语成分，例（7.17）的说明语是一个介词短语，例（7.18）的说明语是一个名词短语，后两句都属于复杂类说明语成分。我们推测，受母语的影响，学生在外语学习初期比较习惯于在写作时应用类似母语的复杂短语型的说明语；随着外语学习的深入，他们逐渐将说明语转换成句子中的其他成分进行搭配。譬如例（7.18）可以变为"I had a happy weekend"，将说明语"last weekend"转换成"had"这个动词的补足语（宾语）"a happy weekend"来进行表达。

7.5.3　各类价数动词的配价模式

上面的分析表明，与动词搭配的补足语及说明语成分随着年级的升高都表现出了明显的发展趋势，这是单独查看配价模式中不同成分的分布的结果。那么整个配价模式是否也会随着年级的升高而呈现一定的发展趋势呢？这一小节将对动词的配价模式（即各类补足语的组合形式）进行分析。我们把配价模式按照动词的价数进行了分组。由于有些配价模式出现的频率太小（在语料库中总共只出现 1—2 次），图 7.9 只呈现了各个年级中常见配价模式的分布情况。为了便于表示，我们只标出了配价模式中补足语成分的形式，省略掉了每个结构中的核心动词的标记。

图 7.9 中，"INF"代表不定式结构，"CLAUSE"或"CL"为从句，"N（P）"为名词（短语），"ADV"为副词，"ADJ（P）"为形容词（短语），"V-ing"为动词现在分词。一价动词中只包含一个补足语成分，即主语成分，图 7.9 中列出了三种形式的主语成分在不同年级中的分布。其中最突出的是"N(P)"这种形式（这类成分指名词类单个单词或名词类短语，包含代词），前 4 个年级（初一至高一）的作文中只出现了这一种形式的补足语。在之后的年级水平上出现了限定性从句（CLAUSE）以及非限定性不定式分句（INF），这意味着一价配价模式的形式变得更加丰富了。然而，从这些成分所占的百分比来看，"N(P)"这类主语出现的频率始终高达 90% 以上，其余形式的主语加起来不到 10%，由此可见一价类动词的配价模式在多样性方面仍略显单调。

二价动词的配价模式类型相对于一价动词来说要更多一些。我们在图 7.9 中呈现了总占比 90% 以上的五种最为常见的模式类型（在所有年级的作文中一共有 13 种二价

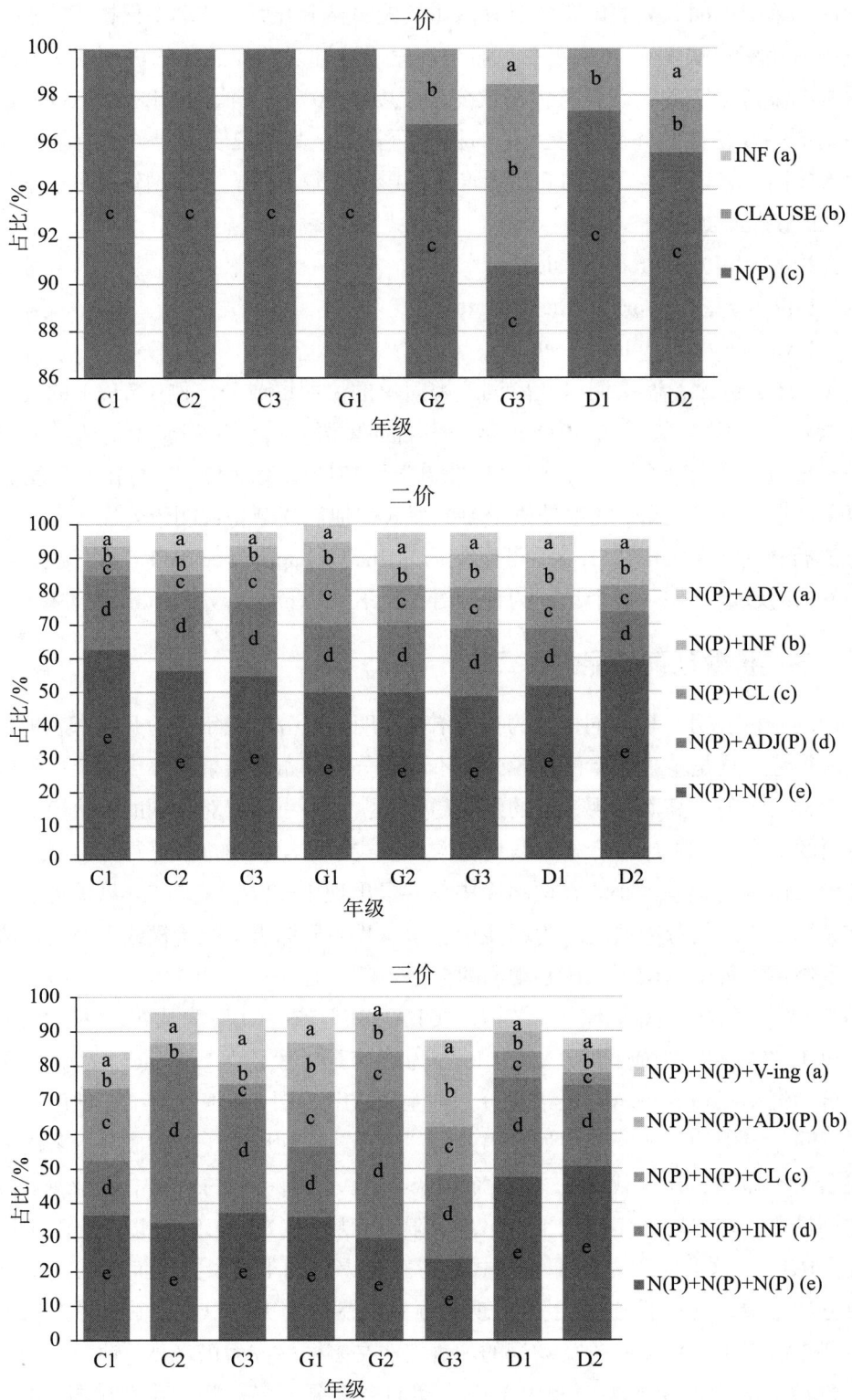

图 7.9　不同配价模式在各个年级中的分布

结构）。与一价动词的分布不同，这五类配价模式在每个年级阶段之中都出现了，但每个类别的模式占到的比例有所不同。"N(P) + N(P)"是所有水平学生都较为频繁使用的配价模式，占比几乎都在 50% 以上；第二多的是"N(P) + ADJ(P)"，平均比例为 20% 左右；其余三种模式，每一类的平均占比都不超过 10%。很明显，学习者在写作中所使用的二价动词比较集中地以这五类配价模式的形式出现，变化并不丰富。

五类高频的三价动词配价模式的总占比在各个年级都超过了 80%（多数接近90%）。与二价动词类似，这五类搭配结构几乎都出现在了每个年级的作文之中（初二年级只包含了四种）。"N(P) + N(P) + N(P)"这种模式的比例最高，平均达到了 35% 左右；"N(P) + N(P) + INF"平均占比约 30%。这两种配价模式的分布较为接近，是最为普遍的两种三价模式。"N(P) + N(P) + CL"以及"N(P) + N(P) + ADJ(P)"的平均占比大概都是 10%；"N(P) + N(P) + V-ing"的平均占比接近 6%。对比二价动词，三价动词的各种配价模式的分布相对分散一些。除了以上五种结构之外，在语料库中另外还有十种模式，虽然它们的占比比较小，但也说明了三价动词配价模式的丰富性更高。

总体来说，英语学习者在作文中所使用的配价模式类型的多样性随动词价数的增加而提升。也就是说，一价动词的配价模式最为单调，只集中以一两种形式出现；二价动词的配价模式相对分散，但仍然集中于少数几种结构；三价动词的各种类型的配价模式分布更加平均，且种类也更丰富。从年级水平发展的角度来看，各种配价模式的分布并没有表现出明显的持续变化趋势。一个重要因素可能是语言输入。英语教学者在课堂上通常只基于教材教授一些典型的动词配价模式，而不会关注另一些不太常见的用法。久而久之，学生逐渐习惯了选择使用他们最为熟悉的模式，这样既得心应手也不容易犯错，而对于那些较为陌生的结构则会规避。如果学生没有在应用语言时注意到自己的这种习惯或在跟母语者进行交流时未发现自己使用的语言与地道表达之间的差异，那么这种配价模式的局限性就很难被打破。此外，研究分析发现，学生不仅依赖于少数几种配价模式，还依赖于对几个高频动词的使用，如 be、have、do、make 等。这些动词所蕴含的语义比较广泛，概括性高，可以与许多词汇及配价模式搭配。但是在使用这些动词时，可能会出现过度泛化而导致搭配不当或搭配错误的情况。由此看来，学习者在配价模式的应用方面所表现出的问题应得到外语教学者的重视，教师应培养学生对配价模式的认识，并通过教学实践让学生恰当、多样地使用各种配价结构。

7.6 结 论

基于详细的数据分析，本章研究探索了不同年级中国英语学习者在英文写作中所产出的动词配价。通过比较不同年级阶段的分布数据，我们发现了由配价所体现出的学习者水平的变化。首先，我们对不同价数的动词分布数据的统计。随着年级的上升，英语学习者使用高价动词（三价）的频率增加，使用低价动词（一价）的频率减少。这样的变化可以进一步从拟合分布数据中得以量化：各类价数动词的出现概率符合幂律分布，且拟合方程中的参数随年级水平的提高大致呈下降的趋势。这为英语学习者写作水平与动词配价的关联性提供了一种规律性的量化方法，对于今后的相关研究具有一定的启示意义。其次，我们仔细查看了每个动词配价结构中的补足语及说明语成分，发现它们也存在明显的发展趋势。补足语又分为主语和宾语，二者的复杂性都随年级的变化呈现出了比较明显的上升趋势，且学习者都比较倾向于用名词短语代替简单的单词来充当一个动词配价结构中的补足语成分。与此相反，说明语的复杂性大致呈现出了下降的趋势，其中介词短语占比的大量减少是说明语整体变化的主要原因。这表明，当学生的外语学习进入更高水平阶段时，他们会逐渐改变自己对复杂的说明语过度依赖的习惯，而慢慢将其转换为其他成分来进行表达。最后，关于动词配价模式，我们分析了动词价数及年级两个因素与配价模式所占比例的关系。数据表明，英语学习者在其作文中所使用的配价模式类型的多样性随动词的价数增加而提高，低价动词的配价模式分布较为集中、有限，而高价动词的配价模式分布则相对均匀且丰富。另外，联系年级（语言水平）这个变量来看，各种配价模式的分布并无明显的变化，低年级的各种配价模式所占比例较高年级没有显著的增加或减少，由此说明，年级（语言水平）与配价模式分布之间并没有表现出紧密的相关性。

从有关动词配价的研究结果中可以看到不同英语水平学习者写作的语言搭配发展及其局限性，这些真实的统计数据既体现了学习者在不同年级阶段所使用的搭配结构的逐步变化，也反映了他们在外语学习过程中的问题所在。我们可以通过配价的视角来量化英语学习者应用搭配能力的变化趋势，其中发现的问题也可以为教学工作者提供有参考价值的信息。在课堂教学中，教师可以强调词汇配价的概念，让学生了解词汇搭配的重要性。配价的核心主张是将词汇与句法融合在一起，并重视每个词汇独有的特征，不盲目地犯过度概括的错误。此外，关于语言迁移的影响，教学者应该提醒学习者注意对比母语与目标语之间的差异，提高摆脱母语思维的意识，逐步向目标语的语言搭配习惯靠近。在教材以及课程的设置方面应避免语言输入的单一性，增加地道自然的搭配结构的讲解，让学生多接触不同类型的配价模式，避免过于依赖某些高频词汇或搭配结构。教师可鼓励学习者使用配价词典，了解各种词汇配价知识。虽然目前已经有英语的配价词典问世，但尚未出现专门针对中国英语学习者的配价词典，这需要词典编撰领域的学者们做进一步的研究，并将这类词典应用于语言教学中，促进学习者更好地掌握各种词汇搭配。这种跨学科的研究话题对于相关领域来说也是一个值得探索的研究方向。

在对中国英语学习者使用的动词配价有了一个整体的认识之后，我们在下一章将从更加具体的角度探索一个特殊的搭配结构，其中包含了一个成熟的配价分析框架，对于传统的搭配研究来说是一次新颖的尝试。

8 基于依存树库的"to+X"结构习得情况

8.1 引 言

在上一章，我们详述了不同年级水平英语学习者的写作中每个句子的核心动词的配价结构特征以及配价结构中说明语的组合方式（即配价模式），并对这些特征和组合方式在不同阶段的中介语中的发展变化进行了深入探究。至此，我们已经对不同水平学习者对动词配价的掌握和发展情况有了一个整体的认识。基于上一章的研究结果，我们发现，除了限定性分句、单个名词或名词短语外，不定式结构（to+X）也广泛地存在于一价、二价和三价动词的配价模式结构中，这引起了我们新的研究兴趣。因此，在本章，我们将研究对象进一步细化到"to+X"结构，不仅包括不定式"to+X"结构，也涵盖介词短语"to+X"结构，对中国英语学习者习得该结构的规律展开深入讨论。

近年来，语言学研究者们开始关注基于动态使用的语言习得理论，并通过儿童语言习得研究来证明这一理论的巨大价值。同样，这一语言研究理论也引起了二语习得领域研究者们的注意，他们将基于使用的语言习得理论应用到第二语言习得研究中，开展了大量的语言习得实证研究（Eskildsen, 2009, 2014; Kim & Sung, 2019）。根据这一理论，语言知识是实际语言用例的经验总结（Langacker, 1987, 1988, 2000）。支持这一理论的语言学家（Tomasello, 2000, 2003）认为，语言来自对实际言语交流和实际语境运用中反复出现的语言用例的总结和归纳。同时，语言知识或语言技能是语言符号单元的结构化表达，是人们从各种语言用例中积累起来的人类经验的总和。因此，我们可以将这一观点概括为：某一种语言或一类语言结构的使用频率在语言知识或语言技能的内化过程中起到至关重要的作用。换言之，某一种语言结构被使用得越频繁，就越有可能以一种相对固定的结构或搭配的形式被使用（Hopper, 1987）。词汇搭配这一概念已经受到语言学研究者们的广泛关注，有研究者将其定义为"单词与单词的一般共现情况"（Crystal, 2003：82）。而依存树库中基于依存句法的标注系统为探究搭配的习得规律提供了新的可行性，它使我们能通过更微观、更精确的途径进行探索，本书第 3 章和第 7 章已经很好地证明了这一点。本章将围绕一种搭配类型——"to+X"结构——来进行研究。

依据《朗文英语口语和笔语语法》（Biber et al., 1999）一书，to作为一个小品词，可用作介词，后常接名词短语或动名词形成"to+X (NP/V-ing)"结构。这种结构在句子中可充当表语、状语、宾语补足语或者后置修饰语。to又可在句中作为动词不定式的一个不代表具体意义的语言记号，与原形形式的动词一起构成"to+X (V)"结构。这类结构即通常意义上的动词不定式结构。该结构在句中可充当主语、表语、宾语、状语、宾语补足语或者后置修饰语（Biber et al., 1999: 77）。在英语中，"to+X"结构被广泛使用，并在各种语言运用场景中以复杂多样的形式出现，对应着不同的用法和意义。这证明了掌握"to+X"结构对于英语二语学习者的重要性。然而，对于这类结构，前人研究主要从转换生成语法体系和功能语法的角度进行探索性或归纳性的研究（如Duffley, 2003）。基于中国英语二语学习者语料的相关研究则主要集中在to-V结构，即动词不定式结构上，而对于to作为介词的情况则缺乏关注。因此，研究涵盖to作为介词情况的"to+X"结构有助于填补相应空白，更全面地构筑我们对学习者"to+X"结构习得过程的认识。

依存树库标出了词与词之间的依存关系，在此基础上使用概率配价模式分析搭配具有天然的优势。此外，由于词汇搭配与词汇的共现概率紧密联系，搭配强度这一构念的重要性不容忽视。我们在第4章便是通过测量互信息值来衡量搭配的强度，从而量化了词块复杂度，发现了随着学习者二语水平的提高，他们会使用更多母语者的表达方式，使用"形容词+名词"搭配的能力也越来越强。有语言学研究者进行了一项纵向追踪研究（Bestgen & Granger, 2014），他们探究了在一个学期内非母语者所书写的文章中二词词束搭配强度的发展情况。他们发现，与高水平学习者相比，中等水平学习者会使用更多的普遍意义上的高频词汇搭配，而较少使用低频但搭配强度较强的词组（Granger & Bestgen, 2014）。因此，二语学习者对特定词汇搭配的过度使用和使用不足的情况可能与二语学习者的二语发展有关。造成这种现象的潜在原因可能是二语学习者的心理现实，即在使用第二语言（如英语）进行写作的过程中，学习者将常见的高频词汇搭配视作更为稳妥的选择，不至于因为冒险使用更生僻的单词和词组而在作文中犯下语言错误，以致影响自己在他人心目中的评价或卷面得分。这一特点已被认为是语言学习者的中介语输出中一个典型的特征。Nesselhauf（2005）在研究中提到"词汇搭配泰迪熊"一词，用于比喻非英语母语者在写作中频繁使用一小批常见的高频词汇搭配的情况（Kaszubski, 2000）。而"to+X"结构作为一种搭配，少有学者进行基于语料库的发展和搭配强度研究，因此，"to+X"结构是否存在类似问题，以及它在学习者二语习得过程中呈现怎样的发展轨迹值得讨论。而共现频率作为一个连续统，对其进行分析有赖于定量方法。按照依存句法框架展开的系统性标注工作，赋予了常规语料库新的生命。在下一节，我们将对两种基于树库的分析方法展开介绍。

8.2　研究方法

8.2.1　概率配价模式

　　刘海涛和冯志伟（2007）将概率分布描述和量化统计方法引入语言学领域，提出了概率配价模式（probabilistic valency pattern），意在帮助语言学研究者定量地研究语言中各部分之间建立的依存关系的概率分布情况，同时定性地分析这些特征或现象背后的语言学规律。概率配价模式证明了依存关系在具体语境中实现的价的关系，量化的概率分布也可以帮助语言学研究者以更精准的方式描述高度模块化的词汇搭配中的搭配强度。因此，我们在本章引入概率配价模式，试在树库中分析"to+X"结构的搭配强度。本书第 7 章对配价理论和相关二语研究进行了详细的回顾，相关内容请参阅此前相关内容。作为补充，为更直观地理解不同语境中出现的各种依存关系天然地有着不同的出现概率，我们绘制了概率分布图（图 8.1），以展现相应依存关系的概率分布。

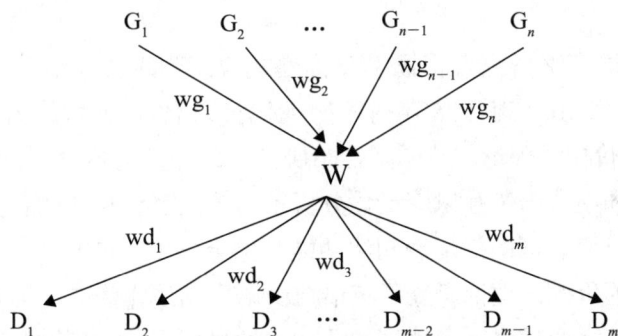

图 8.1　词/词类 W 的概率配价模式示意

　　在图 8.1 中，W 代表一个具体的词或一种词类。G_1, G_2, …, G_n 是 n 种可以支配 W 的依存关系；D_1, D_2, …, D_m 是 m 种 W 可以支配的依存关系；wg_1, wg_2, …, wg_n 是相应的依存关系在 W 的总体被支配能力中的概率（$wg_1+wg_2+\cdots+wg_n=1$）。同样，wd_1, wd_2, …, wd_m 是相应的依存关系在 W 的总体支配能力中的概率（$wd_1+wd_2+\cdots+wd_m=1$）。需要注意的是，在配价模式驱动的句法分析中，W 可支配的成分可以是一个或多个，但支配 W 的成分是唯一的。被支配关系具有排他性，向心力与离心力并非呈均匀分布。概率配价模式理论可以更好地描述各种语料中不同依存关系的概率分布情况。

　　更具体地，与介词 to 相关的依存关系的概率分布如图 8.2 所示。

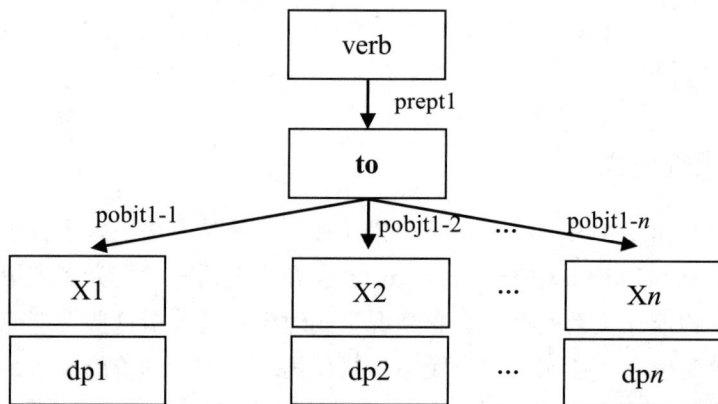

图 8.2　介词 to 相关依存关系的概率配价模式示意

在图 8.2 中，prept1 表示某动词与介词 to 之间建立起的依存关系；pobjt1-1, pobjt1-2, …, pobjt1-n 代表 n 种介词 to 可以支配的依存关系；X1, X2, …, Xn 是介词 to 可以支配的 n 种宾语；dp1, dp2, …, dpn 是 to 可以支配的依存关系在总体支配能力中的概率（dp1+dp2+…+dpn=1）。

当前已有许多语言学研究者将概率配价模式应用到现代汉语名词和动词的句法功能研究中，如高松（2010）基于依存树库的现代汉语名词句法功能的计量研究、高松（2013）基于概率配价模式理论的花园幽径句研究。此外，袁芯瑜（2011）在概率配价模式的理论基础上，利用英语依存树库量化分析了与英语名词相关的各类依存关系，逐层分析并量化描述了英语名词的搭配和句法功能。徐金秀（2013）以依存句法和配价语法为基础，结合概率配价模式理论研究了英语与汉语中动词作为支配词和从属词时的依存关系句法分布以及英汉两种语言中动词句法功能的异同点。利用这些数据，她绘制了英汉动词概率配价模式图，为概率配价模式理论提供了实证依据，丰富并发展了该理论。王琳（2014）概括了汉英语码转换中英语动词的概率配价模式，并对各种词类可以支配的句法关系（即词类的结合力）做了定量研究。她发现，英语动词在汉英语码转换中的结合力较强，其形态和句法功能具有一定特殊性。这些研究进一步证明了概率配价模式理论是一种极具实用性，便于语言学研究者开展实证研究的自然语言分析理论。

8.2.2　互信息

除概率配价模式外，本章拟采用互信息这一得到广泛运用的指标来衡量搭配强度的发展情况。我们已经在 3.3.2.1 部分介绍了互信息值这一概念，故此处只做简要回顾。互信息源自信息论，它能够恰当地量化描述不同单词之间的共现频率（Granger & Bestgen, 2014; Yoon, 2016）。在统计学意义上，互信息是一个随机变量中包含的关于另一个随机变量的信息量。当两个词相互独立，即一个词在文本中是否出现与另一个词是否出现无关时，二者的互信息值为 0；否则，二者的互信息值大于 0，表示二者在文本中出现概率的相关程度（Manning & Schütze, 1999: 67）。当互信息值用于衡量搭配强度时，我们用公式 8.1 计算。其中 $P(A)$ 和 $P(B)$ 分别是单词 A 和单词 B 在全部文本范围内的出现概率，它们的互信息值将被标记为 $I(A, B)$：

$$I(A, B)=\log_2 \frac{P(A, B)}{P(A)P(B)} \qquad \text{公式（8.1）}$$

互信息应用于基于依存树库开展的研究，可以更好地衡量树库中不同单词之间或词组之间的搭配强度。

8.2.3　研究问题

本章研究选取 CELDT 中 8 个年级（初一年级到大二年级）的作文语料，探究学习者使用特定句法结构"to+X"的具体情况，以及"to+X"结构内部的搭配强度如何反映中国英语二语学习者的句法能力发展趋势，具体将围绕以下三个问题进行研究：

研究问题 1：不同学习阶段的中国英语二语学习者在英语写作中使用的"to+X"结构呈现出怎样的规律？

研究问题 2：不同语言水平（Level 1：初中年段；Level 2：高中年段；Level 3：大学年段）的中国英语二语学习者在英语写作中使用的"to+X"结构所形成的不同依存关系呈现怎样的概率分布情况？

研究问题 3："to+X"结构中 to 和 X 的整体搭配强度怎样反映三批不同语言水平的中国英语二语学习者的句法能力发展和差异情况？

本章所涉及的语料选取标准、to 依存关系结构的标注与提取、使用的软件与统计方法将在本节后半部分阐述；第 3 节，我们将呈现分析结果并进行讨论；第 4 节，我们将对本章研究进行总结。

8.2.4　语　料

本研究的语料选自 CELDT 中的初中 3 个年级、高中 3 个年级和大学 2 个年级（非英语专业）的作文，共计 349 篇。表 8.1 列出了本章所选语料的基本信息。

表 8.1　语料基本信息

年级	人数	年龄 / 岁	学习英语时长 / 年
C1（初一）	68	12—13	3—4
C2（初二）	60	13—14	4—5
C3（初三）	44	14—15	5—6
G1（高一）	44	15—16	6—7
G2（高二）	39	16—17	7—8
G3（高三）	41	17—18	8—9
D1（大一）	25	18—19	9—10
D2（大二）	28	19—20	10—11

为回答本章的研究问题，我们在树库中着重分析含有 to 的依存关系。作文中所使用的每一个 to 对应的依存关系将被标注成 to 和 to 的支配词之间的依存关系，to 和其从属词 X 之间的依存关系将被标注在词 X 上。在对标注方法进行了适应本研究的改动后，我们计算出 to 和词 X 之间的各类依存关系的出现频率，再将这些频率转化成概率，并以概率分布示意图的形式呈现三个不同年段的学生所使用的 11 类 to 和词 X 之间的依存关系的出现概率。其搭配强度将以互信息这一实用性较强的指标加以衡量（Evert, 2009）。在本章的研究中，我们假设，如果某一篇学习者作文中的"to+X"结构内部平均互信息值比另一篇学习者作文的平均互信息值高，就说明前一篇作文中用到的"to+X"结构的整体搭配强度强于后一篇作文。如果 8 个年级的学生的书面英语语料反映了他们句法能力的发展和变化，那么"to+X"这一特定结构内部的互信息值也应当忠实地显示出相应的变化趋势。

根据《斯坦福依存类型手册》（de Marneffe & Manning, 2008），介词 to 作为支配词时和其从属词 X 所构成的依存关系在支配词 to 上被统一标注为 prep，在从属词 X 上被统一标注为 pobj，但这种标注方式忽略了一些与句法功能相关的有价值的信息。作为本研究的关注对象，to 相关依存关系的标注对"to+X"结构在树库中的精确和完整提取以及后续的数据分析具有至关重要的影响，因此，在本章中，我们在 CELDT 中添加了新的句法关系标注：当 to 为介词时，to 所对应的依存关系标为 prept1，词 X 对应的依存关系标为 pobjt1；当 to 为动词不定式的一部分时，to 所对应的依存关系标为 prept2，词 X 对应的依存关系标为 pobjt2。同时，根据"to+X"结构在句中实现的句法功能，我们将 prept1、pobjt1、prept2 和 pobjt2 进行进一步的细分。表 8.2 呈现了 prept1 和 prept2 下的细分类以及例句。完成标注的语料以表 8.3 的形式呈现。

表 8.2 "to+X"结构中 to 的依存关系标注和例句

句法功能	依存关系标注	例句
作表语	prept1:pre	In about fore o'clock I was been to cinema.
作宾语	prept1:obj	In the afternoon, I gave a gift to my brother.
作后置修饰语	prept1:attr	When I got home, I had no keys to the home's door.
作状语	prept1:adv	At last, let's hope this college entrance examination will be a great success due to our painstaking job.
作目的状语	prept2:adv	Last week I went to the school stadium to watch the CUBA game, where our school competed.
作主语	prept2:sub	It is important to keep in good health.
作表语	prept2:pre	The first thing for us is to study.
作宾语	prept2:obj	I don't like to go to the EF.
作宾语补足语	prept2:objco	I thought it to be at least two times higher.
作后置修饰语	prept2:attr	But do you know it's luck having something to do.
作独立成分	prept2:ind	But to be honest, I'm too shy to say "love" to her.

注：表 8.2 中的所有例句均为从自建依存树库中选取的真实语料，研究者未对其中的语言错误进行修改，所有的句法错误和词汇错误均予以保留。

表 8.3　Excel 表格形式的依存关系标注——例句"I like listening to music."

词序	词	词性	支配词序	支配词	支配词性	依存关系	依存距离
1	I	PRP	2	like	VBP	nsubj	1
2	like	VBP	2	like	VBP	root	0
3	listening	VBG	2	like	VBP	*x*comp	−1
4	to	TO	3	listening	VBG	**prept1:obj**	−1
5	music	NN	4	to	TO	**pobjt1:obj**	−1
6	.	.	2	like	VBP	punct	−4

根据标注规则修改依存树库后，我们提取了所有的"to+X"搭配，计算了"to+X"结构的使用频率、出现概率和内部互信息值等数据。

8.2.5　数据分析

第一步，我们计算了"to+X"结构的总体使用频率，其中包含两种类型的"to+X"搭配，即 prept1（介宾结构）类和 prept2（不定式结构）类。

第二步，我们分别计算每篇英语作文中两类"to+X"搭配的平均互信息值。因此，自建依存树库中的每一篇英语作文都可通过计算得到两个平均互信息值，如表 8.4 展示了某篇作文中两类"to+X"搭配的互信息值的计算结果。

表 8.4　某篇作文中的 **prept1** 和 **prept2** 类型"**to+X**"词汇搭配互信息值

（按词 **X** 首字母顺序排列）

词汇搭配	互信息值
to bed	4.72
to school	4.28
to study	4.23
to visit	3.41
prept1 互信息值（文本中所有 prept1 类型词汇搭配的平均互信息值）：4.50	
prept2 互信息值（文本中所有 prept2 类型词汇搭配的平均互信息值）：3.82	

第三步，我们借助 SPSS 软件，探究不同语言水平学习者所使用的"to+X"结构中 to 和词 X 之间的搭配强度变化与学习者语言水平之间的关系是否显著。我们先将对数据进行描述性统计分析，从而把握各个语言水平学习者使用"to+X"结构的基本情况，如平均值和标准差等。然后，对三组数据运用 Kruskal-Wallis 检验来分析三组不同语言水平学习者使用的"to+X"词汇搭配的互信息值之间的差异是否显著，如果差异显著，则进行组间成对比较，继续探究具体发展轨迹。

8.3 结果与讨论

8.3.1 依存关系的年级分布

表 8.5 列出了 8 个年级的学习者英语作文中 to 及其从属词 X 之间存在的各类依存关系的使用频率和占比。图 8.3 为各个年级两类"to+X"结构使用频率的占比情况。

表 8.5 各个年级实现不同句法功能的"to+X"结构使用频率分布

依存关系	C1	C2	C3	G1	G2	G3	D1	D2
prept1:pre	1 (2.13%)	0 (0%)	0 (0%)	0 (0%)	0 (0%)	0 (0%)	0 (0%)	1 (0.54%)
prept1:obj	0 (0%)	1 (1.75%)	0 (0%)	2 (2.74%)	2 (2.27%)	4 (5.06%)	4 (2.00%)	8 (4.30%)
prept1:attr	0 (0%)	0 (0%)	1 (1.82%)	1 (1.37%)	1 (1.14%)	2 (2.53%)	2 (1.00%)	4 (2.15%)
prept1:adv	41 (87.23%)	33 (57.89%)	28 (50.91%)	34 (46.58%)	34 (38.64%)	26 (32.91%)	46 (23.00%)	43 (23.12%)
prept2:adv	1 (2.13%)	5 (8.77%)	6 (10.91%)	5 (6.85%)	7 (7.95%)	9 (11.39%)	29 (14.50%)	43 (23.12%)
prept2:sub	0 (0%)	0 (0%)	2 (3.64%)	0 (0%)	1 (1.14%)	1 (1.27%)	7 (3.50%)	14 (7.53%)
prept2:pre	0 (0%)	0 (0%)	0 (0%)	1 (1.37%)	0 (0%)	1 (1.27%)	8 (4.00%)	2 (1.08%)
prept2:obj	4 (8.51%)	14 (24.56%)	14 (25.45%)	25 (34.25%)	34 (38.64%)	32 (40.51%)	91 (45.50%)	53 (28.49%)
prept2:objco	0 (0%)	0 (0%)	1 (1.82%)	3 (4.11%)	1 (1.14%)	1 (1.27%)	1 (0.50%)	5 (2.69%)
prept2:attr	0 (0%)	4 (7.02%)	2 (3.64%)	1 (1.37%)	8 (9.09%)	3 (3.79%)	10 (5.00%)	13 (6.99%)
prept2:ind	0 (0%)	0 (0%)	1 (1.82%)	1 (1.37%)	0 (0%)	0 (0%)	2 (1.00%)	0 (0%)
总频次	47	57	55	73	88	79	200	186

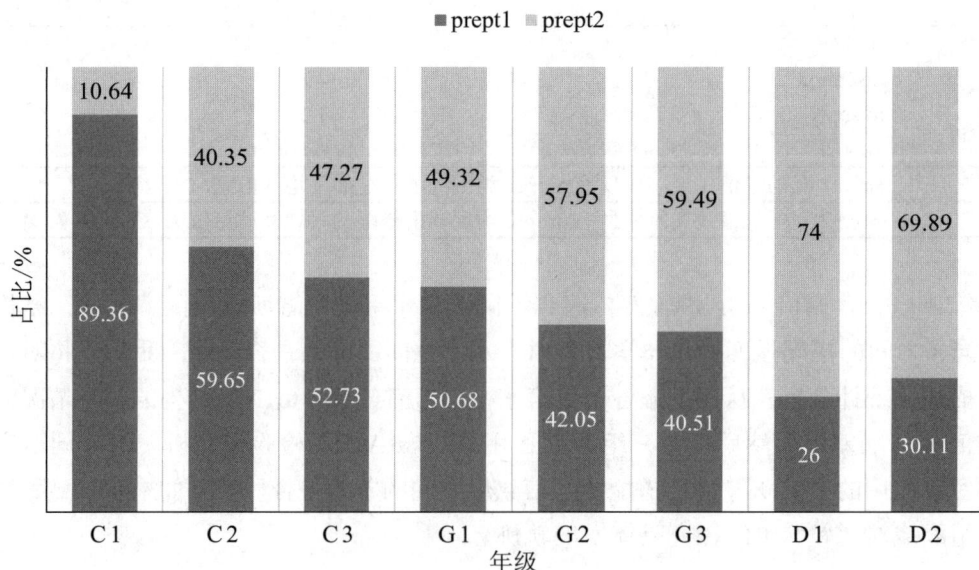

图 8.3 各个年级两类"to+X"结构使用频率占比变化情况

由表 8.5 可知，从初一到大二年级，学习者使用实现不同句法功能的"to+X"结构的总频率呈波动上升趋势。从图 8.3 中可以明显看出，prept2 类结构的使用频率随着学生年级的升高而增长；prept1 结构的使用占比则呈稳定下降趋势，虽在大二年级略有回升，但幅度不大。

具体到所有prept1 类别中，"prept1:adv"搭配占比最大，而在所有prept2 类别中，"prept2:obj"搭配最为常用。从表 8.5 中可以看出年级差异对学习者使用"to+X"结构的影响：从初一到高一年级，"prept1:adv"搭配占比稳居最高；在高二年级，"prept2:obj"搭配和"prept1:adv"搭配占比均等；随后，从高三到大二年级，"prept2:obj"搭配的占比超过了"prept1:adv"搭配。前文的数据分析结果显示了 8 个不同年级之间实现不同句法功能的"to+X"结构的基本使用情况和发展趋势，更详细的讨论如下。

从初一到大二年级，to 和词 X 之间构成的各类结构的总出现频率呈波动上升趋势。学生在学习过程中不断获得新的英语句法知识（语言输入），同时持续练习英语写作（语言输出），因此，当他们获得越来越多的句法知识和词汇知识时（如动词不定式、情态动词和各种介词的用法），他们也会在作文中使用越来越多的"to+X"词汇搭配。

两类"to+X"词汇搭配的使用频率变化在一定程度上反映了这一结构的句法功能和意义的变化。在英语的发展过程中，to 作为不定式的组成部分和不定式标记的用法逐渐得到确立和强化（李赋宁，1991: 53）。在我们的树库中，学习者会在初一至高一阶段使用更多的"to+X"构成介宾结构，而在高二至大二阶段使用更多的"to+X"构成不定式结构，这种现象符合基于使用的语言习得理论和构式语法中的一些观点（陆俭明，2016）。其中最主要的论据是，语言在人类使用的过程中不断演化，当特定的语言变化被反复使用和总结之后，这些语言变化将会逐渐成为一种新的语言结构或句法结构。根据基于使用的语言习得理论，语言习得始于语言的使用，学习者在通过使用某种语言进行口头交际和书面写作的过程中逐渐掌握包含语言规则的语言结构。在语言活动中反复出现的语言结构将在受到语言使用者的强化后成为确定的语言单元（周丹丹，2014）。而这也意味着学习者在学到一种新的句法结构后，尤其是一个较为复杂的句法结构之后，往往无法立即掌握这一句法结构，因为在学习者运用认知能力对这一结构进行语言处理和他们的语言输出之间存在一定延迟。通过本研究我们也可以发现，尽管初一至高一阶段的学生所受到的语言输入（英语教科书内容）中，"to+X"构成不定式结构的占比更大，但他们在英语写作中却使用了更多的"to+X"构成介宾结构。对于英语初学者而言，在初一年级学到的"to+X"构成介宾结构（如 go to school 和 go to bed），因其结构简单、意义单一，而更易被低水平学习者习得。另一个可能的原因是省力原则。按照Zipf（1949）的观点，语言使用受到一些普遍原则（如省力原则）的制约，人天生有省力的倾向，这也是许多较短单词、词组或语言结构得以在英语中长期保留的原因。Martinet也认为，"在各个阶段，语言的结构不过是交流需求和人类省力的天性之间的不稳定平衡，前者要求人们使用更多较为罕见的特定语言单元来对事情加以陈述，而后者则促使人们使用更少的更普遍和更高频的语言单元"（1962: 139）。语言学习者，尤其是初学者，天然倾向于使用较为简单的单词和句法结构来表达含义。以"prept1:adv"搭配和"prept2:obj"搭配为例，学习者使用的"prept1:adv"搭配在树库中出现285次，远超同属prept1类别的其他子类的出现次数。同样，他们所使用的"prept2:obj"类型搭配在树库中出现267次，相较同属prept2类别的其他子类的出现次数更多。这或许是因为"prept1:adv"和"prept2:obj"搭配在初学者的学习过程中出现更早且更简单易学。两种不同类型的"to+X"搭配在现行英语教科书中的基本安排顺序是：在初一年级，学习者主要学习关于不定式的语言知识点，如现在时to be、to have和to like；此外还有一些常用短语，如go to bed和go to school。在初二年级，学生学到了be going to do和want to be，以及have to do。到初三年级，学生开始较为集中地接触"to+X"构成介宾结构的相关知识。据此，我们认为，相比于教学顺序，学习者使用"to+X"搭配的频率特征更可能与教学方式有关。英语教师为帮助语言初学者，在实际语言使用环境中运用词组或句法结构时，常常会用到较多辅助手段（如视频、音频、图片、课堂活动以及例句）来传授单词词组或句法结构。在初中阶段，英语教师并不总对各种英语句法结构的内在语法逻辑进行讲解，而在高中阶段，英语教师则会从英语语法的角度对许多句型和词汇搭配进行详细解释，充实学生的句法知识，提升学生语言水平。英语教师以词块或语块为单位进行教学活动，以及构式—语块分析法（construction-chunk approach）将对学生的第二语言习得产生重要影响，因为在第二语言习得过程中，语言接触频率[包括型符频率（type frequency）和例符频率（token frequency）]被认为是一种语言习得机制，较高的语言接触频率有利于学习者的语言能力发展（王初明，2011）。语言接触频率是指在学习者的语言经验中某一种语言表达反复出现的频率，它既包括学习者作为语言输入的语言经验，也包括其作为语言输出的语言经验。英语教师讲授特定语言结构的频率越高，学生在二语写作中输出这种语言结构的频率就越高。最终，较高的语言接触频率促进了学生对特定结构的习得。换言之，明确的语言教学和清晰外显的语言知识对第二语言的学习和使用而言至关重要。学生作文中"prept1:adv"和"prept2:obj"搭配突出的使用频率可能与教学方式和侧重点密不可分。而值得一提的是，随着学生进入更高年级，他们的词汇量随之增加，可以将更多动词与不定式搭配起来，这也使得"prept2:obj"搭配的出现频率比在之前年级中出现的频率更高。

在高中阶段，学习者会学到与句法结构和句型相关的更多、更系统的语言知识。他们可以有意识地在句中使用不定式或状语从句等句法结构。如进入高二年级以后，学生了解到，除动词以外，"to+X"不定式结构可以受许多词类的支配，并且"to+X"结构作不定式时比构成介宾结构时可以实现更多的句法功能和语义。理论上，学习者在这一过程中会对可能支配"to+X"不定式结构的单词产生更广泛的认识，从而改变他们英语写作中运用不定式时的词汇丰富程度。

8.3.2 11类"to+X"结构的依存关系概率分布

为了回答第二个研究问题，本小节将利用概率配价模式理论来分析不同语言水平中国英语学习者作文中的"to+X"结构所形成的各类依存关系的概率分布情况。通过观察to和词X之间建立的所有依存关系，我们可以发现to可支配的依存关系并非均匀分布。在这一节中，搭配强度将通过在树库中的出现频率来反映，频率越高，依存关系强度越强。

树库中出现的11类"to+X"结构的出现频次和频率见表8.6。如表8.2和表8.3所示，若to在树库中所对应的依存关系被标记为prept1:adv，与该to形成"to+X"结构的词X在树库中所对应的依存关系被标记为pobjt1:adv，这意味着此"to+X"介宾结构在句中作状语。

表 8.6　自建树库中"to+X"结构形成的各类依存关系概率分布

to对应的依存关系标注	词X对应的依存关系标注	出现频次	出现频率
prept1:pre	pobjt1:pre	2	0.002548
prept1:obj	pobjt1:obj	21	0.026752
prept1:attr	pobjt1:attr	11	0.014013
prept1:adv	pobjt1:adv	285	0.363057
prept2:adv	pobjt2:adv	105	0.133758
prept2:sub	pobjt2:sub	25	0.031847
prept2:pre	pobjt2:pre	12	0.015287
prept2:obj	pobjt2:obj	267	0.340127
prept2:objco	pobjt2:objco	12	0.015287
prept2:attr	pobjt2:attr	41	0.052229
prept2:ind	pobjt2:ind	4	0.005096
总计		785	1

为更直观地展示不同语言水平的学生所使用的"to+X"搭配的概率配价模式，下文的三张表格（表8.7、表8.8和表8.9）和三张对应的示意图（图8.4、图8.5和图8.6）展现了不同语言水平英语学习者使用"to+X"搭配时所形成的各类依存关系的概率分布情况。在这些示意图中，不同粗细的线条表示不同大小的概率，一定程度上反映了to和词X之间的搭配强度。较粗的线表示该类型的"to+X"搭配出现概率较大，反之则用较细的线表示。由于在本节中，我们想要探索to支配词X的能力，因此，在三张示意图中我们均只展现了当词X被to支配时所对应的依存关系标注。

表8.7和图8.4给出了初中年段学习者英语作文中各类依存关系的使用频率和概率分布。

表 8.7　初中年段作文中"to+X"结构形成的各类依存关系概率分布

to对应的依存关系标注	词X对应的依存关系标注	出现频次	出现频率
prept1:pre	pobjt1:pre	1	0.006289
prept1:obj	pobjt1:obj	1	0.006289
prept1:attr	pobjt1:attr	1	0.006289
prept1:adv	pobjt1:adv	102	**0.641509**
prept2:adv	pobjt2:adv	12	0.075472
prept2:sub	pobjt2:sub	2	0.012579
prept2:pre	pobjt2:pre	0	0
prept2:obj	pobjt2:obj	32	**0.201258**
prept2:objco	pobjt2:objco	1	0.006289
prept2:attr	pobjt2:attr	6	0.037736
prept2:ind	pobjt2:ind	1	0.006289
总计		159	1

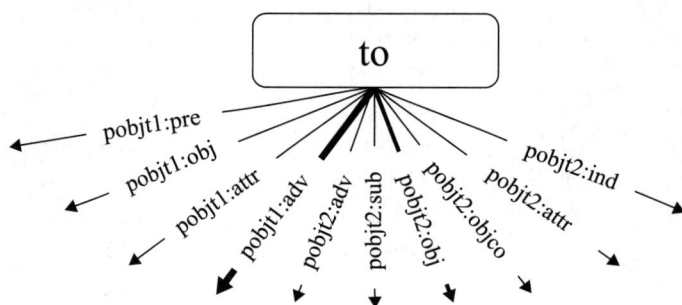

图 8.4　初中年段作文中"to+X"结构形成的各类依存关系概率分布示意

在图 8.4 中，部分线条比其他线条更粗，这些较粗的线条意味着它们所代表的依存关系的使用频率高于初中年段语料中其他"to+X"结构依存关系。在初中年段的英语作文语料里使用的所有"to+X"结构中，"pobjt1:adv"依存关系频率最高（64.15%），紧随其后的是"pobjt2:obj"依存关系（20.13%），"pobjt2:adv"依存关系的频率为 7.55%。除了这三类依存关系外，其他八类的出现概率均非常低。

表 8.8 和图 8.5 给出了高中年段学习者英语作文中各类依存关系的使用频率和概率分布。

表 8.8 高中年段作文中"**to+X**"结构形成的各类依存关系概率分布

to对应的依存关系标注	词X对应的依存关系标注	出现频次	出现频率
prept1:pre	pobjt1:pre	0	0
prept1:obj	pobjt1:obj	8	0.033333
prept1:attr	pobjt1:attr	4	0.016667
prept1:adv	pobjt1:adv	94	**0.391667**
prept2:adv	pobjt2:adv	21	0.087500
prept2:sub	pobjt2:sub	2	0.008333
prept2:pre	pobjt2:pre	2	0.008333
prept2:obj	pobjt2:obj	91	**0.379167**
prept2:objco	pobjt2:objco	5	0.020833
prept2:attr	pobjt2:attr	12	0.050000
prept2:ind	pobjt2:ind	1	0.004167
总计		240	1

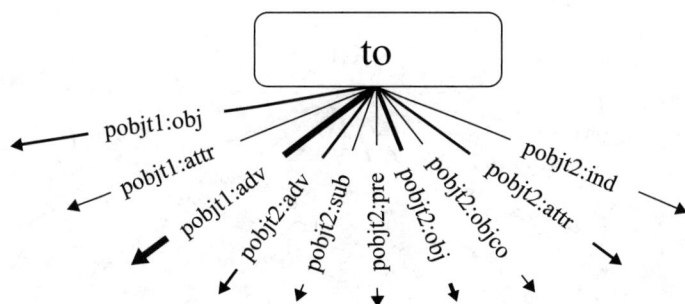

图 8.5 高中年段"**to+X**"结构形成的各类依存关系概率分布示意

由图 8.5，我们可以看到，标有"pobjt1:adv"和"pobjt2:obj"的线条相较于其他线条更粗。结合表 8.8，"pobjt1:adv"依存关系出现的频率最大（39.17%），"pobjt2:obj"（37.92%）和"pobjt2:adv"（8.75%）依存关系次之。此外，"pobjt2:attr"依存关系也占到高中年段作文中出现的所有"to+X"结构中 5% 的使用频率。其他七类依存关系的出现概率相对来说就非常低了。

表 8.9 和图 8.6 给出了大学年段学习者英语作文中各类依存关系的使用频率和概率分布。

表 8.9　大学年段作文中"to+X"结构各类依存关系概率分布

to对应的依存关系标注	词X对应的依存关系标注	出现频次	出现频率
prept1:pre	pobjt1:pre	1	0.002591
prept1:obj	pobjt1:obj	12	0.031088
prept1:attr	pobjt1:attr	6	0.015544
prept1:adv	pobjt1:adv	89	**0.230570**
prept2:adv	pobjt2:adv	72	0.186528
prept2:sub	pobjt2:sub	21	0.054404
prept2:pre	pobjt2:pre	10	0.025907
prept2:obj	pobjt2:obj	144	**0.373057**
prept2:objco	pobjt2:objco	6	0.015544
prept2:attr	pobjt2:attr	23	0.059585
prept2:ind	pobjt2:ind	2	0.005181
总计		386	1

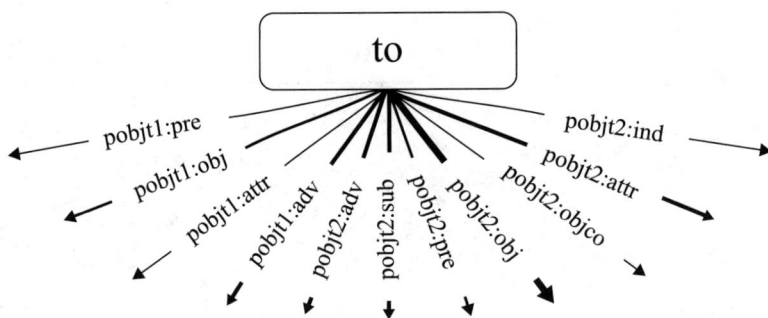

图 8.6　大学年段to+X结构形成的各类依存关系概率分布示意

在图 8.6 中，标有"pobjt1:adv""pobjt2:adv""pobjt2:sub""pobjt2:obj""pobjt2:attr"的线条相对更粗，表明这些类型的"to+X"搭配在大一、大二年级学生的英语作文中更为常见。如表 8.9 所示，大学年段"to+X"结构各类依存关系出现概率顺序（从大到小）为：pobjt2:obj（37.31%）、pobjt1:adv（23.06%）、pobjt2:adv（18.65%）、pobjt2:attr（5.96%）、pobjt2:sub（5.44%）、pobjt1:obj（3.11%）、pobjt2:pre（2.59%）、pobjt1:attr（1.55%）、pobjt2:objco（1.55%）、pobjt2:ind（0.52%）和pobjt1:pre（0.26%）。

表 8.10 列出了各个语言水平学习者作文中to和词X之间的依存关系出现概率的方差和标准差。11 种依存关系小类的出现频率的方差和标准差表明，初中年段作文中"to+X"结构的频率分布不如高中年段（方差：0.089; 标准差：0.298）均衡，而高中年段作文中"to+X"结构的概率分布又不如大学年段（方差：0.082; 标准差：0.286）均衡。据此我们推断，语言水平更高的学生在"to+X"结构上的语言使用表现更为平衡。这一发展趋势与研究者关于语言习得和发展的观点一致。

表 8.10　不同语言水平下"to+X"结构依存关系出现频率的描述性统计结果

统计指标	初中年段（C1—C3）	高中年段（G1—G3）	大学年段（D1—D2）
方差	0.102	0.089	0.082
标准差	0.320	0.298	0.286

接下来，我们先进一步分析初中生的"to+X"结构依存关系的概率分布特点。相比高中生和大学生，初中生使用"pobjt1:adv"依存关系的概率更高（见表 8.7）。对于初中学生而言，省力原则在他们的英语写作过程中影响较大，初中生倾向于使用更简单、更容易习得的"to+X"搭配，在这些搭配中，to 往往是介词。在初一年级下学期，他们学习了两个常用短语："go/get to school（去上学）"和"go to bed（上床睡觉）"，这些知识点都加深了学生对"to+X"介宾结构搭配用法的理解。另一个可能的原因是，他们在初一年级上学期学习了许多介词（如 to、for、in、at、by、of 等），并且学习了在不同语境中使用不同介词。同样，我们也可以发现，"pobjt1:adv"和"pobjt2:obj"依存关系之间的频率差异在初中年段的作文中是最大的。在初中学生使用的人教版初中英语教材（新目标）中，共出现了 20 个与"pobjt1:adv"依存关系相关的句法结构和 12 个与"pobjt2:obj"依存关系相关的句法结构。教学重点的变化使得"pobjt1:adv"类型依存关系的使用频率更高。

另一个值得注意的特点是，在该年段的频率分布图中，缺少"pobjt2:pre"依存关系，并且"pobjt1:pre""pobjt1:obj""pobjt1:attr""pobjt2:objco""pobjt2:ind"这五类依存关系的出现概率也非常低。这一现象进一步说明：如果学生在某些阶段学习一些特定的知识点，那么他们的语言输出也将忠实地反映这些变化。因为在相应的英语课本中，少有知识点涉及这几类依存关系，所以该年段学生的英语作文中缺少这些搭配是合理的。例如，初中英语课程标准教科书中不包含与"pobjt1:attr"搭配相关的任何知识点，这意味着初中生在课堂上学习该"to+X"搭配的机会极少。而在高中英语教科书中，更多更丰富的词汇出现在学生的英语学习视野中。为备战高考，高中生通常会尽力学习可用于英语作文的单词、短语和句型。研究发现，高中年段和大学年段的学习者所使用的这一类"to+X"结构有着相似用词：the way/path/route/road/journey to some places（通往某地的方式/路径/路线）。这些模块化的用法是依存句法标记为"pobjt1:attr"的搭配中的典型词组。

当谈到在句中作独立成分的"to+X"句法结构（pobjt2:ind 依存关系）时，我们应当引入语法化（grammaticalization）的概念。处于初中年段的学生将学到许多高度语法化的句法结构（Hopper & Traugott, 1993：16）。如"thanks to"（pobjt1:adv）就经历了语法化的过程，即从原本"V+to+X"的结构发展为作独立成分的"thanks to + NP（词 X）"的结构。直到今天，"thanks to"在中国学生的学习过程中仍是一个难以解构的词组。英语教师的传统教学方法也有一定影响。英语教师通常会直接用中文对某些英语词汇或词组进行翻译，而略过从语法的角度分析其结构和成因，对于"thanks to"而言，相对应的中文应该是"幸亏，多亏"（王雅刚，2010）。

接着，我们来分析高中生的"to+X"结构依存关系的频率分布特点。如图 8.5 所示，在高中生所写的英语作文语料中，各种依存关系具有不同的使用频率。虽然出现概率最高的依存关系仍然为"pobjt1:adv"，第二位仍然为"pobjt2:obj"，但是"pobjt1:adv"和"pobjt2:obj"依存关系出现的概率差异在高中年段中最小。随着学生习得的动词日益增多，他们也掌握了部分动词后跟不定式作为句子中的宾语这一用法。举例来说，"manage""plan""decide"都可以后跟不定式构成词组"manage to do（做成）""plan to do（计划做）""decide to do（决定做）"。而这些不定式中的 to 和词 X 之间都属于"pobjt2:obj"依存关系，因此高中生使用"to+X"构成不定式结构的概率大大增加。除上述主要动词外，诸如"have to（不得不）"和"be going to（即将）"一类的半助动词也往往涉及"pobjt2:obj"依存关系，不定式结构也随之得到大量使用。高中年段语料中另一个值得注意的特点是学习者对情态助动词"ought to"（pobjt2:obj）的使用。单词"ought（应该）"通常后跟不定式，但有时不定式中的 to 可省略。然而，在我们的依存树库中，没有学习者使用了省略用法。这可能是因为初学该结构时，教师通常要求学生完整、规范地使用固定搭配，学生可能也不知道在类似"Yes，I think I ought (to)."（Quirk et al.，1985: 139）的句子中可省略 to 而单用 ought。

对于大学生而言，他们在英语写作中能够更均衡、更多样地使用不同类型的"to+X"搭配。他们的语言能力清晰地反映在"to+X"这一特定句法结构中。一方面，在低水平学习者作文中出现频率较大的依存关系的出现频率随着学生水平的提升有不断下降的趋势；另一方面，在低水平学习者作文中出现频率较小的依存关系的出现频率随着学生水平的提升则呈现不断上升的趋势，各类"to+X"结构的概率分布愈加均衡。与为了省力且避免犯错而使用更多同质性较高的"to+X"句法结构的初中生不同，高中生和大学生在英语写作中在使用多种"to+X"词汇搭配方面更为积极。

我们发现，在大学年段的作文中，出现概率位居第一的依存关系为"pobjt2:obj"，第二位为"pobjt1:adv"，这与初中和高中年段所表现出的特征相反。而产生这一结果的主要原因在于"pobjt1:adv"的使用频率进一步变小，而"pobjt2:obj"依存关系的使用频率和高中年段相比几乎没有变化。此外，"pobjt1:adv"依存关系的使用频率在大学年段（初中年段: 64.15%, 高中年段: 39.17%）达到了最低点（23.06%），而这一最低值与其他 10 种"to+X"结构的出现频率则更加接近了。从频率分布的角度看，当他们选择在英语写作中使用"to+X"结构时，不再局限于某些特定的结构搭配，而是能够根据英语作文的体裁和话题要求选择不同的句法结构、词汇搭配以适应各种语境（Beers & Nagy, 2007），从而产出更加平衡的"to+X"搭配的概率分布。如表 8.7 和表 8.8 所示，在初中生和高中生的作文语料中，有一些子类没有出现。例如，"pobjt2:pre"依存关系在初中生的作文中、"pobjt1:pre"依存关系在高中生的作文中出现的概率均为 0，这意味着初中生没有使用"to+X"不定式结构在句中作表语的成分，高中生没有使用"to+X"介宾结构在句中作表语的成分。而表 8.9 显示，大学生在英语写作中使用了所有 11 种类型的"to+X"搭配，这反映了他们相对更高的二语水平。

综合来看，相较于初中生，高中生和大学生更加频繁地使用这种"to+X"搭配。比如，"When I was a little kid, something embarrassing happened to me.（小时候，我遇到了一件尴尬的事。）"是高中生作文语料中的一句话，其中介词 to 由动词 happen 支配，并且 happen 后的 to me 这个"to+X"结构在句中充当宾语。高中生和大学生使用的"pobjt1:obj"搭配的典型特征是介词 to 前的动词类型更加丰富多样。在高中生作文语料中，还有很多其他动词支配 to，如 occur、send 和 turn 等。但是在大学生作文语料中，支配"to+X"结构的动词则主要是 give，形成"give+sth.+to+sb.（给某人某物）"这一搭配。以下是一些从大学生树库中撷取的例句：

1）We hope that our effort can give hands* (a hand) to the children there who starved it* (are starving).（我们希望我们的努力能帮助到那里挨饿的孩子们。）

2）To our relief, the coach gave some useful directions to our players in time and they cheered up to fight again.（教练及时给我们的队员们提供了一些有用的指导，他们又打起了精神，这让我们松了一口气。）

3）I guess she gave tickets to whole* (the whole) class.（我猜她把票给了全班。）

高中年段和大学年段作文中多类依存关系的使用频率相对接近，这与以往相关研究的结论是一致的。比如，Ouyang 和 J. Jiang（2018）通过分析中国英语学习者的中介语语料，探究了学习者的中介语依存距离概率分布和齐普夫–阿列克谢耶夫函数之间的拟合程度，发现大学生的中介语发展到一定阶段时增势就会放缓，很难继续发展到英语母语者的语言水平。这种变缓的态势或者说停滞被二语习得研究者称为"中介语僵化现象（interlanguage fossilization）"，这是二语习得过程中的正常现象。二语学习者通常在初学阶段快速发展其语言能力，而当他们的语言能力达到一个相对较高的水平时，语言习得进展就会放缓。由于学习环境、教学方法（Yi & Rui, 1998）和缺乏动力等许多因素，在学生的语言习得过程中，英语学习存在一个平台期或中介语僵化的阶段。本章研究的结果对这一观点提供了更多的证据，在英语习得过程中，高中年段和大学年段语料中"pobjt1:obj"类结构的相近概率也符合平台期或中介语僵化这一说法。

此外，"pobjt2:attr"依存关系的概率呈现逐渐上升的趋势（初中年段：3.77%；高中年段：5.00%；大学年段：5.96%）。例如，初中生作文语料"So, in Sunday, I had the whole day to play.（所以，礼拜天我可以玩一整天。）"及高中生作文语料"When I got home I still had much homework to do.（我到家时还有很多作业要做。）"是他们使用"pobjt2:attr"依存关系的典型例子。在高中生作文中，"have sth. to do（有某事要做）"这一句法结构出现的概率很高。在大学生作文中，例句"But we couldn't be trapped in joy, we still had a lot of things to do.（我们不能只顾着享乐，我们还有很多事情要做。）"

中的"to+X"搭配是"pobjt2:attr"搭配的代表。在大学年段，我们可以发现，大学生经常使用have sth. to do和take time to do这样的短语，这与高中年段学生作文中的情况类似："pobjt2:attr"结构在三个语言水平中的发展趋势也近似于"pobjt1:obj"结构的发展趋势，即学习者的语言水平发展到较高阶段时，其稳步增长的趋势会逐渐放缓甚至停滞。

在本小节最后，我们针对在大学生作文中to和词X之间形成的一些出现概率较小的依存关系子类进行简要分析，例如"pobjt2:pre""pobjt2:sub""pobjt1:pre"等。

我们发现，"pobjt2:pre"依存关系在大学年段（2.59%）的出现概率大于其在初中年段（0%）和高中年段（0.83%）的出现概率。大学生较为常用的是"be+to+do"短语，例如："What I should do is to take good care of my key and avoid missing it again.（我应该看管好我的钥匙，以防再次丢失。）"在学生写的"Our train is to leave at 6:15 pm that day.（我们的火车是那天下午 6 点 15 分发车的。）"这句话中，作表语的"to+X"结构能够表达火车未来将要发生的动作，或是对火车出发时间的期望，因为该句法结构通常用于表达计划中将来发生的事情或动作。大学生的这一用法反映出他们能够相对熟练地使用"be+to+do"的句法结构来表达丰富的语义。

对于"pobjt2:sub"搭配，大学生使用这一子类的"to+X"搭配的概率是最高的。欧阳静慧（2017）在其研究中未观察到处于初中年段的中国学生使用不定式作为主语的现象，推断他们尚不具备将不定式用作主语的能力。同样，在本研究中，初中（1.26%）和高中（0.83%）年段的"pobjt2:sub"小类搭配的使用频率都很小，而大学生使用该搭配的频率明显提高（5.44%）。在分析学习者对这一类型的"to+X"结构的使用情况时，必然要提及英语课程中传授的句型，如："It is/was adj. (for sb.) to do sth.""It takes sb. some time to do sth."在这些高度模块化的句型中，不定式充当真正的主语，而it仅为形式主语或句法标记。举例来看，在学习者使用的相关句子中，存在诸如"It took* (took us) about two hours to get out of Xiaoshan District for* (during) the crowded evening peak.（晚高峰时出萧山区要花大概两小时。）"和"It took 6 h for us* (took us 6 hrs) to cover 96 km.（我们走 96 公里花了 6 小时。）"的句子，说明在英语教学中促使学生背记的句型对学习者"to+X"结构的学习也会产生重要影响。

8.3.3　不同语言水平学习者"to+X"结构搭配强度的发展

在了解树库中不同语言水平学习者所使用的两类"to+X"结构（prept1 和prept2）特点的基础上，我们再来看三个语言水平下两类"to+X"结构的互信息值。

非参数检验结果表明，三个不同语言水平之间的prept1 类"to+X"的互信息值存在显著差异（$M=31.882, df=2, p<0.001$）。同时，三个不同语言水平之间prept2 类"to+X"的互信息值也存在显著差异（$M=18.327, df=2, p<0.001$）。

在此基础上，针对prept1 类"to+X"（即构成介宾结构）的情况，我们在相邻语言水平之间做了进一步成对比较，结果如表 8.11、图 8.7 和图 8.8 所示。在图 8.7 中，标记为 1.000、2.000、3.000 的点分别代表初中年段（Level 1）、高中年段（Level 2）和大学年段（Level 3）。图中灰线代表两组数据之间成对比较结果差异显著，黑线代表两组数据成对比较结果差异不显著。由此可见，对于"to+X"构成介宾结构而言，初中年段与高中年段的互信息值差异显著，初中年段与大学年段的互信息值差异显著，高中年段与大学年段的互信息值差异不显著。此外，在图 8.7 中，每一个节点上还标出了该年段中"to+X"构成介宾结构时搭配强度的秩均值。从秩均值上看，初中学生英语作文中"to+X"构成介宾结构的互信息值高于其他两个年段的学习者，这说明初中学生使用"to+X"构成介宾结构的搭配强度最强；其次是高中学生。这一点也体现在图 8.8 中。随着学习者外语水平的提升，"to+X"构成介宾结构的搭配强度在持续减弱，其中从初中到高中减弱的幅度非常明显。但是，这一总体下降趋势在高中—大学阶段变得平缓，这表明当学习者进入大学阶段时，存在中介语僵化或进入语言学习平台期的情况。

表 8.11　三种语言水平下"to+X"构成介宾结构互信息值成对比较结果

Sample 1—Sample 2	检验统计量	标准误	标准检验统计量	显著性	调整后显著性
Level 3—Level 2	14.160	8.677	1.632	0.103	0.308
Level 3—Level 1	47.700	8.677	5.497	<0.001	**<0.001**
Level 2—Level 1	33.540	8.677	3.865	<0.001	**<0.001**

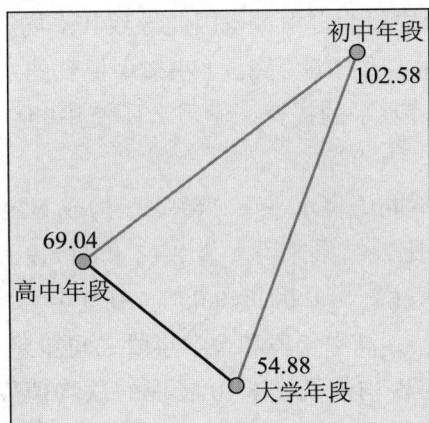

图 8.7　三种语言水平下"to+X"构成介宾结构互信息值成对比较

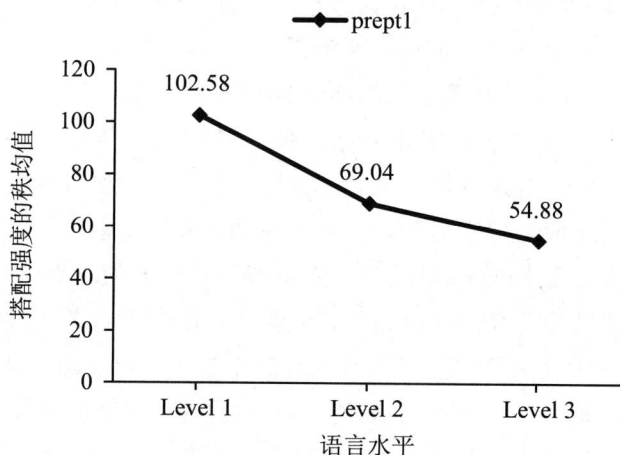

图 8.8 三种语言水平下"to+X"构成介宾结构总体搭配强度折线

这一结果可能是由于大学生在"to+X"介宾结构的使用上呈现出了较其他两个语言水平的学习者更为丰富的用法。如前文所述，初中学生经常在英语作文中使用几种较为简单的"to+X"构成介宾结构，如"to school"和"to bed"。单一且高频的使用会导致其互信息值较大，搭配强度也较强。语言学习者的语言水平越高，他们对"to+X"构成介宾结构的使用就越不容易局限于某些既定的或有限的词组之中，如在教科书上出现的一些词组。根据我们自建依存树库的数据，语言水平较高的大学生使用"to+X"构成介宾结构的形式更为自由，也因此导致其平均互信息值较小，to 和 X 词之间的搭配强度较弱。这也进一步印证了 8.3.1 小节中提到的"to+X"介宾结构频率的发展趋势，即随着学习者语言水平的提升，学习者所使用的"to+X"介宾结构在总使用频次中占比越来越小。

接下来，我们再来看不同语言水平下"to+X"构成不定式结构时搭配强度的发展特征。从互信息值的成对比较结果来看（表 8.12 和图 8.9），初中年段和高中年段之间差异显著（Level 1—Level 2: $p=0.001<0.05$），初中年段与大学年段之间差异显著（Level 1—Level 3: $p<0.05$），高中年段和大学年段之间差异不显著（Level 2—Level 3: $p>0.05$）。从图 8.9 呈现的秩均值及图 8.10 展现的秩均值发展趋势来看，与"to+X"介宾结构搭配强度的发展趋势相反，随着学习者语言水平的提升，"to+X"不定式结构的搭配强度不断增强。但是，这一总体增强趋势在高中—大学阶段也与"to+X"介宾结构一样变得平缓。这表明学生或许在进一步向上发展的过程中遇到了瓶颈，也再次印证了可能存在的中介语僵化现象或语言学习的平台期。学习者可能需要从各方面寻找可能的解决方案或在学习动机上寻求突破，以继续发展其句法能力和语言水平。

表 8.12 三种语言水平下"**to+X**"构成不定式结构互信息值成对比较结果

Sample 1—Sample 2	检验统计量	标准误	标准检验统计量	显著性	调整后显著性
Level 1—Level 2	−30.480	8.654	−3.522	<0.001	**<0.001**
Level 1—Level 3	−33.480	8.654	−3.869	<0.001	**<0.001**
Level 2—Level 3	−3.000	8.654	−0.347	0.729	1.000

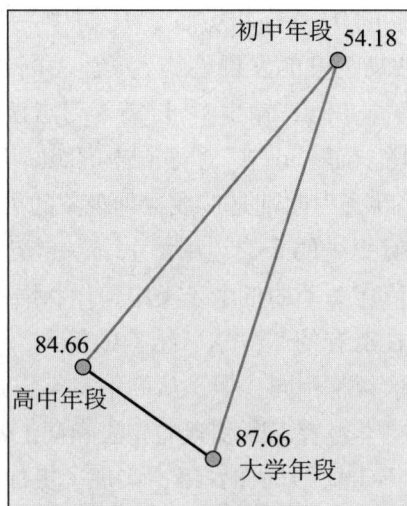

图 8.9 三种语言水平下"**to+X**"构成不定式结构互信息值成对比较

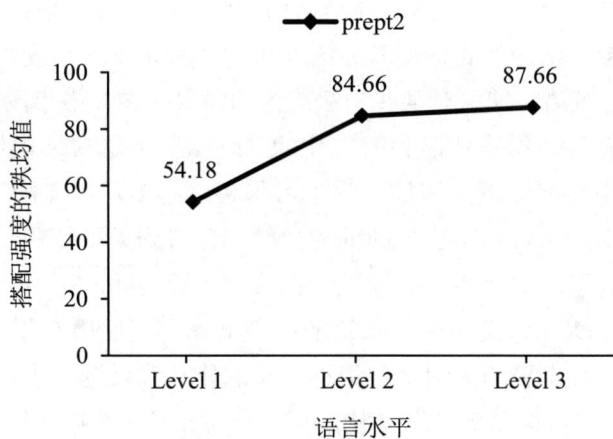

图 8.10 三种语言水平下"**to+X**"构成不定式结构总体搭配强度折线

综上所述,"to+X"结构的搭配强度与学习者语言水平显著相关,且随着学习者语言水平的提升,两类"to+X"结构的搭配强度呈现完全相反的发展趋势。

8.4 结 论

我们在本章通过概率配价模式和互信息值探究了随着中国英语二语学习者语言水平的发展，他们在英语作文中所使用的"to+X"结构的概率分布特征和结构搭配强度的发展情况，主要发现概括如下：

一、在树库中依存关系的年级分布方面，从初中一年级到大学二年级，各种"to+X"依存关系的数量呈波动上升的发展趋势。学生不断接受新的英语句法知识（语言输入），并持续练习英语写作（语言输出）。随着学习者所在年级的升高，"to+X"不定式结构的使用频率逐渐递增，而"to+X"介宾结构的频率逐渐下降。语言输入的性质（如教科书内容和课程内容）和省力原则是造成这种现象的可能原因。此外，"to+X"介宾结构相较于不定式结构含有更少的子类（用法），这一情况或对学习者的使用有所影响。在"to+X"结构形成的依存关系的各个子类中，作状语的介宾结构的使用率在初中一年级到高中一年级中始终在所有的"to+X"结构中最大；在高中二年级，作宾语的不定式结构与作状语的介宾结构频率相同，但是从高中三年级到大学二年级，前者的占比均超过了后者，其原因可能是学习者不断积累的句法和词汇知识使得他们能够使用更加多样的动词来支配"to+X"不定式结构作宾语，实现了更加丰富的语义。整体上来看，随着学习者语言水平的提高，学习者使用"to+X"介宾结构的频率逐渐减少，而使用"to+X"不定式结构的频率逐渐增加。

二、在 11 类"to+X"结构的依存关系概率分布方面，在初中年段，由于学习者更倾向于使用简单结构，因此，"to+X"介宾结构作状语的出现频率最高，远高于排在第二位的"to+X"不定式结构作宾语，其原因在于初学者多学习高度模块化的句法结构，以求有效记住单词和短语，加深对某些句法结构的印象。在高中年段，出现概率仍排在第一位的"to+X"介宾结构作状语和第二位的"to+X"不定式结构作宾语之间的频率差异最小。随着高中生词汇量的增加，学生习得越来越多可以支配不定式作宾语的动词，"have to"和"be going to"这类助词和半助词也得到大量使用。同时，"to+X"词汇搭配的各种子类显示出更加均衡的发展。在大学年段，"to+X"不定式结构作宾语的出现概率超过了"to+X"介宾结构作状语的出现概率，其原因在于后者的使用概率锐减。拥有较高英语语言水平的大学生常根据作文的体裁和话题要求选用不同的"to+X"结构以适应不同语境，不同"to+X"结构的概率分布相较于高中年段来说发展得更为均衡。此外，大学年段和高中年段的"to+X"介宾结构作宾语、介宾结构作定语、不定式结构作宾语、不定式结构作宾语补语、不定式结构作定语和不定式结构作独立成分的出现概率相近，这为高水平英语学习者的学习过程中发生了中介语僵化现象这一观点提供了新的证据。

三、在不同语言水平的二语写作语料中，"to+X"结构的搭配强度与学习者语言水平显著相关，"to+X"介宾结构和不定式结构呈相反的发展趋势。随着语言水平的提升，学生英语作文中的"to+X"介宾结构的搭配强度不断减弱，而不定式结构的搭配强度则持续增强。

在理论意义上，本研究可为当下的语言学研究尤其是语料库语言学研究提供一种独特的视角，即使用概率配价模式和互信息两种方法研究二语学习者特定结构的运用，展现了依存句法相关理论在二语写作的研究上的应用潜力。对于英语教学者而言，这些研究发现将帮助他们明确学生在何种方面面临怎样的句法学习障碍，鼓励他们思考现有问题的解决方案，进一步按照实际情况调整教学计划和教学方式，从而最终促进英语二语学习者的语言水平发展。

本章与诸多前面相关部分对二语写作中的多种微观结构进行了量化分析。而语言作为一个系统，要求研究者们在通过科学的方法精雕细琢、力求见微知著的同时，也采用前沿的视角综观整体、统揽全局。下一章，我们将运用语言研究领域一种新的研究方法——复杂网络的方法——对外语学习者的语言在系统层面上的整体特征进行深入探究。

9 复杂网络视角下的二语句法网络涌现与句法发展

9.1 引 言

在上一章，我们基于CELDT中的语料，运用概率配价模式，探索了中国英语学习者对特定句法结构"to+X"的习得情况，揭示了这一结构所体现的中国英语学习者句法能力的发展。以依存句法和配价为主的计量研究是本书的重点之一，如第5章和第7章的相关内容。在此基础上，我们在最后一章创新性地尝试从复杂网络的角度，探究外语学习者的句法发展特征。

涌现，作为复杂系统的一个独特属性，是我们周围世界的一个普遍特征。复杂系统内子系统之间的非线性互动通常会导致意想不到的结果（Santos & Zhao, 2017），这种现象被称为"涌现"。约翰·斯图亚特·密勒（John Stuart Mill）在其著作中首次提出"系统拥有各自部分不具备的性质"（Mill, 1930）。此后近100年来，涌现的观点在物理学、生物学、计算机科学、经济学和气象学等各个领域都有了深刻的发展。涌现是"第一次系统地使用某一个结构"（Pienemann, 1984），"产生一种新的联系"（N. C. Ellis, 1998），在这种联系中，"整体大于部分之和"（Holland, 1998: 2）。例如，水是氢和氧的化合物，语言的变化来自社会中个体的长期参与和使用。系统的复杂性源于所有组件和子系统各种方式的相互依赖和相互作用，因此，涌现现象的研究是复杂系统中最棘手也是最有吸引力的主题之一。

网络，即复杂系统，在自然界和人类生活中无处不在。计算机网络、生物网络和社会网络是真实世界中较为典型的几类网络。所谓网络，就是指任何一种可以表示为图（graph）的系统。该图以系统的成员为节点（vertice/node），以成员之间的某种关系为边（edge/link）。一个网络无论其规模如何庞大，都是由节点和边这两大基本要素组成的。网络中的节点和边可以代表不同的实体及其关系。例如，互联网的节点代表一个个不同的网站，其边代表网站之间的超级链接；大脑神经元网络的节点代表不同的神经元，其边代表神经元之间的突触；社会网络的节点代表不同的社会成员，其边代表成员之间的某种社会关系（如朋友关系）。真实世界中存在的网络一般都是复杂网络，也就是说，这些网络的结构既不是完全规则的，也不是完全随机的，而是介于二者之间。近十几年来，网络科学呈现出爆炸式的发展。

语言同样也是一个复杂系统、复杂网络（H. Liu, 2018）。在网络科学飞速发展的今天，越来越多的研究者开始将人类语言作为一种复杂网络来进行研究。语言复杂网络研究是网络科学的方法在语言研究中的应用，目前已取得了相当数量的研究成果。语言复杂网络是语言系统观的一种实现，为研究语言在系统层面上的整体特征提供了量化的方法。将语言建模为复杂网络，采用适宜的定量指标，就可以在系统层面上揭示语言的整体特征，为"语言是一个什么样的系统"这一问题提供一个初步的答案。该领域的研究发现是对注重细节特征的现代语言学研究的重要补充。另外，语言复杂网络研究还有助于拓展语言研究不可或缺的跨学科视角。

语言习得也可以从复杂系统（Solé et al., 2010; Gromov & Migrina, 2017）、复杂动态系统（Baba & Nitta, 2014; Wachs-Lopes & Rodrigues, 2016）和复杂适应系统（"Five Graces Group" et al., 2009; N. C. Ellis, 2016; Q. Lu et al., 2016）等角度开展研究。MacWhinney（2015）列出了19个重要的语言涌现机制，包括激增、竞争、普遍性、纠错、自组织、拓扑组织等。他也引入了一些具体的量化方法，如平行分布处理、自组织映射以及动态系统理论，这些方法在先前的研究中曾被用来证明语言中的涌现现象。然而，MacWhinney和O'Grady（2015）尚未提及复杂网络方法，而这也是一种用来分析和解释人类语言涌现特性的有效方法。

在母语习得中，复杂网络的一些重要特征，如无尺度、小世界属性被证实存在涌现现象。母语习得中存在从独词期到词汇量快速增长的双词阶段，再到语法流畅阶段的转变。在这个阶段，句子长度稳步增加，句法种类呈指数式增长（Radford, 1990; Corominas-Murtra et al., 2009）。母语句法发展并不是线性的，也就是说在某个阶段，句法可能会出现爆炸式增长，即涌现。Corominas-Murtra等（2009）运用真实数据以及复杂网络方法首次发现，孩童在24个月大时，无尺度及小世界特性在母语句法网络中涌现，这也标志着从句法前阶段向无尺度和小世界句法网络的突变。句法发展体现为词语之间关系的变化，因此，句法涌现标志着语言从混乱的词簇到组织良好的结构的转变。从复杂网络的角度来看，句法涌现意味着从非无尺度、非小世界的语言结构向无尺度、小世界的语言网络的转变。

许多研究尝试证明在二语句法学习中是否也存在这一突变，但在这一问题上尚未达成共识。二语学习被看作一个蕴含着大量涌现的动态的、复杂的过程（Larsen-Freeman, 1997; N. C. Ellis, 1998），有多个理论尝试来解释这一过程。例如，混沌（复杂）理论就可能揭示复杂动态语言系统的潜在规律（Holland, 1998; Larsen-Freeman & Cameron, 2008）。动态系统理论考虑了所有有关学习的变量，将中介语看作一个不断变化的系统，并尝试给这一系统进行数学建模（如de Bot et al., 2007）。在二语发展过程中，一些实证研究已经捕捉到了体现系统重组的涌现或者突变现象。例如，Sato（1988）研究了两位越南的英语学习者复杂句式的涌现，尤其是并列、从属以及补语结构。N. C. Ellis 和 Larsen-Freeman（2009）研究了二语学习中英语动宾结构的涌现，如"动词+处所""动词+处所宾语"和双及物结构，他们发现，动宾结构的习得受到输入频率、原型以及语义类型的概括性的影响。Spoelman 和 Verspoor（2010）收集了一名芬兰的荷兰语学习者在三年间产出的 54 个写作样本。运用复杂动态系统的方法，他们发现这名学习者在这三年间产出的名词短语发生了剧烈变化，并且名词短语复杂度与句法复杂度之间存在竞争关系。Mellow（2006, 2008）采用历时研究的方法研究了西班牙一名 12 岁的英语学习者，发现复杂结构如论元结构、关系从句和动词论元依存的习得是基于项目学习涌现的。

然而，以上研究都有一定的局限性。一方面，他们的研究并未证明句法涌现现象。如上所述，从任意词簇到结构良好、符合语法的句子的转变是句法涌现出现的标志，而以上研究并未涉及这些内容。另一方面，这些研究都是微观的，往往只涉及几个研究对象或一些特定的结构，如动宾结构、关系从句以及动词的宾语依存。因此，这些研究未能描绘出二语句法发展的全景式图景。

我们在本章拟基于大规模语料，采用复杂网络的方法研究二语句法变化，旨在从宏观角度探究二语句法发展的总体趋势。Corominas-Murtra 等（2009, 2010）通过研究儿童语言网络的两个特性（无尺度和小世界），首次确定了母语习得中句法涌现出现的确切时间。在孩童 2 周岁左右，存在从"前句法结构"阶段向"无尺度、小世界句法网络"阶段的突变。因此，复杂网络方法可以捕捉到网络的整体特征，为研究阶段转变提供了新的思路，并且是在系统层面进行分析的潜在计量方法（Cong & H. Liu, 2014）。因此，为了展现二语句法发展的整体面貌，我们采用复杂网络的方法，研究中国英语学习者从小学到初中再到高中的句法发展。本章将解答以下两个研究问题：

研究问题 1：从复杂网络这个宏观角度来看，在中国英语学习者的习得过程中，是否存在句法涌现？或者说，小世界和无尺度这两个特性是否涌现？9 个年级学生句法发展的整体趋势是什么？

研究问题 2：9 个不同年级学生的句法网络的特征有何差异？这些差异能够反映出不同年级学生在词汇和句法能力上有哪些不同？

第一个问题旨在捕捉 9 个依存句法网络最显著的整体特征。第二个问题旨在找出处于不同句法发展阶段的二语学习者的具体差异。我们希望通过对这两个问题的解答，为二语句法发展研究带来新的研究思路，进而促进语言教学。

9.2 研究方法

9.2.1 语 料

本研究的对象是小学四年级至高中三年级的 509 位中国学生，他们来自某省的两所小学、两所初中和两所高中。每个层次学校的教育质量相当，拥有相同的英语教学大纲、教科书和每周英语课时量。学生的学习环境高度相似，可以减小无关因素的干扰。我们事先向研究对象的英语老师咨询了相关年级的英语水平。他们确认，虽然高年级的英语试卷的难度要高于低年级，但是高年级的平均分略高于低年级的平均分，因此，总体上，年级越高，学生的英语水平也越好，年级是判定语言水平的最有效的指标之一（Wolfe-Quintero et al., 1998; X. Lu, 2011）。此外，为了剔除每个年级的"异常值"，我们基于语言学习经历问卷（language history questionnaire, LHQ）2.0 设计了一份简版问卷，里面的问题涉及年龄、性别、教育水平、学习英语年限、是否参加课外培训班、海外生活经历以及对自我英语水平的评价。根据调查问卷和英语平时小测成绩，我们选取了代表各年级平均水平的学生作为研究对象。因此，在本研究中，学生的年级，即学习英语的年限，可以作为衡量英语水平的指标。我们以小学四年级（X4）至高三（G3）学生的作文为研究语料，探究在二语学习过程中是否存在无尺度和小世界特性句法网络的涌现。表 9.1 展示了每个年级的信息，包括学生年龄和学习英语年限。

表 9.1 研究对象信息简表

年级	年龄 / 岁	学习英语时长 / 年
X4（小四）	9—10	0—1
X5（小五）	10—11	1—2
X6（小六）	11—12	2—3
C1（初一）	12—13	3—4
C2（初二）	13—14	4—5
C3（初三）	14—15	5—6
G1（高一）	15—16	6—7
G2（高二）	16—17	7—8
G3（高三）	17—18	8—9

在期末时，研究对象的英语老师在课堂测试中布置了写作任务。学生知道他们的作文仅用于研究，并且他们的个人信息在任何情况下都不会泄露。所有（16 岁及以上的）学生及（16 岁以下学生的）家长签署了书面同意书。

学生必须在规定的时间内完成作文，并且不能参考其他任何资料。老师在写作要求中明确提出了字数要求（向相关学校老师咨询的结果）：四年级 40 个词，五年级 50 个词，六年级 60 个词，初中 100 个词，高中 130 个词。为了激起小学生的写作兴趣，让他们尽可能多地输出，他们的作文题"My Family（我的家庭）""Fruit（水果）""Planting Trees（植树）""My Weekend（我的周末）"是以彩色图片的形式呈现的；而高中生的作文题如"My Weekend（我的周末）""An Embarrassing Experience（一次尴尬的经历）"则直接用英文呈现。写作题材包括描写文和叙述文，因为这两种体裁的写作难度不是太高，并且在学习的早期阶段，学生就应该已经掌握这两种体裁的写作。在研究中使用相似的主题和体裁，旨在降低无关因素的影响。

所有的作文由教师收齐后交给我们。在筛除掉一些无效作文（如篇幅未达到相应年级的字数要求、内容结构不完整、主题不相关或者不恰当）之后，我们将作文输入电脑。为了确保网络大小相当和样本的一致性，我们决定将每个年级的样本大小控制在 5000 词左右。因此，我们随机选取了 509 篇作文作为本研究的数据源，共 45503 词。作文主题、各年级作文的数量与篇幅等信息见表 9.2。

表 9.2　自建语料库信息

年级	主题	数量	词数
X4	Cleaning/Planting Trees/My Weekend/Clothes/Family/Fruit/My Classroom	104	4909
X5	Cleaning/Planting Trees/My Weekend/Clothes/Family/Fruit/My Classroom	91	5048
X6	Cleaning/Planting Trees/My Weekend/Clothes/Family/Fruit/My Classroom	70	5083
C1	My Weekend	57	5072
C2	My Weekend	49	5021
C3	My Weekend	36	5087
G1	A(n) Embarrassing/Surprising/Unforgettable Experience	37	5183
G2	A(n) Embarrassing/Surprising/Unforgettable Experience	32	5065
G3	A(n) Embarrassing/Surprising/Unforgettable Experience	33	5035
总数		509	45503

9.2.2　构建句法网络

为了开展复杂网络研究，我们要先构建语言网络。无论网络有多复杂，构成网络的基本要素并不复杂（H. Liu, 2008b）：节点和边（Newman, 2003, 2010）。前者是网络中的实体，后者代表着这些实体之间的关系。在语言网络中，节点是像词这样的语言单位，而边则是这些语言单位之间的关系（H. Liu, 2008b）。

合适的网络是进行网络分析的前提（Butts, 2009）。为了研究二语学习者句法的渐进发展，我们构建了句法网络。其中，节点代表词类，边代表两个词之间的句法关系。要使语言网络在语言研究中有重要的研究意义，语言网络必须根据语言学理据来构建（H. Liu, 2011）。句法分析中有两种最主要的方法：成分分析和依存关系。前者涉及部分与整体之间的关系，后者考虑的是词间非对称的双边关系。在本研究中，句法网络是基于依存句法构建的：第一，如果中介语有句法错误，依存句法更适合研究语言习得（Jiang & Ouyang, 2017）；第二，依存关系中的要素完美契合语言网络的构建（H. Liu, 2008b）；第三，依存句法是研究母语句法网络的有效手段（Corominas-Murtra et al., 2009）。因此，为了有效对比母语和二语的句法发展过程，我们也采用依存句法来构建句法网络。

在依存句法中，句中的词是通过它们之间的依存关系联系起来的（Melčuk, 1988; Hudson, 2010）。在每一对依存关系中，有一个支配词和一个从属词（详见本书引论）。从网络的角度来看，句子中的支配词和从属词是节点，而它们之间的依存关系就是边。

句子的依存结构可呈现在表中。表 9.3 中给出了英文句子"This is a book.（这是一本书）"和"This book is very interesting.（这本书很有趣）"的依存结构。

表 9.3　两个句子的依存结构

句子序号	从属词			支配词			依存类型
	词序	词	词性	词序	词	词性	
1	1	This	DT	2	is	VBZ	nsubj
1	2	is	VBZ	2	is	VBZ	root
1	3	a	DT	4	book	NN	det
1	4	book	NN	2	is	VBZ	xcomp
2	1	This	DT	2	book	NN	det
2	2	book	NN	3	is	VBZ	nsubj
2	3	is	VBZ	2	is	VBZ	root
2	4	very	RB	5	interesting	JJ	advmod
2	5	interesting	JJ	3	is	VBZ	xcomp

注：DT 是限定词；VBZ 是动词现在时；RB 是副词；JJ 是形容词；nsubj 是主语；xcomp 是表语；advmod 是副词修饰词；所有的标点符号已删除。

这些标注了依存关系的句子可以转换为依存句法网络。图 9.1 展示了由表 9.3 的依存结构转化而来的依存句法网络。网络中的节点代表词类，有向的边代表词间非对称的依存关系。在表 9.3 中，"a"和"This"从属于"book"，而"is"又支配"book"，因此，在图 9.1 中，有两条边从节点"book"分别指向节点"a"和"This"，有一条边从节点"is"指向节点"book"。

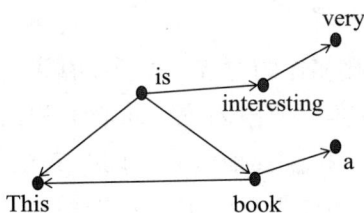

图 9.1　由"This is a book."和"This book is very interesting."两个句子组成的依存句法网络

句法树库通过斯坦福句法分析器标注完成（de Marneffe & Manning, 2008），随后，我们对其进行了人工检查，以确保标注的准确性。这款标注软件的信息以及使用步骤可参考Ouyang和J. Jiang（2018）。学生作文中所出现的句法错误未被更正，在依存树库和句法网络中也保持原样。网络分析中的基本要素是节点及节点之间的边，构建句法网络只需要从属词和支配词两列，因此，句法错误在网络中体现为节点之间边的缺失。例如，在句子"This is a book"中，如果学生犯了句法错误，导致句中缺少主要动词"is"，那么，在其对应的树库中，主语"This"和宾语"book"就会缺少支配词；在对应的句法网络中，节点"is"和"This"、节点"is"和"book"之间的边也会缺失。再如"I must go to home"这个句子，"to"是赘余成分，因此这个单词在树库中没有支配词，在句法网络中也没有边与之相连，因此也会影响网络中的参数，如度和聚类系数。保留学习者错误的句法网络可以反映出学习者的真实水平。

9个年级所有的509篇作文都是以纯文本的形式被输入电脑中，并且每篇作文都有各自的代码，可以反映出学生的学校、年级、作文编号以及主题。根据依存句法的标注原则，9个年级的依存树库都先由斯坦福句法分析器自动生成，再经过人工核对。每个年级相对应的树库经由Createpajek（一个网络转化软件）生成。这样，我们就得到了9个句法网络，并将它们分别根据对应的年级标记进行命名，如网络X4、网络C1、网络G3等。

9.2.3　网络分析指标

网络分析可以得到多个测量指标（Newman, 2010; H. Liu, 2011），用来描述语言网络的宏观特性（Cong & H. Liu, 2014）。在本研究中，不同年级之间网络特性的差异可以揭示语言学习过程中的认知机制。实际上，网络科学为捕捉认知和行为过程的复杂特性提供了有效的方法。例如，认知科学家用网络来描述神经组织以及认知过程（Baronchelli et al., 2013; Karuza, et al., 2016）、探索人类学习过程（Karuza et al., 2017; Kahn et al., 2018）、研究语言习得（Sizemore et al., 2018）等等。在本研究中，网络的宏观特征、无尺度和小世界可由网络参数如度、平均度、平均路径长度和聚类系数等来反映。基于这些参数，我们将研究二语句法网络特性的涌现及其语言学启示。

9.2.3.1　节点度

度（k）指与一个节点直接相连的边数，可反映该节点在这个网络中的连通性。在有向的语言网络中，节点的度可分为入度（向心）和出度（离心），分别反映该节点（词）支配其他节点（词）和被其他节点（词）支配的能力。例如，在图9.1中，"book"的度为3（入度为1，出度为2）。在句法网络中，节点的度代表着一个词与其他词之间的句法关系（X. Chen et al., 2011），因此测量了该词的句法价，即其与其他词形成依存关系的能力（Cong & H. Liu, 2014）。度高的节点为网络的中心。

网络的平均度<k>指所有节点度数的平均值，因此可以作为反映网络连通性的指标。例如，在图9.1中，句法网络共有6个节点："a""very""This""interesting""is""book"，它们的度分别为1、1、2、2、3和3，度数之和为12，则平均度为2（12/6）。

9.2.3.2　聚类系数

在语言网络中，与某一节点相连的节点（词）之间可能也相连。例如，在图9.1中，"is"和"book"都与节点"This"相连，而"is"和"book"之间也相连。聚类系数反映了一个节点的两个相邻节点间互连的可能性（Newman, 2010）。它度量了网络聚集倾向或小集群形态。

如果节点i通过k_i条边与k_i个节点相连，那么这k_i个节点间边数最多为$k_i(k_i-1)/2$。如果将E_i视为这k_i个节点之间实际存在的边数，那么E_i与这k_i个节点间最多可有的边数之比就是节点i的聚类系数，即

$$C_i = \frac{2E_i}{k_i(k_i-1)}$$

公式（9.1）

整个网络的聚类系数C为所有节点聚类系数C_i的平均值。

$$C = \frac{1}{N}\sum_{i=1}^{N} C_i$$

公式（9.2）

其中，N为网络的节点数。比如，在图9.1的句法网络中，节点"is"与3个节点"This""book""interesting"相连。在这三个节点中，"This"和"book"相连。因此，"is"的聚类系数为1/3，其他节点的聚类系数为0。

9.2.3.3　平均路径长度

在一个网络中，一个节点可能直接也可能通过其他节点与另一个节点相连，因此就有了路径长度的概念。路径长度度量了两个节点之间边的数量。最短路径长度是两个节点之间的分离度。例如，在图9.1中，"a"与"This"之间的最短距离是2，"a"与"interesting"之间为3。

因此，网络的平均路径长度（L）指网络中任意两个节点之间的平均最短路径长度，公式如下：

$$L = \frac{1}{N(N-1)}\sum_{i\neq j} d_{ij}$$

公式（9.3）

式中，N表示网络中的节点数，d_{ij}指节点i与节点j之间的最短路径。

对于大规模的网络，可以用Pajek软件来计算上述网络参数。

9.2.3.4 无尺度与小世界

欲研究网络的无尺度与小世界特性，就需要比较真实网络与对应的随机网络。本研究中，随机网络由 Pajek 软件自动生成，其节点数和边数与对应的真实网络相同（Erdös-Rényi 网络）。在随机网络中，节点之间的连接是随机的，且所有节点相连的概率是相同的。

复杂网络的无尺度特征与网络的度的分布有关。如上所述，一个节点的度指与该节点相连的边数，因此，$P(k)$ 表示一个随机节点度数为 k 的概率。随机网络的度的分布服从二项式分布或泊松分布（Newman, 2003, 2010），而真实网络的度的分布一般服从幂律分布（Newman, 2003, 2010）。这意味着在真实网络中，只有少部分节点拥有较高的度，而大多数节点的度都较低。幂律分布可用以下公式来表示：

$$P(k) \sim k^{-\gamma} \hspace{4cm} \text{公式（9.4）}$$

要判断一个网络是否具有小世界属性，需要估算与其对应的随机网络（具有相同的节点数和边数，但节点之间为随机连接）的平均路径长度（L_{random}）和聚类系数（C_{random}）（Newman, 2003, 2010; Ferrer-i-Cancho et al., 2004; Cong & H. Liu, 2014）。 如果平均路径小于随机网络，而其聚类系数远大于随机网络，那么该网络就是一个小世界网络（Watts & Strogatz, 1998）。这说明，在小世界的网络中，节点倾向于聚集在一起，且任何两节点之间的距离都不长。因此，这类网络有利于信息在局部和全局的传递（Watts & Strogatz, 1998）。

小世界和无尺度是人类语言网络非常重要的特征（Ferrer-i-Cancho & Solé, 2001; Ferrer-i-Cancho et al., 2004）。Corominas-Murtra 等（2009, 2010）发现在儿童母语习得过程中，这两个特征的涌现可能预示着儿童语言从词簇到句法网络的转变。因此，为了探究在二语学习中有无类似突变，我们探究了每个年级句法网络的无尺度和小世界特性。

9.3 结 果

根据年级生成的 9 个句法网络由其相应的句法依存树库转化而来，我们对这 9 个句法网络进行了上述参数的计算。本节展示句法网络参数结果。

9.3.1 句法网络基本信息

表 9.4 显示了 9 个年级句法网络的基本信息，包括节点数、词数和词类与词数之比（即型例比 TTR）。在这些网络中，节点数代表词类。TTR 被广泛用于衡量相似长度文本的词汇多样性或词汇丰富度（B. Richards, 1987）。根据表 9.4，我们发现，通常学生年级越高，用词越多样化。图 9.2 展示了 9 个年级的句法网络。图中的点代表节点（词类），节点之间的线代表边，即句法依存关系。节点数和边数都随着年级的增长而递增。

表 9.4　9 个网络的词频信息

网络	X4	X5	X6	C1	C2	C3	G1	G2	G3
节点数	551	644	671	661	711	800	1007	999	1121
词数	4909	5047	5083	5072	5021	5087	5183	5065	5035
型例比/%	11.224	12.760	13.200	13.032	14.161	15.726	19.429	19.724	22.264

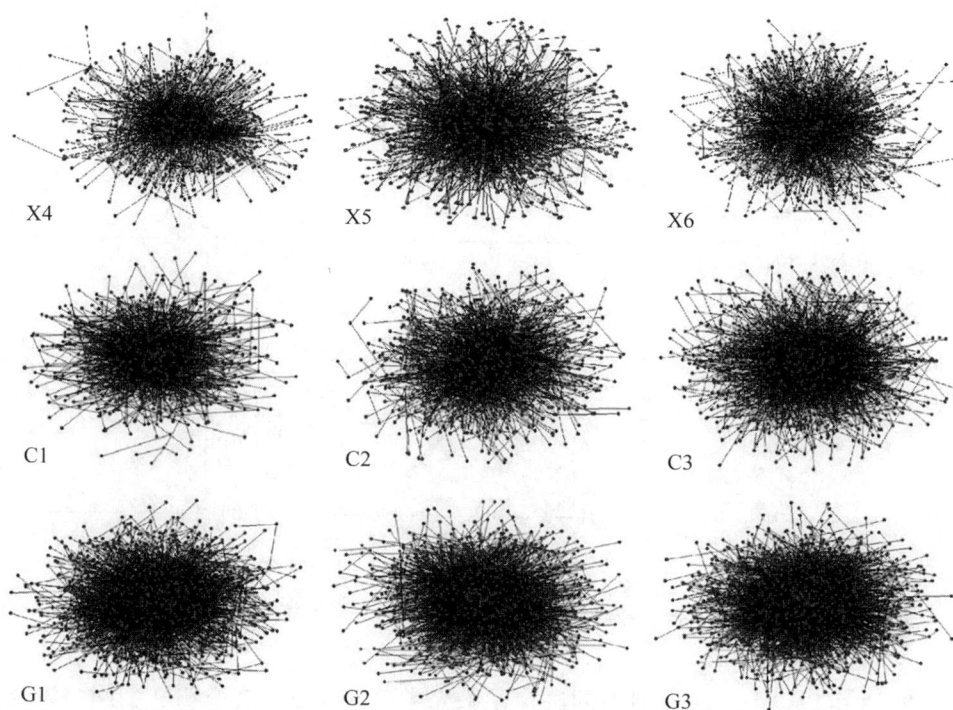

图 9.2　各个年级的可视化句法依存网络

9.3.2　句法网络的无尺度和小世界特性

为了检验这 9 个网络是否存在无尺度特性的涌现，我们截取了各个网络的度分布，并与对应随机网络的度分布进行对比（Newman, 2003），以判定网络是否具有无尺度特性。为了消除长尾干扰，我们选择了 9 个网络的累积度分布（对数—对数），如图 9.3 所示。

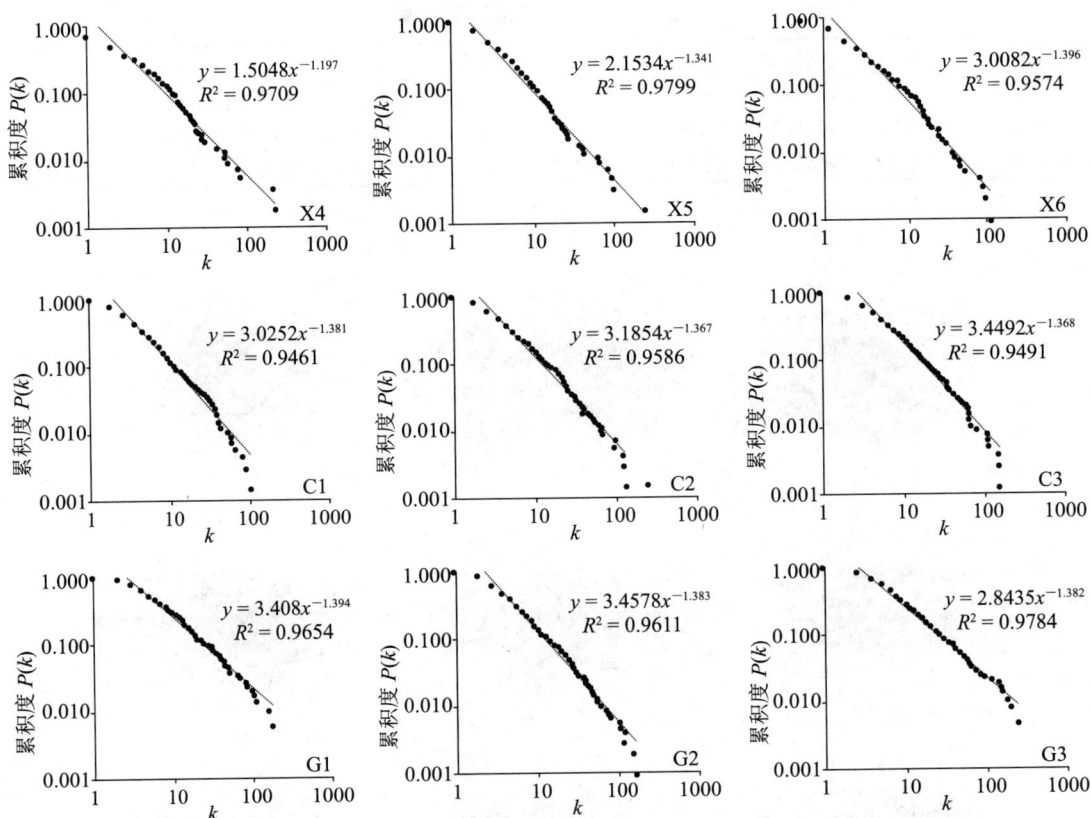

图9.3　各个年级复杂网络的累积度分布（对数—对数）

从图9.3可以看到，9个网络的决定系数 R^2 都大于0.9，这说明9个网络都服从幂律分布（即齐普夫分布），其拟合公式显示在对应的图中。图9.4展示了各个网络的幂律系数 γ' 和决定系数 R^2。γ' 在前三年快速增长，后六年在1.38上下浮动。9个随机网络

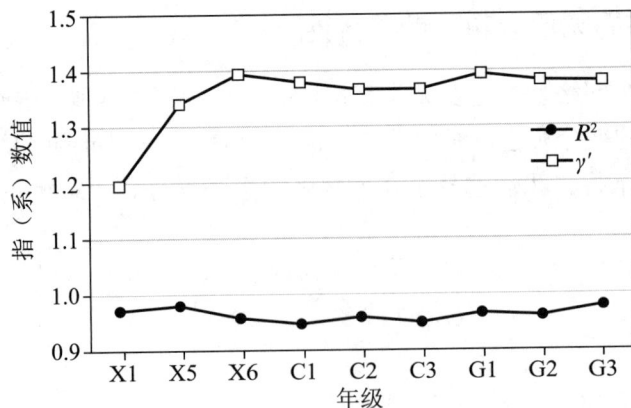

图9.4　9个句法网络的幂指数 γ' 和决定系数 R^2

的度分布服从二项式分布，这也是随机Erdös-Rényi网络的基本特征。由于空间有限，随机网络的度分布在此不做展示。9个句法网络的度分布符合齐普夫定律，而9个随机网络的度分布服从二项式分布，这说明9个句法网络都具有无尺度的特点。

　　平均路径长度和聚类系数可以判定网络是否具有小世界的特性。表9.5中列出了9个句法网络及其对应随机网络的平均路径长度和聚类系数。真实网络的平均路径要小于随机网络的平均路径，而聚类系数要远大于随机网络的聚类系数（Watts & Strogatz, 1998）。如表9.5所示，9个句法网络的平均路径均小于对应的随机网络的平均路径，而聚类系数均远大于其对应的随机网络的聚类系数。因此，这9个句法网络都具有小世界的特性。

表9.5　9个网络及其对应随机网络的主要参数

网络	词数	N	$<k>$	C	L
X4	4909	551	5.976	0.356	2.844
随机网络X4	4909	551	5.976	0.009	3.731
X5	5047	644	5.950	0.333	2.797
随机网络X5	5047	644	5.950	0.008	3.820
X6	5083	671	6.342	0.274	2.970
随机网络X6	5083	671	6.342	0.009	3.735
C1	5072	661	6.260	0.115	3.308
随机网络C1	5072	661	6.260	0.010	3.747
C2	5021	711	6.819	0.145	3.160
随机网络C2	5021	711	6.819	0.007	3.650
C3	5087	800	7.128	0.138	3.183
随机网络C3	5087	800	7.128	0.008	3.624
G1	5183	1007	6.878	0.114	3.236
随机网络G1	5183	1007	6.878	0.008	3.804
G2	5065	999	7.033	0.122	3.227
随机网络G2	5065	999	7.033	0.005	3.771
G3	5035	1121	6.401	0.108	3.226
随机网络G3	5035	1121	6.401	0.005	3.991

　　注：N，节点数；$<k>$，平均度；C，聚类系数；L，平均路径长度。

9.3.3　小学生的词汇和句法发展

　　我们首先讨论小学生的英文词汇和句法发展。小学生的英语词汇量以及句法知识都不足以让他们自由地表达观点或者输出句子，因此，他们必须依赖母语完成写作。我们允许（但不鼓励）他们在写作中偶尔使用中文。为了反映他们的真实英语水平，在本小节中，小学生（X5、X5和X6）作文中出现的中文也被用于分析。表9.6展示了小学3个年级树库中的中文使用量及比例。图9.5展示了小学3个年级的句法网络。为了有更好的视觉效果，图 9.5 每幅图中，左边圆圈的节点是英文单词，右边圆圈的节点是中文词汇，左右两个圆圈之间的线条表示中英词汇之间的句法依存关系。

表 9.6　小学生英语作文中的中文使用量

年级	中文词例符	总词数	中文比例/%
X4	1320	6229	21.19
X5	391	5439	7.19
X6	115	5198	2.21

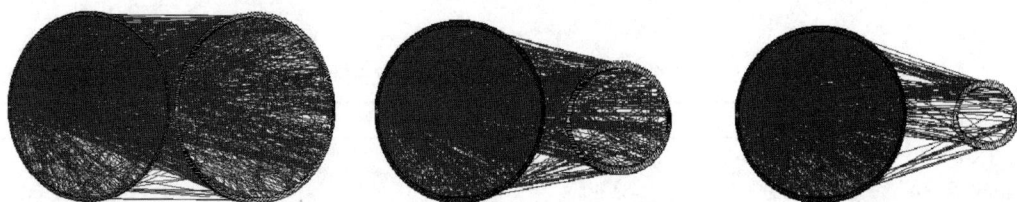

图 9.5　X4（左）、X5（中）和 X6（右）句法依存网络的英、中使用量

从表 9.6 和图 9.5 中可以看出，在小学阶段，随着年级的增长，中文的使用呈下降趋势。卡方检验显示，四年级（X4）和五年级（X5）使用的中文量有显著差异（$p=0.008$）。同样，从图中左右圆圈的连线可以看出英、中之间的句法关系也随年级的增加而减少。这些结果表明五年级（X5）学生在英语学习中取得了重大进步，也说明了英语学习初始阶段的重要性。

9.3.4　网络参数对比

网络有一些重要的参数，如节点数、平均度、聚类系数以及平均路径长度，可以反映出网络的整体特征。如前所述，小学生会在他们的作文中使用中文。但是在计算网络参数和网络分析时，因研究重点是学生英文的句法发展，所以作文中的中文将被剔除，不纳入网络参数的对比研究中。

表 9.5 展示了 9 个句法网络和 9 个随机网络的参数，图 9.6 则展示了这些参数的变化趋势。

我们用非参数 Kruskal-Wallis 检验来检验相邻年级参数的变化是否显著。从图 9.6A 可以看出，节点数随着年级的增长而增加，边数在初一到高一期间快速增长。图 9.6B 展示平均度的变化，除了初一时的微降，整体来说，平均度在小学和初中阶段上升，但在高中阶段剧烈波动。Kruskal-Wallis 检验显示，相邻年级平均度并无显著差异。聚类系数的变化呈现在图 9.6C 中，从图中可以看出，聚类系数在小学三年间大幅度下降，之后在初中三年间略微上升，在高中阶段波动。Kruskal-Wallis 检验显示，四年级

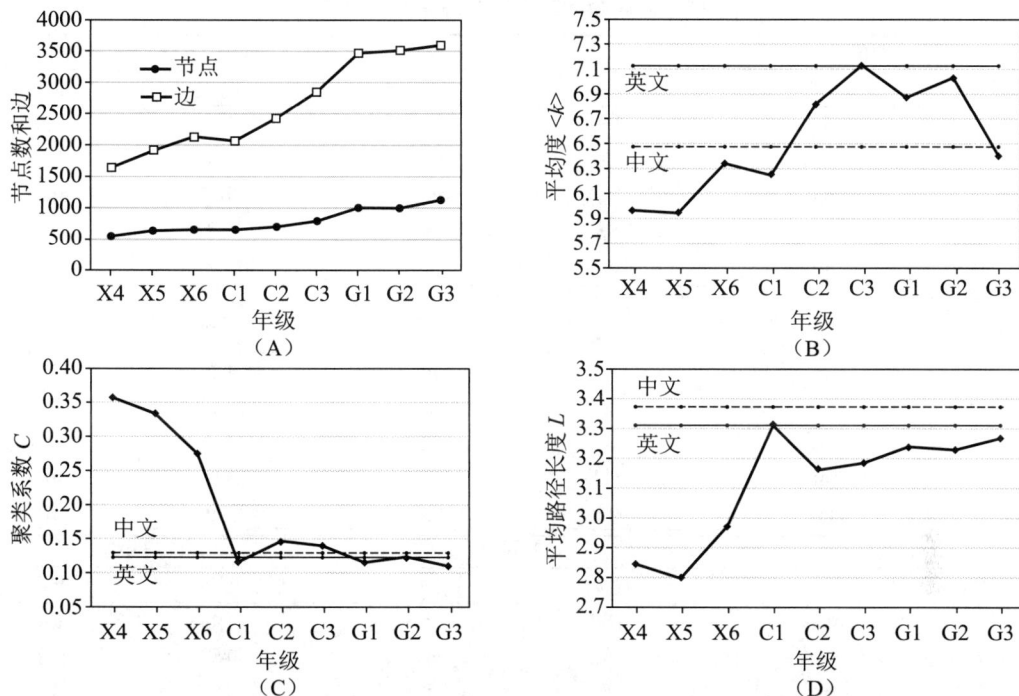

图 9.6　二语学习中网络参数的变化（从 X4 到 G3）

注：图 9.6A 展示 9 个年级节点以及边数量的变化；图 9.6B 展示各年级平均度的差异；图 9.6C 为聚类系数的变化；图 9.6D 为平均路径长度的变化。

和五年级（$p<0.001$）、六年级和初一（$p<0.001$）、初一和初二（$p=0.040$）、初三和高一（$p=0.003$）之间的差异显著。图 9.6D 展示了平均路径长度的变化，该参数在初一阶段快速上升，且六年级与初一（$p<0.001$）、初三与高一（$p=0.010$）之间的平均路径长度差异显著。

表 9.7 列出了每个网络中度最高的 5 个词。从表中可以看出，9 个句法网络中度高的词相似。这些词即 is/are/was、and、the、a、I、to、at 和 in，它们充当了网络中心。其中 6 个网络中，is/are/was 的度都是最高的（边最多），尤其是在小学的句法网络中。而在高二、高三的网络中，to 的度最高，因此也是网络中最重要的中心词。

二语学习者的语言（即中介语）与母语和目标语紧密相关（Selinker, 1969），因此，为了确定中介语的某些独特特征，对比中介语、母语与目标语的参数有重要价值。图 9.6B、9.6C、9.6D 也展示了母语的参数（中文和英语）（H. Liu & W. Li, 2010），实线代表英语网络参数，虚线代表中文网络参数。我们在下一节对以上数据展开详细讨论。

表 9.7　各年级网络中度数最高的 5 个节点

X4 网络		X5 网络		X6 网络	
度数	词	度数	词	度数	词
233	is	269	is	281	is
85	and	103	the	118	the
79	the	96	and	103	are
59	a	88	are	90	and
55	are	68	a	61	a
C1 网络		C2 网络		C3 网络	
度数	词	度数	词	度数	词
120	is	153	was	124	I
105	I	123	I	122	is
91	to	114	in	120	was
83	at	111	to	118	to
67	the	94	the	90	in
G1 网络		G2 网络		G3 网络	
度数	词	度数	词	度数	词
178	was	180	to	193	to
175	I	158	was	187	was
153	to	147	I	157	I
109	in	116	in	136	the
104	the	114	the	121	in

9.4　讨　论

9.4.1　句法网络无尺度和小世界特性

无尺度和小世界两个特性是句法涌现的标志。母语网络中无尺度和小世界特性会涌现，Corominas-Murtra 等（2009）由此发现了母语习得中句法的涌现。我们也采用无尺度和小世界特性作为网络指标，结果显示，9 个年级的句法网络（小学四年级到高中三年级）都具有无尺度和小世界两个特性。

无尺度网络中，一小部分节点拥有极高的度，而大部分节点的度都相对较小（Newman, 2003; Ferrer-i-Cancho et al., 2004）。从表 9.7 中可看出，节点的度分布符合齐普夫定律，因此 9 个句法网络都具有无尺度的特性。显然，这与 Corominas-Murtra 等（2009）的结果截然不同，他们发现儿童在 2 周岁左右，经历了从非无尺度结构到无尺度网络的转变。但是，我们在二语学习中并未发现相同类型的转变。

然而，从它们的幂指数可以看出，9 个网络的度分布与齐普夫定律的拟合优度有差异。在无尺度网络中，度分布幂指数 γ 值在 2—3（Barabasi & Albert, 1999），其所对应的累积度分布的幂指数 γ' 等于 $\gamma-1$，因此它的值在 1—2。γ' 越接近 1，越符合齐普夫定律。通过图 9.4 可看出，γ 在前三年的英语学习中快速增长，之后在 1.38 上下浮动。句法网络无尺度反映了节点（词）与其他词形成句法关系的能力（Cong & H. Liu, 2014），因此，句法网络越符合齐普夫定律，就证明学习者越能够自如地运用词汇。通常，人们认为随着年龄和年级的增长，句法网络的度分布的幂指数更加趋近于 1，但是我们的研究结果并未证实这一点。这可能是因为小学生作文存在大量的语言错误以及相似句法结构的重复使用。表 9.7 显示，在四、五、六年级的网络中，第一中心都是节点"is"，它的度均超过 200，大约是初一、初二、初三第一中心节点度的两倍。也就是说，四、五、六年级的网络更加符合齐普夫定律。然而，四、五、六年级网络中"is"节点的度高并不能说明他们的英语水平高，相反，这可能是由于初学者有限的词汇量以及对于相似句型的重复使用，如"This is..."和"It is..."。

就小世界这一特征而言，如表 9.5 所示，9 个句法网络的平均路径要小于对应的随机网络的平均路径，而聚类系数要远大于对应的随机网络的聚类系数。因此，这 9 个句法网络都具有小世界的特性（Watts & Strogatz, 1998）。所以，在二语学习中，小世界特性并没有涌现。也就是说，即使是在小学，二语学习者的句法网络也呈现了小世界的特性。即 9 个年级的二语学习者的句法网络都具有无尺度和小世界两个特性。相反地，这两个特性在母语习得中是涌现的。这种差异是由于在二语学习中，学习者可以根据母语（中文）与目标语（英语）的句法相似性来构造句子。众所周知，这两种语言都是 SVO 语序主导的语言。对于初级学习者来说，他们产出的大多数句子都是"主—谓—宾"之类语序的简单句，如"My family has six people.（我家有六口人。）""I have a brother.（我有个兄弟。）"等。这些简单句在两种语言中的结构相似，因此，只要有基本的词汇，初级英语学习者用中文的句法知识就可以很容易地构造出相应的英文句子，并且，中英两种语言在依存网络方面有诸多相似之处（H. Liu & W. Li, 2010）。换句话说，二语学习过程中（尤其是初期），存在母语句法正迁移，这也解释了为什么在中国英语学习者中没有出现句法涌现。中文的句法知识对学生掌握英文句子结构起着促进作用，因此，如果母语和目标语的句子结构相似，在二语学习中就可能不会出现句法涌现。当然，这个初步结论还需要在更多语言中验证。MacWhinney（2012）提出的统一竞争模型也可以解释无句法涌现的现象。在二语学习过程中，母语和目标语相互竞争：固化的母语会限制对二语中新知识的学习，而母语固化的程度取决于学习者对母语知识的掌握程度（P. Li, 2015）。母语固化程度越高，二语中不同于母语的新结构的习得就愈加困难。中国英语学习者在 9 岁左右开始学习英语，而那时，他们母语的句法已经固化了，因此，学习者会使用已经固化的母语句法规则来生成二语句子。结果是二语和母语的句法网络高度相似，导致二语学习中不太可能出现句法涌现。

9.4.2 小学生二语产出的词汇与句法特征

我们在本小节专门讨论小学生，有以下三个理由。首先，中国学生一般从三年级开始在学校学习英语，二语研究对于儿童二语习得颇为重视（Lakshmanan, 1995），因此，这一时期的发展值得关注：如果有句法涌现，即无尺度和小世界的涌现，将很有可能会发生在这一阶段。其次，这一阶段语言不成熟，大量错误屡屡出现，给小学阶段的研究带来了极高的挑战，而以前很少有关于这一阶段的儿童的二语发展研究。最后，不同于高中生，小学生经常在作文中使用母语。基于以上原因，我们有必要单独探讨小学生的二语（词汇和句法）发展进程。

对于小学生来说，二语词汇和句法都不足以让他们自由地表达观点或者输出句子，因此，他们不得不依赖母语完成二语写作（A. D. Cohen & Brooks-Carson, 2001）。双语混杂是这个阶段二语学习最显著的特征。从表 9.6 和图 9.5 中可以看出，在小学阶段，随着年级的增长，中文的使用呈明显的下降趋势，这与先前研究的发现吻合（W. Wang & Wen, 2002; Woodall, 2002）。并且，在五年级，中文词汇大量减少也值得我们关注。如图 9.5 所示，随着年级的增长，母语（右圈）和二语（左圈）之间的依存关系逐渐减少。这类依存关系中的大多数都被英—英依存关系所替代。简而言之，母语习得从零开始，而二语学习的最初阶段存在两种语言混用。

9.4.3　二语句法网络的发展

为了探究每个阶段二语学习者所展现的具体句法特征，本小节将比较 9 个句法网络的重要参数，包括节点数、平均度、聚类系数和平均路径长度。

9.4.3.1　节点和边数的发展

表 9.4 展示了每个网络的节点数、总词数以及型例比。从中可以看出，随着年级的增加，语言多样性或者说词汇丰富性逐渐增长。图 9.6A 显示，节点数随年级的增加而递增，边的数量在初一到高一阶段快速增长。句法依存网络中，边代表着词间的句法关系，因此，边数的快速增长意味着句法的快速发展。这说明，句法关系的丰富度和复杂度在初中到高一阶段有了重大发展。

9.4.3.2　平均度的发展

度以及平均度的发展同样值得我们关注。度相对较高的节点数是网络的中心。表 9.7 列出了几个网络中度最高的 5 个节点。在母语句法发展中，句法涌现时，网络中心由意义词 "it" 转向功能词 "a" 或者 "the"（Corominas-Murtra et al., 2009）。然而，在二语学习中，情况有所不同，所有的网络都有相似的网络中心词（is/are/was、and、the、a、I、to、at、in）。即便在初学者的句法网络中，诸如 "and" "the" "a" 这样的功能词也拥有更高的度，在网络中扮演着重要角色，并且，在整个过程中，系动词 "be" 的度几乎都是最高的。在高中阶段，"to" 的度最高，成为网络中最重要的节点。这些发现也与前人研究发现的冠词和介词之类的功能词更容易成为网络中心节点这一结果一致（Ferrer-i-Cancho & Solé, 2001; Cong & H. Liu, 2014; Jin & H. Liu, 2016）。这些中心词，即系动词和其他功能词，在四年级的网络中就已经成为网络中心，这也可能导致没有句法涌现即无尺度这一特性的涌现。功能词是句子结构中的关键要素（Klammer et al., 2010）。功能词的度高证明它们的结合能力强。

从图 9.6B 中，我们可以看出，除了在初一有略微下降外，平均度从小学四年级到初中三年级呈现上升趋势，在高中阶段呈下降趋势。节点（词类）的度反映词的句法价，即它与其他词汇形成句法关系的能力（X. Chen et al., 2011; Cong & H. Liu, 2014），因此，不断上升的平均度意味着不断丰富的句法价，即在小学和初中阶段，学生的句法能力随年级的升高而增长。但在高中阶段，平均度先微微上升，随后在高三时剧烈下降，这一情况出乎我们的意料。但这一发现与本书其他各章的某些发现一致，比如在本书第 4 章中我们发现中国英语学习者的句法复杂度在高二年级达到最高，从高二到高三呈现小幅度的下降趋势。对于中国高三学生来说，英语学习几乎是为了大学入学考试（高考）的重复练习，不再接触新的句法知识，因此，他们的句法发展停滞了，据计算，目标语（英语）和母语（中文）的平均度分别是 7.127 和 6.478。有趣的是，初二、初三、高一、高二、高三年级的平均度基本落在目标语平均度与母语平均度之间。可见，中介语，即中国学生的英语在句法上与目标语不同，体现了目标语不可接近性的特点。除了本章发现的中介语与目标语之间在平均度上的差异外，二者的差异也体现在它们的依存距离概率分布上，详细的内容可见本书第 5 章。

9.4.3.3 聚类系数的发展

聚类系数的变化也具有语言学意义。如图 9.6C 所示，聚类系数从小学四年级到初一快速下降，从初一到初三先有小幅回升后又稍有回落，从高一到高三呈现上下波动。聚类系数的快速下降可能是由于节点数即词汇快速增长，因此边被"稀释"。从这里也可看出，句法发展滞后于词汇发展。注意，节点的聚类系数（C）是邻节点之间边的实际数量与所有可能边的比例。如果一个节点只与一个节点相连（即弱结合能力），那么这个节点的聚类系数为 0，因此，初一阶段聚类系数骤降意味着，由于词汇的快速增长以及初级学习者多使用简单结构，许多节点的聚类系数为 0。换句话说，初一学习者词汇量快速增长，但是将这些词汇运用到新语境的能力欠缺。但是随着年级的升高，这一能力逐渐提升，因此句法价不断丰富，聚类系数不断增长。Verspoor 等（2012）指出，初级学习者的学习重心是词汇的积累，到了中级水平，他们的词汇量门槛达到了，才会将注意力转移到对句子结构的学习上；并且，以英语和汉语为母语的学习者的聚类系数非常接近，分别为 0.122 和 0.128。除了小学生，其他年级学习者中介语的聚类系数大致在中英水平上下波动。

9.4.3.4 平均路径长度的发展

图 9.6D 展示了句法网络的平均路径长度 L。L 测量的是网络距离和一对节点之间的分离度。从图 9.6D 中可看出，初一阶段，平均路径长度激增。有趣的是，平均路径长度的变化恰好与这一时期聚类系数的变化相反。聚类系数下降的原因，即词汇快速增长，可能也导致了初一阶段平均路径长度的突增。当所有的节点都连接在一个节点上时的 L 最小，网络的 L 值的大小与网络中心有关（Watts & Strogatz, 1998; Nishikawa et al., 2002），因此，在四年级至六年级的网络中，度相对较高的中心词，即同 "is" 一样具有许多依存关系的词的存在导致 L 值小。初一年级的 L 值突然增长也可能预示了句法能力发展滞后于词汇发展。这一现象同样存在于句法涌现前，即 2 岁之前的母语习得者的网络中（Corominas-Murtra et al., 2009）。并且，如图 9.6A 所示，初中阶段边数的增长可能也与 L 的降低有关。以中、英为母语的网络中，平均路径长度分别是 3.371 和 3.308。可以看出，初高中学生英语写作的句法网络平均长度不及英语母语者（的英语写作），也不如汉语母语者（的汉语写作）。这也在一定程度上反映了中介语的独立性。与平均度一样，中介语平均路径长度并未达到母语的水平。这说明，即使是高水平的中国英语学习者，其句法网络也要比英语母语者的网络更加稀疏，即他们的句法网络并不像母语者那么组织良好。

通过以上分析可以得出，在中国的英语学习者中，并不存在句法涌现，即无尺度以及小世界特性的涌现。母语习得从零开始，并且在这一过程中出现了以上两个特性的涌现。不同于母语习得，二语学习通常是基于已经存在的母语句法网络，因此，并不存在句法涌现。相反，二语学习是不断接近目标语的过程；并且，外语学习并不是线性的，语言子系统（词汇、句法等）在不同阶段是以不同的速度发展的。学生在初一时词汇量快速增长，因为在初一，英语成了一门主科并且学生通过教材有大量英文单词的输入。此外，句法直到初中末期和高中阶段，尤其是初三和高一阶段才快速发展。由此可以看出，句法发展滞后于词汇发展；并且，一些参数在高中阶段的波动也反映了僵化假设（Selinker & Lamendella, 1978）。换言之，二语学习者的语言能力并不是随着年级的增长而增长的。相反，在某一阶段后，发展会减慢、停滞甚至倒退；并且，通过中介语与母语以及目标语的参数对比，可以看出中介语的发展有自身独有的特点。

9.5 结 论

基于依存树库，句法网络分析为揭示人类语言的复杂性提供了新的视角，这是传统语言学方法无法提供的（Cong & H. Liu, 2014）。本研究运用依存句法网络的计量分析方法解答了本章开头所提出的问题。第一，在二语学习中，不存在从句法前阶段向无尺度和小世界的句法网络的突变。与母语习得不同，二语学习之初，即四年级时，句法网络就已经呈现了无尺度和小世界的特性，其原因可能是母语的句法系统是二语句法学习的基础，固化的母语知识影响了新的二语句法知识的学习。二语学习者倾向于使用母语的句法网络生成二语的句法结构，从而导致以上两种特性并不是涌现的。二语句法学习是一个逐渐接近目标语的过程，但又不能完全达到目标语的水平。第二，二语学习中，词汇随着年级的升高而增长。小学生在二语写作中严重依赖母语，导致双语混杂现象经常出现。中文使用在五年级时快速下降，到初一年级基本消失。节点数、平均度、边数、聚类系数和平均路径长度的变化说明，词汇多样性在初一时快速增长，而句法滞后发展，在初三和高一时才成熟。即使是高水平的英语学习者，其句法网络也不如母语者那么组织良好。第三，网络参数的分析同样也说明，句法能力在高中阶段出现波动或者僵化现象，换言之，二语的词汇和句法发展既不是线性的，也不是单向的。

语言是一个复杂的自适应系统，系统内子系统之间相互作用，存在合作和竞争关系（例如母语和二语、词汇和句法）。本研究采用的复杂网络方法为探究语言这个复杂系统提供了可操作的方法。如上所述，二语的句法系统不是孤立的或独立的；相反，在二语学习过程中，学习者，尤其是初学者会经常借助母语的句法知识来造句。对于二语学习者来说，母语和二语是紧密相关的；并且，在二语学习中，初一阶段的词汇多样性快速增长和初三、高一阶段的句法成熟揭示了同一语言中词汇和句法的相互竞争关系。本研究首次运用复杂网络方法宏观研究二语的句法涌现现象，丰富了语言复杂性研究。

然而，我们的研究也存在不足之处。最明显的不足之处就是我们所使用的作文是从不同的学校、不同的年级收集而来的，这意味着我们的研究不是完全意义上的历时研究。同样，同一个年级的学生之间也存在差异，并且有些学生可能还上过课外补习班，因此，虽然年级是划分英语水平的一个相对有效的方法，但根据学生真实的语言水平来分组会更好。鉴于此，我们在选择研究参与者和作文时试图控制这些因素，例如，小学三个年级的语料都来自两所小学，初中三个年级的语料都来自两所初中，高中三个年级的语料都来自两所高中，而且这些学生的学校都有相似的教育质量及排名；所选取的学生代表年级平均水平，既不是最拔尖的也不是最差的，相对保证不同学生之间可以进行比较；每个年级学生的作文都在同一时间书写并收集，保证相邻两个年级之间的时间差恰好是一年。当然，在未来的研究中，能够按照学生的语言水平来划分组别是最理想的。复杂网络方法可以从宏观上观察语言结构并揭示二语学习的动态发展过程，但对于微观复杂性和微观语言特性之间的关系还需要进一步的研究。

在前 9 章中，我们紧扣本书的主题，借助自建的 CELDT，围绕中国英语学习者的语言能力发展进行了多维度的探索。从研究对象来看，既有对不同水平学习者的纵向研究，也有对学习者与本族语者的横向对比研究；从研究方法来看，既有专注于依存句法、概率配价的计量研究，也有借鉴语言复杂度、复杂网络等手段的研究。在结语中，我们将对全书内容进行更为细致、全面的总结。

10 结　语

依存句法理论既古老又有生命力。古老是因为泰尼埃早在 1959 年出版的《结构句法基础》一书中就提出了一整套依存关系的理论（Tesnière, 1959），且实际上采用词间依存关系来分析句子结构的思想可见于许多语言的传统语法之中。具有生命力是因为当今自然语言处理领域所使用的句法理论大多基于依存关系。近年来，用依存句法对语言本体进行的研究越来越多，但用于二语研究的还不多见，本书中的多个研究为首次将依存句法用于二语习得（书面中介语）相关问题的研究。

这些研究利用 36 万词的自建的中国英语学习者依存树库，对中国英语学习者的语言能力，尤其是句法能力的发展进行了较为科学精准的刻画。

这些研究有以下主要的特色：

在研究对象方面，本书对英语学习者的覆盖面很广，涵盖了从小学四年级到研究生阶段的学习者，这有助于我们对各个不同阶段不同英语水平的学习者的语言能力有更全面和更细微的了解。

在理论框架方面，我们统一采用了依存句法的理论框架，尤其是概率配价模式（刘海涛，2009），对语言的各个层面展开研究。

在研究方法方面，我们采用了计量语言学、复杂网络以及其他多种统计分析手段和研究方法，这不仅有益于更加精准地量化一些语言学的指标，也使得应用语言学的研究更具直观性和客观性。

在语料的使用方面，我们根据研究目的，精心设计了作文题目，收集了学生当堂写的作文。这些作文先经过斯坦福句法分析器自动标注，再经过细致的人工校对和修正，最终所建的"中国英语学习者依存树库"成了国内外独一无二的基于依存句法的可应用于研究学习者中介语特征和发展的语料。

在研究指标方面，为了更加精准地反映不同水平的学习者在不同语言层面上的实际使用情况，我们不仅采用了常用的陆小飞（X. Lu, 2010）设计的二语句法复杂度分析器，还使用了基于树库的各种计量指标，如依存方向、依存距离、依存关系的类型和数量、动词的配价、词块的类型和使用频率、搭配、错误数量和类型等。

本书主要聚焦在学习者中介语的句法层面，包括学习者句法复杂度的发展情况、句法复杂度的衡量指标、体裁对句法复杂度的影响、句法结构的发展顺序、中介语中语序的发展变化，同时兼顾了对配价、词块、句法错误的研究。

我们的研究的创新点和发现大体上可以概括如下：

第一，在中国英语学习者句法复杂度方面。在 7 个粗颗粒指标中，平均句长、平均 T 单位长、每个小句中从属句使用数量和复杂名词短语使用数量能更好地区分学习者的写作水平。8 个细颗粒指标中，宾语从句标准化频率、状语从句标准化频率、定语从句标准化频率、介词短语作定语标准化频率和限定性定语从句标准化频率与写作水平显著相关。学习者经历了"并列结构—从属结构—名词短语"的发展阶段。本书首次提出了标准化依存关系型例比这一指标，该指标可有效地衡量句法结构使用的多样化程度，更有效地预测中学英语学习者的写作水平。写作会受任务的体裁和话题等因素的影响，不同体裁的交际目的和体裁输入会导致不同的句法特征。

第二，在学习者与本族语者句法复杂度比较方面。就粗颗粒句法复杂度指标而言，本族语者作文的句法复杂度远大于学习者作文，主要表现在本族语者作文句法单位更长，使用了更多的从属句、并列短语以及名词短语。就细颗粒句法成熟度指标而言，与学习者作文相比，本族语者在作文中使用了更多的宾语从句、定语从句、前置名词作定语、介词短语作定语和限定性定语从句。句法多样度方面，本族语者在作文中使用了更多样的句法结构；学习者在作文中倾向于使用更多的高频结构，本族语者作文中低频结构的使用频率要高于学习者；学习者作文中较少使用名词作定语、定语从句以及介词短语作定语等句法结构。

第三，在词块复杂度方面。三种语言复杂度，即句法复杂度、词汇复杂度和词块复杂度都能够随着二语水平的提高而增加，这也验证了这些复杂度指标的效度。中低水平的二语学习者随着二语水平的发展不仅在句法掌握、词汇掌握上，在词块使用上也有进步，因此，应该把词块复杂度也纳入语言复杂度中。词块复杂度可以通过词块的种类再继续细分为不同维度。"形容词＋名词"搭配比"动词＋名词"搭配更能预测中低二语水平；与"形容词＋名词"搭配相比，"动词＋名词"搭配是中低水平学习者的习得难点，原因可能在于动宾搭配的语义模糊性以及母语的负迁移等。

第四，在中国学生（小学四年级到高三年级）英语句法结构发展顺序方面。整体上，从属分句结构在学习者写作产出中出现的频率和类型数会随着年级的升高而明显上升，其中初中是迅速发展的阶段，到了高中发展速度减缓，甚至出现高原现象。并不是所有的从属分句结构都适于衡量中低水平学习者的句法复杂度水平，且不同的从属分句结构适于衡量处于不同水平的学习者的句法水平。母语的语序类型和结构特征会对学习者英语句法的习得顺序产生重要的影响。句法结构在教材中出现的顺序很大程度上会影响学生习得这些句法结构的顺序，这说明教材是学生学习英语的重要工具。学习者语言能力的发展是复杂的和动态的，在发展过程中波动随时会出现，非线性是语言发展过程的典型特征。

第五，在中介语依存方向和依存距离概率分布发展方面。二语依存距离分布遵循齐普夫–阿列克谢耶夫分布模型，且该模型的参数也随着学习者语言水平的上升呈现一定规律的变化。在中介语中，支配词居后的主语（即SV结构）和支配词居前的宾语（即VO结构）占大多数，且不随着学习者语言能力的提高而显著变化。随着语言水平的提高，负迁移影响减弱，支配词居前的定语、状语语序比例逐渐增加，学习者中介语整体的语序逐渐接近目标语的语序。从语言类型学上讲，这表明学习者的中介语语言系统正逐渐向目标语靠近。

第六，在依存距离与中介语错误的关系方面。中低水平学习者在长距离依存关系中错误率较高，这与学习者的二语熟练度较低和受认知机制约束有关。高水平学习者由于语言熟练度提高，能够采用组块记忆，处理复杂句法关系的能力增强，因此，对长距离依存关系的认知约束不敏感，错误明显减少。中低水平学习者在长距离依存关系中错误率较高，易出现成分缺失、时态和介词误用等句法错误，这主要是由认知约束、二语输入和母语负迁移等因素导致的。中日两国英语学习者因长距离依存关系而产生的句法错误存在一定差异，这说明错误与学习者的母语有关。

第七，在动词配价发展方面。总体上，学生不仅依赖于少数几种配价模式，还依赖于几个高频动词的使用。随着二语水平的提升，学习者趋向于使用更多的高价动词和更少的低价动词。与动词搭配的配价结构中的补足语成分的分布有一定的复杂化趋势，配价模式的类型也因动词价数的增加而逐渐多样化，且各种类型的概率分布逐渐均匀。基于配价视角的动词搭配分析可以观测学习者句法能力的变化。

第八，在"to+X"结构的搭配强度与习得方面。"to+X"结构在句子中可以充当多种句子成分，因此具有重要的研究价值。随着年级的升高，该结构的使用频率以及to与X之间构成的各类依存关系的总出现频率均呈波动上升趋势，同时该结构的句法功能逐渐多样化，但是搭配强度呈递减趋势。学习者会在初一到高一阶段使用更多的"to+X"构成的介宾结构，而在高二到大二阶段使用更多的"to+X"构成的不定式。"to+X"的使用受课本输入的影响较大，且在高中阶段存在一定的僵化现象。

第九，在二语句法网络涌现方面。与母语习得不同，二语学习者在习得初期（大约四年级），二语句法网络就已经呈现无尺度和小世界的特征，即二语句法习得过程中不存在"涌现"现象。母语句法系统是二语句法学习的基础，二语学习者倾向于使用母语的句法网络生成二语句法结构，从而导致二语句法网络的无尺度和小世界特征并不是涌现的。网络参数的分析结果显示，学习者句法能力在高中阶段出现波动或者僵化现象。这也进一步证明，二语句法发展既不是线性的，也不是单向的。

语言是一个动态复杂系统，学习者句法能力的发展是一个动态的、复杂的过程，会受到语言系统内外部众多因素，如学习者的认知资源、输入、母语等的影响。学习者的语言句法特征也遵循一定的分布规律，随着习得的深入，学习者句法能力得到一定的发展，如句法复杂度、句法准确度、语序、配价、语块；二语句法表现逐渐向本族语者靠近，但是受母语、认知资源、输入的影响，学习者句法能力的发展呈现非线性的、动态的特征。值得注意的是，由于母语的正迁移，我国小学英语学习者在习得初期，基本的英语句法网络已经形成，不存在母语句法习得时期的句法"涌现"，这在一定程度上降低了我国英语学习者句法习得的难度，但是也会给学习者习得新的句法结构带来挑战。因此，长依存距离结构以及与母语语序不同的句法结构（如定语、状语的位置）的习得是我国英语学习者句法习得的重难点。

综观所有的研究，还有一些方面需要进一步改进。首先，我们的依存树库所使用的语料并非跟踪语料，而是同一时间段在不同的年级中收集的，因此不属于严格意义上的纵向研究。尽管我们所选取的学校和年级在教学质量上是属于同一层次的，但是和跟踪语料比还是会有欠缺。其次，从大数据研究的角度看，我们的二语学习者书面语依存树库还是偏小，主要的原因是标注比较耗时费力，其中牵涉到各种二语学习者的语言错误，尤其是针对低水平的学习者，我们需要经常讨论和完善标注标准，以达到标注的一致性和合理性。如果有可能，应该尽量扩充语料，使研究结果的可信度更高，更具普遍意义。最后，树库所使用的作文中记叙文较多，这是因为低水平的学习者还不具备书写论述文的能力。同时，为了更有效地进行纵向比较，我们采用了同样的作文题目（记叙文），这对于我们本身的研究可能是比较合适的，但是对于整体句法复杂度研究而言，只使用记叙文进行研究所得出的结论可能还不够全面、完整。

总体上来说，目前在二语句法研究方面，还有一些问题值得研究者们注意。首先，在理论框架和理论深度方面，我们认为，二语句法研究最好能在一个具有语言学意义的句法理论框架下进行，这既有助于得出可信的、一致的、可比的结论，也有助于加强二语研究与语言学理论研究的联系，进而提升二语习得研究对语言学理论发展的贡献。其次，现有句法复杂度研究测量指标粒化不足，会掩盖一些真实的语言使用现象。再次，还存在定义不清或不一致的问题，如句法单位、从句、词块、对比分析和中介语对比分析等。最后，本族语者语料库与学习者语料库的可比性有待提高。所选取的本族语者语料，要根据研究目的，适当地控制大小、文体、年龄和水平，使相关研究发现更有说服力、更科学。

参考文献

Aburabia, S., & Shakkour, W., 2014. Cognitive retroactive transfer (CRT) of language skills among trilingual Arabic-Hebrew and English learners. *Open Journal of Modern Linguistics*, 4(1): 1-20.

Ädel, A., & Erman, B., 2012. Recurrent word combinations in academic writing by native and non-native speakers of English: A lexical bundles approach. *English for Specific Purposes*, 31(2): 81-92.

Adjemian, C., 1976. On the nature of interlanguage systems. *Language Learning*, 26(2): 297-320.

Ai, H., & Lu, X., 2010. A web-based system for automatic measurement of lexical complexity. Paper presented at the 27th Annual Symposium of the Computer-Assisted Language Consortium (CALICO-10). Amherst, MA. June 8-12.

Ai, H., & Lu, X., 2013. A corpus-based comparison of syntactic complexity in NNS and NS university students writing. In: Díaz-Negrillo, A., Ballier, N., & Thompson, P. (eds.). *Automatic Treatment and Analysis of Learner Corpus Data* (pp. 249-264). Amsterdam: John Benjamins.

Alexopoulou, T., Michel, M., Murakami, A., & Meurers, D., 2017. Task effects on linguistic complexity and accuracy: A large-scale learner corpus analysis employing natural language processing techniques. *Language Learning*, 67(S1): 180-208.

Allaw, E., 2019. A learner corpus analysis: Effects of task complexity, task type, and L1 & L2 similarity on propositional and linguistic complexity. *International Review of Applied Linguistics in Language Teaching*, 59(4): 569-604.

Altenberg, B., & Granger, S., 2001. The grammatical and lexical patterning of MAKE in native and non-native student writing. *Applied Linguistics*, 22(2): 173-195.

Altman, D. G., 1991. *Practical Statistics for Medical Research*. London: Chapman and Hall.

Altmann, G., 1991. Modeling diversification phenomena in language. In: Rothe, U. (ed.). *Diversification Processes in Language: Grammar* (pp. 33-46). Hagen: Rottmann.

Altmann-Fitter. Iterative fitting of probability distributions [Computer software]. Lüdenscheid: RAM-Verlag. http://www.rarn-verlag.eu/software-neu/software

Andersson, A., Sayehli, S., & Gullberg, M., 2018. Language background affects online word order processing in a second language but not offline. *Bilingualism: Language and Cognition*, 22(4): 802-825.

Ansarifar, A., Shahriari, H., & Pishghadam, R., 2018. Phrasal complexity in academic writing: A comparison of abstracts written by graduate students and expert writers in applied linguistics. *Journal of English for Academic Purposes*, 31: 58-71.

Anthony, L., 2019. AntConc (Version 3.5.8) [Computer software]. Waseda University. http://www.antlab.sci.waseda.ac.jp/.

Baba, K., & Nitta, R., 2014. Phase transitions in development of writing fluency from a complex dynamic systems perspective. *Language Learning*, 64(1): 1-35.

Bachman, L. F., 1990. *Fundamental Considerations in Language Testing*. Oxford: Oxford University Press.

Baddeley, A. D., & Hitch, G., 1974. Working memory. *The Psychology of Learning and Motivation: Advances in Research and Theory* (8): 47-89.

Bahns, J., & Eldaw, M., 1993. Should we teach EFL students' collocations?. *System*, 21(1): 101-114.

Barabasi, A. L., & Albert, R., 1999. Emergence of scaling in random networks. *Science*, 286(5439): 509-512.

Bardovi-Harlig, K., 1992. A second look at T-unit analysis: Reconsidering the sentence. *TESOL Quarterly*, 26(2): 390-395.

Baronchelli, A., Ferrer-i-Cancho, R., Pastor-Satorras, R. et al., 2013. Networks in cognitive science. *Trends in Cognitive Science*, 17(7): 348-360.

Barrot, J., & Gabinete, M. K., 2019. Complexity, accuracy, and fluency in the argumentative writing of ESL and EFL learners. *International Review of Applied Linguistics in Language Teaching*, 59(4): 209-232.

Bartolotti, J., & Marian, V., 2017. Bilinguals' existing languages benefit vocabulary learning in a third language. *Language Learning*, 67(1): 110-140.

Beckner, C., Ellis, N. C., Blythe, R. et al., 2009. Language is a complex adaptive system: Position paper. *Language Learning*, 59(S1): 1-26.

Beers, S. F., & Nagy, W. E., 2009. Syntactic complexity as a predictor of adolescent writing quality: Which measures? Which genre?. *Reading and Writing*, 22(2): 185-200.

Beers, S. F., & Nagy, W. E., 2011. Writing development in four genres from grades three to seven: Syntactic complexity and genre differentiation. *Reading and Writing*, 24(2): 183-202.

Benedicto, E., Cvejanov, S., & Quer, J., 2007. Valency in classifier predicates: A syntactic analysis. *Lingua*, 117(7): 1202-1215.

Berghoff, R., 2020. L2 processing of filler-gap dependencies: Attenuated effects of naturalistic L2 exposure in a multilingual setting. *Second Language Research*, 38(2): 373-393.

Bernolet, S., Hartsuiker, R. J., & Pickering, M. J., 2013. From language-specific to shared syntactic representations: The influence of second language proficiency on syntactic sharing in bilinguals. *Cognition*, 127(3): 287-306.

Bestgen, Y., 2017. Beyond single-word measures: L2 writing assessment, lexical richness and formulaic competence. *System*, 69: 65-78.

Bestgen, Y., & Granger, S., 2014. Quantifying the development of phraseological competence in L2 English writing: An automated approach. *Journal of Second Language Writing*, 26: 28-41.

Bhatia, V., 1993. *Analysing Genre: Language Use in Professional Settings*. London: Longman.

Bi, P., & Jiang, J., 2020. Syntactic complexity in assessing young adolescent EFL learners' writings: Syntactic elaboration and diversity. *System*, 91: 102248.

Bialystok, E., 1994. Analysis and control in the development of second language proficiency. *Studies in Second Language Acquisition*, 16(2): 157-168.

Biber, D., & Gray, B., 2016. *Grammatical Complexity in Academic English*. Cambridge: Cambridge University Press.

Biber, D., Gray, B., & Poonpon, K., 2011. Should we use characteristics of conversation to measure grammatical complexity in L2 writing development?. *TESOL Quarterly*, 45(1): 5-35.

Biber, D., Gray, B., Staples, S. et al., 2020. Investigating grammatical complexity in L2 English writing research: Linguistic description versus predictive measurement. *Journal of English for Academic Purposes*, 46(1): 100869.

Biber, D., Johansson, S., Leech, G. et al., 1999. *Longman Grammar of Spoken and Written English*. Harlow: Pearson Education Limited.

Biber, D., & Jones, J., 2009. Quantitative methods in corpus linguistics. In: Lüdeling, A., & Kytö, M. (eds.). *Corpus Linguistics: An International Handbook* (ch. 61). Berlin: Walter de Gruyter.

Bloom, L., Rispoli, M., Gartner, B. et al., 1989. Acquisition of complementation. *Journal of Child Language*, 16(1): 101-120.

Boers, F., Demecheleer, M., Coxhead, A. et al., 2014. Gauging the effects of exercises on verb-noun collocations. *Language Teaching Research*, 18(1): 54-74.

Bouwer, R., Béguin, A., Sanders, T. et al., 2015. Effect of genre on the generalizability of writing scores. *Language Testing*, 32(1): 83-100.

Brač, I., & Magić, S. D., 2015. The role of verb valency in Croatian and Russian learning at B1 level. *Journal of Foreign Language Teaching and Applied Linguistics*, 2(1): 111-122.

Brezina, V., & Pallotti, G., 2015. Morphological complexity tool [Computer software]. http://corpora.lancs.ac.uk/vocab/analyse_morph.php.

Bright, J., & McGregor, G., 1970. *Teaching English as a Second Language: Theory and Techniques for the Secondary Stages*. London: Longman.

Brown, H. D., 1982. *Principles of Language Learning and Teaching*. Eaglewood Cliffs: Prentice Hall.

Brown, H. D., 1994. *Principles of Language Learning and Teaching*. 3rd ed. Eaglewood Cliffs: Prentice Hall Regents.

Bulté, B., & Housen, A., 2012. Defining and operationalising L2 complexity. In: Housen, A.,

Kuiken, F., & Vedder, I. (eds.). *Dimensions of L2 Performance and Proficiency: Complexity, Accuracy and Fluency in SLA* (pp. 21-46). Amsterdam: John Benjamins.

Bulté, B., & Housen, A., 2014. Conceptualizing and measuring short-term changes in L2 writing complexity. *Journal of Second Language Writing*, 26: 42-65.

Bulté, B., & Housen, A., 2018. Syntactic complexity in L2 writing: Individual pathways and emerging group trends. *International Journal of Applied Linguistics*, 28(1): 147-164.

Butts, C. T., 2009. Revisiting the foundations of network analysis. *Science*, 325(5939): 414-416.

Callies, M., 2015. Learner corpus methodology. In: Granger, S., Gilquin, G., & Meunier, F. (eds.). *The Cambridge Handbook of Learner Corpus Research* (pp. 35-56). Cambridge: Cambridge University Press.

Canale, M., & Swain, M., 1980. Theoretical bases of communicative approaches to second language teaching and testing. *Applied linguistics*, 1(1): 1-47.

Carlsen, C., 2012. Proficiency level—A fuzzy variable in computer learner corpora. *Applied Linguistics*, 33(2): 161-183.

Casal, J. E., & Lee, J. J., 2019. Syntactic complexity and writing quality in assessed first-year L2 writing. *Journal of Second Language Writing*, 44: 51-62.

Čech, R., Pajas, P., & Mačutek, J., 2010. Full valency. Verb valency without distinguishing complements and adjuncts. *Journal of Quantitative Linguistics*, 17(4): 291-302.

Chan, A. Y. W., 2004. Syntactic transfer: Evidence from the interlanguage of Hong Kong Chinese ESL learners. *The Modern Language Journal*, 88(1): 56-74.

Chan, A. Y. W., 2010. Toward a taxonomy of written errors: Investigation into the written errors of Hong Kong Cantonese ESL learners. *TESOL Quarterly*, 44(2): 295-319.

Chen, F. J. G., 1999. The role of first language transfer and second language proficiency in the writing of Chinese learners of English as a second language. Philadelphia: University of Pennsylvania.

Chen, H., & Liu, H., 2016. How to measure word length in spoken and written Chinese. *Journal of Quantitative Linguistics*, 23(1): 5-29.

Chen, X., Alexopoulou, T., & Tsimpli, I., 2020. Automatic extraction of subordinate clauses and its application in second language acquisition research. *Behavior Research Methods*, 53: 803-817.

Chen, X., Xu, C., & Li, W., 2011. Extracting valency patterns of word classes from syntactic complex networks. In: Gerdes, K., Hajičován, E., & Wanner Barcelona, L. (eds.). *Proceedings of the International Conference on Dependency Linguistics* (pp. 165-172). September 5-7, Barcelona. https://depling.org/proceedingsDepling2011/papers/proceedingsDepling2011.pdf.

Chen, Y. H., & Baker, P., 2010. Lexical bundles in L1 and L2 academic writing. *Language Learning & Technology*, 14(2): 30-49.

Chen, Y. H., & Baker, P., 2016. Investigating criterial discourse features across second language development: Lexical bundles in rated learner essays, CEFR B1, B2 and C1. *Applied Linguistics*, 37(6): 849-880.

Clark, J., 2009. Automated identification of adverbial clauses in child language samples. Provo: Brigham Young University.

Cohen, J., 1969. *Statistical Power Analysis for the Behavioral Sciences*. New York: Academic Press.

Cohen, J., 1988. *Statistical Power Analysis for the Behavioral Sciences*. 2nd ed. Hillsdale, NJ: Lawrence Earlbaum Associates.

Cohen, A. D., & Brooks-Carson, A., 2001. Research on direct versus translated writing: Students' strategies and their results. *Modern Language Journal*, 85(2): 169-188.

Collentine, J., 2004. The effects of learning contexts on morphosyntactic and lexical development. *Studies in Second Language Acquisition*, 26(2): 227-248.

Cong, J., & Liu, H., 2014. Approaching human language with complex networks. *Physics of Life Reviews*, 11(4): 598-618.

Coniam, D., 1999. An investigation into the use of word frequency lists in computing vocabulary profiles. *Hong Kong Journal of Applied Linguistics*, 4(1): 103-123.

Cooper, T. C., 1976. Measuring written syntactic patterns of second language learners of German. *Journal of Educational Research*, 69(5): 176-183.

Corder, S. P., 1967. The significance of learner's errors. *International Review of Applied Linguistics in Language Teaching*, 5(4): 161-170.

Corder, S. P., 1974. Error analysis. In: Allen, J. L. P., & Corder, S. P. (eds.). *Techniques in Applied Linguistics* (pp. 122-154). Oxford: Oxford University Press.

Corder, S. P., 1978. Language-learner language. In: Richards, J. C. (ed.). *Understanding Second and Foreign Language Learning* (pp. 71-93). Rowley, MA: Newbury House.

Corder, S. P., 1981. *Error Analysis and Interlanguage*. Oxford: Oxford University Press.

Corominas-Murtra, B., Valverde, S., & Solé, R. V., 2009. The ontogeny of scale-free syntax networks: Phase transitions in early language acquisition. *Advances in Complex Systems*, 12(3): 371-392.

Corominas-Murtra, B., Valverde, S., & Solé, R. V., 2010. Emergence of scale-free syntax networks. In: Nolfi, S., & Mirolli, M. (eds.). *Evolution of Communication and Language in Embodied Agents* (pp. 83-101). Berlin: Springer.

Cowan, N., 2001. The magical number 4 in short-term memory: A reconsideration of mental storage capacity. *Behavioral & Brain Sciences*, 24(1): 87-114.

Cowie, A. P., 1998. *Phraseology: Theory, Analysis, and Applications*. Oxford: Oxford University Press.

Cross, J., & Papp, S., 2008. Creativity in the use of verb+noun combinations by Chinese learners of English. *Linking up Contrastive and Learner Corpus Research*, 66: 55-81.

265

Crossley, S. A., & McNamara, D. S., 2012. Predicting second language writing proficiency: The roles of cohesion and linguistic sophistication. *Journal of Research in Reading*, 35(2): 115-135.

Crossley, S. A., & McNamara, D. S., 2014. Does writing development equal writing quality? A computational investigation of syntactic complexity in L2 learners. *Journal of Second Language Writing*, 26: 66-79.

Crossley, S. A., & Salsbury, T., 2011. The development of lexical bundle accuracy and production in English second language speakers. *International Review of Applied Linguistics in Teaching*, 49: 1-26.

Crossley, S., Salsbury, T., & Mcnamara, D., 2009. Measuring L2 lexical growth using hypernymic relationships. *Language Learning*, 59(2): 307-334.

Crowhurst, M., & Piche, G. L., 1979. Audience and mode of discourse effects on syntactic complexity in writing at two grade levels. *Research in the Teaching of English*, 13(2): 101-109.

Crystal, D., 2003. *A Dictionary of Linguistics and Phonetics*. Oxford: Blackwell.

de Bot, K., 2017. Complexity theory and dynamic systems theory: Same or different?. In: Ortega, L., & Han, Z. (eds.). *Complexity Theory and Language Development: In celebration of Diane Larsen-Freeman* (pp. 51-58). Amsterdam: John Benjamins.

de Bot, K., Lowie, W., & Verspoor, M., 2007. A dynamic systems theory approach to second language acquisition. *Bilingualism: Language and Cognition*, 10(1): 7-21.

de Clercq, B., & Housen, A., 2017. A cross-linguistic perspective on syntactic complexity in L2 development: syntactic elaboration and diversity. *Modern Language Journal*, 101(2): 315-334.

de Marneffe, M.-C., & Manning, C. D., 2008. *Stanford Typed Dependencies Manual*. Retrieved September, 2016, from: http://nlp.stanford.edu/software/dependencies_manual.pdf.

de Marneffe, M.-C., & Nivre, J., 2019. Dependency grammar. *Annual Review of Linguistics*, 5(1): 197-218.

Deng, Y., Lei, L., & Liu, D., 2021. Calling for more consistency, refinement, and critical consideration in the use of syntactic complexity measures for writing. *Applied Linguistics*, 42(5): 1021-1028.

Dixon, R. M., & Aikhenvald, A. Y., 2000. *Changing Valency: Case Studies in Transitivity*. Cambridge: Cambridge University Press.

Dobrić, N., Sigott, G., Ilc, G. et al., 2021. Errors as indicators of writing task difficulty at the Slovene general matura in English. *International Journal of Applied Linguistics*, 31: 475-491.

Doolan, S. M., 2017. Comparing patterns of error in generation 1.5, L1, and L2 first-year composition writing. *Journal of Second Language Writing*, 35: 1-17.

Doolan, S. M., & Miller, D., 2012. Generation 1.5 written error patterns: A comparative study. *Journal of Second Language Writing*, 21(1): 1-22.

Dressler, W., 1973. Sprachtypologie. In: Althaus, P., Henne, H., & Wiegand, H. E. (eds.). *Lexikon der Germanistischen Linguistik* (pp. 636-640). Tübingen: Niemeyer.

Dryer, M. S., 1992. The Greenbergian word order correlations. *Language*, 68(1): 81-138.

Dryer, M. S., 1997. On the 6-way word order typology. *Studies in Language*, 21: 69-103.

Duffley, J., 2003. The gerund and the "to"-infinitive as subject. *Journal of English Linguistics*, 31(4): 324-352.

Durrant, P., 2019. Growth in grammar corpus 2015—2019 [Data set]. Colchester, Essex: UK Data Service. https://reshare.ukdataservice.ac.uk/853809/.

Durrant, P., & Schmitt, N., 2009. To what extent do native and non-native writers make use of collocations?. *International Review of Applied Linguistics in Language Teaching*, 47: 157-177.

Ebeling, S., & Hasselgård, H., 2015. Learner corpora and phraseology. In: Granger, S., Gilquin, G., & Meunier, F. (eds.). *The Cambridge Handbook of Learner Corpus Research* (ch. 10). Cambridge: Cambridge University Press.

Eger, S., 2013. A contribution to the theory of word length distribution based on a stochastic word length distribution model. *Journal of Quantitative Linguistics*, 20(3): 252-265.

Elgort, I., 2011. Deliberate learning and vocabulary acquisition in a second language. *Language Learning*, 61(2): 367-413.

Ellis, N. C., 1996. Sequencing in SLA: Phonological memory, chunking and points of order. *Studies in Second Language Acquisition*, 18(1): 91-126.

Ellis, N. C., 1998. Emergentism, connectionism and language learning. *Language Learning*, 48(4): 631-664.

Ellis, N. C., 2002. Frequency effects in language processing—a review with implications for theories of implicit and explicit language acquisition. *Studies in Second Language Acquisition*, 24(2): 143-188.

Ellis, N. C., 2012. Formulaic language and second language acquisition: Zipf and the phrasal teddy bear. *Annual Review of Applied Linguistics*, 32: 17-44.

Ellis, N. C., 2016. Salience, cognition, language complexity, and complex adaptive system. *Studies in Second Language Acquisition*, 38(2): 341-351.

Ellis, N. C., & Ferreira-Junior, F., 2009. Construction learning as a function of frequency, frequency distribution, and function. *Modern Language Journal*, 93(3): 370-386.

Ellis, N. C., & Larsen-Freeman, D., 2009. Constructing a second language: Analyses and computational simulations of the emergence of linguistic constructions from usage. *Language Learning*, 59: 90-125.

Ellis, N. C., O'Donnell, M. B., & Römer, U., 2013. Usage-based language: Investigating the latent structures that underpin acquisition. *Language Learning*, 63: 25-51.

Ellis, N. C., O'Donnell, M. B., & Römer, U., 2014. The processing of verb-argument constructions is sensitive to form, function, frequency, contingency and prototypicality. *Cognitive Linguistics*, 25(1): 55-98.

Ellis, R., 1985a. *Understanding Second Language Acquisition*. Oxford: Oxford University Press.

Ellis R., 1985b. Sources of variability in interlanguage. *Applied Linguistics*, 6(2): 118-131.

Ellis, R., 1994. *The Study of Second Language Acquisition*. Oxford: Oxford University Press.

Ellis, R., 1999. Item versus system learning: Explaining free variation. *Applied Linguistics*, 20(4): 460-480.

Ellis, R., 2003. *Task-based Language Learning and Teaching*. Oxford: Oxford University Press.

Ellis, R., & Yuan, F., 2005. The effects of careful within-task planning on oral and written task performance. In: Ellis, R. (ed.). *Planning and Task Performance in a Second Language* (pp. 167-192). Philadelphia & Amsterdam: John Benjamins.

Engber, C. A., 1995. The relationship of lexical proficiency to the quality of ESL compositions. *Journal of Second Language Writing*, 4(2): 139-155.

Eskildsen, S. W., 2009. Constructing another language—usage-based linguistics in second language acquisition. *Applied Linguistics*, 30(3): 335-357.

Eskildsen, S. W., 2014. What's new? A usage-based classroom study of linguistic routines and creativity in L2 learning. *International Review of Applied Linguistics in Language Teaching*, 52(1): 1-30.

Evert, S., 2009. Corpora and collocations. In: Lüdeling, A., & Kytö, M. (eds.). *Corpus Linguistics: An International Handbook* (pp. 1212-1248). Berlin & New York: Mouton de Gruyter.

Evert, S., & Krenn, B., 2001. Methods for the qualitative evaluations of lexical association measures [Paper presentation]. The 39th Annual Meeting of the Association for Computational Linguistics. Toulouse, France, 188-195.

Faulhaber, S., 2011. *Verb Valency Patterns: A Challenge for Semantics-based Accounts*. Berlin & New York: Mouton de Gruyter.

Fedorenko, E., Piantadosi, S., & Gibson, E., 2012. Processing relative clauses in supportive contexts. *Cognitive Science*, 36(3): 471-497.

Felser, C., & Roberts, L., 2007. Processing wh-dependencies in a second language: A cross-modal priming study. *Second Language Research*, 23(1): 9-36.

Ferrer-i-Cancho, R., 2004. Euclidean distance between syntactically linked words. *Physics Review E*, 70(5): 056135.

Ferrer-i-Cancho, R., 2006. Why do syntactic links not cross?. *Europhysics Letters*, 76(6): 1228.

Ferrer-i-Cancho, R., 2014. A stronger null hypothesis for crossing dependencies. *Europhysics Letters*, 108(5): 58003-58008.

Ferrer-i-Cancho, R., & Solé, R. V., 2001. The small world of human language. *Proceedings of the Royal Society B: Biological Sciences*, 268(1482): 2261-2265.

Ferrer-i-Cancho, R., Solé, R. V., & Kohler, R., 2004. Patterns in syntactic dependency networks.

Physical Review E, 69(5): 051915.

Forsberg, F., 2010. Using conventional sequences in L2 French. *International Review of Applied Linguistics in Language Teaching,* 48(1): 25-51.

Foster, P., & Skehan, P., 1996. The influence of planning on performance in task-based learning. *Studies in Second Language Acquisition*, 18(3): 299-324.

Frear, M. W., & Bitchener, J., 2015. The effects of cognitive task complexity on writing complexity. *Journal of Second Language Writing*, 30: 45-57.

Friginal, E., Li, M., & Weigle, S. C., 2014. Revisiting multiple profiles of learner compositions: A comparison of highly rated NS and NNS essays. *Journal of Second Language Writing*, 23: 1-16.

Futrell, R., Levy, R. P., & Gibson, E., 2020. Dependency locality as an explanatory principle for word order. *Language*, 96(2): 371-412.

Futrell, R., Mahowald, K., & Gibson, E., 2015. Large-scale evidence of dependency length minimization in 37 languages. *Proceedings of the National Academy of Sciences of the United States of America*, 112(33): 10336-10341.

Gablasova, D., Brezina, V., McEnery, T. et al., 2017. Epistemic stance in spoken L2 English: The effect of task and speaker style. *Applied Linguistics*, 38(5): 613-637.

Gass, S., 1979. Language transfer and universal grammatical relations. *Language Learning*, 29(2): 327-344.

Gass, S., 1984. A review of interlanguage syntax: Language transfer and language universals. *Language Learning*, 34(2): 115-132.

Gass, S., 1988. Integrating research areas: A framework for second language studies. *Applied Linguistics*, 9(2): 198-217.

Gass, S., Mackey, A., Alvarez-Torres, M. J. et al., 1999. The effects of task repetition on linguistic output. *Language Learning*, 49(4): 549-581.

Gao, J., & Liu, H., 2020. Valency dictionaries and Chinese vocabulary acquisition for foreign learners. *Leixkos*, 30: 111-142.

Gao, S., Zhang, H., & Liu, H., 2014. Synergetic properties of Chinese verb valency. *Journal of Quantitative Linguistics*, 21(1): 1-21.

Gibson, E., 1998. Linguistic complexity: Locality of syntactic dependencies. *Cognition*, 68(1): 1-76.

Gibson, E., 2000. The dependency locality theory: A distance-based theory of linguistic complexity. In: Marantz, A., Miyashita, Y., & O'Neil, W. (eds.). *Image, Language, Brain: Papers from the First Mind Articulation Project Symposium* (pp. 95-126). Cambridge, MA: MIT Press.

Gildea, D., & Temperley, D., 2010. Do grammars minimize dependency length?. *Cognitive Science*, 34(2): 286-310.

Gilquin, G., & Paquot, M., 2008. Too chatty: Learner academic writing and register variation. *English Text Construction*, 1(1): 41-61.

Goldberg, A., 2006. *Constructions at Work: The Nature of Generalization in Language.* Oxford: Oxford University Press.

Granfeldt, J., & Nugues, P., 2007. Evaluating stages of development in second language French: A machine-learning approach. In: Nivre, J., Kaalep, H. J., Muischnek, K. et al. (eds.). *NODALIDA 2007 Conference Proceedings* (pp. 25-26). Tartu: University of Tartu.

Granger, S., 1996. From CA to CIA and back: An integrated contrastive approach to computerized bilingual and learner corpora. In: Aijmer, K., & Altenberg, B. (eds.). *Languages in Contrast: Text-based Cross-linguistic Studies* (pp. 37-51). Lund: Lund University Press.

Granger, S., 1998. The computer learner corpus: A versatile new source of data for SLA research. In: Granger, S. (ed.). *Learner English on Computer* (pp. 3-18). London & New York: Addison Wesley Longman.

Granger, S., & Bestgen, Y., 2014. The use of collocations by intermediate vs. advanced non-native writers: A bigram-based study. *International Review of Applied Linguistics in Language Teaching*, 52(3): 229-252.

Granger, S., Gilquin, G., & Meunier, F., 2015. *The Cambridge Handbook of Learner Corpus Research.* Cambridge: Cambridge University Press.

Granger, S., & Paquot, M., 2008. Disentangling the phraseological web. In: Granger, S., & Meunier, F. (eds.). *Phraseology: An Interdisciplinary Perspective* (pp. 27-49). Amsterdam & Philadelphia: John Benjamins.

Gray, B., Geluso, J., & Nguyen, P., 2019. The longitudinal development of grammatical complexity at the phrasal and clausal levels in spoken and written responses to the TOEFL iBT tests. ETS research report No. RR-19-45. Princeton: Educational Testing Service.

Greenberg, J. H., 1963. Some universals of grammar with particular reference to the order of meaningful elements. In: Greenberg J. H. (ed.). *Universals of Language* (pp. 73-113). Cambridge, MA: MIT Press.

Gries, S. T., 2008. Phraseology and linguistic theory: A brief survey. In: Granger, S., & Meunier, F. (eds). *Phraseology: An Interdisciplinary Perspective* (pp. 3-25). Philadelphia & Amsterdam: John Benjamins.

Groemping, U., 2006. Relative importance for linear regression in R: The package relaimpo. *Journal of Statistical Software*, 17(1): 1-27.

Gromov, V., & Migrina, A., 2017. A Language as a self-organized critical system. *Complexity*, 2017: Article ID 9212538.

Groom, N., 2009. Effects of second language immersion on second language collocational development. In: Barfield, A., & Gyllstad, H. (eds.). *Researching Collocations in Another Language* (pp. 21-33). Basingstoke: Palgrave Macmillan.

Gunnarsson, C., 2012. The development of complexity, accuracy and fluency in the written production of L2 French. In: Housen, A., Kuiken, F., & Vedder, I. (eds.). *Dimensions of L2*

Performance and Proficiency: Complexity, Accuracy and Fluency in SLA (pp. 247-276). Amsterdam: John Benjamins.

Habermann, M., 2007. Aspects of a diachronic valency syntax of German. In: Herbst, T., & Götz-Votteler, K. (eds.). *Valency: Theoretical, Descriptive, and Cognitive Issues* (pp. 85-100). Berlin & New York: Mouton de Gruyter.

Halliday, M. A. K., 1966. Lexis as a linguistic level. In: Bazell, C. E., Catford, J. C., Halliday, M. A. K. et al. (eds.). *In memory of J. R. Firth* (pp. 148-162). New York & London: Longman.

Hartsuiker, R. J., & Bernolet, S., 2017. The development of shared syntax in second language learning. *Bilingualism: Language and Cognition*, 20(2): 219-234.

Haspelmath, M., Dryer, M., Gil, D. et al., 2005. *The World Atlas of Language Structures*. Oxford: Oxford University Press.

Hawkins, J. A., 2004. *Efficiency and Complexity in Grammars*. Oxford: Oxford University Press.

Hawkins, R., 1989. Do second language learners acquire restrictive relative clauses on the basis of relational or configurational information? The acquisition of French subject, direct object and genitive restrictive relative clauses by second language learners. *Interlanguage Studies Bulletin (Utrecht)*, 5(2): 156-188.

Hays, D. G., 1964. Dependency theory: A formalism and some observations. *Language*, 40: 511-525.

Herbst, T., 2011. The status of generalisations: Valency and argument structure constructions. *Zeitschrift für Anglistik und Amerikanistik*, 59(4): 347-368.

Herbst, T., 2014. The valency approach to argument structure constructions. In: Herbst, T., Schmid, H., & Faulhaber, S. (eds.). *Constructions Collocations Patterns* (pp. 167-216). New York & Berlin: Mouton de Gruyter.

Herbst, T., Heath, D., Roe, I. F., & Götz, D., 2004. *A Valency Dictionary of English: A Corpus-based Analysis of the Complementation Patterns of English Verbs, Nouns and Adjectives*. New York & Berlin: Mouton de Gruyter.

Herbst, T., & Schüller, S. 2008. *Introduction to Syntactic Analysis: A Valency Approach*. Tübingen: Narr.

Heringer, H. J., Strecke, B., & Wimmer, R., 1980. *Syntax: Fragen, Lösungen, Alternativen*. Munich: Wilhelm Fink Verlag.

Hinkel, E., 2003. Simplicity without elegance: Features of sentences in L1 and L2 academic writing. *TESOL Quarterly*, 37(2): 275-301.

Holland, J. H., 1998. *Emergence: From Chaos to Order*. Oxford: Oxford University Press.

Hopper, P. J., 1987. Emergent grammar. *Berkeley Linguistic Society*, 13: 139-157.

Hopper, P. J., & Traugott, E. C., 1993. *Grammaticalization*. Cambridge: Cambridge University Press.

Horst, M., & Collins, L., 2006. From faible to strong: How does their vocabulary grow?. *Canadian*

Modern Language Review, 63(1): 83-106.

Hoshino, N., Dussias, P. E., & Kroll, J. F., 2010. Processing subject-verb agreement in a second language depends on proficiency. *Bilingualism: Language & Cognition*, 13(2): 87-98.

Hou, J., Loerts, H., & Verspoor, M. H., 2018. Chunk use and development in advanced Chinese L2 learners of English. *Language Teaching Research*, 22(2): 148-168.

Housen, A., de Clercq, B., Kuiken, F. et al., 2019. Multiple approaches to complexity in second language research. *Second Language Research*, 35(1): 3-21.

Housen, A., Kuiken, F., & Vedder, I., 2012. Complexity, accuracy and fluency: Definitions, measurement and research. In: Housen, A., Kuiken, F., & Vedder, I. (eds.). *Dimensions of L2 Performance and Proficiency: Complexity, Accuracy and Fluency in SLA (Vol. 32)* (pp. 1-20). Amsterdam: John Benjamins.

Housen, A., Pierrard, M., & Van Daele, S., 2005. Structure complexity and the efficacy of explicit grammar instruction. In: Housen, A., & Pierrard, M. (eds.). *Investigations in Instructed Second Language Acquisition* (pp. 235-269). Berlin: Mouton de Gruyter.

Hřebíček, L., 1996. Word associations and text. *Glottometrika*, 15: 12-17.

Hudson, R., 1984. *Word Grammar*. Oxford: Blackwell.

Hudson, R., 1990. *An English Word Grammar*. Oxford: Basil Blackwell.

Hudson, R., 1995. Measuring syntactic difficulty. Unpublished. Manuscript. University College, London. https://www.dickhudson.com/wp-content/uploads/2013/07/Difficulty.pdf.

Hudson, R., 1996. The difficulty of (so-called) self-embedded structures. *UCL Working Papers in Linguistics*, 8: 283-314.

Hudson, R., 2002. *An Encyclopedia of Word Grammar and English Grammar*. Online. https://dickhudson.com/wp-content/uploads/2015/10/enc2010.zip.

Hudson, R., 2007. *Language Networks: The New Word Grammar*. Oxford: Oxford University Press.

Hudson, R., 2010. *An Introduction to Word Grammar*. Cambridge: Cambridge University Press.

Hunston, S., 2002. *Corpora in Applied Linguistics*. Cambridge: Cambridge University Press.

Hunt, K. W., 1965. Grammatical structures written at three grade levels. Research report No. 3. Champaign, IL: National Council of Teachers of English.

Hyland, K., 2009. *Teaching and Researching Writing*. London: Routledge.

Ishikawa, S., 1995. Objective measurement of low-proficiency EFL narrative writing. *Journal of Second Language Writing*, 4(1): 51-69.

Ishikawa, S., 2013. The ICNALE and sophisticated contrastive interlanguage analysis of Asian learners of English. In: Ishikawa, S. (ed.). *Learner Corpus Studies in Asia and the World (Vol. 1)* (pp. 91-118). Kobe: Kobe University.

Ishikawa, T., 2007. The effect of manipulating task complexity along the (+/- Here-and-Now) dimension on L2 written narrative discourse. In: García Mayo, M. P. (ed.). *Investigating Tasks in Formal Language Learning* (pp. 136-156). Clevedon: Multilingual Matters.

Iwashita, N., McNamara, T., & Elder, C., 2001. Can we predict task difficulty in an oral proficiency test? Exploring the potential of an information-processing approach to task design. *Language Learning*, 51(3): 401-436.

Jackendoff, R., 1972. *Semantic Interpretation in Generative Grammar*. Cambridge, MA: MIT Press.

Jackson, D. O., & Suethanapornkul, S., 2013. The cognition hypothesis: A synthesis and meta-analysis of research on second language task complexity. *Language Learning*, 63(2): 330-367.

Jacobs, H., Zinkgraf, S., Wormuth, D. et al., 1981. *Testing ESL Composition: A Practical Approach*. Rowley, MA: Newbury House.

James, C., 2001. *Errors in Language Learning and Use: Exploring Error Analysis*. Beijing: Foreign Language Teaching and Research Press.

Janssen, C., Segers, P. C. J., Mcqueen, J. M. et al., 2015. Lexical specificity training effects in second language learners. *Language Learning*, 65(2): 358-389.

Jarvis, S., Grant, L., Bikowski, D. et al., 2003. Exploring multiple profiles of highly rated learner compositions. *Journal of Second Language Writing*, 12(4): 377-403.

Jäschke, K., & Plag, I., 2016. The dative alternation in German-English interlanguage. *Studies in Second Language Acquisition*, 38(3): 485-521.

Jeong, H., 2017. Narrative and expository genre effects on students, raters, and performance criteria. *Assessing Writing*, 31: 113-125.

Jiang, J., Bi, P., & Liu, H., 2019. Syntactic complexity development in the writings of EFL learners: Insights from a dependency syntactically-annotated corpus. *Journal of Second Language Writing*, 46: Article ID 100666.

Jiang, J., & Liu, H., 2015. The effects of sentence length on dependency distance, dependency direction and the implications—Based on a parallel English-Chinese dependency treebank. *Language Sciences*, 50: 93-104.

Jiang, J., & Ouyang, J., 2017. Dependency distance: a new perspective on the syntactic development in second language acquisition. *Physics of Life Reviews*, 21(2017): 209-210.

Jiang, J., Ouyang, J., & Liu, H., 2016. Can learning a foreign language foster analytic thinking?—Evidence from Chinese EFL learners' writings. *PLoS ONE*, 11(10): e0164448.

Jiang, J., Ouyang, J., & Liu, H., 2019. Interlanguage: a perspective of quantitative linguistic typology. *Language Sciences*, 74: 85-97.

Jiang X., & Jiang Y., 2020. Effect of dependency distance of source text on disfluencies in interpreting. *Lingua*, 243: Article ID 102873.

Jin, H., & Liu, H., 2016. Chinese writing of deaf or hard-of-hearing students and normal-hearing peers from complex network approach. *Frontiers in Psychology*, 7: Article ID 1777.

Johnson, M. D., 2017. Cognitive task complexity and L2 written syntactic complexity, accuracy, lexical complexity, and fluency: A research synthesis and meta-analysis. *Journal of Second Language Writing*, 37: 13-38.

Jones, S., & Sinclair, J., 1974. English lexical collocations: A study in computational linguistics. *Journal of Lexicology*, 24: 15-61.

Kaatari, H., 2010. Complementation of adjectives. A corpus-based study of adjectival complementation by that- and to-clauses. Uppsala: Department of English, Uppsala University.

Kaatari, H., 2017. Adjectives complemented by that- and to-clauses: Exploring semantico-syntactic relationships and genre variation. Uppsala: Department of English, Uppsala University.

Kahn, A. E., Karuza, E. A., Vettel, J. M. et al., 2018. Network constraints on learnability of probabilistic motor sequences. *Nature Human Behaviour*, 2(12): 936-947.

Kalimeri, M., Constantoudis, V., Papadimitriou, C. et al., 2015. Word-length entropies and correlations of natural language written texts. *Journal of Quantitative Linguistics*, 22(2): 101-118.

Karuza, E. A., Kahn, A. E., Thompson-Schill, S. L. et al., 2017. Process reveals structure: How a network is traversed mediates expectations about its architecture. *Scientific Reports*, 7(1): 1-9.

Karuza, E. A., Thompson-Schill, S. L., & Bassett, D. S., 2016. Local patterns to global architectures: Influences of network topology on human learning. *Trends in Cognitive Science*, 20(8): 629-640.

Kasper, G., & Blum-Kulka, S. (eds.). 1993. *Interlanguage Pragmatics*. New York & Oxford: Oxford University Press.

Kaszubski, P., 2000. Selected aspects of lexicon, phraseology and style in the writing of Polish advanced learners of English: A contrastive, corpus-based approach. Poznán: Adam Mickiewicz University.

Kellerman, E., 1979. Transfer and non-transfer: Where we are now. *Studies in Second Language Acquisition*, 2(1): 37-57.

Khushik, G. A., & Huhta, A., 2020. Investigating syntactic complexity in EFL learners' writing across Common European Framework of Reference levels A1, A2, and B1. *Applied Linguistics*, 41(4): 506-532.

Kim, H., & Sung, M. C., 2019. A usage-based analysis of L2 production of English resultative constructions. *Language Research*, 55(1): 151-178.

Kjellmer, G., 1990. A mint of phrases. In: Aimer, K., & Altenberg, B. (eds.). *English Corpus Linguistics: Studies in Honour of Jan Svartvik* (ch. 8). New York & London: Longman.

Klammer, T. P., Schulz, M. R., & Volpe, A. D., 2010. *Analyzing English Grammar*. New York: Pearson.

Knoch, U., Rouhshad, A., & Storch, N., 2014. Does the writing of undergraduate ESL students develop after one year of study in an English-medium university?. *Assessing Writing*, 21: 1-17.

Köhler, R., 2005a. Quantitative untersuchungen zur valenz deutscher verben. *Glottometrics*, 9:

13-20.

Köhler, R., 2005b. Syneretic linguistics. In: Köhler, R., Altmann, G., & Piotrovski, R. G. (eds.). *Quantitative Linguistics: An International Handbook* (pp. 760-774). Berlin & New York: De Gruyter.

Krashen, S. D., 1985. *The Input Hypothesis: Issue and Implications*. London: Longman.

Kuiken, F., Mos, M., & Vedder, I., 2005. Cognitive task complexity and second language writing performance. In: Foster-Cohen, S., García Mayo, M. P., & Cenoz, J. (eds.). *Eurosla Yearbook (Vol. 5)* (pp. 195-222). Amsterdam: John Benjamins.

Kuiken, F., & Vedder. I., 2007. Cognitive task complexity and linguistic performance in French L2 writing. In Garcia Mayo, M. P. (ed.). *Investigating Tasks in Formal Language Learning* (pp. 117-135). Clevedon: Multilingual Matters.

Kuiken, F., & Vedder, I., 2008. Cognitive task complexity and written output in Italian and French as a foreign language. *Journal of Second Language Writing*, 17(1): 48-60.

Kuiken, F., & Vedder, I., 2019. Syntactic complexity across proficiency and languages: L2 and L1 writing in Dutch, Italian and Spanish. *International Journal of Applied Linguistics*, 29(2): 192-210.

Kyle, K., 2016. Measuring syntactic development in L2 writing: Fine grained indices of syntactic complexity and usage-based indices of syntactic sophistication. Doctorial dissertation. Atlanta: Georgia State University.

Kyle, K., & Crossley, S. A., 2018. Measuring syntactic complexity in L2 writing using fine-grained clausal and phrasal indices. *Modern Language Journal*, 102(2): 333-349.

Lado, R., 1957. *Linguistics across Cultures*. Ann Arbor, MI: University of Michigan Press.

Lahuerta, A. C., 2018. Analysis of syntactic complexity in secondary education EFL writers at different proficiency levels. *Assessing Writing*, 35: 1-11.

Lakshmanan, U., 1995. Child second language acquisition of syntax. *Studies in Second Language Acquisition*, 17(3): 301-329.

Lambert, C., & Kormos, J., 2014. Complexity, accuracy, and fluency in task-based L2 research: Toward more developmentally based measures of second language acquisition. *Applied Linguistics*, 35(5): 607-614.

Langacker, R. W., 1987. *Foundations of Cognitive Grammar: Theoretical Prerequisites (Vol. 1)*. Stanford: Stanford University Press.

Langacker, R. W., 1988. A usage-based model. In: Rudzka-Ostyn, B. (ed.). *Topics in Cognitive Linguistics* (pp. 127-164). Amsterdam & Philadelphia: John Benjamins.

Langacker, R. W., 2000. A dynamic usage-based model. In: Barlow, M., & Kemmer, S. (eds.). *Usage-based Models of Language* (pp. 1-63). Stanford: CSLI Publications.

Larsen-Freeman, D., 1978. An ESL index of development. *TESOL Quarterly*, 12: 439-448.

Larsen-Freeman, D., 1997. Chaos/complexity science and second language acquisition. *Applied*

Linguistics, 18(2): 141-165.

Larsen-Freeman, D., 2006. The emergence of complexity, fluency, and accuracy in the oral and written production of five Chinese learners of English. *Applied Linguistics*, 27(4): 590-619.

Larsen-Freeman, D., & Cameron, L., 2008. *Complex Systems and Applied Linguistics*. Oxford: Oxford University Press.

Larsen-Freeman, D., & Storm, V., 1977. The construction of a second language acquisition index of development. *Language Learning*, 27(1): 123-134.

Larsson, T., & Kaatari, H., 2020. Syntactic complexity across registers: Investigating (in)formality in second-language writing. *Journal of English for Academic Purposes*, 45: Article ID 100850.

Laufer, B., & Nation, P., 1995. Vocabulary size and use: Lexical richness in L2 written production. *Applied Linguistics*, 16(3): 307-322.

Laufer, B., & Waldman, T., 2011. Verb-noun collocations in second language writing: A corpus analysis of learners' English. *Language Learning*, 61(2): 647-672.

Leal, T., Slabakova, R., & Farmer, T. A., 2016. The fine-tuning of linguistic expectations over the course of L2 learning. *Studies in Second Language Acquisition*, 39(3): 493-525.

Lecerf, Y., 1960. Programme des conflits, modèle des conflits. *Bulletin bimestriel de l'ATALA*, 1(4): 11-18.

Lee, J. H., 2009. A subject-object asymmetry in the comprehension of wh-questions by Korean learners of English. *Applied Linguistics*, 31(1): 136-155.

Lei, L., & Liu, D., 2018. The academic English collocation list: A corpus-driven study. *International Journal of Corpus Linguistics*, 23(2): 216-243.

Lennon, P., 2000. The lexical element in spoken second language fluency. In: Riggenbach, H. (ed.). *Perspectives on Fluency* (pp. 25-42). Ann Arbor, MI: University of Michigan Press.

Levshina, N., 2015. *How to Do Linguistics with R: Data Exploration and Statistical Analysis*. Amsterdam: John Benjamins.

Li, P., 2015. Bilingualism as a dynamic process. In: MacWhinney, B., & O'Grady, W. (eds.). *The Handbook of Language Emergence* (pp. 511-536). Chichester: Wiley-Blackwell.

Li, J., & Schmitt, N., 2009. The acquisition of lexical phrases in academic writing: A longitudinal case study. *Journal of Second Language Writing*, 18(2): 85-102.

Li, W., & Yan, J., 2020. Probability distribution of dependency distance based on a treebank of Japanese EFL learners' interlanguage. *Journal of Quantitative Linguistics*, 28(2): 172-186.

Liang, J., Fang, Y., Lv, Q. et al., 2017. Dependency distance differences across interpreting types: Implications for cognitive demand. *Frontiers in Psychology*, 8: Article ID 2132.

Lightbown, P. M., 1984. The relationship between theory and method in second language acquisition research. In: Davies, A., Criper, C., & Howatt, A. P. R. (eds.). *Interlanguage* (pp. 241-252). Edinburgh: Edinburgh University Press.

Linck, J. A., Osthus, P., Koeth, J. T. et al., 2014. Working memory and second language comprehension and production: A meta-analysis. *Psychonomic Bulletin & Review*, 21(4): 861-883.

Liu, H., 2007. Probability distribution of dependency distance. *Glottometrics*, 15: 1-12.

Liu, H., 2008a. Dependency distance as a metric of language comprehension difficulty. *Journal of Cognitive Science*, 9(2): 159-191.

Liu, H., 2008b. The complexity of Chinese syntactic dependency networks. *Physica A: Statistical Mechanics and its Applications*, 387(12): 3048-3058.

Liu, H., 2009. Probability distribution of dependencies based on a Chinese dependency treebank. *Journal of Quantitative Linguistics*, 16(3): 256-273.

Liu, H., 2010. Dependency direction as a means of word-order typology: A method based on dependency treebanks. *Lingua*, 120(6): 1567-1578.

Liu, H., 2011. Linguistic complex networks: A new approach to language exploration. *Die Grundlagenstudien aus Kybernetik und Geisteswissenschaft*, 52(4): 151-170.

Liu, H., 2011. Quantitative properties of English verb valency. *Journal of Quantitative Linguistics*, 18(3): 207-233.

Liu, H., 2018. Language as a human-driven complex adaptive system: Comment on "Rethinking foundations of language from a multidisciplinary perspective" by T. Gong et al. *Physics of Life Reviews*, 26-27: 149-151.

Liu, H., & Hu, F., 2008. What role does syntax play in a language network?. *Europhysics Letters*, 83: Article ID 18002.

Liu, H., & Xu, C., 2012. Quantitative typology analysis of Romance languages. *Poznan Studies in Contemporary Linguistics*, 48(4): 597-625.

Liu, H., Hudson, R., & Feng, Z., 2009. Using a Chinese treebank to measure dependency distance. *Corpus Linguistics & Linguistic Theory*, 5(2): 161-174.

Liu, H., & Li, W., 2010. Language clusters based on linguistic complex networks. *Chinese Science Bulletin*, 55(30): 3458-3465.

Liu, H., Xu, C., & Liang, J., 2017. Dependency distance: A new perspective on syntactic patterns in natural languages. *Physics of Life Reviews*, 21: 171-193.

Liu, H., Zhao, Y., & Li, W., 2009. Chinese syntactic and typological properties based on dependency syntactic treebanks. *Poznan Studies in Contemporary Linguistics*, 45(4): 509-523.

Liu, Y., & Lu, X., 2020. Chinese EFL learners' misconceptions of noun countability and article use. *System*, 90: Article ID 102222.

Lu, Q., & Liu, H., 2016. Does dependency distance distribute regularly?. *Journal of Zhejiang University (Humanities and Social Sciences Online Edition)*, 2016(4): 1-14.

Lu, Q., Xu, C., & Liu, H., 2016. Can chunking reduce syntactic complexity of natural languages?. *Complexity*, 21(S2): 33-41.

Lu, X., 2009. Automatic measurement of syntactic complexity in child language acquisition.

International Journal of Corpus Linguistics, 14(1): 3-28.

Lu, X., 2010. Automatic analysis of syntactic complexity in second language writing. *International Journal of Corpus Linguistics*, 15(4): 474-496.

Lu, X., 2011. A corpus-based evaluation of syntactic complexity measures as indices of college-level ESL writers' language development. *TESOL Quarterly*, 45(1): 36-62.

Lu, X., 2012. The relationship of lexical richness to the quality of ESL learners' oral narratives. *Modern Language Journal*, 96(2): 190-208.

Lu, X., & Ai, H., 2015. Syntactic complexity in college-level English writing: Differences among writers with diverse L1 backgrounds. *Journal of Second Language Writing*, 29, 16-27.

MacWhinney, B., 2012. The logic of the unified model. In: Gass, S., & Mackey, A. (eds.). *The Handbook of Second Language Acquisition* (ch. 13). New York: Routledge.

MacWhinney, B., 2015. Introduction: language emergence. In: MacWhinney, B., & O'Grady, W. (eds.). *The Handbook of Language Emergence* (ch. 1). Chichester: Wiley-Blackwell.

MacWhinney, B., & O'Grady, W., 2015. *The Handbook of Language Emergence*. Chichester: Wiley-Blackwell.

Malvern, D., Richards, B., Chipere, N. et al., 2004. *Lexical Diversity and Language Development*. New York: Palgrave Macmillan.

Malvern, D., & Richards, B., 2009. A new method of measuring rare word diversity：The example of L2 learners of French. In: Richards, B., Daller, H., Malvern, D. et al. (eds.). *Vocabulary Studies in First and Second Language Acquisition: The Interface between Theory and Application* (pp. 164-178). New York: Palgrave Macmillan.

Mancilla, R. L., Polat, N., & Akcay, A. O., 2017. An investigation of native and nonnative English speakers' levels of written syntactic complexity in asynchronous online discussions. *Applied Linguistics*, 38(1): 112-134.

Manning, C., & Schütze, H., 1999. *Foundations of Statistical Natural Language Processing*. Cambridge, MA: MIT Press.

Martinet, A., 1962. *A Functional View of Language*. Oxford: Clarendon Press.

Masoura, E. V., & Gathercole, S. E., 2005. Phonological short-term memory skills and new word learning in young Greek children. *Memory*, 13(3-4): 422-429.

Matthews, P., 2007. The scope of valency in grammar. In: Herbst, T., & Götz-Votteler, K. (eds.). *Valency: Theoretical, Descriptive, and Cognitive Issues* (pp. 3-14). New York & Berlin: Mouton de Gruyter.

Mazgutova, D., & Kormos, J., 2015. Syntactic and lexical development in an intensive English for academic purposes programme. *Journal of Second Language Writing*, 29: 3-15.

McDonald, J. L., 2006. Beyond the critical period: Processing-based explanations for poor grammaticality judgment performance by late second language learners. *Journal of Memory & Language*, 55(3): 381-401.

McDonough, K., & Crawford, W. J., 2020. Identifying effective writing tasks for use in EFL write-to-learn language contexts. *The Language Learning Journal*, 48(4): 469-480.

McNamara, D. S., Graesser, A. C., McCarthy, P. M. et al., 2014. *Automated Evaluation of Text and Discourse with Coh-Metrix*. Cambridge: Cambridge University Press.

Mel'čuk, I., 1988. *Dependency Syntax: Theory and Practice*. New York: State University of New York Press.

Mellow, J. D., 2006. The emergence of second language syntax: A case study of the acquisition of relative clauses. *Applied Linguistics*, 27(4): 645-670.

Mellow, J. D., 2008. The emergence of complex syntax: A longitudinal case study of the ESL development of dependency resolution. *Lingua*, 118(4): 499-521.

Mickan, A., & Lemhofer, K., 2020. Tracking syntactic conflict between languages over the course of L2 acquisition: A cross-sectional event-related potential study. *Journal of Cognitive Neuroscience*, 32(5): 822-846.

Mill, J. S., 1930. *A System of Logic Ratiocinative and Inductive*. London: Longmans, Green and Co.

Miller, G. A., 1956. The magical number seven, plus or minus two. *The Psychological Review*, 63(2): 81-97.

Molinaro, N., Barber, H. A., & Carreiras, M., 2011. Grammatical agreement processing in reading: ERP findings and future directions. *Cortex: A Journal Devoted to the Study of the Nervous System and Behavior*, 47(8): 908-930. doi: 10.1016/j.cortex.2011.02.019.

Narisong, Jiang, J., & Liu, H., 2014. Word length distribution in Mongolian. *Journal of Quantitative Linguistics*, 21(2): 123-152.

Nasseri, M., 2021. Is postgraduate English academic writing more clausal or phrasal? Syntactic complexification at the crossroads of genre, proficiency, and statistical modelling. *Journal of English for Academic Purposes*, 49: Article ID 100940.

Nation, I. S. P., 2001. *Learning Vocabulary in Another Language*. Cambridge: Cambridge University Press.

Nearysundquist, C. A., 2016. Syntactic complexity at multiple proficiency levels of L2 German speech. *International Journal of Applied Linguistics*, 27(1): 242-262.

Nemser, W., 1971. Approximative systems of foreign language learners. *International Review of Applied Linguistics in Language Teaching*, 9(2): 115-124.

Nesselhauf, N., 2003. The use of collocations by advanced learners of English and some implications for teaching. *Applied Linguistics*, 24(2): 223-242.

Nesselhauf, N., 2005. *Collocations in a Learner Corpus*. Amsterdam: John Benjamins.

Newman, M. E. J., 2003. The structure and function of complex networks. *SIAM Review*, 45(2): 167-256.

Newman, M. E. J., 2010. *Networks: An Introduction*. New York, NY: Oxford University Press.

Ninio, A., 2006. *Language and the Learning Curve: A New Theory of Syntactic Development.* Oxford: Oxford University Press.

Ninio, A., 2011. *Syntactic Development, Its Input and Output (Vol. 63).* Oxford: Oxford University Press.

Nippold, M. A., Ward-Lonergan, J. M., & Fanning, J. L., 2005. Persuasive writing in children, adolescents, and adults: A study of syntactic, semantic, and pragmatic development. *Language, Speech, and Hearing Services in Schools*, 36: 125-138.

Nishikawa, T., Motter, A. E., Lai, Y. C. et al., 2002. Smallest small-world network. *Physical Review E*, 66(4): Article ID 046139/5.

Norris, J. M., & Ortega, L., 2000. Effectiveness of L2 instruction: A research synthesis and quantitative meta-analysis. *Language Learning*, 50(3): 417-528.

Norris, J. M., & Ortega, L., 2003. Defining and measuring SLA. In: Doughty, C., & Long, M. (eds.). *Handbook of Second Language Acquisition* (pp. 717-761). Oxford: Blackwell.

Norris, J. M., & Ortega, L., 2009. Towards an organic approach to investigating CAF in instructed SLA: The case of complexity. *Applied Linguistics*, 30(4): 555-578.

Northbrook, J., & Conklin, K., 2018. "What are you talking about?" An analysis of lexical bundles in Japanese junior high school textbooks. *International Journal of Corpus Linguistics*, 23(3): 311-334.

Odlin, T., 1989. *Language Transfer: Cross-linguistic Influence in Language Learning.* Cambridge: Cambridge University Press.

Odlin, T., 2014. Rediscovering prediction. In: Han, Z., & E. Tarone (eds.). *Interlanguage: Forty Years Later* (pp. 27-46). Amsterdam: John Benjamins.

O'Grady, W., Lee, M., & Choo, M., 2003. A subject-object asymmetry in the acquisition of relative clauses in Korean as a second language. *Studies in Second Language Acquisition*, 25(3): 433-448.

Oh, S., 2006. Investigating the relationship between fluency measures and second language writing placement test decisions. Unpublished Master's scholarly paper. Mānoa City: University of Hawaii at Mānoa.

Ong, J., & Zhang, L. J., 2010. Effects of task complexity on the fluency and lexical complexity in. EFL students' argumentative writing. *Journal of Second Language Writing*, 19(4): 218-233.

Ortega, L., 1995. The effect of planning in oral narratives by adult learners of Spanish. Research note No. 15. Honolulu: Second Language Teaching and Curriculum Center, University of Hawaii.

Ortega, L., 1999. Planning and focus on form in L2 oral performance. *Studies in Second Language Acquisition*, 21(1): 109-148.

Ortega, L., 2003. Syntactic complexity measures and their relationship to L2 proficiency: A research synthesis of college-level L2 writing. *Applied Linguistics*, 24(4): 492-518.

Ortega, L., 2012. Interlanguage complexity: A construct in search of theoretical renewal. In: Kortmann, B., & Szmrecsanyi, B. (eds.). *Linguistic Complexity: Second Language Acquisition, Indigenization, Contact* (pp. 127-155). Berlin: De Gruyter.

Ortega, L., 2015. Syntactic complexity in L2 writing: Progress and expansion. *Journal of Second Language Writing*, 29: 82-94.

Oswald, F. L., & Plonsky, L., 2010. Meta-analysis in second language research: Choices and challenges. *Annual Review of Applied Linguistics*, 30: 85-110.

Ouyang, J., & Jiang, J., 2018. Can the probability distribution of dependency distance measure language proficiency of second language learners?. *Journal of Quantitative Linguistics*, 25(4): 295-313.

Ouyang, J., Jiang, J., & Liu, H., 2022. Dependency distance measures in assessing L2 writing proficiency. *Assessing Writing*, 51: Article ID 100603.

Pallotti, G., 2009. CAF: Defining, refining and differentiating constructs. *Applied Linguistics*, 30(4): 590-601.

Pallotti, G., 2015. A simple view of linguistic complexity. *Second Language Research*, 31(1): 117-134.

Pande, H., & Dhami, H. S., 2012. Model generation for word length frequencies in texts with the application of Zipf's order approach. *Journal of Quantitative Linguistics*, 19(4): 249-261.

Pande, H., & Dhami, H. S., 2015. Determination of the distribution of sentence length frequencies for Hindi language texts and utilization of sentence length frequency profiles for authorship attribution. *Journal of Quantitative Linguistics*, 22(4): 338-348.

Paquot, M., 2018. Phraseological competence: A missing component in university entrance language tests? Insights from a study of EFL learners' use of statistical collocations. *Language Assessment Quarterly,* 15(1): 29-43.

Paquot, M., 2019. The phraseological dimension in interlanguage complexity research. *Second Language Research*, 35(1): 121-145.

Paquot, M., & Granger, S., 2012. Formulaic language in learner corpora. *Annual Review of Applied Linguistics*, 32(32): 130-149.

Park, J. H., 2017. Syntactic complexity as a predictor of second language writing proficiency and writing quality. Doctoral dissertation. East Lansing, MI: Michigan State University.

Park, S. K., 2013. Lexical analysis of Korean university students' narrative and argumentative essays. *English Teaching*, 3(68): 131-157.

Parkinson, J., & Musgrave, J., 2014. Development of noun phrase complexity in the writing of English for academic purposes students. *Journal of English for Academic Purposes*, 14: 48-59.

Pennebaker, J. W., 2011. *The Secret Life of Pronouns—What Our Words Say about Us*. New York: Bloomsbury Press.

Pennebaker, J. W., Mehl, M. R., & Niederoffer, K. G., 2003. Psychological aspects of natural language use: our words, our selves. *Annual Review of Psychology*, 54(1): 547-577.

Pérez-Paredes, P., & Díez-Bedmar, B., 2012. The use of intensifying adverbs in learner writing. In: Tono, Y., Kawaguchi, Y., & Minegishi, M. (eds.). *Developmental and Crosslinguistic Perspectives in Learner Corpus Research* (pp. 105-124). Philadelphia & Amsterdam: John Benjamins.

Perkins, K., 1980. Using objective methods of attained writing proficiency to discriminate among holistic evaluations. *TESOL Quarterly*, 15: 61-67.

Pienemann, M., 1984. Psychological constraints on the teachability of languages. *Studies in Second Language Acquisition*, 6(2): 186-214.

Pliatsikas, C., Johnstone, T., & Marinis, T., 2017. An fMRI study on the processing of long-distance wh-movement in a second language. *Glossa: A Journal of General Linguistics*, 2(1): 101.

Plonsky, L., & Oswald, F. L., 2017. Multiple regression as a flexible alternative to ANOVA in L2 research. *Studies in Second Language Acquisition*, 39(3): 579-592.

Polio, C., 2001. Research methodology in second language writing research: The case of text-based studies. In: Silva, T., & Matsuda, P. K. (eds.). *On Second Language Writing* (pp. 91-115). New York: Lawrence Erlbaum.

Popescu, I. I., Best, K. H., & Altmann, G., 2014. *Unified Modeling of Length in Language*. Lüdenscheid: RAM-Verlag.

Pustet, R., & Altmann, G., 2005. Morpheme length distribution in Lakota. *Journal of Quantitative Linguistics*, 12(1): 53-63.

Qin, W., & Uccelli, P., 2016. Same language, different functions: A cross-genre analysis of Chinese EFL learners' writing performance. *Journal of Second Language Writing*, 33: 3-17.

Qin, W. J., & Uccelli, P., 2020. Beyond linguistic complexity: Assessing register flexibility in EFL writing across contexts. *Assessing Writing*, 45: Article ID 100465.

Quirk, R., Greenbaum, S., Leech, G. et al., 1985. *A Comprehensive Grammar of the English Language*. London: Pearson Longman.

R Core Team., 2018. R: A language and environment for statistical computing. Available from https://www.R-project.org.

Radford, A., 1990. *Syntactic Theory and the Acquisition of English Syntax: The Nature of Early Child Grammars of English*. Oxford: Blackwell.

Rahimi, M., & Zhang, L. J., 2018. Effects of task complexity and planning conditions on L2 argumentative writing production. *Discourse Processes*, 55(8): 726-742.

Rahimi, M., & Zhang, L. J., 2019. Writing task complexity, students' motivational beliefs, anxiety and their writing production in English as a second language. *Reading and Writing: An Interdisciplinary Journal*, 32(3): 761-786.

Read, J., 2000. *Assessing Vocabulary*. Cambridge: Cambridge University Press.

Reali, F., 2014. Frequency affects object relative clause processing: Some evidence in favor of usage-based accounts. *Language Learning*, 64(3): 685-714.

Révész, A., Kourtali, N. E., & Mazgutova, D., 2017. Effects of task complexity on L2 writing behaviors and linguistic complexity. *Language Learning*, 67(1): 208-241.

Richards, J. C., 1971. Error analysis and second language strategies. *Language Sciences*, 17: 12-22.

Richards, B., 1987. Type/Token ratios: What do they really tell us?. *Journal of Child Language*, 14: 201-209.

Robinson, P., 2001. Task complexity, task difficulty, and task production: Exploring interactions in a componential framework. *Applied Linguistics*, 22(1): 27-57.

Robinson, P., 2007. Task complexity, theory of mind, and intentional reasoning: Effects on L2 speech production, interaction, uptake and perceptions of task difficulty. *International Review of Applied Linguistics in Language Teaching*, 45(3): 193-213.

Robinson, P., 2011. *Second Language Task Complexity: Researching the Cognition Hypothesis of Language Learning and Performance*. Philadelphia & Amsterdam: John Benjamins.

Roe, I., 2007. Valency and the errors of learners of English and German. In: Herbst, T., & Götz-Votteler, K. (eds.). *Valency: Theoretical, Descriptive and Cognitive Issues* (pp. 217-228). Berlin & New York: Mouton de Gruyter.

Römer, U., 2009. The inseparability of lexis and grammar: Corpus linguistic perspectives. *Annual Review of Cognitive Linguistics*, 7(1): 140-162.

Römer, U., O'Donnell, M. B., & Ellis, N. C., 2014. Second language learner knowledge of verb-argument constructions: Effects of language transfer and typology. *The Modern Language Journal*, 98(4): 952-975.

Sadighi, F., 1994. The acquisition of English restrictive relative clauses by Chinese, Japanese, and Korean adult native speakers. *International Review of Applied Linguistics in Language Teaching*, 32(2): 141-153.

Santos, E., & Zhao, Y., 2017. Automatic emergence detection in complex systems. *Complexity*, 2017(2): 1-24.

Satake, Y., 2020. How error types affect the accuracy of L2 error correction with corpus use. *Journal of Second Language Writing*, 50: Article ID 100757.

Sato, C., 1988. Origins of complex syntax in interlanguage development. *Studies in Second Language Acquisition*, 10(3): 371-395.

Schachter, J., 1974. An error in error analysis. *Language Learning*, 24(2): 205-214.

Schmitt, N. (ed.). 2004. *Formulaic Sequences: Acquisition, Processing and Use*. Philadelphia & Amsterdam: John Benjamins.

Selinker, L., 1969. Language transfer. *General Linguistics*, 9(2): 67-92.

Selinker, L., 1972. Interlanguage. *International Review of Applied Linguistics in Language Teaching*, 10(3): 209-231.

Selinker, L., 1983. Language transfer. In: Gass, S., & Selinker, L. (eds.). *Language Transfer in*

Language Learning (Ch. 2). Rowley, MA: Newbury House.

Selinker, L., 1989. CA/EA/IL: The earliest experimental record. *International Review of Applied Linguistics in Language Teaching*, 27(4): 267-291.

Selinker, L., & Lamendella, J. T., 1978. Two perspectives on fossilization in interlanguage learning. *Interlanguage Studies Bulletin*, 3: 143-191.

Selinker, L., & Lakshmanan, U., 1992. Language transfer and fossilization: The multiple effects principle. In: Gass, S., & Selinker, L. (eds.). *Language Transfer in Language Learning* (pp. 197-216). Amsterdam: John Benjamins.

Selinker, L., Swain, M., & Dumas, G., 1975. The interlanguage hypothesis extended to children. *Language Learning*, 25: 139-153.

Serrano, R., Tragant, E., & Llanes, À., 2012. A longitudinal analysis of the effects of one year abroad. *Canadian Modern Language Review*, 68(2): 138-163.

Shadloo, F., Ahmadi, H. S., & Ghonsooly, B., 2019. Exploring syntactic complexity and its relationship with writing quality in EFL argumentative essays. *Topics in Linguistics*, 20(1): 68-81.

Sigurd, B., Eeg-Olofsson, M., & van de Weijer, J., 2004. Word length, sentence length and frequency—Zipf revisited. *Studia Linguistica*, 58(1): 37-52.

Sinclair, J. M., 1991. *Corpus, Concordance, Collocation*. Oxford: Oxford University Press.

Siyanova-Chanturia, A., 2015. Collocation in beginner learner writing: A longitudinal study. *System*, 53: 148-160.

Siyanova-Chanturia, A., & Schmitt, N., 2008. L2 learner production and processing of collocation: A multi-study perspective. *Canadian Modern Language Review*, 64(3): 429-458.

Sizemore, A. E., Karuza, E. A., Giusti, C., & Bassett, D. S., 2018. Knowledge gaps in the early growth of semantic feature networks. *Nature Human Behaviour*, 2(9): 682-692.

Skehan, P., 1996. Second language acquisition and task-based instruction. In: Willis, J., & Willis, D. (eds.). *Challenge and Change in Language Teaching* (pp. 17-30). Oxford: Heinemann.

Skehan, P., 1998. *A Cognitive Approach to Language Learning*. Oxford: Oxford University Press.

Skehan, P., 2003. Task-based instruction. *Language Teaching*, 36(1): 1-14.

Skehan, P., 2009. Modelling second language performance: Integrating complexity, accuracy, fluency, and lexis. *Applied Linguistics*, 30(4): 510-532.

Slavkov, N., 2014. Long-distance wh-movement and long-distance wh-movement avoidance in L2 English: Evidence from French and Bulgarian speakers. *Second Language Research*, 31(2): 179-210.

Solé, R. V., Corominas-Murtra, B., Valverde, S. et al., 2010. Language networks: Their structure, function, and evolution. *Complexity*, 15(6): 20-26.

Song, J. J., 2001. *Linguistic Typology: Morphology and Syntax*. London: Pearson Education Limited.

Spada, N., & Tomita, Y., 2010. Interactions between type of instruction and type of language feature: A meta-analysis. *Language Learning*, 60(2): 263-308.

Spoelman, M., & Verspoor, M., 2010. Dynamic patterns in development of accuracy and complexity: A longitudinal case study in the acquisition of Finnish. *Applied Linguistics*, 31(4): 532-553.

Staples, S., & Reppen, R., 2016. Understanding first-year L2 writing: A lexico-grammatical analysis across L1s, genres, and language ratings. *Journal of Second Language Writing*, 32: 17-35.

Steiger, J. H., 1980. Tests for comparing elements of a correlation matrix. *Psychological Bulletin*, 87(2): 245-251.

Stockwell, R., Bowen, J., & Martin, J., 1965. *The Grammatical Structures of English and Spanish*. Chicago: Chicago University Press.

Storch, N., & Wigglesworth. G., 2007. Writing tasks: The effects of collaboration. In: García Mayo, M. P. (ed.). *Investigating Tasks in Formal Language Learning* (pp. 157-177). Clevedon: Multilingual Matters.

Strauss, U., & Altmann, G., 2006. Laws in quantitative linguistics: Diversification. Retrieved from http://www.lql.uni-trier.de/index.php/Diversification.

Stubbs, M., 2001. *Words and Phrases: Corpus Studies of Lexical Semantics*. Oxford: Blackwell.

Suzuki, R., & Thompson, S. A., 2016. Beyond dichotomies and continua? An interactional approach to the grammar of clause combining in Japanese. *Language Sciences*, 58: 35-50.

Swales, J. M., 1990. *Genre Analysis: English in Academic and Research Settings*. Cambridge: Cambridge University Press.

Taguchi, N., Crawford, W., & Wetzel, D. Z., 2013. What linguistic features are indicative of writing quality? A case of argumentative essays in a college composition program. *TESOL Quarterly*, 47(2): 420-430.

Tardy, C. M., 2012. A rhetorical genre theory perspective on L2 writing development. In: Manchón, R. M. (ed.). *L2 Writing Development: Multiple Perspectives* (pp. 165-190). Berlin: De Gruyter Mouton.

Tarone, E., 1979. Interlanguage as chameleon. *Language Learning*, 29(1): 181-191.

Tarone, E., 1983. On the variability of interlanguage systems. *Applied Linguistics*, 4(2): 142-163.

Tarone, E., 1988. *Variation in Interlanguage*. London: Edward Arnold.

Tarone, E., 1990. On variation in interlanguage: A response to Gregg. *Applied Linguistics*, 11(4): 392-400.

Tavakoli, P., & Foster, P., 2011. Task design and second language performance: The effect of narrative type on learner output. *Language Learning*, 61: 37-72.

Temperley, D., 2007. Minimization of dependency length in written English. *Cognition*, 105(2): 300-333.

Tesnière, L., 1934. Comment construire une syntaxe. *Bulletin de la Faculté des lettres de Strasbour*,

12: 219-229.

Tesnière, L., 1959. *Éléments de syntaxe structurale*. Paris: Klincksieck.

Tokowicz, N., & MacWhinney, B., 2005. Implicit and explicit measures of sensitivity to violations in second language grammar—An event-related potential investigation. *Studies in Second Language Acquisition*, 27(2): 173-204.

Tolentino, L. C., & Tokowicz, N., 2011. Across languages, space, and time: A review of the role of cross-language similarity in L2 (morpho)syntactic processing as revealed by fMRI and ERP. *Studies in Second Language Acquisition*, 33(1): 91-125.

Tomasello, M., 2000. First steps toward a usage-based theory of language acquisition. *Cognitive Linguistics*, 11(1-2): 61-82.

Tomasello, M., 2003. *Constructing a Language: A Usage-based Theory of Language Acquisition*. Cambridge, MA: Harvard University Press.

van Dyke, J. A., 2007. Interference effects from grammatically unavailable constituents during sentence processing. *Journal of Experimental Psychology: Learning, Memory, and Cognition*, 33(2): 407-430.

van Dyke, J. A., & Lewis, R. L., 2003. Distinguishing effects of structure and decay on attachment and repair: A cue-based parsing account of recovery from misanalyzed ambiguities. *Journal of Memory & Language*, 49(3): 285-316.

Vanpatten, B., & Smith, M., 2018. Word-order typology and the acquisition of case marking: A self-paced reading study in Latin as a second language. *Second Language Research*, 35(3): 397-420.

Vedder, I., & Benigno, V., 2016. Lexical richness and collocational competence in second-language writing. *International Review of Applied Linguistics in Language Teaching*, 54(1): 23-42.

Verspoor, M., Lowie, W., Chan, H. P. et al., 2017. Linguistic complexity in second language development: Variability and variation at advanced stages. *Recherches en didactique des langues et des cultures*, 14: 1-27.

Verspoor, M., Lowie, W., & van Dijk, M., 2008. Variability in second language development from a dynamic systems perspective. *Modern Language Journal*, 92(2): 214-231.

Verspoor, M., Schmid, M. S., & Xu, X., 2012. A dynamic usage based perspective on L2 writing. *Journal of Second Language Writing*, 21(3): 239-263.

Vyatkina, N., Hirschmann, H., & Golcher, F., 2015. Syntactic modification at early stages of L2 German writing development: A longitudinal learner corpus study. *Journal of Second Language Writing*, 29: 28-50.

Wachs-Lopes, G. A., & Rodrigues, P. S., 2016. Analyzing natural human language from the point of view of dynamic of a complex network. *Expert System with Applications*, 45: 8-22.

Wang, D., 2011. Language transfer and the acquisition of English light verb + noun collocations by Chinese learners. *Chinese Journal of Applied Linguistics (Quarterly)*, 34(2): 107-125.

Wang, L., & Liu, H., 2013. Syntactic variations in Chinese—English code-switching. *Lingua*, 123: 58-73.

Wang, Y., & Liu, H., 2017. The effects of genre on dependency distance and dependency direction. *Language Sciences*, 59: 135-147.

Wang, W., & Wen, Q., 2002. L1 use in the L2 composing process: An exploratory study of 16 Chinese EFL writers. *Journal of Second Language Writing*, 11(3): 225-246.

Watts, D. J., & Strogatz, S. H., 1998. Collective dynamics of "small-world" networks. *Nature*, 393(6684): 440-442.

Way, D. P., Joiner, E. G., & Seaman, M. A., 2000. Writing in the secondary foreign language classroom: The effects of prompts and tasks on novice learners of French. *Modern Language Journal*, 84(2): 171-184.

White, L., 1986. Implications of parametric variation for adult second language acquisition: An investigation of the pro-drop parameter. In: Cook, V. J. (ed.). *Experimental Approaches to Second Language Acquisition* (pp. 55-72). Oxford: Pergamon Press.

Wierszycka, J., 2013. Phrasal verbs in learner English: A semantic approach. A study based on a POS tagged spoken corpus of learner English. *Research in Corpus Linguistics*, 1(1): 81-93.

Willems, K., 2006. Logical polysemy and variable verb valency. *Language Sciences*, 28(6): 580-603.

Wolfe-Quintero, K., Inagaki, S., & Kim, H. Y., 1998. *Second Language Development in Writing: Measures of Fluency, Accuracy and Complexity*. Honolulu: University of Hawaii Press.

Woodall, B. R., 2002. Language-switching: Using the first language while writing in a second language. *Journal of Second Language Writing*, 11(1): 7-28.

Wray, A., 2002. *Formulaic Language and the Lexicon*. Cambridge: Cambridge University Press.

Yang, W., Lu, X., & Weigle, S. C., 2015. Different topics, different discourse: Relationships among writing topic, measures of syntactic complexity, and judgments of writing quality. *Journal of Second Language Writing*, 28: 53-67.

Yi, F., & Rui, Y., 1998. *Toward the 21st Century EFL Teaching and Learning*. Chongqing: Chongqing Press.

Yoon, H. J., 2016. Association strength of verb-noun combinations in experienced NS and less experienced NNS writing: Longitudinal and cross-sectional findings. *Journal of Second Language Writing*, 34: 42-57.

Yoon, H. J., 2017. Linguistic complexity in L2 writing revisited: Issues of topic, proficiency, and construct multidimensionality. *System*, 66: 130-141.

Yoon, H. J., & Polio, C., 2017. The linguistic development of students of English as a second language in two written genres. *TESOL Quarterly*, 51(2): 275-301.

Yu, G., 2009. Lexical diversity in writing and speaking task performances. *Applied Linguistics*, 31(2): 236-259.

Yu, H., & Lowie W., 2019. Dynamic paths of complexity and accuracy in second language speech: A longitudinal case study of Chinese learners. *Applied Linguistics*, 41(6): 855-877.

Yuan, F., & Ellis, R., 2003. The effects of pre-task planning and on-line planning on fluency, complexity and accuracy in L2 monologic oral production. *Applied Linguistics*, 24(1): 1-27.

Zhang, B., & Koller, T., 2015. Adverbial phrase placements in L1-Chinese ESL learners' writing. *Linguistic Portfolios*, 4: 99-107.

Zipf, G. K., 1932. *Selected Studies of the Principle of Relative Frequency in Language*. Cambridge, MA: Harvard University Press.

Zipf, G. K., 1935. *The Psycho-biology of Language. An Introduction to Dynamic Philology*. Boston, Houghton-Mifflin, & Cambridge: MIT Press.

Zipf, G. K., 1949. *Human Behavior and the Principle of Least Effort: An Introduction to Human Ecology*. Cambridge, MA: Addison-Wesley Press.

白丽芳, 2011. 词汇能力与二语作文质量相关性研究综述. 中国外语教育 (4): 3-10.

鲍贵, 2008. 二语学习者作文词汇丰富性发展多纬度研究. 外语电化教学 (5): 38-44.

鲍贵, 2009. 英语学习者作文句法复杂性变化研究. 外语教学与研究 (4): 291-297.

鲍贵, 2011a. 不同课程水平英语学习者词汇复杂性研究. 解放军外国语学院学报, 34(4): 55-60.

鲍贵, 2011b. 英语学习者词汇复杂度的最新测量及验证. 山东外语教学, 32(6): 44-52.

常欣, 何晶, 王沛, 2017. 二语熟练度对汉—英二语者英语wh-疑问句加工策略的影响. 心理与行为研究 (5): 599-605.

常欣, 王沛, 2013. 二语熟练度和语言间句法结构相似性对中国学习者英语被动句加工过程的影响. 外语教学与研究 (2): 241-252.

常欣, 王沛, 2015. 晚期二语者句法加工过程的调节因素及其效应. 心理科学进展 (2): 225-233.

陈昌来, 2007. "给予" 类三价动词构成的句式及其论元缺省的认知解释. 汉语学习 (3): 3-12.

陈满华, 2009. 构式语法理论对二语教学的启示. 语言教学与研究 (4): 64-70.

陈晓湘, 刘红艳, 郭兴荣, 等, 2013. 中国英语学习者长距离wh-问句习得中主宾语不对称现象研究. 外语教学与研究 (4): 543-556.

戴炜栋, 束定芳, 1994. 对比分析、错误分析和中介语研究中的若干问题——外语教学理论研究之二. 外国语 (5): 1-7.

董兵, 1998. 汉译英: 怎样使用定语从句. 中国科技翻译 (2): 26-28.

董晓丽, 张晓鹏, 2017. 不同频率分布的语言输入对两类英语构式的促学研究. 现代外语 (4): 540-551.

方绪军, 2001. 中介语中动词句的配价偏误分析. 语言教学与研究 (4): 39-47.

冯丽萍, 王亚琼, 2013. 英语母语者汉语关系从句加工难度及其制约因素研究. 语言教学与研究 (5): 1-9.

高松, 2010. 基于依存树库的现代汉语名词语法功能的计量研究. 华文教学与研究 (2): 54-60.

高松, 2013. 基于概率配价模式理论的花园幽径句研究. 语言文字应用 (3): 126-132.

耿立波, 杨亦鸣, 2013. 第二语言句法的自动加工: 来自脑电的证据. 外语教学与研究 (3): 374-384.

桂诗春, 杨惠中, 2013. 中国学习者英语语料库. 上海: 上海外语教育出版社.

郭鸿杰, 2009. 中介语动词过去时标记的变异研究——变项规则分析法. 现代外语 (3): 296-304.

郭晶晶, 陈宝国, 2009. 汉、英句法结构相似性对英语句法加工的影响. 心理科学 (2): 320-323.

洪炜, 张俊, 2017. 输入强化与输入模态对汉语二语句法学习的影响——以两类"把"字结构的学习为例. 语言文字应用 (2): 83-92.

侯国金, 2013. 对构式语法八大弱点的诟病. 外语研究 (3): 1-12.

黄国文, 肖俊洪, 1996. 关于同位语从句的几个问题. 外语教学 (2): 14-17.

江韦姗, 王同顺, 2015. 二语写作句法表现的动态发展. 现代外语 (4): 503-514.

姜柄圭, 张秦龙, 谌贻荣, 等, 2007. 面向机器辅助翻译的汉语语块自动抽取研究. 中文信息学报 (1): 9-16.

李赋宁, 1991. 英语史. 北京: 商务印书馆.

李梦骁, 刘永兵, 2016. 基于语料库的中学英语学习者写作句法复杂性变化研究. 东北师范大学学报 (哲学社会科学版) (1): 140-145.

梁君英, 刘海涛, 2016. 语言学的交叉学科研究: 语言普遍性、人类认知、大数据. 浙江大学学报 (人文社会科学版) (1): 108-118.

刘丙丽, 刘海涛, 2011. 基于语料库的汉语动词句法配价历时研究. 语言教学与研究 (6): 83-89.

刘海涛, 2009. 依存语法的理论与实践. 北京: 科学出版社.

刘海涛, 2017. 计量语言学导论. 北京: 商务印书馆.

刘海涛, 2022. 依存关系与语言网络. 北京: 科学出版社.

刘海涛, 冯志伟, 2007. 自然语言处理的概率配价模式理论. 语言科学 (3): 32-41.

陆丙甫, 蔡振光, 2009. "组块"与语言结构难度. 世界汉语教学 (1): 3-16.

陆俭明, 2016. 对构式理论的三点思考. 外国语 (2): 2-10.

陆军, 王乃兴, 2013. 共选视阈下的二语知识研究——一项语料库驱动的使役态共选特征多重比较. 外语界 (3): 2-11.

陆前, 刘海涛, 2016. 依存距离分布有规律吗?. 浙江大学学报 (人文社会科学版) (4): 63-76.

罗立胜, 2007. 学习者过渡语中的英语名词错误分析研究. 外语教学 (1): 56-59.

马广惠, 2002. 中美大学生英语作文语言特征的对比分析. 外语教学与研究 (5): 345-349.

马志刚, 2012. 英语长距离疑问句原型度和二语水平的交互效应研究. 北京第二外国语学院学报 (8): 10-20.

马志刚, 2014. 空主语参数特征簇中介语习得程度的变量集相关性研究. 外语教学与研究 (6): 915-926.

欧阳静慧, 2017. 基于依存树库的中国学生英语作文句法复杂性发展研究. 杭州: 浙江大学.

濮建忠, 2003. 英语词汇教学中的类联接、搭配及词块. 外语教学与研究 (6): 438-445.

戚焱, 丁言仁, 2011. 中美大学生口语中词块使用特点对比分析. 外语界 (3): 52-59.

秦晓晴，文秋芳，2007. 中国大学生写作能力发展规律与特点研究. 北京：中国社会科学出版社.

沈阳，2000. 配价理论与汉语语法研究. 北京：语文出版社.

司联合，2004. 过渡语理论与语言教学. 南京：河海大学出版社.

宋德生，2002. 组块效应及其对外语教学的启示. 外语与外语教学(9): 23-25.

唐承贤，2003. 第二语言习得中的母语迁移研究述评. 解放军外国语学院学报(5): 37-42.

王初明，2011. 基于使用的语言习得观. 中国外语(5): 1.

王国富，贺哈定，朱叶，等译，1998. 朗文英语语法大全. 上海：华东师范大学出版社.

王海华，周祥，2012. 非英语专业大学生写作中词汇丰富性变化的历时研究. 外语与外语教学(2): 40-44.

王建勤，2000. 关于中介语研究方法的思考. 汉语学习(3): 61-68.

王丽萍，吴红云，Zhang, L, 2020. 外语写作中任务复杂度对语言复杂度的影响. 现代外语(4): 503-515.

王立非，张岩，2007. 大学生议论文中高频动词使用的语料库研究. 外语教学与研究(2): 110-116.

王琳，2014. 基于语料库的汉英语码转换中英语动词结合力研究. 浙江外国语学院学报(4): 47-53.

王龙吟，何安平，2005. 基于语料库的外语教学与二语习得的链接. 外语与外语教学(3): 28-32.

王雅刚，2010. Thanks to 语法化过程中的语义演变. 外国语言文学(3): 23-28+42+74.

文秋芳，丁言仁，王文宇，2003. 中国大学生英语书面语中的口语化倾向——高水平英语学习者语料对比分析. 外语教学与研究(4): 268-274.

吴继峰，2016. 频率和汉语水平对汉语二语者非习语语块加工的影响. 第二语言学习研究(2): 18-27+111-112.

邢加新，罗少茜，2016. 任务复杂度对中国英语学习者语言产出影响的元分析研究. 现代外语(4): 528-538.

徐昉，2017. 二语学术写作的引证能力及其发展特征：截面与历时证据. 外国语(3): 73-82.

徐金秀，2013. 基于依存树库的英汉动词对比研究. 杭州：浙江大学.

徐晓燕，王维民，熊燕宇，等，2013. 中国英语专业学生英语议论文句法复杂性研究. 外语教学与研究(2): 264-275.

许莹莹，王同顺，2015. 频率、一致性及水平对二语语块加工的影响. 现代外语(3): 376-385.

杨玉晨，1998. 情态动词、模糊语言与英语学术论文写作风格. 外语与外语教学(7): 24-25+35.

袁芯瑜，2011. 基于依存树库的英语名词句法研究. 杭州：浙江大学.

袁野，2010. 构式语法的语言习得观. 解放军外国语学院学报(1): 35-40.

袁毓林，1998. 汉语动词的配价研究. 南昌：江西教育出版社.

张妍岩，2010. 英语中介语 BE 动词省略与"体假设". 外语教学与研究(2): 117-124.

章振邦，2008. 新编英语语法教程. 5 版. 上海：上海外语教育出版社.

甄凤超，杨枫，2015. 语料库驱动的学习者英语动词配价研究：以 CONSIDER 为例. 外国语 (6): 57-67.

甄凤超，杨枫，2016. 配价结构及搭配配价在英语词汇教学中的应用：思想和方法. 外语界 (4): 35-42.

郑伟，周统权，2018. 中国英语学习者宾语关系从句与同位语从句加工研究. 外语教学 (5): 54-60.

郑咏滟，2018. 高水平学习者语言复杂度的多维度发展研究. 外语教学与研究 (2): 218-229.

郑咏滟，冯予力，2017. 学习者句法与词汇复杂性发展的动态系统研究. 现代外语 (1): 57-68.

仲晶瑶，2010. 中国学习者英语动词错误：配价和语义角色———一项基于 CLEC 语料库的研究. 外语学刊 (1): 100-103.

钟志英，2014. 英语的 Zipf 分布和二语学习者的高频语言点. 外语界 (6): 2-10.

周丹丹，2014. 频次对词块习得的影响研究：基于使用的视角. 外语与外语教学 (6): 62-67.

附　录

一、主要术语

A

absolute dependency distance (ADD) 依存距离的绝对值

accuracy 准确度

argumentative essay 议论文

asymmetry（依存关系的属性）不对称性

B

binary（依存关系的属性）二元性

British National Corpus (BNC) 英国国家语料库

C

China's Standards of English Language Ability 中国英语能力等级量表

Chinese English Learners' Dependency Treebank (CELDT) 中国英语学习者依存树库

clause 从句，子句

cognition hypothesis 认知假设

Common European Framework of References for Languages (CEFR) 欧洲共同语框架

complement clause 补语从句

complex dynamic systems theory (CDST) 复杂动态系统理论

complexity 复杂度

connexion (connection)（词间）关系

construct 构念

construction 构式

continuum 连续统

contrastive interlanguage analysis (CIA) 中介语对比分析

coordination 并列结构

copular verb 系动词

Corpus of Contemporary American English (COCA) 现代美国英语语料库

cross-sectional design 横截面研究设计

D

dependency direction 依存方向

dependency distance (DD) 依存距离

dependency distance minimization (DDM) 依存距离最小化

dependency grammar 依存句法（语法）

dependency tree 依存句法树（用依存句法标注的句子）

dependency treebank 依存树库（用依存句法标注的句子集）

dependent clause/subordinate clause 从属分句

descriptive essays 描写文

discursive literacy 体裁能力

E

edge/link（网络的）边

F

fine-grained syntactic complexity measure 细颗粒句法复杂度指标

first language (L1) 第一语言

fluency 流利度

fossilization（二语习得的）僵化现象

functional generative description (FGD) 功能生成描述理论

G

genre（写作任务的）体裁

grammatical metaphor（句法发展阶段）语法隐喻

H

head-final 支配词居后的（依存关系）

head-initial 支配词居前的（依存关系）

hypotaxis（句法发展阶段）从属

I

interlanguage 中介语

L

L2 syntactic complexity analyzer (L2SCA) 二语句法复杂度分析器

labeledness（依存关系的属性）有标记

large-grained syntactic complexity measure 粗颗粒句法复杂度指标

learner corpus research 学习者语料库研究

learner-centered method 学习者中心法

linguistic description 语言学描述性

literary essay 文学性作文

Liu-directionalities 刘—有向性

longitudinal design 跟踪性研究设计

M

mean (M) 均值

meaning-text theory (MTT) 意义文本理论

Menzerath's law 门策拉定律

mixed genres 混合体裁

morphological complexity 词法复杂度

mother tongue 母语

multi-collinearity 共线性

N

narrative essay 记叙文

negative transfer 负迁移

non-literary essay 非文学性作文

non-narrative essay 非记叙文

noun phrase (NP) 名词短语

P

parataxis（句法发展阶段）并列

Penn Treebank 宾州树库

phraseology 词块学

positive transfer 正迁移

predicate 谓语

Preliminary English Test (PET) 剑桥初级英语考试

product-oriented approach 写作产物视角

projectivity 投影性

R

radom language (RL)（机器生成的）随机语言

redundancy 冗余

régissant (dominator)（依存关系中的）支配词

right truncated Zeta distribution 右截尾泽塔分布

S

second language (L2) 第二语言

standard deviation (SD) 标准差

Stanford parser 斯坦福句法分析器

Stanford Typed Dependencies Manual《斯坦福依存类型手册》

subject 主语

subordination 从属结构

subordonné (subordincator)（依存关系中的）从属词

syntactic diversity 句法多样度

syntactic sophistication 句法成熟度

systemic functional linguistics theory 系统功能语言学理论

T

target language (TL) 目标语

text-centered method 文本中心法

token 例符

topic（写作任务的）话题

T-unit T单位

type 型符

type-token ratio (TTR) 型例比

V

valency 配价

validity 信度

verb phrase 动词短语

verb-argument construction 论元结构

vertice/node（网络的）节点

W

word combination 词组

word grammar 词语法

Z

Zipf(ian) distribution 齐普夫分布

Zipf-Alekseev distribution 齐普夫－阿列克谢耶夫分布

二、主要句法关系类型

adjectival modifier (amod) 形容词性修饰语

adverb modifier (advmod) 非从句性状语

adverbial clause (advcl) 状语从句

apposition (appos) 同位语

clausal complement (ccomp) 从句性补足语

clausal subject (csubj) 从句作主语

compound 复合表达式

determiner (det) 限定词

direct object (dobj) 直接宾语

indirect object (iobj) 间接宾语

nominal subject (nsubj) 名词性主语

object of a preposition (pobj) 介词的宾语

object of preposition "to" type 1 (pobjt1) 介词to的宾语

object of preposition "to" type 2 (pobjt2) 不定式to的宾语

possessive nominal modifier (nmod:poss) 所有格名词修饰语

predicative (xcomp) 表语

preposition (prep) 介词

preposition "to" modifier type 1 (prept1) 介词to

preposition "to" modifier type 2 (prept2) 不定式to

prepositional attribute (prep:attr) 介词短语作定语

prepositional phrase as adverb (prep:adv) 介词短语作状语

prepositional phrase as object (prep:obj) 介词短语作宾语

relative clause (acl:recl) 关系（定语）从句

root 根词

三、主要词汇、句法指标

clauses per sentence (C/S) 每个句子中的子句数量

clauses per T-unit (C/T) 每个T单位中的子句数量

complex nominals per clause (CN/C) 每个子句中复杂名词短语数量

complex noun phrases per T-unit (CN/T) 每个T单位中的复杂名词短语数量

complex T-units per T-unit (CT/T) 复杂T单位比率（每个T单位中的复杂T单位数量）

coordinate phrases per clause (CP/C) 每个子句中并列短语数量

coordinate phrases per T-unit (CP/T) 每个T单位中的并列短语数量

corrected type-token ratio of dependency relations 标准化依存关系型例比

dependent clauses per clause (DC/C) 每个子句中从属句数量

dependent clauses per T-unit (DC/T) 每个T单位中的从属子句数量

lexical density (LD) 词汇密度

lexical sophistication (LS) 词汇复杂度

mean 50-segmental TTR of dependency relations (MSTTRDR-50) 标准化依存关系型例比（每片段50个词）

mean dependency distance (MDD) 平均依存距离

mean length of clause (MLC) 平均子句长

mean length of sentence (MLS) 平均句长

mean length of T-unit (MLT) 平均T单位长

mutual information (MI) 互信息值

T-units per sentence (T/S) 每个句子中T单位数量

verb phrases per T-unit (VP/T) 每个T单位中的动词短语数量

后　记

经过五年努力的书稿即将付梓，心情非常激动。十多年前，没想到自己居然会走入一个新的研究领域，更不会想到用依存句法的理论和计量语言学的方法来研究中国英语学习者的二语写作。然而，人生没有太晚的开始，做你想做的事永远也不晚。

在此，首先要感谢的是刘海涛教授，是他的引领让我和我的团队踏上了"依存句法+计量语言学"的道路，这些新理论和新方法与我原来的研究领域二语习得相结合，便产生了这部国内外第一本用依存句法研究二语句法的专著。其次，要感谢我们团队的硕博同学们，是他们的学习热情、求知欲望和不懈努力，使我们团队取得了一些较好的研究成果，并可以借此书分享我们的一些研究。我们团队于2017年获得了国家社科基金重点项目"基于依存句法标注语料库的中国英语学习者句法发展研究"（17AYY021）。本书的主要内容就是基于这个项目所做的一系列研究。

在项目开展之时，国内外还几乎没有用依存句法研究二语的先例，因此，可参考的文献和研究很少。基于二语句法标注语料库的研究除了一般语料库研究所具有的特点之外，还有两个特别的难点，即收集合适的语料和科学的标注。鉴于二语作文错误较多，在使用现有句法自动分析器进行文本的预处理之后，还需对输出结果进行检查和调整，可以说，根据二语习得规律和理论撰写合适的依存句法标注手册，并用该手册对语料进行仔细的人工校对与修正，是本研究最费时费力的工作之一。同时，我们还制定了一套标记各类错误的体系，所有这些基础性的工作使得本研究具有科学性、一致性和可比性。

最近几十年来，基于语料库的研究如火如荼。近年来，"新文科""数字人文""数字驱动"等字眼铺天盖地般来到了我们面前，本书几乎涵盖了所有这些理念。将计量语言学的科学方法用于人文研究，符合数智时代应用语言学的基本特质。同时，我们也希望有更多的学者可以将该研究方法用于其他语种的习得研究，共同推动二语习得研究的科学化。

我本人作为项目负责人参与了全书的策划、撰写与统稿。初稿编写的章节分工如下：欧阳静慧（0、5），毕鹏（1、2），解娜娜、张煜杰（3），王梦鸽（4），姜茜茜（6），赵倩莹（7），钱佳瑜（8），虞妩哲（9）和蒋景阳（10）。初稿之后，又几易其稿。统稿期间，周义凯、王梦鸽、汪义忻做了大量的工作。刘海涛教授审读了书稿，提出了一些具体的修改意见，并为本书写了序言。

为了便于读者了解依存句法的基本概念，我们特地编写了第 0 章，概述了依存关系、依存距离和依存方向等基本的概念和计算方法；其他各章（1—9）为相对独立的研究，读者可以根据自己的研究兴趣选读。

在此，要感谢帮助我们收集语料的老师和朋友（不含本书作者）：华丽青、王雁君、孙纯红、韩雪莲、包慧青、付玲芳、李波阳、寿似琛、洪峥、马以容、傅政、章红新、史占泓、陈颖、周颂波、丁展平、闻人行、熊海虹、方富民、刘舜佳、俞璇、何亚澜、钱佳瑜、吴悠、汪洋、林莉和赵婧馨。还要感谢那些名字没有出现在作者名单中，但曾经帮助输入或标注校对语料的各位同学：刘舜佳、张超、何亚澜、俞璇、李俪、胡昱玲、朱洁嫱、汪义忻、姜悦晴、黄玲珊和陈彬瑞。

感谢国家社科基金的资助。感谢浙江大学出版社资深编辑张颖琪先生，他严谨的工作态度、高超的专业水平和高效的工作，使得该书能及时以现在的面貌与读者见面。还要感谢浙江大学外国语言学及应用语言学研究所所长何莲珍教授为本书的出版提供了部分经费支持。

由于水平有限，错漏之处在所难免，请大家不吝赐教。

蒋景阳

2023 年 8 月 11 日于启真湖畔